능력과 가치를
높이고 싶다면
된다!

엑셀웍스의 명품 강의

109가지 실무 예제와 함께 배운다!

된다!

엑셀
수식&
함수

사무실 능력자들의 엑셀 문제 해결 비법!

**모든
버전**
사용 가능

엑셀웍스 정태호 지음

이지스 퍼블리싱

능력과 가치를 높이고 싶다면
된다! 시리즈를 만나 보세요.
당신이 성장하도록 돕겠습니다.

109가지 실무 예제와 함께 배운다!

된다! 엑셀 수식＆함수
Gotcha! Excel Formulas & Functions

초판 발행 • 2023년 5월 15일
2쇄 발행 • 2024년 5월 17일

지은이 • 정태호
펴낸이 • 이지연
펴낸곳 • 이지스퍼블리싱(주)
출판사 등록번호 • 제313-2010-123호
주소 • 서울시 마포구 잔다리로 109 이지스빌딩 4층
대표전화 • 02-325-1722 | **팩스** • 02-326-1723
홈페이지 • www.easyspub.co.kr | **페이스북** • www.facebook.com/easyspub
Do it! 스터디룸 카페 • cafe.naver.com/doitstudyroom | **인스타그램** • instagram.com/easyspub_it

총괄 • 최윤미 | **기획** • 이수진 | **책임편집** • 임승빈 | **IT 1팀** • 임승빈, 이수경, 지수민
교정교열 • 박희정 | **표지 및 본문 디자인** • 트인글터 | **삽화** • 조인예 | **인쇄** • 보광문화사
마케팅 • 박정현, 한송이, 이나리 | **독자지원** • 박애림, 오경신 | **영업 및 교재 문의** • 이주동, 김요한(support@easyspub.co.kr)

ISBN 979-11-6303-466-7 13000
가격 28,000원

수식, 데이터, 함수의 원리를 알면 엑셀이 보인다!
이 책을 통해 사무실 엑셀 능력자로 거듭나세요!

"수식을 어떻게 써야 할지 감이 잡히지 않아요."
"자꾸 #N/A, #DIV/0!, #REF! 오류가 나서 골치 아파요."

"수식이 너무 복잡해서 이해하기 어려워요."
"5년 동안 엑셀을 써도 실력이 늘지 않아요."

어디서 많이 본 고민들이죠? 엑셀 강의를 하면서 자주 들었던 이러한 고민들은 대부분 엑셀 함수의 기본 원리와 기능을 제대로 이해하지 못해서 생긴 어려움이라고 생각합니다.
사실 엑셀은 쉬운 프로그램은 아니지만, 그렇다고 완전히 어려운 것도 아닙니다. 조금만 노력해서 엑셀을 익힌다면 이런 문제는 쉽게 해결할 수 있습니다.

이 책은 엑셀을 제대로 사용할 수 있게 도와주는 세 가지 핵심 내용을 담았습니다.
첫째, 엑셀 원리 이해하기입니다. 엑셀에서 수식을 작성하는 방법, 날짜를 처리하는 방법 등 엑셀을 사용하는 데 필요한 기본 규칙과 원리를 이해하기 쉽게 알려 드립니다.
둘째, 핵심 기능만 익히기입니다. 수많은 함수와 기능을 전부 외울 필요는 없습니다. 엑셀에서 꼭 알아야 할 필수 함수와 핵심 기능만 뽑아서 실무에서 바로 사용할 수 있도록 알려 드립니다.
셋째, 데이터를 효율적으로 입력하고 관리하기입니다. 엑셀은 결국 데이터를 다루는 프로그램이므로 입력해야 하는 데이터의 종류와 형식을 제대로 알아야 합니다. 데이터를 체계적이고 구조적으로 관리하는 방법도 알려 드립니다.

엑셀은 끊임없이 발전하는 도구입니다. 이 책에서 배운 내용을 기반으로 자신만의 실무 노하우를 차곡차곡 쌓아서 끊임없이 발전해 나가는 여러분이 되길 바랍니다. 마지막으로 이 책을 선택하신 독자 여러분께 감사의 말씀을 전하며, 항상 건강하시고 행복하시길 바랍니다.

정태호 드림

준비
마당

엑셀 이해하기

01 엑셀의 기초 지식 알아보기

01-1 엑셀의 핵심은 수식, 함수, 데이터!·······································19
01-2 엑셀 버전별 차이점··24

첫째
마당

지나치기 쉬운
엑셀의 핵심,
수식

02 엑셀의 핵심, 수식 다루기

02-1 엑셀 수식의 기본기 익히기·····································29
　하면 된다! } 수식을 입력하는 방법·······························29
　하면 된다! } 수식을 수정하는 방법·······························30
　하면 된다! } 계산 옵션 확인하고 자동으로 바꾸기·················33
　하면 된다! } 텍스트로 저장된 숫자 변환하기·····················33
02-2 수식 연산자와 연산 우선순위·································35
　하면 된다! } 비교 연산자를 활용해 판매실적 자료 정리하기·········36
　하면 된다! } 텍스트 연결 연산자를 활용해 판매실적 자료 정리하기·······39
　하면 된다! } 와일드카드로 텍스트 찾아서 개수 구하기·············45
　하면 된다! } 수식 표시하기······································47
02-3 상대참조, 절대참조, 혼합참조·······························48
　하면 된다! } 상대참조가 포함된 수식을 행 방향으로 입력하기·······49
　하면 된다! } 상대참조가 포함된 수식을 열 방향으로 입력하기·······50
　하면 된다! } 고정된 셀의 값 참조하기·····························51
　하면 된다! } 절대참조로 품목별 판매금액 합계 구하기·············53
　하면 된다! } 혼합참조로 인센티브 계산하기·······················56
　하면 된다! } 혼합참조로 판매일자별, 상품별 판매금액 합계 집계하기·······57

이미 수식에 익숙하다면
03장부터 읽으세요!

03 수식 분석하고 오류 해결하기

03-1 참조 셀 추적하기···61
　하면 된다! } 중간 계산 과정이 있는 수식의 셀 추적하기·············63
　하면 된다! } 참조되는 셀에 오류가 있을 때 추적하기···············64
　하면 된다! } 입력된 수식 자체가 오류일 때 추적하기···············65
03-2 수식 계산 단계 알아보기······································66

하면 된다! } 복잡한 수식 계산 과정 따라가기 …………………………… 67

03-3 순환 참조 문제 해결하기 ………………………………… 69

하면 된다! } 순환 참조가 발생한 위치 찾기 …………………… 71

03-4 엑셀 오류 유형과 해결 방법 ………………………… 73

둘째
마당

정리만 잘해도
능력자가 되는
데이터

04 데이터 입력하고 표시하기

04-1 값을 입력하고 표시하는 원리 ……………………………… 85

하면 된다! } 값 입력하고 표시 형식 변경하기 ……………………… 85

04-2 셀 서식을 지정하여 원하는 형태로 표시하기 ……………… 89

하면 된다! } 리본 메뉴의 [표시 형식]에서 셀 서식 지정하기 …………… 89

하면 된다! } [셀 서식] 대화상자에서 셀 서식 지정하기 ………………… 90

하면 된다! } 사용자 지정 서식을 만들어 셀 서식 지정하기 …………… 91

하면 된다! } 판매 실적 상승률에 세모 증감 표시 입력하기 …………… 93

04-3 조건부 서식으로 데이터 강조하기 ……………………… 98

하면 된다! } 목표 금액을 초과하면 셀 강조 표시하기 ………………… 99

하면 된다! } 특정 텍스트를 포함하면 강조 표시하기 ………………… 100

하면 된다! } 상위 5위까지 강조 표시하기 …………………………… 101

하면 된다! } 판매금액에 데이터 막대 표시하고 최소값/최대값 범위
　　　　　　 조정하기 ……………………………………………… 101

하면 된다! } 색조로 판매 트렌드 파악하기 …………………………… 104

하면 된다! } 판매 목표를 달성하면 초록 신호등 아이콘 표시하기 ……… 105

04-4 조건부 서식 규칙 관리하기 ……………………………… 106

하면 된다! } 이미 만들어진 조건부 서식 편집하기 ………………… 106

하면 된다! } 규칙 삭제, 복사, 적용 우선순위 조정하기 ………………… 107

04-5 수식으로 조건부 서식 지정하기 ………………………… 110

하면 된다! } 하나의 조건을 만족하면 전체 행에 서식 지정하기 ……… 110

하면 된다! } 여러 조건을 만족하면 전체 행에 서식 지정하기 ………… 112

04-6 엑셀에서 복사하고 붙여넣기의 모든 것 ………………… 113

하면 된다! } 붙여넣기 옵션별로 실습하기 ………………………… 114

04-7 엑셀 자동 채우기의 모든 것 ……………………………… 121

하면 된다! } 숫자 자동 채우기 ……………………………………… 121

데이터 강조를 위한
조건부 서식을 꼭 알고
넘어가세요!

하면 된다! } 날짜 자동 채우기 ·· 123

하면 된다! } 날짜 값 자동 채우기 옵션으로 자동 채우기 ·················· 124

하면 된다! } 텍스트 자동 채우기와 수식 자동 채우기 ··················· 125

05 엑셀 데이터 다루기

05-1 데이터 다루기의 첫 단추는 데이터 구조화 ················· 128

05-2 데이터 유효성 검사로 허용된 데이터만 입력하기 ············ 134

하면 된다! } 목록에 있는 값만 입력 허용하기 ···················· 134

하면 된다! } 범위 지정하여 데이터 유효성 목록 설정하기 ·········· 136

하면 된다! } 음수는 입력하지 못하도록 제한하기 ················· 136

하면 된다! } 잘못 입력된 데이터 표시하기 ························· 139

05-3 사용자 지정 수식으로 데이터 유효성 검사하기 ············· 141

하면 된다! } 정해진 규칙에 맞는 값만 입력받기 ·················· 141

하면 된다! } 중복 값 입력 금지하기 ······························· 143

05-4 상위 목록에 종속되는 하위 목록 만들기 ················· 145

하면 된다! } 해당하는 거래처만 보이는 목록 만들기 ··············· 145

05-5 이동 옵션으로 원하는 셀 선택하기 ···················· 149

하면 된다! } 빈 셀에 0으로 채워넣기 ····························· 150

하면 된다! } 빈 셀에 동일한 값 채워넣기 ························· 152

하면 된다! } 빈 행 삭제하기 ······································ 153

하면 된다! } 화면에 보이는 셀만 복사하기 ························ 155

하면 된다! } 실수로 수식에 값을 입력한 곳 찾기 ·················· 156

05-6 텍스트 나누기 ···································· 159

하면 된다! } 하나의 열에 합쳐진 텍스트 나누기 ·················· 159

하면 된다! } 너비가 일정한 텍스트 나누기 ························ 161

하면 된다! } 문자로 구분된 텍스트 나누기 ························ 163

05-7 중복 데이터 제거하기 ······························· 166

하면 된다! } 1개의 열에서 중복된 데이터 제거하기 ··············· 166

하면 된다! } 2개 이상의 열에서 중복된 데이터 제거하기 ··········· 170

05-8 엑셀 오류 데이터 처리하기 ·························· 174

하면 된다! } 텍스트로 저장된 날짜, 숫자 변환하기 ··············· 174

하면 된다! } 아포스트로피가 붙은 날짜, 숫자 변환하기 ············ 176

하면 된다! } 잘못된 날짜, 숫자 찾고 변환하기 ··················· 177

데이터 정리만 잘 해도
엑셀 문제 90%는 해결!

06 데이터 정렬/필터링, 이름과 표 사용

06-1 정렬의 또 다른 방법, 사용자 지정 목록/색으로 정렬하기 ········ 184
  하면 된다! } 여러 항목 기준으로 정렬하기 ································ 184
  하면 된다! } 사용자 지정 목록으로 정렬하기 ·························· 185
  하면 된다! } 색으로 정렬하기 ·· 188

06-2 고급 필터로 다양하게 자료 필터링하기 ·························· 190
  하면 된다! } 고급 필터 기본 사용법 ··································· 190
  하면 된다! } 필터링 결과를 다른 장소에 복사하기 ····················· 193

06-3 엑셀 이름표, 이름 정의하기 ····································· 197
  하면 된다! } 이름 상자에서 이름 만들기 ····························· 198
  하면 된다! } [이름 정의] 메뉴에서 이름 만들기 ······················ 198
  하면 된다! } 범위에 이름 붙이기 ····································· 200
  하면 된다! } 상수(숫자, 텍스트)에 이름 붙이기 ····················· 201
  하면 된다! } 수식에 이름 붙이기 ····································· 202

06-4 동적 범위에 이름 정의하기 ····································· 203
  하면 된다! } 고정된 범위에 이름 정의하기 ··························· 203
  하면 된다! } 동적 범위에 이름 정의하기 ····························· 205

06-5 엑셀 표 기능 이해하기 ··· 207
  하면 된다! } 엑셀 표 만들기 ··· 208

06-6 직관적인 참조 방식 — 구조적 참조 ···························· 213
  하면 된다! } 표 이름 정의하기 ······································· 213

이름 정의는 유용한
기능입니다!
꼭 알아 두세요!

셋째
마당

제대로 써먹는
직장인 필수
함수

07 엑셀 함수 기초

07-1 엑셀 함수의 구조와 입력 방법 ·································· 221
  하면 된다! } 입력 방법 1 — 직접 입력하기 ··························· 223
  하면 된다! } 입력 방법 2 — 함수 라이브러리 이용해 입력하기 ··········· 224
  하면 된다! } 입력 방법 3 — 함수 마법사 이용해 입력하기 ············· 225

07-2 실무에서 자주 쓰는 주요 함수 24가지 ························· 227

08 수학 및 통계 함수

08-1 수학 및 통계 함수 알아보기 ··· 231

08-2 합계, 곱셈, 집계하기 ··· 236
[SUM / SUMIF / SUMIFS /SUMPRODUCT / SUBTOTAL /
AGGREGATE]
하면 된다! } SUMIFS 함수로 월별 합계 구하기 ·················· 242
하면 된다! } SUMPRODUCT 함수로 조건을 만족하는
자료의 합계 구하기 ····························· 247

08-3 개수 구하기 ··· 258
[COUNT / COUNTA / COUNTBLANK / COUNTIF /
COUNTIFS]
하면 된다! } COUNTIFS 함수로 월별 교육 참석자 수 구하기 ··········· 264

08-4 숫자 반올림, 올림, 내림 ··· 266
[ROUND / ROUNDUP / ROUNDDOWN / CEILING / FLOOR /
MROUND / TRUNC / INT]

08-5 최소값, 최대값 구하기 ··· 275
[MIN / MAX / MINIFS / MAXIFS]

08-6 평균값 구하기 ··· 279
[AVERAGE / AVERAGEIF / AVERAGEIFS]

08-7 순위 구하기 ··· 282
[RANK.EQ / RANK.AVG]
하면 된다! } RANK 함수로 여러 조건으로 순위 구하기(동순위 문제 해결)···· 284
하면 된다! } RANK 함수로 그룹별 순위 구하기 ··················· 289

08-8 몇 번째로 큰 값, 작은 값 구하기 ································· 294
[LARGE / SMALL]
하면 된다! } 판매실적 상위 3개의 합계 구하기 ··················· 295
하면 된다! } 가장 높은 판매실적을 달성한 거래처명 구하기 ············· 296

08-9 수학 및 통계 관련 나머지 함수 ···································· 299

직장에서 자주 쓰는
함수 위주로 정리했어요!

09 논리 및 정보 함수

09-1 조건 판별하기 ··· 303
[IF / IFS]

09-2 여러 조건 판별하기 ································· 308
[AND / OR / SWITCH]

09-3 오류를 처리하는 논리 함수 알아보기 ··············· 316
[IFERROR / IFNA]

09-4 셀 또는 수식의 상태 확인하기 ··················· 321
[ISERROR / ISERR / ISNUMBER]

10 찾기 및 참조 영역 함수

10-1 찾기 및 참조 영역 함수 알아보기 ················· 328

10-2 범위에서 값 찾기 ····························· 332
[VLOOKUP / HLOOKUP / XLOOKUP]
하면 된다! } VLOOKUP 함수로 상품 정보에서 상품명, 단가 가져오기 ·· 335
하면 된다! } 값을 찾을 키 값이 1열이 아닌 다른 열에 있을 때 찾기 ······· 341
하면 된다! } XLOOKUP 함수로 표에서 상품명과 단가를 한 번에 찾기 ·· 342

10-3 값의 위치 찾기 ····························· 344
[MATCH / XMATCH]
하면 된다! } 역방향 검색하기(마지막 항목부터 찾기) ················· 351

10-4 복잡한 조건일 때 값 찾기 ······················ 353
[INDEX]
하면 된다! } VLOOKUP으로 안 될 때 INDEX, MATCH 함수 사용하기 ··· 355
하면 된다! } INDEX, MATCH 함수를 이용한 다중조건으로 값 찾기 ····· 359
하면 된다! } 행과 열 조건을 만족하는 값 찾기 ···················· 362

10-5 행과 열 다루기 ····························· 365
[ROW / ROWS / COLUMN / COLUMNS]

10-6 문제 해결사 INDIRECT와 OFFSET 함수 ············· 371
[INDIRECT / OFFSET]
하면 된다! } 시트명을 바꿔가면서 값 찾기 ······················· 373
하면 된다! } OFFSET 함수로 월별 누계 구하기 ···················· 377

10-7 찾기 및 참조 영역의 동적 배열 함수 ················ 380
[SORT / SORTBY / FILTER / UNIQUE]
하면 된다! } 연 2회 참석 필수교육을 한 번만 참석한 직원 찾기 ········ 390

10-8 찾기 및 참조 영역 관련 나머지 함수 ················ 391

필요한 함수만
골라서 공부해도
좋아요!

11 날짜와 시간 함수

11-1 날짜와 시간 데이터 다루기 ⋯⋯⋯⋯⋯⋯⋯⋯⋯⋯⋯⋯⋯⋯⋯⋯⋯ 394

11-2 날짜, 시간을 처리하는 기본 함수 ⋯⋯⋯⋯⋯⋯⋯⋯⋯⋯⋯⋯ 400
[TODAY / NOW / DATE / TIME]
하면 된다! } 주민등록번호에서 생년월일 추출하기(외국인 포함) ⋯⋯⋯ 403

11-3 기간 계산하기 ⋯⋯⋯⋯⋯⋯⋯⋯⋯⋯⋯⋯⋯⋯⋯⋯⋯⋯⋯⋯⋯ 407
[DAYS / DATEDIF / NETWORKDAYS / NETWORKDAYS.INTL]
하면 된다! } NETWORKDAYS.INTL 함수로 근무조별 작업일수
계산하기 ⋯⋯⋯⋯⋯⋯⋯⋯⋯⋯⋯⋯⋯⋯⋯⋯⋯⋯⋯⋯ 415

11-4 기간 경과 후 날짜 구하기 ⋯⋯⋯⋯⋯⋯⋯⋯⋯⋯⋯⋯⋯⋯⋯ 417
[WORKDAY / WORKDAY.INTL]

11-5 요일, 주차, 월 계산하기 ⋯⋯⋯⋯⋯⋯⋯⋯⋯⋯⋯⋯⋯⋯⋯⋯ 422
[WEEKDAY / WEEKNUM / ISOWEEKNUM / EOMONTH]
하면 된다! } 주말 근무 시 기본 일급의 150% 지급 계산하기 ⋯⋯⋯⋯ 424
하면 된다! } 월 단위 주차 계산하기 ⋯⋯⋯⋯⋯⋯⋯⋯⋯⋯⋯⋯⋯⋯ 428
하면 된다! } 생산 현황 자료에서 생산 주차, 월 주차 구하기 ⋯⋯⋯⋯ 429
하면 된다! } 날짜 비교를 위해 EOMONTH 함수로 마지막 날짜
계산하기 ⋯⋯⋯⋯⋯⋯⋯⋯⋯⋯⋯⋯⋯⋯⋯⋯⋯⋯⋯⋯ 433

11-6 날짜, 시간 관련 나머지 함수 ⋯⋯⋯⋯⋯⋯⋯⋯⋯⋯⋯⋯⋯⋯ 435

엑셀에서의 날짜, 시간 개념을
정확히 알아야 해요!

12 텍스트 함수

12-1 엑셀에서 텍스트 다루기 ⋯⋯⋯⋯⋯⋯⋯⋯⋯⋯⋯⋯⋯⋯⋯⋯ 438

12-2 텍스트의 길이, 위치 구하기 ⋯⋯⋯⋯⋯⋯⋯⋯⋯⋯⋯⋯⋯⋯ 442
[LEN / FIND / SEARCH]
하면 된다! } IF 함수에서 와일드카드가 안 될 때 해결 방법 ⋯⋯⋯⋯⋯ 446

12-3 텍스트 자르기 ⋯⋯⋯⋯⋯⋯⋯⋯⋯⋯⋯⋯⋯⋯⋯⋯⋯⋯⋯⋯ 449
[LEFT / MID / RIGHT]

12-4 텍스트 합치기 ⋯⋯⋯⋯⋯⋯⋯⋯⋯⋯⋯⋯⋯⋯⋯⋯⋯⋯⋯⋯ 454
[CONCATENATE / CONCAT / TEXTJOIN]
하면 된다! } TEXTJOIN 함수로 동일 고객 주문 합치기 ⋯⋯⋯⋯⋯⋯⋯ 458

12-5 텍스트 바꾸기 ⋯⋯⋯⋯⋯⋯⋯⋯⋯⋯⋯⋯⋯⋯⋯⋯⋯⋯⋯⋯ 460
[REPLACE / SUBSTITUTE]

12-6 필요 없는 값 제거하기 ································ 463
[CLEAN / TRIM]
하면 된다! } 인터넷에서 딸려온 웹 공백(NBSP) 제거하기 ··········· 465

12-7 숫자, 날짜에 텍스트 포맷 지정하기 ············· 467
[TEXT]

12-8 텍스트 비교, 반복하기 ······························· 471
[EXACT / REPT / CHAR]
하면 된다! } EXACT 함수로 대/소문자 구분해서 찾기 ·············· 472

12-9 텍스트 처리 관련 나머지 함수 ···················· 478

넷째
마당

엑셀 고급 사용자로!
배열 수식과
파워 쿼리

13 배열 수식

13-1 엑셀 배열 수식 이해하기 ···························· 483
하면 된다! } 배열 수식을 이용하여 합계 구하기 ·················· 484
하면 된다! } 배열 수식을 이용하여 조건을 만족하는 합계 구하기 ······ 487

13-2 엑셀의 새로운 기능, 동적 배열 수식 ············· 490
하면 된다! } 배열 수식으로 한 번에 여러 셀 결과 구하기 ············ 490
하면 된다! } 단일 셀에 결과 구하기 ························· 492
하면 된다! } 동적 배열 함수로 자료 필터링하기 ················ 493
하면 된다! } 동적 배열 함수로 조건별 텍스트 합치기 ············· 494

14 파워 쿼리

14-1 파워 쿼리 알아보기 ································· 496
하면 된다! } 파워 쿼리 사용해 보기 ························ 498

14-2 파워 쿼리로 외부 데이터 가져오기 ·············· 504
하면 된다! } CSV 파일 가져오기 ························· 504
하면 된다! } PDF 파일 가져오기 ························· 506
하면 된다! } 웹에서 데이터 가져오기 ···················· 508

특별 부록 ▶ 챗GPT로 엑셀 수식 작성하기 ············· 510

찾아보기 ································ 516

챗GPT 활용 방법을
담은 특별 부록도
읽어 보세요!

핵심만 콕콕! 자주 쓰는 함수를 먼저 살펴보세요!

엑셀은 마이크로소프트 365 버전을 기준으로 약 500개의 함수를 제공합니다. 이 모든 함수를 외우는 것은 거의 불가능합니다. 핵심 함수만 배우면 데이터 분석이나 실무 작업을 할 때 꼭 필요한 기능을 빠르게 습득할 수 있습니다. 엑셀로 작업할 때 가장 많이 사용하는 핵심 함수 10가지를 소개합니다.

> 엑셀웍스 방문자의 조회수를 분석하여 선정했습니다.

01 · SUMIF 함수   238쪽
한 조건에 해당하는 셀 값의 합을 구하는 함수

02 · SUMIFS 함수   240쪽
여러 조건에 해당하는 셀 값의 합을 구하는 함수

03 · COUNTIFS 함수   262쪽
여러 조건에 해당하는 셀의 개수를 세는 함수

04 · VLOOKUP 함수   332쪽
값을 찾아 해당하는 셀 또는 값을 반환하는 함수

05 · DATE 함수   402쪽
연, 월, 일에 해당하는 값을 입력 받아 날짜 값을 반환하는 함수

06 · IF 함수   303쪽
조건에 따라 값을 반환하는 함수

07 · RANK 함수   282쪽
지정한 범위에서 특정 셀 값의 순위를 반환하는 함수

08 · ROUND 함수   267쪽
수를 반올림한 값을 반환하는 함수

09 · LEFT 함수   449쪽
왼쪽부터 텍스트를 잘라내는 함수

10 · INDEX 함수   353쪽
테이블이나 범위에서 행과 열에 해당하는 값을 찾는 함수

무료 엑셀 기초 강좌 소개

이 책은 엑셀의 초급자와 중급자를 대상으로 합니다. 초급자도 이 책을 보기에는 크게 무리가 없지만 엑셀을 전혀 모르거나 엑셀의 행과 열, 시트, 범위와 같은 용어가 낯선 분들을 위해 저자가 운영하는 엑셀웍스 블로그의 엑셀 기초 강좌를 무료로 제공합니다.

엑셀 기초 강좌는 엑셀 프로그램을 시작하는 것부터 값, 수식 복사하고 붙여넣기, 인쇄하기, 찾기 바꾸기 등 엑셀을 사용하는데 최소한으로 필요한 기초 위주의 내용으로 구성되어 있습니다.

엑셀기초강좌
엑셀을 처음 배우는 분을 위한 기초 강좌

16강 - 엑셀에서 틀고정, 셀숨기기
엑셀기초강좌 / 2017-12-04

16강에서는 엑셀에서 행과 열을 고정시키는 기능인 틀고정과 셀을 숨기는 방법을 알아보고자 한다. 보통 엑셀에서 다루는 자료는 양이 많아서 화면에서 한번에 보기가 힘들다. 그래서 엑셀에서는 제목행이나 열을 고정하는 기능인 틀고정 기능과 ...

더 보기 »

15강 - 엑셀 시트 다루기(추가,삭제,이름바꾸기,숨기...
엑셀기초강좌 / 2017-12-03

15강에서는 엑셀에서 시트를 다루는 방법을 ...에 필요한 작업을 했지만 15강에는 시트를 ...법을 알아보자. 1. 시트 추가하기 엑셀파일...

더 보기 »

엑셀 기초 강좌

- 16강 - 엑셀에서 틀고정, 셀숨기기
- 15강 - 엑셀 시트 다루기(추가,삭제,이름바꾸기,숨기기 등)
- 14강 - 엑셀 상대참조,절대참조,혼합참조(셀참조 방식)
- 13강 - 엑셀에서 찾기 및 바꾸기
- 12강 - 엑셀에서 필터로 원하는 데이터만 보기
- 11강 - 엑셀에서 데이터 정렬하기
- 10강 - 엑셀에서 값,수식 복사하고 붙여넣기
- 9강 - 엑셀에서 채우기핸들로 값 입력하기(자동 채우기)
- 8강 - 엑셀에서 인쇄 설정하기(페이지,여백,용지 등)
- 7강 - 엑셀에서 차트만들고 꾸미기
- 6강 - 엑셀 시트 꾸미기(자료의 표시형식 바꾸기)
- 5강 - 엑셀 시트 꾸미기(선그리기,글자 색상/크기 바꾸기 등)
- 4강 - 엑셀 시트 편집하기(행과 열을 삽입/복사/삭제 하기)
- 3강 - 엑셀 함수 입력하기
- 2강 - 엑셀에서 값, 수식 입력하기
- 1강 - 엑셀 시작하기

전체 내용을 익히는데 최대 8시간 정도면 충분합니다(총 16강, 1개 강의 당 최대 30분이 걸린다고 했을 때 총 8시간 소요).

QR코드를 스캔하여 '엑셀 기초 강좌'를 들으세요!
- 강좌 주소: bit.ly/easys_xlworks

❶ 실습 파일을 먼저 준비하세요!

이지스퍼블리싱 홈페이지에 접속한 후, [자료실]에서 책 이름 혹은 '엑셀 수식&함수'를 검색하면 실습 파일을 내려받을 수 있습니다. 내려받은 파일은 압축 파일 형식으로 제공되므로 압축을 푼 후에 실습별 파일을 열어서 진행하세요.

> • 이지스퍼블리싱(www.easyspub.co.kr) →
>   [자료실] → '엑셀 수식&함수' 검색 → 실습 파일
>   내려받기

❷ 책 곳곳에 있는 QR코드를 스캔해 보세요!

비교적 덜 중요한 함수나 지면으로 설명하기 어려운 내용은 블로그 글과 연동하여 따로 설명합니다. 책 곳곳에 QR코드를 제공하여 블로그로 쉽게 이동할 수 있도록 했습니다.

QR코드를 스마트폰 등의 카메라 어플리케이션으로 인식해 보세요!

블로그로 확장되는 신개념 엑셀 책!

❸ 스스로 목표를 세우고 공부해 보세요!

엑셀 수식과 함수를 빠르게 학습할 수 있는 방법! 계획을 세워서 하나씩 공부해 보세요. 학습 목표를 알고 스스로 날짜를 채워 가며 공부하면 학습 효과가 2배!

날짜	학습·목표	범위	쪽
1회차 (월 일)	엑셀 기초 지식, 수식 다루기	1장, 2장	18~59
2회차 (월 일)	수식 분석, 수식 오류 해결	3장	60~82
3회차 (월 일)	데이터 입력 표시	4장	84~126
4회차 (월 일)	데이터 구조화, 데이터 유효성 검사	5장	127~148
5회차 (월 일)	이동 옵션, 텍스트 나누기, 오류 데이터 처리	5장	149~182
6회차 (월 일)	데이터 정렬 필터링, 엑셀 표 이름	6장	183~218
7회차 (월 일)	함수 기초 설명, 수학 및 통계 함수 1	7장, 8장	220~274
8회차 (월 일)	수학 및 통계 함수 2	8장	275~301
9회차 (월 일)	논리 및 정보 함수	9장	302~326
10회차 (월 일)	찾기 및 참조 영역 함수 1	10장	327~364
11회차 (월 일)	찾기 및 참조 영역 함수 2	10장	365~392
12회차 (월 일)	날짜와 시간 함수	11장	393~436
13회차 (월 일)	텍스트 함수 1	12장	437~459
14회차 (월 일)	텍스트 함수 2	12장	460~480
15회차 (월 일)	배열 수식	13장	482~494
16회차 (월 일)	파워 쿼리	14장	495~509

대한민국 대표 엑셀 블로그!
엑셀웍스(XLWorks)를 소개합니다

엑셀웍스는 2015년 우리나라에서 '엑셀간트'를 최초로 공개한 엑셀 관련 대표 블로그입니다. 엑셀의 기본 내용은 물론 각종 함수, 실무에서 활용할 수 있는 고급 기능과 팁을 이해하기 쉽도록 그림을 활용하여 설명합니다. 귀중한 정보와 다양한 자료를 구할 수 있습니다. 엑셀 공부를 위해 책과 블로그를 함께 활용하세요!

- 엑셀웍스: xlworks.net

엑셀웍스에서는 '엑셀간트'와 업무 시간을 단축해 주는 유용한 프로그램까지 무료로 내려받을 수 있습니다.

함께 성장하는 멋진 사람이 모인 공간!
Do it! 스터디룸!

책으로 공부하다 보면 질문할 곳이 마땅치 않아 고민한 적 많았죠? 질문도 해결하고 발전하는 친구도 만날 수 있는 'Do it! 스터디룸'을 소개합니다. 함께 공부하면서 일취월장 발전하는 자신을 발견할 것입니다.

- Do it! 스터디룸: cafe.nver.com/doitstudyroom

알립니다!
- 이 책은 엑셀에서 사용하는 용어로 표기했으며, 마이크로소프트365 버전을 기준으로 집필했습니다.
- 이 책은 오피스 2007 버전부터 2010, 2013, 2016, 2019, 마이크로소프트 365 버전까지 모두 포함하지만, 일부 버전에서 사용할 수 없는 기능도 다루었습니다. 궁금한 내용은 엑셀웍스(xlworks.net)나 저자 메일 (admin@xlworks.net)로 문의해 주세요.

엑셀 이해하기

엑셀은 마이크로소프트 오피스에 포함된 프로그램이지만
기능은 정말 어마어마하게 많습니다.
우리는 이런 방대한 기능을
다 배울 시간도 없고, 또 그럴 필요도 없습니다.
이 책은 엑셀의 가장 핵심적인 내용을 다룹니다.
본격적인 공부에 앞서 엑셀에 관해
이해하는 시간을 가져보겠습니다.

01 • 엑셀의 기초 지식 알아보기

엑셀의 기초 지식 알아보기

엑셀은 역사가 오래된 만큼 실무 현장에서 사용하는 버전도 다양합니다. 여기에 구독형 버전이 추가되면서 종류 또한 다양해져서 더욱 복잡해졌습니다. 따라서 버전에 따라 어떤 차이점이 있는지 이해해야 엑셀을 잘 사용할 수 있습니다.

01장에서는 나에게 필요한 엑셀의 핵심 기능은 무엇인지 살펴보기 전에 미리 알아두어야 할 것을 다룹니다. 먼저 엑셀의 핵심인 수식, 함수, 데이터 영역을 소개하고, 이를 기반으로 앞으로 고급 기능까지 배워서 여러분의 엑셀 능력을 확장할 수 있도록 도와드리겠습니다.

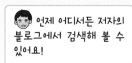

XLWorks 엑셀웍스   강좌 함수 엑셀 프로그램 엑셀간트 Contact   검색 ...   Q   🌐

01-1 엑셀의 핵심은 수식, 함수, 데이터!

01-2 엑셀 버전별 차이점

01-1 엑셀의 핵심은 수식, 함수, 데이터!

• 실습 파일 01-1.수식-함수-데이터-알아보기.xlsx

실무에서 엑셀을 쓰다 막히면 보통 다음과 같은 방법으로 문제를 해결합니다.

- 인터넷 폭풍 검색 ➡ 비슷한 경우 찾기 ➡ 해결
- 실무 예제로 가득한 엑셀 책 구입 ➡ 비슷한 경우 찾기 ➡ 해결
- 누군가(동료, 인터넷 커뮤니티 등)에게 물어보거나 아예 다 해결해 달라고 떠넘기기 ➡ 해결

문제는 어찌어찌 해결했지만, 복사/붙여넣기 해서 결과만 내는 방식으로 해결하다 보니 원리나 개념은 여전히 제대로 이해하지 못하고 머릿속에서 뒤죽박죽 상태가 됩니다.

나의 상태

이렇게 엑셀의 기본을 알아가는 과정 없이 실무 예제만 열심히 가져다 쓰면 실력이 늘지 않습니다.

엑셀은 쉬운 프로그램은 아니지만 그렇다고 배우기 어려운 프로그램도 아닙니다. 엑셀의 기본이자 핵심 영역인 수식, 함수, 데이터 영역만 체계적으로 익히면 한결 쉽게 사용하고 실력도 자연스럽게 키울 수 있습니다.

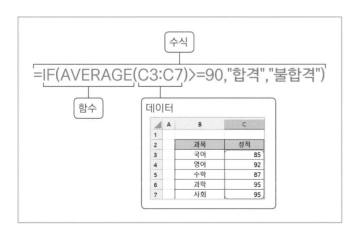

엑셀의 세 가지 핵심 영역을 익히고 나면 나머지 영역은 그다지 어렵지 않습니다. 예를 들어 데이터 구조화를 이해하고 나면 피벗 테이블은 손쉽게 배울 수 있는 것과 같은 원리입니다. 그러므로 엑셀의 기본이자 핵심인 수식, 함수, 데이터 영역에 집중하여 기초를 먼저 쌓으면, 실무 사례를 통해 실제 업무에 필요한 능력을 스스로 갖출 수 있습니다.

수식

엑셀의 수식을 한마디로 정의하면 어떤 결과를 구하려고 셀에 입력하는 '계산식'이라고 할 수 있습니다. 수식은 간단한 것 같지만 기본 원리를 이해하지 못하면 잘못 사용할 수 있습니다. 예를 들어보겠습니다.

[C14] 셀의 수식은 [E4:E10] 셀 범위의 숫자 값에서 [C12] 셀에 입력한 10만 원보다 큰 값을 더하라는 뜻으로 작성한 것입니다.

=SUMIF(E4:E10,">C12",E4:E10) ➜ 0

그러나 이 수식은 의도한 대로 동작하지 않습니다. 왜냐하면 ">C12"로 입력하면 수식 전체를 텍스트로 인식하여 숫자 비교를 하지 못하므로 0을 반환하기 때문입니다. [C12] 셀을 참조하여 10만 원 이상인 값만 더하게 하려면 다음과 같이 수식을 고쳐 써야 제대로 동작합니다.

=SUMIF(E4:E10,">"&C12,E4:E10) ➜ 800,000

C16	✕ ✓ fx	=SUMIF(E4:E10,">"&C12,E4:E10)		
▲	A	B	C	D	E

SUMIF 함수로 조건별 합계 구하기

거래처별 판매실적

판매일자	거래처명	상품	판매금액
2022-07-02	신림문구	노트	50,000
2022-08-04	신촌 아트박스	노트	600,000
2022-08-04	신촌 아트박스	필기류	60,000
2022-07-01	신림문구	필기류	200,000
2022-07-06	신림문구	노트	27,000
2022-07-06	서초 아트박스	클립	15,000
2022-07-06	서초 아트박스	클립	80,000

금액 기준	100,000	
금액 기준보다 큰 값 합계(오류)	0	=SUMIF(E4:E10,">C12",E4:E10)
금액 기준보다 큰 값 합계(정상)	800,000	=SUMIF(E4:E10,">"&C12,E4:E10)

> 텍스트와 셀 참조의 차이를 이해한다면 간단한 문제인데 많은 분들이 헷갈려 합니다.

엑셀의 수식 영역에서는 수식의 기본 원리뿐 아니라 상대참조/절대참조, 셀 서식, 조건부 서식, 수식 오류 처리 등 익혀야 할 기능이 많습니다. 따라서 엑셀 수식 영역에서는 다양한 기능을 단순 나열해서 설명하는 방식보다 핵심을 이해하고 실무에 바로 적용할 수 있는 방법을 소개해서 여러분의 엑셀 능력을 효율적으로 쌓을 수 있도록 안내하겠습니다.

함수

엑셀 함수는 2023년 3월 마이크로소프트 365 버전 기준으로 500개 정도 됩니다. 이렇게 많은 함수를 다 알 필요는 없습니다. 함수는 많이 아는 것보다 목적에 맞는 함수를 찾아서 사용하는 것이 더 중요합니다.

엑셀의 버전이 업그레이드되면 새로운 함수도 추가되어 이전에는 어렵게 해결했던 문제를 한 번에 손쉽게 해결하는 경우도 있습니다.

다음 표에서 값을 찾을 때 VLOOKUP 함수로는 불가능하여 INDEX, MATCH 함수를 조합해서 사용했지만, 오피스 2021 또는 마이크로소프트 365 버전부터는 XLOOKUP 함수로 한 번에 해결할 수 있습니다. XLOOKUP 함수는 값을 찾을 때 많이 쓰는 VLOOKUP 함수의 업그레이드 버전입니다.

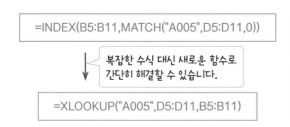

=INDEX(B5:B11,MATCH("A005",D5:D11,0))

복잡한 수식 대신 새로운 함수로 간단히 해결할 수 있습니다.

=XLOOKUP("A005",D5:D11,B5:B11)

	A	B	C	D
4		상품명	단가	상품코드
5		유선 키보드	23000	A001
6		무선마우스	48900	A002
7		USB허브	23000	A003
8		HDMI케이블	19500	A004
9		마우스패드	6500	A005
10		외장SSD	155000	A006
11		LCD모니터	207000	A007

이처럼 엑셀의 버전이 업그레이드되어 기능이 점점 좋아지면서 예전의 함수를 사용하여 어려운 수식을 써야 하는 경우는 점점 줄어들고 있습니다. 따라서 함수 영역에서는 주요 함수의 정확한 사용법을 배우고 최신 추가된 함수를 사용하여 문제를 쉽고 간단하게 해결하는 다양한 방법을 알려드립니다.

데이터

엑셀은 결국 데이터를 다루는 프로그램입니다. 엑셀을 제대로 사용하려면 앞에서 설명한 수식과 함수도 중요하지만, 엑셀 시트에 입력하는 데이터의 종류와 형식을 이해하고 체계적이면서 구조적으로 관리하는 방법도 알아야 합니다.

데이터 형식 이해하기

엑셀을 사용하면서 다음과 같은 숫자를 본 적이 있지요?
엑셀에서 다루는 데이터 형식을 모른다면 그냥 숫자로 보일 수 있지만, 이것은 날짜입니다. 엑셀에서는 날짜를 내부적으로 숫자로 저장하고 있으므로 표시 형식을 숫자로 바꾸면 이렇게 표시합니다. 날짜가 숫자로 저장되므로 특정 날짜에서 일정 기간이 지난 날짜를 구하려면 단순히 숫자를 더하기만 해도 된다는 것을 쉽게 이해할 수 있습니다.

	A
1	44584
2	44585
3	44586
4	44587
5	44588
6	44589
7	44590

엑셀에서 사용하는 데이터 형식을 먼저 알아둔다면 수식을 작성하거나 엑셀을 사용할 때 훨씬 손쉬울 것입니다.

데이터 구조화

시트에 입력한 데이터는 그대로 이용하지 않습니다. 즉 엑셀 함수로 수식을 작성할 때 사용할 수 있는 형태로 잘 정리되어 있어야 합니다. 실무에서 흔히 사용하는 표 형식을 예로 들어 데이터 구조화의 중요성을 알아보겠습니다.
다음 상품분류표에서 각각의 상품명이 [노트], [필기류], [기타]로 나뉜 상품분류 가운데 어디에 속하는지 찾아야 한다면 다음과 같이 이해하기 어렵고 복잡한 배열 수식을 입력해야 합니다.

```
{=OFFSET(가로표!$B$3,0,MAX((가로표!$B$4:$D$9='거래처별판매실적-배열수식'!B2)*{1,2,3})-1)}
```

상품분류표 (첫 번째 표)

A	B	C	D
	상품분류표		
	노트	**필기류**	**기타**
	옥스포드 노트	네임펜F (중간글씨용) 흑색	데스크 오거나이저
	카카오프렌즈 인덱스 노트 네오	모나미 볼펜	사무용 스테플러침 (33호)
	카카오프렌즈 인덱스 노트 라이언	보드마카 청색	스카치 다용도 테이프
	합지 스프링노트	옵텍스 형광펜 혼합3색	포스트잇 노트 (654) 노랑
			포스트잇 노트 큐브 3색
			피스코리아 클립

C2 `{=OFFSET(가로표!$B$3,0,MAX((가로표!$B$4:$D$9='거래처별판매실적-배열수식'!B2)*(1,2,3))-1)}`

판매일자	상품명	상품분류	수량(a)	단가(b)	합계(a*b)	C열의 수식
2017-07-01	모나미 볼펜	필기류	200	100	20,000	{=OFFSET(가로표!$B$3,0,MAX((가로표!$B$4:$D$9='거래처별판매실적-배열수식'!B2)*(1,2,3))-1)}
2017-07-01	옥스포드 노트	노트	150	6,000	900,000	{=OFFSET(가로표!$B$3,0,MAX((가로표!$B$4:$D$9='거래처별판매실적-배열수식'!B3)*(1,2,3))-1)}
2017-07-01	포스트잇 노트 (654) 노랑	기타	20	1,700	34,000	{=OFFSET(가로표!$B$3,0,MAX((가로표!$B$4:$D$9='거래처별판매실적-배열수식'!B4)*(1,2,3))-1)}
2017-07-01	포스트잇 노트 큐브 3색	기타	20	2,300	46,000	{=OFFSET(가로표!$B$3,0,MAX((가로표!$B$4:$D$9='거래처별판매실적-배열수식'!B5)*(1,2,3))-1)}
2017-07-02	합지 스프링노트	노트	20	2,500	50,000	{=OFFSET(가로표!$B$3,0,MAX((가로표!$B$4:$D$9='거래처별판매실적-배열수식'!B6)*(1,2,3))-1)}
2017-07-04	모나미 볼펜	필기류	250	100	25,000	{=OFFSET(가로표!$B$3,0,MAX((가로표!$B$4:$D$9='거래처별판매실적-배열수식'!B7)*(1,2,3))-1)}
2017-07-05	네임펜F (중간글씨용) 흑색	필기류	10	6,000	60,000	{=OFFSET(가로표!$B$3,0,MAX((가로표!$B$4:$D$9='거래처별판매실적-배열수식'!B8)*(1,2,3))-1)}
2017-07-06	스카치 다용도 테이프	기타	30	900	27,000	{=OFFSET(가로표!$B$3,0,MAX((가로표!$B$4:$D$9='거래처별판매실적-배열수식'!B9)*(1,2,3))-1)}
2017-07-06	옵텍스 형광펜 혼합3색	필기류	30	3,000	90,000	{=OFFSET(가로표!$B$3,0,MAX((가로표!$B$4:$D$9='거래처별판매실적-배열수식'!B10)*(1,2,3))-1)}

그런데 이렇게 표를 작성하면 엑셀에서는 처리하기가 아주 까다롭습니다. 그러므로 표의 구조를 다음과 같이 바꿔야 합니다. 상품명에 해당하는 [상품분류]를 찾을 수 있도록 VLOOKUP 함수를 활용해서 수식을 입력하면 됩니다.

`=VLOOKUP(B2,세로표!$A$2:$B$15,2,FALSE)`

	A	B
	상품명	**상품분류**
2	옥스포드 노트	노트
3	카카오프렌즈 인덱스 노트 네오	노트
4	카카오프렌즈 인덱스 노트 라이언	노트
5	합지 스프링노트	노트
6	네임펜F (중간글씨용) 흑색	필기류
7	모나미 볼펜	필기류
8	보드마카 청색	필기류
9	옵텍스 형광펜 혼합3색	필기류
10	데스크 오거나이저	기타
11	사무용 스테플러침 (33호)	기타
12	스카치 다용도 테이프	기타
13	포스트잇 노트 (654) 노랑	기타
14	포스트잇 노트 큐브 3색	기타
15	피스코리아 클립	기타

데이터의 구조만 바꾸어도 이렇게 간단한 수식으로 정리할 수 있습니다.

판매일자	상품명	상품분류	수량(a)	단가(b)	합계(a*b)		C열의 수식
2017-07-01	모나미 볼펜	필기류	200	100	20,000		=VLOOKUP(B2,세로표!$A$2:$B$15,2,FALSE)
2017-07-01	옥스포드 노트	노트	150	6,000	900,000		=VLOOKUP(B3,세로표!$A$2:$B$15,2,FALSE)
2017-07-01	포스트잇 노트 (654) 노랑	기타	20	1,700	34,000		=VLOOKUP(B4,세로표!$A$2:$B$15,2,FALSE)
2017-07-01	포스트잇 노트 큐브 3색	기타	20	2,300	46,000		=VLOOKUP(B5,세로표!$A$2:$B$15,2,FALSE)
2017-07-02	합지 스프링노트	노트	20	2,500	50,000		=VLOOKUP(B6,세로표!$A$2:$B$15,2,FALSE)
2017-07-04	모나미 볼펜	필기류	250	100	25,000		=VLOOKUP(B7,세로표!$A$2:$B$15,2,FALSE)
2017-07-05	네임펜F (중간글씨용) 흑색	필기류	10	6,000	60,000		=VLOOKUP(B8,세로표!$A$2:$B$15,2,FALSE)
2017-07-06	스카치 다용도 테이프	기타	30	900	27,000		=VLOOKUP(B9,세로표!$A$2:$B$15,2,FALSE)
2017-07-06	옵텍스 형광펜 혼합3색	필기류	30	3,000	90,000		=VLOOKUP(B10,세로표!$A$2:$B$15,2,FALSE)

엑셀 함수는 데이터가 구조화되었을 때를 가정하여 만들어졌습니다. 앞의 예와 같이 데이터가 구조화되지 않으면 수식을 어렵게 써야 해결할 수 있는 경우가 많습니다. 데이터를 함수가 사용하기 좋은 구조로 잘 정리하면 수식이 간편하고 쉬워집니다. 따라서 데이터 영역에서는 어떻게 하면 데이터를 잘 정리하고 구조화할 수 있는지를 알려드립니다.

01-2 엑셀 버전별 차이점

• 실습 파일 없음

엑셀 최신 버전을 사용하면 좋겠지만 함께 일하는 사람 중에는 낮은 버전을 사용하는 사람도 있을 수 있습니다. 이렇듯 실무 현장에서는 다양한 이유로 여러 엑셀 버전이 존재할 수 있으므로 버전별 차이점을 알아두는 것이 좋습니다.

엑셀은 마이크로소프트 오피스 제품군에 포함되어 있으므로 보통 오피스 버전으로 통용하지만, '엑셀 2021 버전'과 같이 엑셀 버전으로도 이야기합니다.

오피스 2007 버전부터 엑셀의 파일 형식이 오픈 XML 포맷으로 바뀌면서 처리할 수 있는 행수가 100만 행 정도로 늘어나는 등 크게 변화했으며, 오피스 2013 버전부터는 라이선스를 영구 설치형(오피스 2013)과 구독형(마이크로소프트 365)으로 분리해서 출시되고 있습니다.

파일 형식이 오픈 XML 포맷으로 변경됨

라이선스가 영구 설치형(오피스 2013)과 구독형(마이크로소프트 365)으로 분리됨

오피스 2003	오피스 2007	오피스 2010	오피스 2013~오피스 2019	오피스 2021

- **오피스 2003**
  - 엑셀 확장자 xls
  - 65,536행, 1,024열 지원

- **오피스 2007**
  - 리본 메뉴 도입
  - 엑셀 확장자가 xls에서 xlsx로 변경
  - 1,048,576행,16,384열 지원

- **오피스 2021**
  - 동적 배열 지원
  - 동적 배열 함수 추가 (FILTER, SORT, SORTBY, UNIQUE, SEQUENCE, RANDARRAY)
  - 새로운 찾기 함수 제공 (XLOOKUP, XMATCH)

마이크로소프트 365(구독형)

- 추가 기능 자동 업데이트
- 최신 함수 우선 제공

(마이크로소프트는 2020년 4월에 오피스 365의 생산성과 보안을 강화하면서 마이크로소프트 365로 이름을 변경함)

엑셀 버전 업그레이드에 따른 주요 변화를 크게 오피스 2007 버전 이후와 오피스 2013 버전 이후로 나누어 살펴보겠습니다.

오피스 2007 버전 이후 — 100만여 행 저장 가능

오피스 2007 버전부터 워드, 엑셀, 파워포인트의 애플리케이션 표준 파일 형식이 오픈 XML 포맷으로 변경되었고, 파일 확장자가 각각 docx, xlsx, pptx로 변경되었습니다. 오픈 포맷이므로 검색 엔진이나 다른 프로그램 등에서 문서 정보를 읽을 수 있으므로 시스템 연계성과 활용성이 높아졌습니다.

오피스 2003 버전까지는 하나의 시트에 65,536행, 1,024열까지 저장할 수 있었지만, 오피스 2007 버전부터는 1,048,576행, 즉 100만여 행과 16,384열까지 가능해졌습니다. 만약 엑셀에서 6만여 행 이상 저장되지 않는다면 오피스 2003 버전 이하일 가능성이 높습니다. 오피스 2003 이하 버전은 저장할 수 있는 행수가 적고 파일 호환성도 떨어지며 지원하는 함수도 적으므로, 엑셀을 제대로 사용하고 싶다면 최소한 오피스 2007 이상 버전을 선택할 것을 권장합니다.

오피스 2013 버전 이후 — 라이선스를 영구 설치형과 구독형으로 분리

마이크로소프트 오피스의 라이선스는 오피스 2013 버전부터 영구 설치형(오피스 2013)과 구독형(마이크로소프트 365)으로 분리되었습니다.

> 마이크로소프트는 2020년 4월에 오피스 365의 생산성과 보안을 강화하면서 마이크로소프트 365로 이름을 변경했습니다.

영구 설치형

오피스 2007, 2010, 2013, 2016, 2019, 2021 등 오피스 뒤에 연도가 붙으면 영구 설치형 라이선스 제품입니다. 제품을 한 번 구입하면 영구히 사용할 수 있지만, 이후 출시되는 버전은 업그레이드할 수 없으며 새로 구입해야 합니다. 즉 엑셀의 함수 추가 등은 할 수 없지만 보안이나 버그를 수정하는 업데이트는 제공됩니다.

2023년 3월 기준으로 오피스 2021은 설치형 최신 버전이며, 기능 면에서 볼 때 마이크로소프트 365에서 제공하는 워드, 엑셀, 파워포인트, 아웃룩과 차이가 있습니다. LAMBDA, ARRAYTOTEXT 등 일부 엑셀 함수는 오피스 2021에서는 제공되지 않고 마이크로소프트 365, 웹용, 모바일용 등에서만 사용할 수 있습니다.

구독형

월 또는 연 단위로 계약하는 구독형 서비스입니다. 항상 최신 기능을 업데이트하므로 설치형 최신 오피스 제품의 모든 기능을 사용할 수 있습니다. 오피스 2021과 마찬가지로 보안이나 버그를 수정하는 업데이트도 제공됩니다.

오피스 2021/마이크로소프트 365 버전 이후 — 동적 배열 수식 및 함수 제공

설치형 오피스 2021 및 마이크로소프트 365 버전부터 기존의 배열 수식, 즉 레거시 배열 수식과는 다른 동적 배열 수식을 사용할 수 있습니다. 동적 배열 수식은 사용하기 간편하고 오류 가능성도 적으며 여러 가지 면에서 장점이 많습니다.

다음 배열 수식을 입력하고 나서 이제는 더 이상 [Ctrl] + [Shift] + [Enter]를 누르지 않아도 됩니다. 다른 수식처럼 [Enter]만 누르면 됩니다.

> =SUM(LARGE($C$4:$C$10,{1,2,3}))

오피스 2021, 마이크로소프트 365 버전 이후로는 배열 수식을 입력하고 [Enter]만 누르세요!

오피스 2021, 마이크로소프트 365 버전에는 동적 배열 형태로 결과를 구해주는 동적 배열 함수가 추가되어 필터링, 정렬, 중복 제거를 간단히 처리할 수 있습니다.

함수 종류	기능
FILTER	원하는 조건으로 데이터 조회(필터링)하기
RANDARRAY	배열 형태로 난수 구하기
SEQUENCE	연속된 숫자 목록 만들기
SORT	데이터 정렬하기
SORTBY	범위의 값을 기준으로 데이터 정렬하기
UNIQUE	중복 제거하기

오피스 2021 버전 이후부터 추가된 동적 배열 함수의 종류별 기능

지나치기 쉬운
엑셀의 핵심, 수식

첫째마당에서는 엑셀의 세 가지 핵심 영역인

수식, 함수, 데이터 가운데 '수식'을 다룹니다.

수식은 기본 원리를 아는 것도 중요하지만 참조 방식,

조건부 서식, 수식 오류 처리 등 연관된 기능도 알아두어야 합니다.

따라서 첫째마당에서는 이러한 내용을 위주로

빠르게 이해하고 실무에 바로 적용할 수 있도록 하겠습니다.

02 ● 엑셀의 핵심, 수식 다루기

03 ● 수식 분석하고 오류 해결하기

02

엑셀의 핵심, 수식 다루기

02장에서는 엑셀의 핵심, 엑셀의 모든 것이라고 할 수 있는 '수식'을 알아봅니다.

먼저 수식은 어떻게 구성되는지 살펴보고, 수식에서 사용하는 연산자(+, -, *, /, =, >, <= 등)와 계산이 실행되는 순서도 함께 살펴봅니다. 듣기만 해도 재미없고 지루해 보이지만, 엑셀을 사용하려면 꼭 알아야 할 내용을 중심으로 실무 사례를 통해 쉽게 이해할 수 있도록 정리했습니다.

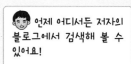

언제 어디서든 저자의 블로그에서 검색해 볼 수 있어요!

| XLWorks 엑셀웍스 | 강좌 함수 엑셀 프로그램 엑셀간트 Contact | 검색 ... 🔍 🌐 |

02-1 엑셀 수식의 기본기 익히기

02-2 수식 연산자와 연산 우선순위

02-3 상대참조, 절대참조, 혼합참조

02-1 엑셀 수식의 기본기 익히기

• 실습 파일 02-1.엑셀수식알아보기.xlsx

이번 절에서는 엑셀 수식을 입력·수정하는 방법과 구성에 대해 간단히 살펴보겠습니다. 엑셀을 사용해 본 경험이 있어서 아는 내용이라면 간단히 개념을 정리하는 정도로 가볍게 읽고 넘어가고, 엑셀 버전이 업그레이드되면서 추가된 부분은 자세히 살펴보세요.

수식은 등호(=)를 먼저 입력하고 값(직접 입력하는 상수), 참조, 함수, 연산자, 괄호 등을 사용해서 작성합니다. 수식은 다양한 형식으로 작성할 수 있지만 대표적인 예는 다음과 같습니다.

> **수식 풀이**
> =100+200 ➡ 값을 직접 입력하여 숫자를 더하는 수식
> =A1*A2 ➡ 다른 셀의 값을 참조하여 곱하는 수식
> =AVERAGE(A1:A3) ➡ AVERAGE 함수를 사용하는 수식

하면 된다! ╲ 수식을 입력하는 방법

[수식입력하기] 시트

수식은 키보드를 이용하여 셀에 직접 입력할 수도 있지만, 다음 예시처럼 마우스나 키보드의 방향키로 셀을 선택하여 작성할 수도 있습니다. 셀을 선택하는 방법은 직관적이며 직접 입력하지 않아도 되므로 오류를 줄일 수 있습니다.

❶ [B5] 셀에 =를 입력한 후 ❷ [B2] 셀을 선택하고 +를 입력합니다. 그리고 ❸ [B3] 셀을 선택한 후 ❹ +50을 입력합니다. ❺ [B5] 셀에 계산 결과 150이 표시됩니다.

하면 된다! } 수식을 수정하는 방법 [수식 수정하기] 시트

셀에 입력된 수식은 두 가지 방법으로 수정할 수 있습니다. 셀에서 수식 수정 모드로 바꾼 후 수정하는 방법과 수식 입력줄에서 곧바로 입력하는 방법입니다. 먼저 판매금액을 구하는 간단한 수식을 셀에 입력한 후 자세히 알아보겠습니다.

01. 셀에 수식 입력하기

❶ 판매금액은 판매수량과 단가를 곱해서 구해야 하므로 [E3] 셀에 수식 =C3*D3을 입력합니다. ❷ 계산 결과 276,000이 표시됩니다.

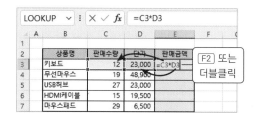

02. 셀에서 수식 수정하기

[E3] 셀을 선택한 후 F2를 누르거나 더블클릭하면 [E3] 셀의 숫자가 수식으로 바뀌면서 수정 모드가 됩니다.

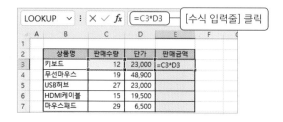

03. 수식 입력줄에서 수식 수정하기

[수식 입력줄]을 클릭하면 수식 수정 모드로 바뀌므로 여기에서 수식을 곧바로 수정할 수 있습니다.

수식의 구성

이번에는 수식이 어떻게 구성되는지 [수식의 구성] 시트를 예로 들어 살펴보겠습니다. 5개 과목의 성적 평균으로 합격/불합격 여부를 판단해 주는 조금 복잡해 보이는 수식입니다.

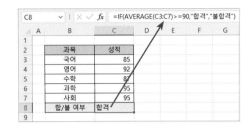

```
=IF(AVERAGE(C3:C7)>=90,"합격","불합격")
```

IF 함수 내부의 AVERAGE(C3:C7) 결과는 90보다 큰 90.8이므로 합격이라고 표시해 줍니다.

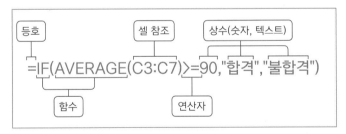

수식이 아무리 복잡해 보여도 이런 형태를 활용할 뿐입니다!

엑셀을 계산기처럼 쓸 수도 있지만, 이렇듯 수식을 잘 이용하면 수치 계산을 넘어서 논리적 판단까지 할 수 있습니다. 앞에서 살펴본 수식은 그렇게 복잡하지는 않지만 수식의 구성 요소를 모두 포함하고 있습니다. 수식은 대부분 등호로 시작하며 함수, 셀 참조, 연산자, 상수로 구성됩니다.

 엑셀 능력자의 꿀팁   엑셀에서 상수란?

상수라는 말이 어렵게 느껴지나요? 수학에서 상수는 '변하지 않는 값'이라고 정의하는데, 엑셀에서는 다른 셀을 참조하지 않고 '직접 입력하는 값'으로 이해하면 됩니다.

엑셀에서 상수를 사용할 때는 주의해야 합니다. 숫자는 그대로 입력하면 되지만 텍스트, 곧 문자열은 반드시 앞뒤를 큰따옴표로 둘러싸야 합니다. 이렇게 하지 않으면 #NAME? 오류가 발생합니다.

```
=IF(SUM(B2:B5)>=90,합격,불합격)  ➜  #NAME?
```

엑셀에서는 문자열 앞뒤를 큰따옴표로 둘러싸지 않으면 이름으로 인식하기 때문입니다. 엑셀에서 '이름'이란 특정 셀이나 범위에 이름표를 붙이는 것으로 이해하면 됩니다. 이 수식처럼 합격 앞뒤에 큰따옴표를 사용하지 않으면 엑셀은 합격이라는 이름이 어딘가 정의되어 있다고 판단합니다. 따라서 합격이라는 이름으로 정의해 놓은 게 없다면 엑셀은 그런 이름이 없다는 의미로 #NAME? 오류를 발생시킵니다.

엑셀에서 계산이 자동으로 안 될 때 해결 방법

엑셀을 사용하다 보면 가끔 계산이 자동으로 안 될 때가 있습니다. [일별 판매 실적] 시트를 예로 들어 이 문제를 해결해 보겠습니다. 다음과 같이 어떤 문구점의 7월 2일 연필 판매실적을 50,000원에서 100,000원으로 바꿨는데 합계와 평균이 바뀌지 않습니다.

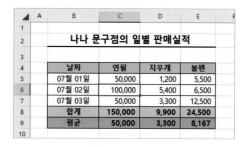

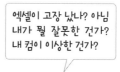

엑셀은 값만 넣으면 수식에서는 값이 자동으로 바뀌는 것으로 알고 있었는데 바뀌지 않는 경우입니다. 이 문제는 의외로 간단히 해결할 수 있습니다. 다음과 같이 따라해 보세요.

하면 된다! ⫸ 계산 옵션 확인하고 자동으로 바꾸기 [일별 판매 실적] 시트

❶ [수식] 탭 → [계산] 그룹 → [계산 옵션]을 선택하여 [자동], [데이터 표만 수동], [수동] 중에 어떤 것이 선택되어 있는지 확인합니다.

❷ [수동]으로 선택되어 있다면 [자동]으로 바꿉니다. 이제 자동으로 계산될 테니 확인해 보세요.

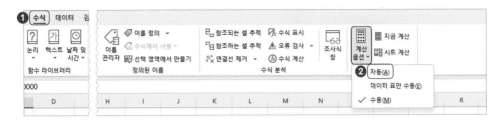

하면 된다! ⫸ 텍스트로 저장된 숫자 변환하기 [텍스트로 저장된 숫자] 시트

계산 옵션을 [자동]으로 선택했는데도 합계와 평균이 바뀌지 않는다면 다른 문제가 있다고 생각하면 됩니다. 대표적으로 입력한 값이 숫자가 아닌 경우입니다. 이런 문제는 워드, PDF, 아래한글 등의 프로그램에서 작성한 숫자를 복사해서 붙여넣을 때 자주 발생합니다.

[텍스트로 저장된 숫자] 시트에서 7월 1일 연필의 판매실적을 50,000원에서 20,000원으로 바꾸면 판매금액 합계가 170,000원이어야 합니다. 그런데 7월 1일 판매금액 20,000원이 인식되지 않아 합계가 자동으로 바뀌지 않고 150,000원 그대로입니다.

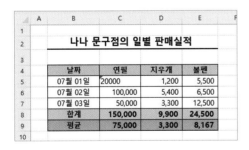

이렇게 숫자가 아니라 텍스트 값이 입력되면 셀 왼쪽 위에 초록색 삼각형 표시가 나타납니다. 왜 그런지 확인해 보겠습니다.

01. [C5] 셀을 선택해 보세요. 왼쪽 위에 느낌표 표시가 나타납니다.

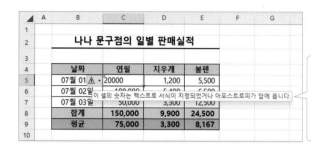

느낌표 표시에 마우스 커서를 가져가면 '이 셀의 숫자는 텍스트로 서식이 지정되었거나 아포스트로피가 앞에 옵니다.'가 나타납니다. 숫자가 아니라 텍스트로 인식된다는 뜻입니다.

02. ❶ 느낌표 표시를 클릭해 ❷ [숫자로 변환]을 선택합니다. 이제 값이 숫자로 인식되고 합계도 정상적으로 계산됩니다.

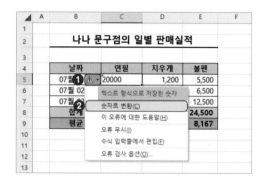

02-2 수식 연산자와 연산 우선순위

• 실습 파일 02-2.연산자와-연산우선순위-실습.xlsx
• 완성 파일 02-2.연산자와-연산우선순위-완성.xlsx

엑셀 수식의 입력, 수정, 구성에 이어서 수식에 사용하는 연산자를 살펴보겠습니다. 엑셀 연산자는 크게 산술 연산자, 비교 연산자, 텍스트 연결 연산자, 참조 연산자로 나뉘며, 그에 따라 계산이 실행되는 순서가 정해져 있습니다.

산술 연산자

사칙연산을 할 때처럼 값을 계산할 때 사용하는 연산자로 6개가 있습니다.

연산자	의미	사용 예
+	더하기	=10+20+30 ➜ 60
-	빼기	=100-30 ➜ 70
*(별표)	곱하기	=10*10 ➜ 100
/(슬래시)	나누기	=10/2 ➜ 5 (10을 2로 나눈 값인 5가 표시됨)
%	백분율	=50% ➜ 0.5 (셀 표시 형식이 백분율이면 50%로 표시됨)
		=50%*10 ➜ 5 (셀 표시 형식이 백분율이면 500%로 표시됨)
^(캐럿)	제곱	=5^2 ➜ 25 (5의 제곱인 25가 표시됨)

비교 연산자

비교 연산자는 간단해 보이지만 잘못 쓰는 경우가 많아서 사용 시 수식 오류가 자주 발생합니다. 사용 예를 보고 연습해 보세요.

연산자	의미	사용 예
=	같음	"=100" ➜ 100인
>	~보다 큼	">100" ➜ 100보다 큰
<	~보다 작음	"<100" ➜ 100보다 작은 (100 미만)
>=	~보다 크거나 같음	">=100" ➜ 100보다 크거나 같은 (100 이상)

연산자	의미	사용 예
<=	~보다 작거나 같음	"<=100" ➜ 100보다 작거나 같은 (100 이하)
<>	같지 않음	"<>100" ➜ 100이 아닌

실제 수식에서 비교 연산자를 어떻게 쓰는지 알아보겠습니다.

하면 된다! ⟩ 비교 연산자를 활용해 판매실적 자료 정리하기

[비교연산자_예시] 시트

거래처별 판매실적 자료에서 SUMIF 함수로 특정 조건의 합계를 구해보겠습니다.
SUMIF 함수는 조건을 만족하는 범위의 합계를 구해줍니다.

01. 판매금액이 6만 원 이상인 상품의 합계 구하기
[E14] 셀에 다음 수식을 입력합니다.

> =SUMIF(E5:E12,">=60000",E5:E12) ➜ 1,900,000원

SUMIF 함수는 08장에서 자세히 다룹니다!

	A	B	C	D	E
1	**엑셀 비교 연산자 알아보기**				
2					
3		거래처별 판매실적			
4		판매일자	거래처명	상품	판매금액
5		2022-07-02	신촌 아트박스	노트	60,000
6		2022-08-04	신촌 아트박스	복사용지	600,000
7		2022-08-04	신촌 아트박스	필기류	60,000
8		2022-07-01	신림문구	노트	900,000
9		2022-07-01	신림문구	수정용품	200,000
10		2022-07-06	서초 아트박스	스카치테이프	27,000
11		2022-07-06	서초 아트박스	클립	15,000
12		2022-07-06	서초 아트박스	클립	80,000
13					
14				6만 원 이상인 상품의 판매금액 합계	=SUMIF(E5:E12,">=60000",E5:E12)
15					

수식에서 비교 연산자와 값을 결합할 때는 ">=60000"처럼 앞뒤를 큰따옴표로 둘러싸야 합니다. 그렇지 않으면 오류가 발생합니다.

02. 판매금액이 6만 원인 상품의 합계 구하기
[E16] 셀에 다음 수식을 입력합니다.

> =SUMIF(E5:E12,"=60000",E5:E12) ➜ 120,000원

이 수식에서는 비교 연산자 중에 등호 연산자 =를 사용했는데, 이때 등호 =는 생략할 수 있습니다. 만약 조건이 숫자만으로 구성되어 있다면 등호 =와 큰따옴표까지 생략할 수 있습니다.

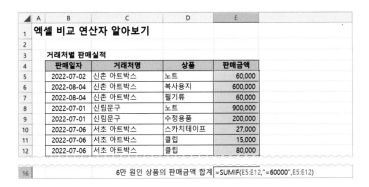

[E18] 셀에 다음 수식을 입력해 보세요. 앞의 수식 결괏값처럼 이번 수식에서도 똑같이 합계 120,000원이 구해집니다.

> =SUMIF(E5:E12,60000,E5:E12) ➡ 120,000원

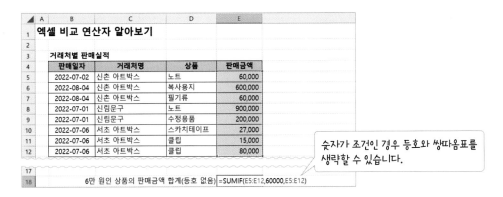

숫자가 조건인 경우 등호와 쌍따옴표를 생략할 수 있습니다.

03. '노트' 상품의 판매금액 합계 구하기

[E20] 셀에 다음 수식을 입력합니다.

> =SUMIF(D5:D12,"=노트",E5:E12) ➡ 960,000원

텍스트도 숫자와 마찬가지로 비교 연산자를 이용하여 비교할 수 있습니다. 이 수식 역시 등호 연산자를 사용했는데, 조건이 텍스트만으로 구성되어 있어도 등호를 생략할 수 있습니다.

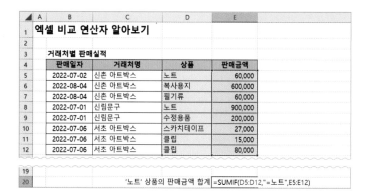

[E22] 셀에 다음 수식을 입력해 보세요. 앞의 수식 결괏값처럼 이번 수식에서도 똑같이 합계 960,000원이 구해집니다.

=SUMIF(D5:D12,"노트",E5:E12) ➡ 960,000원

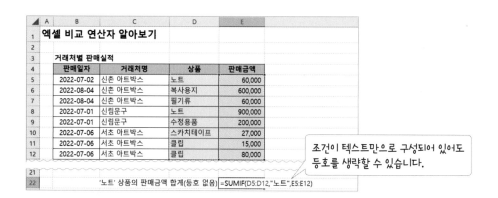

텍스트 연결 연산자

대표적인 텍스트 연결 연산자 &는 수식에서 2개의 값을 연결하여 하나의 연속된 텍스트를 만듭니다. &는 '앰퍼샌드'라고 읽습니다.

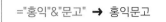 

="홍익"&"문고" ➔ 홍익문고

하면 된다! } 텍스트 연결 연산자를 활용해 판매실적 자료 정리하기

[텍스트 연결연산자_예시_정상], [텍스트 연결연산자_예시_오류] 시트

&는 수식에서 비교 연산자와 값을 연결할 때 많이 사용합니다.

거래처별 판매실적에서 금액 기준보다 큰 값 합계를 구하려면 [E14] 셀에 다음 수식을 입력합니다. 10만 원보다 크다는 것을 표현하기 위해 ">100000"를 입력했습니다.

=SUMIF(E5:E12,">100000",E5:E12) ➔ 1,700,000원

판매일자	거래처명	상품	판매금액
2022-07-02	신촌 아트박스	노트	60,000
2022-08-04	신촌 아트박스	복사용지	600,000
2022-08-04	신촌 아트박스	필기류	60,000
2022-07-01	신림문구	노트	900,000
2022-07-01	신림문구	수정용품	200,000
2022-07-06	서초 아트박스	스카치테이프	27,000
2022-07-06	서초 아트박스	클립	15,000
2022-07-06	서초 아트박스	클립	80,000

엑셀 텍스트 연결 연산자 알아보기

거래처별 판매실적

금액 기준보다 큰 값 합계(금액 직접 입력) =SUMIF(E5:E12,">100000",E5:E12)

만약 수식에 100,000을 직접 입력하지 않고 [E16] 셀에 입력된 값을 참조하여 금액 기준보다 큰 값의 합계를 구하려면 [E18] 셀에 다음 수식을 입력합니다. 연산자 >와 [E16] 셀을 &로 연결한 형태입니다.

=SUMIF(E5:E12,">"&E16,E5:E12) ➡ 1,700,000원

	A	B	C	D	E
1		엑셀 텍스트 연결 연산자 알아보기			
2					
3		거래처별 판매실적			
4		판매일자	거래처명	상품	판매금액
5		2022-07-02	신촌 아트박스	노트	60,000
6		2022-08-04	신촌 아트박스	복사용지	600,000
7		2022-08-04	신촌 아트박스	필기류	60,000
8		2022-07-01	신림문구	노트	900,000
9		2022-07-01	신림문구	수정용품	200,000
10		2022-07-06	서초 아트박스	스카치테이프	27,000
11		2022-07-06	서초 아트박스	클립	15,000
12		2022-07-06	서초 아트박스	클립	80,000
13					
14		금액 기준보다 큰 값 합계(금액 직접 입력)			1,700,000
15					
16		금액 기준			100,000
17					
18		금액 기준보다 큰 값 합계(E16 셀 금액 참조)			=SUMIF(E5:E12,">"&E16,E5:E12)

">"&E1b을 ">E1b"으로 쓰지 않도록 주의하세요!

이 수식을 다음과 같이 &를 사용하지 않으면 원하는 결과가 나오지 않습니다. 왜냐하면 ">E16" 전체를 텍스트로 인식하여 숫자 비교를 하지 않고 0을 반환하기 때문입니다.

=SUMIF(E5:E12,">E16",E5:E12) ➡ 0

	A	B	C	D	E
1		엑셀 텍스트 연결 연산자 알아보기			
2					
3		거래처별 판매실적			
4		판매일자	거래처명	상품	판매금액
5		2022-07-02	신촌 아트박스	노트	60,000
6		2022-08-04	신촌 아트박스	복사용지	600,000
7		2022-08-04	신촌 아트박스	필기류	60,000
8		2022-07-01	신림문구	노트	900,000
9		2022-07-01	신림문구	수정용품	200,000
10		2022-07-06	서초 아트박스	스카치테이프	27,000
11		2022-07-06	서초 아트박스	클립	15,000
12		2022-07-06	서초 아트박스	클립	80,000
13					
14		금액 기준보다 큰 값 합계(금액 직접 입력)			1,700,000	=SUMIF(E5:E12,">1(...
15					
16		금액 기준			100,000
17					
18		금액 기준보다 큰 값 합계(E16 셀 금액 참조)			0	=SUMIF(E5:E12,">E16",E5:E12)
19				수식이 잘못 입력됨	

오류 내용은 [텍스트 연산자_예시_오류] 시트에서 확인할 수 있습니다!

만약 '8월 1일부터 판매된 것의 판매금액 합계'를 구한다면 비교 연산자와 DATE 함수를 연결하기 위해 &를 사용합니다.

```
=SUMIF(B5:B12,">="&DATE(2022,8,1),E5:E12) ➜ 660,000원
```

	A	B	C	D	E
1		**엑셀 텍스트 연결 연산자 알아보기**			
2					
3		거래처별 판매실적			
4		판매일자	거래처명	상품	판매금액
5		2022-07-02	신촌 아트박스	노트	60,000
6		2022-08-04	신촌 아트박스	복사용지	600,000
7		2022-08-04	신촌 아트박스	필기류	60,000
8		2022-07-01	신림문구	노트	900,000
9		2022-07-01	신림문구	수정용품	200,000
10		2022-07-06	서초 아트박스	스카치테이프	27,000
11		2022-07-06	서초 아트박스	클립	15,000
12		2022-07-06	서초 아트박스	클립	80,000
13					
14		금액 기준보다 큰 값 합계(금액 직접 입력)			1,700,000
15					
16		금액 기준			100,000
17					
18		금액 기준보다 큰 값 합계(E16 셀 금액 참조)			1,700,000
19					
20		8월 1일부터 판매된 상품의 판매금액 합계			=SUMIF(B5:B12,">="&DATE(2022,8,1),E5:E12)

참조 연산자

셀 범위를 참조하도록 만들어주는 연산자로 다음 세 가지가 있습니다.

(1) :(콜론) — 범위 연산자

셀과 셀 사이의 모든 범위를 연결하여 하나의 참조를 만드는 범위 연산자입니다.
SUM 함수의 인수인 B2:B5 내부 콜론은 [B2] 셀부터 [B5] 셀까지 모든 범위를 연결하여 하나의 참조로 만들어주는 역할을 합니다.

	A	B	C	D	E	F	G	H	I
			fx	=SUM(B2:B5)					
1									
2		10							
3		20							
4		30							
5		40							
6									
7		=SUM(B2:B5)							
8									

(2) ,(쉼표) — 결합 연산자

여러 셀을 하나의 참조로 결합하는 결합 연산자입니다.

SUM 함수의 인수인 B2:B5,D2:D3,D5 내부 쉼표는 떨어져 있는 범위를 참조하여 하나의 참조로 만들어주는 역할을 합니다.

(3) (공백) — 교차 연산자

두 범위의 공통된 셀을 참조하는 교차 연산자입니다.

SUM 함수의 인수인 B2:C4 C3:D5 내부 공백은 두 범위의 공통된 셀을 참조하도록 해줍니다. 두 범위의 공통된 셀, 즉 겹치는 셀은 [C3], [C4]입니다. 따라서 =SUM(B2:C4 C3:D5)은 130이 됩니다.

수식에서 계산이 실행되는 순서

입력된 수식이 다음과 같을 때 결과는 어떻게 될까요? 이때는 순서대로 계산하면 됩니다. 5에서 5를 빼면 0이 되고 0에서 10을 빼면 최종 결과는 −10이 됩니다.

=5-5-10 ➡ ?

=5-5-10 ➡ -10

그러면 다음 수식의 결과는 어떻게 될까요? 순서대로 계산하면 10+5를 하면 15가 되고 15를 5와 곱하면 75가 될까요?

=10+5*5 ➡ ?

아닙니다. 연산자 우선순위에 따라 덧셈보다 곱셈을 먼저 계산해야 하므로 5에 5를 곱해서 25를 구한 뒤 여기에 10을 더하면 최종 결과는 35가 됩니다. 엑셀의 수식은 기본적으로 왼쪽에서 오른쪽 순서로 계산하지만, 여러 연산자가 섞여 있으면 방향과 상관없이 연산자 우선순위에 따릅니다.

> =10+5*5 ➡ 35

모든 연산자에는 우선순위가 있다!

연산자별 계산 우선순위는 다음 표와 같습니다. 참조 연산자의 우선순위가 가장 높고, 비교 연산자의 우선순위가 가장 낮습니다.

> 참조 연산자 > 산술 연산자 > 연결 연산자 > 비교 연산자

우선순위	연산자 종류	연산자	비고
1	참조	:	범위 연산자
2		(공백)	교차 연산자
3		,	결합 연산자
4	산술	-	음수(예: -1)
5		%	백분율
6		^	거듭제곱
7		*, /	곱하기, 나누기
8		+, -	더하기, 빼기
9	연결	&	2개의 텍스트 문자열 연결
10	비교	=	같음
		>	보다 큼
		<	보다 작음
		>=	보다 크거나 같음
		<=	보다 작거나 같음
		<>	같지 않음

연산 우선순위를 바꿔주는 괄호

다음 수식은 조금 복잡해서 어떤 순서로 계산될지 헷갈립니다. 자세히 들여다보면 연산자 우선순위에 따라 곱셈, 나눗셈을 먼저 수행하고 이어서 덧셈, 뺄셈을 할 것이라고 알 수 있지만 번거롭습니다.

=30+5*2/2-10 ➜ ?

사실 엑셀은 이 수식은 문제 없이 계산하지만, 우리가 알아보기 편하게 만드는 것도 중요해요!

이럴 때는 연산 우선순위를 '최우선 순위'로 바꿔주는 괄호를 사용하면 편리합니다. 수식에서 괄호로 묶은 부분이 있으면 가장 먼저 계산해주고 누가 봐도 알기 쉽도록 만드는 장점이 있습니다.
복잡한 수식에서 괄호를 사용하면 계산 순서가 명확해지므로 혼란스럽지 않습니다.

=30+((5*2)/2)-10 ➜ 25

유사한 값을 한 번에 찾아주는 와일드카드

연산자는 아니지만 수식을 작성할 때 사용하는 와일드카드에 대해 알아보겠습니다. 다음과 같이 COUNTIF 함수를 사용하면 [B5:B11] 셀 범위에서 정확히 '모나미'인 것만 찾아서 개수를 셉니다.

COUNTIF 함수는 8장에서 자세히 다룹니다!

=COUNTIF(B5:B11,"모나미")

'모나미볼펜', '모나미형광' 등 유사한 값을 한 번에 찾고 싶을 때 와일드카드를 사용하면 됩니다. 엑셀에서 사용하는 와일드카드는 다음 세 가지입니다.

종류	설명
*(별표)	글자가 여러 개인 문자를 의미하며, '모나미*'를 사용하면 '모나미볼펜', '모나미형광펜' 등 '모나미'로 시작하는 텍스트는 모두 찾을 수 있습니다.
?(물음표)	글자가 1개인 문자를 의미하며, '모나미???'를 사용하면 '모나미'로 시작하는 '모나미볼펜', '모나미형광펜' 중 뒤에 3글자가 붙은 '모나미형광펜'만 찾을 수 있습니다.
~(물결표)	와일드카드 해제 문자로, 찾는 텍스트에 와일드카드가 포함되어 있을 때 '~'를 붙이면 일반 문자로 인식합니다.

하면 된다! ╠ 와일드카드로 텍스트 찾아서 개수 구하기

[와일드카드사용하기] 시트

01. 와일드카드를 사용해 텍스트를 찾아서 개수를 구해보겠습니다. 셀에 수식을 직접 입력하면서 와일드카드가 어떻게 작동하는지 살펴보세요.

수식 풀이	❶ =COUNTIF(B5:B11,"모나미") ➔ 0 [B5:B11] 셀 범위에서 정확히 '모나미' 텍스트만 찾음
	❷ =COUNTIF(B5:B11,"모나미*") ➔ 2 (모나미볼펜, 모나미형광펜) '모나미'로 시작하는 텍스트를 모두 찾음
	❸ =COUNTIF(B5:B11,"*노트") ➔ 2 (무지노트, 스프링노트) *는 글자가 여러 개인 문자를 의미하므로 임의의 문자로 시작하고 '노트'로 끝나는 텍스트를 찾음
	❹ =COUNTIF(B5:B11,"*노트*") ➔ 3 (스프링노트고급형, 무지노트, 스프링노트) 앞뒤 문자의 개수에 상관없이 '노트'를 포함한 텍스트를 찾음
	❺ =COUNTIF(B5:B11,"??노트") ➔ 1 (무지노트) ?는 글자가 1개인 문자를 의미하므로 앞에 임의의 글자가 2개인 문자로 시작하고 '노트'로 끝나는 텍스트를 찾음
	❻ =COUNTIF(B5:B11,"????") ➔ 2 (무지노트, 샤프펜슬) 임의의 글자가 4개인 텍스트를 찾음
	❼ =COUNTIF(C5:C11,"6*") ➔ 0 [C5:C11] 셀 범위에서 6으로 시작하는 텍스트를 찾음. 숫자는 와일드카드와 함께 사용할 수 없음

A	B	C	D	E
	상품	**단가**	**판매수량**	**판매금액**
	스프링노트고급형	6,000	35	210,000
	모나미볼펜	500	10	5,000
	무지노트	3,000	100	300,000
	수성펜	5,000	55	275,000
	모나미형광펜	700	22	15,400
	스프링노트	2,000	20	40,000
	샤프펜슬	5,000	120	600,000

0	=COUNTIF(B5:B11,"모나미")
2	=COUNTIF(B5:B11,"모나미*")
2	=COUNTIF(B5:B11,"*노트")
3	=COUNTIF(B5:B11,"*노트*")
1	=COUNTIF(B5:B11,"??노트")
2	=COUNTIF(B5:B11,"????")
0	=COUNTIF(C5:C11,"6*")

02. 만약 찾고자 하는 텍스트에 와일드카드 문자가 포함되어 있으면 어떻게 될까요? 엑셀에서는 와일드카드 *와 문자 *를 구분하지 못하므로 엉뚱한 결과가 나올 수 있습니다. 이때 * 앞에 와일드카드 해제 문자인 ~를 붙여주면 일반 문자로 인식합니다.

수식 풀이

❶ =COUNTIF(B24:B28,"스프링노트*") → 2 (스프링노트고급형, 스프링노트*)
　이 수식에서 *는 일반적인 와일드카드로 사용되어 '스프링노트'로 시작하는 텍스트를 모두 찾음

❷ =COUNTIF(B24:B28,"스프링노트~*") → 1(스프링노트*)
　* 앞에 ~를 붙이면 와일드카드로 인식하지 않으므로 '스프링노트*'만 찾음

❸ =COUNTIF(B24:B28,"*1~5*") → 0
　~는 와일드카드 해제 문자이므로 실제 '~'가 있는 텍스트를 찾을 수 없음

❹ =COUNTIF(B24:B28,"*1~~5*") → 1(스테플러(1~5호))
　~ 앞에 와일드카드 해제 문자인인 ~를 붙여주면 '~'가 포함된 텍스트를 찾음

	A	B	C	D	E
22					
23		상품	단가	판매수량	판매금액
24		스프링노트고급형	6,000	35	210,000
25		수성펜	5,000	55	275,000
26		스프링노트*	2,000	20	40,000
27		샤프펜슬	5,000	120	600,000
28		스테플러(1~5호)	5,000	120	600,000

29			
30		2	=COUNTIF(B24:B28,"스프링노트*")
31		1	=COUNTIF(B24:B28,"스프링노트~*")
32		0	=COUNTIF(B24:B28,"*1~5*")
33		1	=COUNTIF(B24:B28,"*1~~5*")
34			

입력된 수식을 한 번에 확인하는 방법

다른 사람이 만든 엑셀 파일을 이용하여 문서를 작성할 때 수식이 제대로 입력되었는지 확인하려면 어떻게 해야 할까요? 셀을 하나하나 선택해서 수식 입력줄에서 확인하든지 [F2]를 눌러서 확인해야 하는데, 이렇게 하면 시간도 많이 걸리고 보통 성가신 일이 아닙니다.

	A	B	C	D	E	F	G
1							
2			나나 문구점의 일별 판매실적				
3							
4		날짜	연필	지우개	볼펜	노트	합계
5		2017-07-01	50,000	1,200	5,500	47,000	103,700
6		2017-07-02	20,000	5,400	6,500	38,000	69,900
7		2017-07-03	35,611	3,300	12,500	20,000	71,411
8		2017-07-04	7,500	8,900	3,500	15,500	35,400
9		2017-07-05	55,000	5,400	8,900	7,500	76,800
10		합계	=SUM(C5:C9)		36,900	128,000	357,211
11		평균	33,622	4,840	7,380	25,600	71,442
12							

SUM | =SUM(C5:C9)

수식을 표시해 확인하는 방법을 알아보겠습니다.

하면 된다! } 수식 표시하기

[수식확인] 시트

엑셀에서는 이 작업을 한 번에 할 수 있습니다. ❶ [수식] 탭 → [수식 분석] 그룹에
서 ❷ [수식 표시]를 선택하면 모든 수식이 한 번에 표시됩니다.

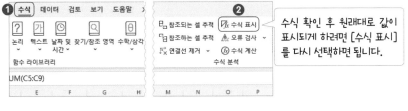

	날짜	연필	지우개	볼펜	노트	합계
	42917	50000	1200	5500	47000	=SUM(C5:F5)
	42918	20000	5400	6500	38000	=SUM(C6:F6)
	42919	35611	3300	12500	20000	=SUM(C7:F7)
	42920	7500	8900	3500	15500	=SUM(C8:F8)
	42921	55000	5400	8900	7500	=SUM(C9:F9)
	합계	=SUM(C5:C9)	=SUM(D5:D9)	=SUM(E5:E9)	=SUM(F5:F9)	=SUM(C10:F10)
	평균	=AVERAGE(C5:C9)	=AVERAGE(D5:D9)	7380	=AVERAGE(F5:F9)	=AVERAGE(G5:G9)

이렇게 수식을 보면 잘못 입력된
수식도 바로 찾을 수 있습니다.

02-3 상대참조, 절대참조, 혼합참조

• 실습 파일 02-3.상대참조-절대참조-혼합참조-실습.xlsx
• 완성 파일 02-3.상대참조-절대참조-혼합참조-완성.xlsx

엑셀에서 사용하는 참조의 종류

엑셀에서 수식을 입력하면 셀의 위치를 참조하여 계산하는데, 참조하는 방식에 따라서 상대참조, 절대참조와 두 가지 방식을 섞은 혼합참조가 있습니다.

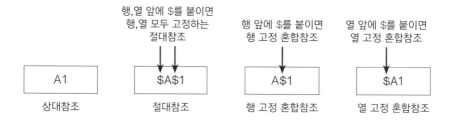

참조 위치가 변하는 상대참조

수식을 복사하여 행 방향(아래 또는 위로)으로 붙여넣으면 행 번호만 바뀌어 입력되고, 열 방향(왼쪽 또는 오른쪽)으로 붙여넣으면 열 이름만 바뀌어 입력됩니다.

	A	B	C	D	E
3					
4		상품	판매수량(a)	단가(b)	판매금액(a*b)
5		모나미 볼펜	250	1000	=C5*D5
6		옥스포드 노트	100	5000	=C6*D6
7		수정테이프	10	3000	=C7*D7
8		지우개	200	500	=C8*D8
9		클립	30	800	=C9*D9
10					

행만 변경됨(5 → 6, 7, 8, 9)

	A	B	C	D	E	F	G
11							
12		상품	1월	2월	3월	4월	5월
13		모나미 볼펜	250000	100000	150000	200000	30000
14		옥스포드 노트	300000	150000	300000	150000	220000
15		수정테이프	80000	170000	100000	130000	150000
16		지우개	55000	40000	120000	200000	150000
17		클립	24000	48000	180000	120000	56000
18		합계	=SUM(C13:C17)	=SUM(D13:D17)	=SUM(E13:E17)	=SUM(F13:F17)	=SUM(G13:G17)

열만 변경됨(C → D, E, F, G)

수식을 복사해서 붙여넣는 방향에 따라 참조의 위치가 변하므로 복잡하고 어렵게 느껴질 수 있지만, 실습용 엑셀 파일을 다운로드해서 연습해보면 그리 어렵지 않게 참조 방식을 이해할 수 있을 것입니다.

하면 된다! } 상대참조가 포함된 수식을 행 방향으로 입력하기

[셀 참조 방식] 시트

상대참조는 셀을 참조하는 위치가 상대적으로 바뀔 수 있는 방식을 말합니다. 쉬운 예이지만 정확한 이해를 위해 따라해 보세요.

01. ❶ [E5] 셀에 판매수량과 단가를 곱한 판매금액을 계산하기 위한 수식 =C5*D5를 입력합니다. ❷ 판매금액이 구해진 [E5] 셀을 복사하여 ❸ [E6:E9] 셀 범위에 붙여넣습니다.

	A	B	C	D	E
3					
4		상품	판매수량(a)	단가(b)	판매금액(a*b)
5		모나미 볼펜	250	1,000	=C5*D5
6		옥스포드 노트	100	5,000	
7		수정테이프	10	3,000	❶ 수식 입력
8		지우개	200	500	
9		클립	30	800	

	A	B	C	D	E
3					❷ 복사
4		상품	판매수량(a)	단가(b)	판매금액(a*b)
5		모나미 볼펜		1,000	250,000
6		옥스포드 노트	❸ 붙여넣기	5,000	
7		수정테이프	10	3,000	
8		지우개	200	500	
9		클립	30	800	

수식을 복사해서 붙여넣는 대신 '자동 채우기'를 해도 됩니다.

02. 상품별 판매금액이 구해졌습니다. 붙여넣은 [E6:E9] 셀 범위의 수식을 살펴 보겠습니다. [E5] 셀의 수식은 =C5*D5였으므로 [E6:E9] 셀 범위에 복사된 수 식은 원래 수식과 동일하게 =C5*D5가 되어야 할 것 같지만 실제로는 =C6*D6, =C7*D7, =C8*D8, =C9*D9로 입력되어 있습니다.

	A	B	C	D	E
3					
4		상품	판매수량(a)	단가(b)	판매금액(a*b)
5		모나미 볼펜	250	1,000	250,000
6		옥스포드 노트	100	5,000	500,000
7		수정테이프	10	3,000	30,000
8		지우개	200	500	100,000
9		클립	30	800	24,000

	A	B	C	D	E
3					
4		상품	판매수량(a)	단가(b)	판매금액(a*b)
5		모나미 볼펜	250	1000	=C5*D5
6		옥스포드 노트	100	5000	=C6*D6
7		수정테이프	10	3000	=C7*D7
8		지우개	200	500	=C8*D8
9		클립	30	800	=C9*D9

03. 수식을 복사해서 붙여넣을 때 E열의 위치는 변하지 않았고 행만 아래 6, 7 ,8, 9행으로 이동했으므로 [E5] 셀의 행 번호인 5가 자동으로 차례로 6, 7, 8, 9로 변경된 것입니다.

⊿	A	B	C	D	E
3					
4		상품	판매수량(a)	단가(b)	판매금액(a*b)
5		모나미 볼펜	250	1000	=C5*D5
6		옥스포드 노트	100	5000	=C6*D6
7		수정테이프	10	3000	=C7*D7
8		지우개	200	500	=C8*D8
9		클립	30	800	=C9*D9

> 행 번호만 차례로 변경됩니다.

상대참조는 수식을 한 번만 입력하고 나머지는 복사만 하면 열과 행의 상대적 위치를 참조하여 수식이 자동으로 각 셀에 맞도록 입력되는 편리한 기능입니다.
이렇게 상대적 참조가 가능하도록 입력되어 있는 셀을 '상대참조'를 사용한다고 합니다. 상대참조는 엑셀에서 정말 유용한 기능입니다. 만약에 엑셀에 상대참조 기능이 없다면 수식을 각 행마다 일일이 입력해야 합니다.

하면 된다! } 상대참조가 포함된 수식을 열 방향으로 입력하기

[셀 참조 방식] 시트

이번에는 합계를 구하는 표가 다음과 같이 가로로 되어 있는 경우 상대참조 수식을 입력하는 방법을 알아보겠습니다.

01. ❶ [C18] 셀에 1월 판매금액 합계를 구하기 위한 수식 =SUM(C13:C17)을 입력합니다. **❷** 수식이 입력되어 1월 합계가 구해진 [C18] 셀을 복사하여 **❸** [D18:G18] 셀 범위에 붙여넣습니다.

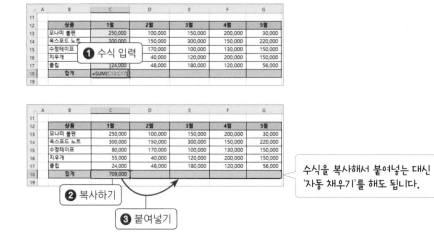

02. 월별 합계가 구해졌습니다. 붙여넣은 [D18:G18] 셀 범위의 수식을 살펴보겠습니다. [C18] 셀의 수식은 =SUM(C13:C17)이었으므로 옆으로 복사된 수식은 원래 수식과 동일하게 =SUM(C13:C17)이 되어야 할 것 같지만 실제로는 =SUM(D13:D17), =SUM(E13:E17), =SUM(F13:F17), =SUM(G13:G17)로 입력되어 있습니다.

엑셀에서 수식을 복사해서 붙여넣을 때 기본이 상대참조이므로 위의 경우 행의 위치는 그대로이고 오른쪽으로 이동하면서 열 이름만 D, E, F, G로 바뀐 것입니다.

참조 위치를 변경하지 않는 절대참조

상대참조는 수식을 입력하는 위치가 바뀌면 행과 열이 이동한 만큼 반영하여 수식이 바뀌므로 여러모로 편리하지만, 참조하는 위치가 바뀌면 안 되는 경우도 있습니다. 몇 가지 예로 참조 위치가 바뀌지 않는 절대참조에 대해 알아보겠습니다.

하면 된다! } 고정된 셀의 값 참조하기
[셀 참조 방식] 시트

영업사원의 판매실적에 따라 인센티브를 지급하는 경우를 가정하여 각 판매금액에 인센티브 지급률 5%를 곱해 인센티브 금액을 구해보겠습니다.

01. ❶ [D27] 셀에 =C27*C24 수식을 입력합니다. ❷ 김나나의 판매금액 250만 원의 5%인 인센티브 금액 125,000원이 정상적으로 계산됩니다.

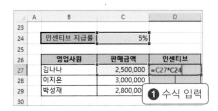

02 • 엑셀의 핵심, 수식 다루기　**51**

02. 자동 채우기로 [D27] 셀에 입력된 수식을 [D28:D29] 셀 범위에 채워넣습니다. 이지은의 인센티브 금액이 -(하이픈)으로 표시되어 인센티브를 못 받게 되었네요. 어떻게 된 일인지 수식을 살펴보겠습니다.

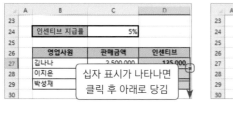

십자 표시가 나타나면 클릭 후 아래로 당김

-(하이픈)은 0을 의미합니다. 셀 표시 형식에 따라 – 대신 0으로 표시될 수도 있습니다.

03. 판매금액을 참조하는 셀은 [C28]로 정상인데 인센티브 지급률은 제대로 참조를 못하고 한 칸 아래로 이동이 되어 있습니다. 이때 필요한 것이 참조 위치가 바뀌지 않는 절대참조 방식으로, 셀 참조의 행과 열 앞에 $(달러) 기호를 붙이면 됩니다. $ 기호는 위치가 움직이지 않도록 고정시키는 역할을 합니다.

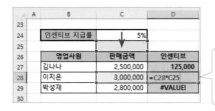

이렇게 상대참조로 입력된 셀을 복사하면 셀 이동에 따라 위치가 자동으로 변경됩니다.

04. 이 문제를 해결하기 위해 절대참조 방식을 사용해 보겠습니다.
❶ 인센티브 지급률 필드는 참조 위치가 바뀌면 안 되므로 [D27] 셀에 =C27*$C$24 수식을 입력합니다. 인센티브 지급률의 위치인 C24를 $C$24로 입력하면 참조하는 위치가 변하지 않는 절대참조 방식으로 참조하는 것입니다. ❷ 125,000원으로 결과가 구해졌습니다.

A	B	C	D
23			
24	인센티브 지급률	5%	
25			
26	영업사원	판매금액	인센티브
27	김나나	2,500,000	=C27*$C$24
28	이지은	3,000,000	
29	전현무	2,800,00	
30			

❶ 수식 입력

A	B	C	D
23			
24	인센티브 지급률	5%	
25			
26	영업사원	판매금액	인센티브
27	김나나	2,500,000	125,000 ❷
28	이지은	3,000,000	
29	전현무	2,800,000	
30			

05. ❶ 자동 채우기로 [D27] 셀에 입력된 수식을 [D28:D29] 셀 범위에 채워넣습니다. ❷ 이지은의 인센티브 금액이 150,000원으로 정상적으로 계산되었습니다.

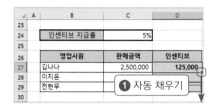

06. [D28] 셀에 입력된 수식을 살펴보면 =C28*$C$24로 입력되어 있습니다. 상대참조와 달리 인센티브 지급률 참조 위치가 바뀌지 않고 그대로 되어 있어 인센티브가 정상적으로 계산되었습니다.

	A	B	C	D
23				
24		인센티브 지급률	5%	
25				
26		영업사원	판매금액	인센티브
27		김나나	2,500,000	125,000
28		이지은	3,000,000	=C28*$C$24
29		전현무	2,800,000	140,000
30				

하면 된다! 〉 절대참조로 품목별 판매금액 합계 구하기　　[셀 참조 방식] 시트

절대참조가 고정된 셀만 참조하는 것은 아닙니다. 다음과 같은 상품의 판매이력 자료에서 상품별 판매금액 합계를 구할 경우 상품과 판매금액의 범위는 항상 고정되어 있어야 하므로 셀 범위를 '절대참조'로 지정해야 합니다.

	A	B	C	D	E	F
33		<판매이력>				
34		판매일자	상품	판매수량(a)	단가(b)	판매금액(a*b)
35		2022-03-28	모나미 볼펜	70	1,000	70,000
36		2022-03-28	수정테이프	86	3,000	258,000
37		2022-03-28	클립	42	800	33,600
38		2022-03-28	옥스포드 노트	53	5,000	265,000
39		2022-03-29	지우개	104	500	52,000
40		2022-03-29	클립	33	800	26,400
41		2022-03-29	모나미 볼펜	90	1,000	90,000
42		2022-03-29	지우개	121	500	60,500
43		2022-03-30	클립	28	800	22,400
44		2022-03-30	지우개	118	500	59,000
45		2022-03-30	수정테이프	60	3,000	180,000
46		2022-03-31	클립	133	800	106,400
47		2022-03-31	모나미 볼펜	56	1,000	56,000
48		2022-04-01	옥스포드 노트	63	5,000	315,000
49		2022-04-01	지우개	111	500	55,500

판매 이력과 같은 자료는 항상 고정된 위치를 참조하므로 '절대참조'로 지정하세요!

01. 먼저 상품 '모나미 볼펜'의 판매금액 합계를 구하기 위해 [C53] 셀에 다음 수식을 입력합니다.

=SUMIF($C$35:$C$49,B53,$F$35:$F$49)

	B	C	D	E	F
33	<판매이력>				
34	판매일자	상품	판매수량(a)	단가(b)	판매금액(a*b)
35	2022-03-28	모나미 볼펜	70	1,000	70,000
36	2022-03-28	수정테이프	86	3,000	258,000
37	2022-03-28	클립	42	800	33,600
38	2022-03-28	옥스포드 노트	53	5,000	265,000
39	2022-03-29	지우개	104	500	52,000
40	2022-03-29	클립	33	800	26,400
41	2022-03-29	모나미 볼펜	90	1,000	90,000
42	2022-03-29	지우개	121	500	60,500
43	2022-03-30	클립	28	800	22,400
44	2022-03-30	지우개	118	500	59,000
45	2022-03-30	수정테이프	60	3,000	180,000
46	2022-03-31	클립	133	800	106,400
47	2022-03-31	모나미 볼펜	56	1,000	56,000
48	2022-04-01	옥스포드 노트	63	5,000	315,000
49	2022-04-01	지우개	111	500	55,500

	B	C
51	<상품별 판매금액 합계>	
52	상품	판매금액 합계
53	모나미 볼펜	=SUMIF($C$35:$C$49,B53,$F$35:$F$49)
54	수정테이프	
55	옥스포드 노트	
56	지우개	
57	클립	

02. ❶ 수식이 정상적으로 입력되었다면 216,000으로 판매금액 합계가 구해집니다. ❷ 자동 채우기로 [C53] 셀에 입력된 수식을 [C54:C57] 셀 범위에 채워넣습니다.

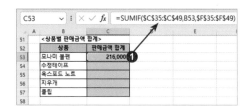

03. 상품별 판매금액 합계가 구해졌습니다. [C54] 셀의 수식을 살펴보면 절대참조로 입력된 인수는 변하지 않고 그대로인 것을 확인할 수 있습니다.

	A	B	C	D	E	F
33		<판매이력>				
34		판매일자	상품	판매수량(a)	단가(b)	판매금액(a*b)
35		2022-03-28	모나미 볼펜	70	1,000	70,000
36		2022-03-28	수정테이프	86	3,000	258,000
37		2022-03-28	클립	42	800	33,600
38		2022-03-28	옥스포드 노트	53	5,000	265,000
39		2022-03-29	지우개	104	500	52,000
40		2022-03-29	클립	33	800	26,400
41		2022-03-29	모나미 볼펜	90	1,000	90,000
42		2022-03-29	지우개	121	500	60,500
43		2022-03-30	클립	28	800	22,400
44		2022-03-30	지우개	118	500	59,000
45		2022-03-30	수정테이프	60	3,000	180,000
46		2022-03-31	클립	133	800	106,400
47		2022-03-31	모나미 볼펜	56	1,000	56,000
48		2022-04-01	옥스포드 노트	63	5,000	315,000
49		2022-04-01	지우개	111	500	55,500

51	<상품별 판매금액 합계>	
52	상품	판매금액 합계
53	모나미 볼펜	216,000
54	수정테이프	=SUMIF($C$35:$C$49,B54,$F$35:$F$49)
55	옥스포드 노트	580,000
56	지우개	227,000
57	클립	188,800

혼합참조

혼합참조는 상대참조와 절대참조 방식이 섞여 있는 참조 형태입니다.

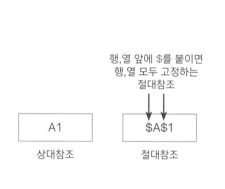

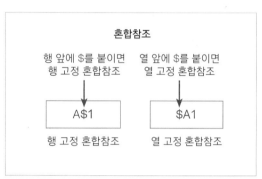

혼합참조는 열과 행 참조 값 중에 하나에만 $가 붙어 있으므로 절대참조와 상대참조가 같이 있는 형태입니다. 그래서 이 참조 방식을 혼합참조라고 부르며, 행을 고정하면 '행 고정 혼합참조', 열을 고정하면 '열 고정 혼합참조'라고 합니다. 혼합참조는 실무에서 많이 쓰이므로 잘 익혀두면 많은 도움이 됩니다.

다음 몇 가지 예를 이용하여 혼합참조에 대해 알아보겠습니다.

하면 된다! ▶ 혼합참조로 인센티브 계산하기 [셀 참조 방식] 시트

어떤 회사에서 영업사원의 판매실적에 따라 인센티브를 지급하는 경우를 가정하여 인센티브 금액을 구해보겠습니다. 판매금액에 5%, 10%, 15%를 곱하면 인센티브 금액을 구할 수 있습니다.

	A	B	C	D	E	F
62				인센티브 지급률		
63		영업사원	판매금액	5%	10%	15%
64		김나나	2,500,000	125,000	250,000	375,000
65		이지은	3,000,000	150,000	300,000	450,000
66		박성재	2,800,000	140,000	280,000	420,000
67						

01. ❶ [D64] 셀에 상대참조 방식의 수식 =C64*D63을 입력합니다. ❷ 상대참조로 입력한 [D64] 셀의 수식을 복사하여 [D64:F66] 셀 범위에 붙여넣습니다. 뭔가 잘못되었습니다. 금액이 너무 커서 표시가 안 되는 셀도 있습니다.

02. ❶ 금액이 너무 적게 계산된 [E64] 셀을 확인해 보면 수식이 =D64*E63으로 입력되어 있습니다. 상대참조로 입력된 수식을 복사해서 붙여넣었으므로 참조 범위가 오른쪽으로 이동하면서 잘못된 셀을 참조한 것입니다. ❷ [E65] 셀의 수식 =D65*E64도 잘못되었습니다. 판매금액과 인센티브 지급률을 참조해야 하는데 엉뚱한 셀을 참조하고 있습니다.

03. 이 문제를 해결하기 위해서는 행과 열이 바뀌더라도 '판매금액'과 '인센티브 지급률'을 항상 참조하도록 혼합참조 수식을 입력해야 합니다. 그래야 수식을 한 번만 입력하고 나머지 범위에는 붙여넣기만 해도 수식이 제대로 적용됩니다.

❶ [D64] 셀에 혼합참조 방식의 수식 =$C64*D$63을 입력합니다. $C64는 $를 붙여서 C열은 고정한다는 뜻이므로 수식을 옆으로 붙여넣어도 판매금액이 입력된 C열을 항상 참조합니다. D$63은 $를 붙여서 63행은 고정한다는 뜻이므로 수식을 아래로 붙여넣어도 인센티브 지급률이 입력된 63행을 항상 참조합니다. ❷ [D64] 셀을 복사하여 [D64:F66] 셀 범위에 붙여넣습니다. 정상적으로 계산이 되었습니다.

	A	B	C	D	E	F
62					인센티브 지급률	
63		영업사원	판매금액	5%	10%	15%
64		김나나	2,500,000	=$C64*D$63	❶ 수식 입력	
65		이지은	3,000,000			
66		박성재	2,8			
67						

	A	B	C	D	E	F
62					인센티브 지급률	❷
63		영업사원	판매금액	5%	10%	15%
64		김나나	2,500,000	125,000	250,000	375,000
65		이지은	3,000,000	=$C65*D$63	300,000	450,000
66		박성재	2,800,000	140,000	280,000	420,000
67						

04. [E65] 셀의 수식을 확인해 보면 =$C65*E$63으로 입력되어 있고 판매금액과 인센티브 지급률을 정상적으로 참조하고 있습니다.

	A	B	C	D	E	F
62					인센티브 지급률	
63		영업사원	판매금액	5%	10%	15%
64		김나나	2,500,000	125,000	250,000	375,000
65		이지은	3,000,000	150,000	=$C65*E$63	450,000
66		박성재	2,800,000	140,000	280,000	420,000
67						

하면 된다! ╳ 혼합참조로 판매일자별, 상품별 판매금액 합계 집계하기

[셀 참조 방식] 시트

이번에는 실무에서 빈번하게 사용되는 집계표를 만들어 보겠습니다. 다음과 같은 판매이력 자료에서 판매일자별, 상품별 판매금액 합계 집계표를 만드는 예입니다.

	A	B	C	D	E	F
33		<판매이력>				
34		판매일자	상품	판매수량(a)	단가(b)	판매금액(a*b)
35		2022-03-28	모나미 볼펜	70	1,000	70,000
36		2022-03-28	수정테이프	86	3,000	258,000
37		2022-03-28	클립	42	800	33,600
38		2022-03-28	옥스포드 노트	53	5,000	265,000
39		2022-03-29	지우개	104	500	52,000
40		2022-03-29	클립	33	800	26,400
41		2022-03-29	모나미 볼펜	90	1,000	90,000
42		2022-03-29	지우개	121	500	60,500
43		2022-03-30	클립	28	800	22,400
44		2022-03-30	지우개	118	500	59,000
45		2022-03-30	수정테이프	60	3,000	180,000
46		2022-03-31	클립	133	800	106,400
47		2022-03-31	모나미 볼펜	56	1,000	56,000
48		2022-04-01	옥스포드 노트	63	5,000	315,000
49		2022-04-01	지우개	111	500	55,500

68	<판매일자별,상품분류별 판매금액 합계>				
69	판매일자	모나미 볼펜	수정테이프	옥스포드 노트	지우개	클립
70	2022-03-28	70,000	258,000	265,000	-	33,600
71	2022-03-29	90,000	-	-	112,500	26,400
72	2022-03-30	-	180,000	-	59,000	22,400
73	2022-03-31	56,000	-	-	-	106,400
74	2022-04-01	-	-	315,000	55,500	-

01. [C70] 셀에 다음 수식을 입력합니다. SUMIFS 함수는 여러 조건에 맞으면 값을 더해주는 함수입니다.

> =SUMIFS($F$35:$F$49,$B$35:$B$49,$B70,$C$35:$C$49,C$69)

수식 풀이 =SUMIFS($F$35:$F$49,$B$35:$B$49,<u>$B70</u>,$C$35:$C$49,<u>C$69</u>)

- 세 번째 인수 $B70은 B열을 고정한다는 뜻이므로 수식을 다른 셀에 붙여넣어도 판매일자가 있는 B열을 항상 참조합니다.

- 네 번째 인수 C$69는 69행을 고정한다는 뜻이므로 수식을 다른 셀에 붙여넣어도 상품명이 입력되어 있는 69행을 항상 참조합니다.

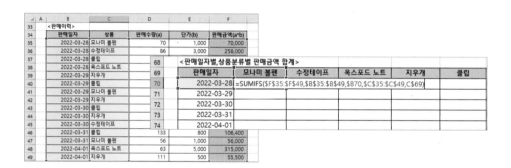

02. [C70] 셀을 복사하여 [D70:G74] 셀 범위에 붙여넣으면 정상적으로 계산이 됩니다. [D70] 셀의 수식을 확인해 보면 판매일자, 상품명을 정상적으로 참조하고 있습니다.

	44	2022-03-30	지우개	118	500	59,000		
	45	2022-03-30	수정테이프	60	3,000	180,000		
	46	2022-03-31	클립	133	800	106,400		
	47	2022-03-31	모나미 볼펜	56	1,000	56,000		
	48	2022-04-01	옥스포드 노트	63	5,000	315,000		
	49	2022-04-01	지우개	111	500	55,500		

67						
68	<판매일자별,상품분류별 판매금액 합계>					
69	**판매일자**	**모나미 볼펜**	**수정테이프**	**옥스포드 노트**	**지우개**	**클립**
70	2022-03-28	70,000	=SUMIFS($F$35:$F$49,$B$35:$B$49,$B70,$C$35:$C$49,D$69)			
71	2022-03-29	90,000	-	-	112,500	26,400
72	2022-03-30	-	180,000	-	59,000	22,400
73	2022-03-31	56,000	-	-		106,400
74	2022-04-01	-	-	315,000	55,500	-

상대참조, 절대참조, 혼합참조 손쉽게 입력하는 방법

상대참조, 절대참조, 혼합참조 입력 시 '$'를 입력하는 것은 생각보다 번거롭고 잘못 입력하는 경우도 많습니다.

[A1] 셀을 참조한다고 할 경우 마우스 커서를 'A1'이 입력된 곳에 놓고 [F4]를 누르면 번갈아 가면서 참조 모드가 바뀌므로 손으로 입력하는 것보다 훨씬 수월하고 잘못 입력할 가능성도 줄어듭니다.

[F4]를 누르면 돌아가면서 바뀜

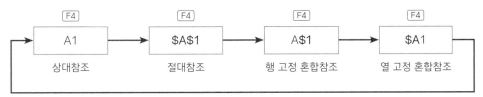

여러 셀을 선택하고 [F4]를 누르면 마찬가지로 참조 모드가 바뀝니다.

여러 셀도 동시에 적용 가능

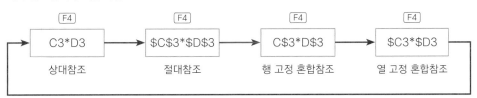

 **다른 시트, 다른 파일을 참조하는 방법도 있어요!**

엑셀에서 다른 시트 참조하기

엑셀에서는 참조를 할 때 같은 시트의 내용뿐만 아니라 다른 시트의 내용도 참조할 수 있습니다. 이는 지역별, 월별 자료가 각각 다른 시트에 있고 이 자료를 하나의 시트에 집계해야 할 때 활용할 수 있습니다.
자세한 내용은 QR코드를 스캔해 저자의 블로그에서 참고하세요.

엑셀에서 다른 파일 참조하기

엑셀에서 자료를 집계할 때 다른 시트의 내용을 참조해서 자료를 집계하는 방법을 이용할 수도 있지만, 다른 파일을 연결해서 자료를 집계하는 방식도 있습니다. 엑셀 파일을 목적별로 나누어 관리하고 집계용 파일을 따로 만들어 나누어진 파일을 연결하여 집계하는 경우에 유용합니다.
자세한 내용은 QR코드를 스캔해 저자의 블로그에서 참고하세요.

03

수식 분석하고 오류 해결하기

수식 분석, 오류 해결… 왠지 전문가에게만 필요할 것 같습니다.

그렇지 않습니다. 약간의 시간을 들여 기본 원리만 이해하면 몇 번의 클릭으로 수식의 내부를 들여다보고, 수식을 분석하고, 오류를 파악하고, 문제를 해결할 수 있습니다.

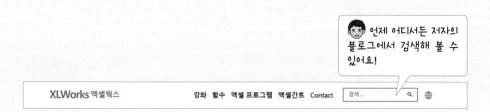

03-1 참조 셀 추적하기

03-2 수식 계산 단계 알아보기

03-3 순환 참조 문제 해결하기

03-4 엑셀 오류 유형과 해결 방법

03-1 참조 셀 추적하기

• 실습 파일 03-1.참조셀추적.xlsx

엑셀의 [수식] 탭에는 '수식 분석'이라는 기능이 있습니다. 왠지 어려울 것 같고 별로 필요하지도 않은 것 같아서 잘 안 쓰는 기능 중 하나입니다.

> 왠지 엑셀에서 손이 잘 가지 않는 버튼들이죠?

수식 분석 기능은 복잡한 수식, 오류가 발생한 수식을 진단하고 분석할 때 매우 유용합니다. 약간의 시간을 들여 기본 원리만 이해해도 손쉽게 쓸 수 있는 보물상자와 같은 기능입니다.

참조 셀 추적 기본 개념

수식 분석 기능 중에서 '참조되는 셀 추적', '참조하는 셀 추적' 기능을 알아보겠습니다. 이번 실습은 [셀추적-오류없음] 시트에서 진행합니다.

(1) 참조되는 셀 추적

참조되는 셀 추적 기능은 현재 선택된 셀의 값에 영향을 미치는(현재 셀에 참조가 되는) 셀이 어떤 것인지 확인할 때 사용합니다.

추적하고자 하는 셀인 [D6] 셀에는 판매금액에 인센티브 지급률을 곱하는 수식 =C6*$C$3이 입력되어 있습니다. [D6] 셀을 선택한 후 리본 메뉴에서 [참조되는 셀 추적]을 누르면 [D6] 셀을 가리키는 파란색 연결선이 그려집니다.

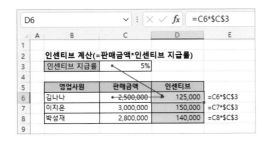

인센티브는 =판매금액*인센티브 지급률로 구해지므로 [C6] 셀(판매금액)과 [C3] 셀 (인센티브 지급률)에서 인센티브가 입력된 [D6] 셀을 가리키는 연결선이 그려집니다. 즉 판매금액 셀과 인센티브 지급률 셀이 인센티브 셀에 영향을 준다(참조가 된다)는 것이 연결선으로 표현된 것입니다.

(2) 참조하는 셀 추적

참조하는 셀 추적 기능은 현재 선택된 셀의 값에 영향을 받는(현재 셀을 참조하는) 셀이 어떤 것인지 확인할 때 사용합니다.

영업사원별로 판매금액의 5%를 인센티브로 지급한다고 할 때 [C3] 셀에는 '인센티 브 지급률'이 입력되어 있습니다. [C3] 셀을 선택하고 리본 메뉴에서 [참조하는 셀 추적]을 누르면 [C3] 셀에서 [C3] 셀을 참조하는 셀을 가리키는 연결선이 표시됩니다.

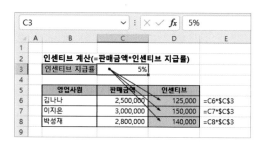

(3) 연결선 제거

참조되는 셀 추적, 참조하는 셀 추적을 실행했을 때 표시된 연결선은 [연결선 제거]를 눌러 제거할 수 있습니다.

- [연결선 제거]: 한 번에 전체 연결선 제거
- [참조되는 셀 연결선 제거]: 선택된 셀의 연결선만 제거
- [참조하는 셀 연결선 제거]: 선택된 셀의 연결선만 제거

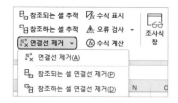

실무에서 응용할 수 있는 몇 가지 예를 알아보겠습니다.

하면 된다! 〉 중간 계산 과정이 있는 수식의 셀 추적하기

다음은 판매이력 데이터로부터 상품별 판매금액 합계를 구하는 예입니다.
[C25] 셀에 상품별 판매금액 합계를 구하는 수식 =SUMIF($C$14:$C$21;B25;
$F$14:$F$21)이 입력되어 있고, 이 수식은 판매이력의 판매금액을 참조하여 합계를 구합니다.
판매이력의 판매금액은 판매수량에 단가를 곱해서, 즉 =D14*E14로 구합니다.
이렇게 중간 계산 과정이 있는 경우에는 수식이 복잡해서 이해하기 어려운데, 참조되는 셀 추적 기능을 이용하면 쉽게 이해할 수 있습니다.

01. [C25] 셀을 선택하고 리본 메뉴에서 [참조되는 셀 추적]을 누르면 참조되는 셀의 위치가 표시됩니다.

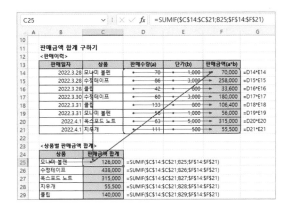

02. 이 상태에서 [참조되는 셀 추적]을 한 번 더 누르면 판매금액 셀을 가리키는 연결선이 추가로 그려집니다.
이렇게 중간 계산 과정이 있는 경우에는 [참조되는 셀 추적]을 계속 누르면 이전 단계를 계속 표시해 주므로 전체 계산 과정을 차례대로 살펴볼 수 있습니다.

03 · 수식 분석하고 오류 해결하기 **63**

하면 된다! 〉 참조되는 셀에 오류가 있을 때 추적하기 [셀추적-오류1] 시트

다음 예시의 [C25] 셀에는 상품별 판매금액 합계 수식 =SUMIF($C$14:$C$21;
B25;$F$14:$F$21)이 입력되어 있는데 오류가 발생했습니다. 어떤 이유로 오류
가 발생했는지 추적해 보겠습니다.

01. [C25] 셀을 선택하고 리본
메뉴에서 [참조되는 셀 추적]을
누릅니다.

02. 참조되는 셀의 위치가 연결선으로 표시됩니다. 연결선이 두 군데 표시되었는데,
왼쪽 연결선은 파란색이고 오른쪽 연결선은 빨간색입니다. 빨간색 연결선은 참조되
는 셀에 오류가 있다는 의미입니다. 오른쪽의 [$F$14:$F$21] 셀 범위를 살펴보면
[F19] 셀에 오류가 있습니다. 수식이 =D29*E19로 입력되어야 하는데 =ㅂ29*E19
로 입력되어 있어서 오류가 발생한 것입니다.

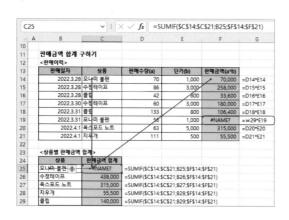

> 이렇게 참조하는 셀 범위에 오류가 있을 때 빨간색 연결선을 따라가 보면 오류를 손쉽게 찾을 수 있습니다.

하면 된다! ⎬ 입력된 수식 자체가 오류일 때 추적하기   [셀추적-오류2] 시트

다음 예시의 [C25] 셀에는 상품별 판매금액 합계 수식이 입력되어 있는데 오류가
발생했습니다. 어떤 이유로 오류가 발생했는지 추적해 보겠습니다.

[C25] 셀을 선택하고 리본 메뉴에서 [참조되는 셀 추적]을 누르면 참조되는 셀의
위치가 연결선으로 표시됩니다. 앞서 살펴본 경우와 다르게 연결선이 전부 파란색
입니다. 즉 참조되는 셀에는 오류가 없다는 뜻입니다.

그렇다면 수식 =TUMIF($C$14:$C$21;B25;$F$14:$F$21)에 문제가 있는 것
입니다. SUMIF의 첫 글자 S를 T로 잘못 입력해서 TUMIF로 입력하는 바람에 오류
가 발생한 것입니다.

엑셀 능력자의 꿀팁 엑셀 수식 오류 검사하고 추적하기

엑셀의 '수식 분석' 기능에 포함되어 있는 '오류 검사' 기능을 이용하면 수
식의 오류를 차례대로 검사하고 오류를 추적할 수 있습니다.
자세한 내용은 저자의 블로그를 참고하세요.

03-2 수식 계산 단계 알아보기

• 실습 파일 03-2.수식계산단계.xlsx

이번 절에서는 엑셀의 [수식 분석] 그룹에 포함되어 있는 '수식 계산' 기능을 이용하여 수식이 계산되는 단계를 알아보겠습니다.

수식 계산 기능의 기본 흐름

수식 계산 단계를 살펴볼 수식을 선택한 후 [수식] 탭 → [수식 분석] 그룹 → [수식 계산]을 누르면 [수식 계산] 대화상자가 나타납니다. [계산]을 계속 누르면 수식이 계산되는 단계를 따라가면서 각 단계별 계산의 결과를 보여주며, 마지막 단계에서는 최종 계산 결과를 보여줍니다.

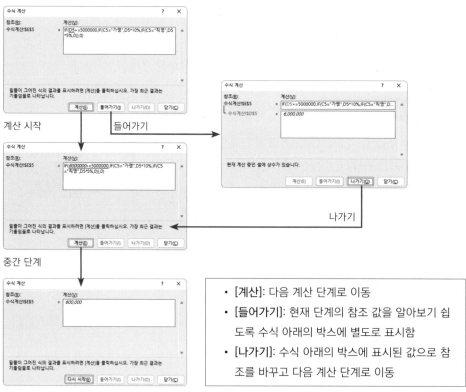

계산 시작 / 들어가기 / 중간 단계 / 나가기 / 계산 완료

- [계산]: 다음 계산 단계로 이동
- [들어가기]: 현재 단계의 참조 값을 알아보기 쉽도록 수식 아래의 박스에 별도로 표시함
- [나가기]: 수식 아래의 박스에 표시된 값으로 참조를 바꾸고 다음 계산 단계로 이동

하면 된다! } 복잡한 수식 계산 과정 따라가기

[수식계산] 시트

다음 시트는 회사가 거래하는 대리점의 판매실적별 장려금을 계산한 것입니다. 장려금 계산 수식에 IF문을 3개나 써야 하는 복잡한 경우로 이해하기가 쉽지 않습니다. 수식 계산 기능을 이용하여 계산 단계를 따라가면서 수식을 파악해 보겠습니다.

=IF(D5>=5000000,IF(C5="가맹",D5*10%,IF(C5="직영",D5*5%,0)),0)

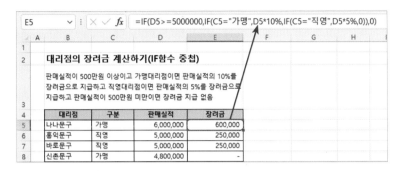

01. 위 시트에서 [E5] 셀을 선택한 후 [수식] 탭 → [수식 분석] 그룹 → [수식 계산]을 선택합니다.

02. [수식 계산] 대화상자를 보면 [E5] 셀에 입력된 수식이 [계산] 영역에 표시되어 있고 셀 참조 [D5]에 밑줄이 그어져 있습니다. ❶ [계산]을 누르면 밑줄이 그어진 부분이 계산됩니다. ❷ [D5]가 셀에 입력된 값인 6000000으로 바뀌고 6000000 >=5000000 부분에 밑줄이 그어져 있습니다. 두 번째 계산될 항목입니다.

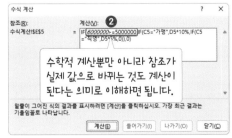

03. ❶ =IF(6000000>=5000000의 계산 결과는 IF(TRUE,...가 되고 다음 계산 항목에 밑줄이 그어져 있습니다. ❷ [계산]을 눌러 계속 진행합니다. ❸ 계산이 완료되면 [계산] 영역에 최종 결과가 표시됩니다.

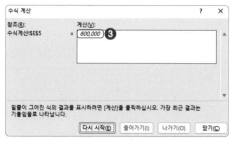

03-3 순환 참조 문제 해결하기

• 실습 파일 03-3.순환참조.xlsx

누군가로부터 엑셀 파일을 받아서 열었는데 다음과 같이 순환 참조가 있다는 경고
가 나타날 때가 있습니다. 이번 절에서는 왜 순환 참조가 발생하고, 어떻게 해결하
는지 알아보겠습니다.

순환 참조가 발생하는 이유

[순환참조] 시트를 열어보면 다음과 같이 [B3] 셀은 [B7] 셀을 참조하고, [B7] 셀은
[B3] 셀을 참조하고, 다시 [B3] 셀은 [B7]을 참조하는 등, 순환하면서 무한히 반복
참조하고 있습니다. 이렇게 서로의 셀을 참조하는 것을 순환 참조라고 합니다.
2개 셀이 서로 참조하면서 순환 참조가 발생할 수도 있지만, 오른쪽 예시와 같이 여
러 개의 셀이 참조하면서 순환고리가 만들어지면 순환 참조가 발생하는 경우도 있
습니다.

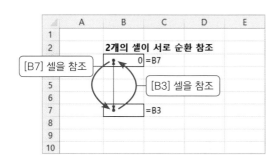

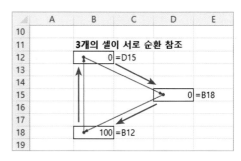

순환 참조가 발생하면 참조를 무한 반복하면서 엑셀이 멈출 수 있으므로 엑셀에서
는 계산을 중지하고 위와 같이 순환 참조 표시를 해줍니다.
순환 참조를 의도적으로 만들지 않았다면 대부분은 복잡한 수식을 작성하면서 실
수로 참조 위치를 잘못 지정해서 순환 참조가 발생합니다. 이 경우 순환 참조가 발

생한 셀에서 참조 위치를 확인하여 바른 위치를 참조할 수 있도록 바꿔주면 문제가 해결됩니다.

순환 참조 발생 사례

[집계] 시트를 열어보면 다음과 같이 '대리점 유형별 월별 매출 현황' 집계 자료의 [D5] 셀에 2월 총합계를 구하는 수식 =SUM(D11,D6)이 입력되어 있고, 이 수식은 [D11], [D6] 셀을 참조하고 있습니다.

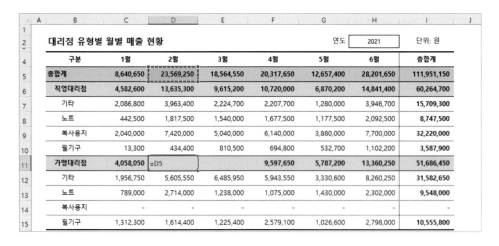

그런데 실수로 [D11] 셀에 =D5라는 수식을 입력하면 [D5] 셀과 [D11] 셀이 서로 참조하면서 순환 참조 경고가 나타납니다.

구분	1월	2월	3월	4월	5월	6월	총합계
총합계	8,640,650	23,569,250	18,564,550	20,317,650	12,657,400	28,201,650	111,951,150
직영대리점	4,582,600	13,635,300	9,615,200	10,720,000	6,870,200	14,841,400	60,264,700
기타	2,086,800	3,963,400	2,224,700	2,207,700	1,280,000	3,946,700	15,709,300
노트	442,500	1,817,500	1,540,000	1,677,500	1,177,500	2,092,500	8,747,500
복사용지	2,040,000	7,420,000	5,040,000	6,140,000	3,880,000	7,700,000	32,220,000
필기구	13,300	434,400	810,500	694,800	532,700	1,102,200	3,587,900
가맹대리점	4,058,050	=D5		9,597,650	5,787,200	13,360,250	51,686,450
기타	1,956,750	5,605,550	6,485,950	5,943,550	3,330,600	8,260,250	31,582,650
노트	789,000	2,714,000	1,238,000	1,075,000	1,430,000	2,302,000	9,548,000
복사용지	-	-	-	-	-	-	-
필기구	1,312,300	1,614,400	1,225,400	2,579,100	1,026,600	2,798,000	10,555,800

작업 중인 엑셀 파일에 또 다른 순환 참조가 있는 경우에는 경고 메시지가 나타나지 않고 순환 참조 연결선만 표시될 수 있습니다.

동시에 다음과 같이 순환 참조 위치가 표시됩니다. [D11] 셀의 수식을 잘못 입력해서 순환 참조가 발생했으므로 [D11] 셀의 수식을 =SUM(D12:D15)로 바꿔주면 문제가 해결됩니다.

구분	1월	2월	3월	4월	5월	6월	총합계
대리점 유형별 월별 매출 현황					연도	2021	단위: 원
총합계	8,640,650	23,569,250	18,564,550	20,317,650	12,657,400	28,201,650	111,951,150
직영대리점	4,582,600	13,635,300	9,615,200	10,720,000	6,870,200	14,841,400	60,264,700
기타	2,086,800	3,963,400	2,224,700	2,207,700	1,280,000	3,946,700	15,709,300
노트	442,500	1,817,500	1,540,000	1,677,500	1,177,500	2,092,500	8,747,500
복사용지	2,040,000	7,420,000	5,040,000	6,140,000	3,880,000	7,700,000	32,220,000
필기구	13,300	434,400	810,500	694,800	532,700	1,102,200	3,587,900
가맹대리점	4,058 D	-	8,949,350	9,597,650	5,787,200	13,360,250	51,686,450
기타	1,956,750	5,605,550	6,485,950	5,943,550	3,330,600	8,260,250	31,582,650
노트	789,000	2,714,000	1,238,000	1,075,000	1,430,000	2,302,000	9,548,000
복사용지	-	-	-	-	-	-	-
필기구	1,312,300	1,614,400	1,225,400	2,579,100	1,026,600	2,798,000	10,555,800

하면 된다! } 순환 참조가 발생한 위치 찾기

[집계] 시트

01. 엑셀 파일에서 다음과 같이 순환 참조가 있다는 경고가 나타나 [확인]을 눌렀지만 순환 참조가 발생한 위치로 이동하지 않습니다.

순환 참조가 발생한 파일에 여러 개의 시트가 있어서 순환 참조가 발생한 위치를 찾기 어려울 경우도 있습니다.

02. [수식] 탭 → [수식 분석] 그룹 → [오류 검사 ▾] → [순환 참조]를 선택하면 순환 참조가 발생한 셀의 위치를 표시해 줍니다. 표시된 위치 중 하나를 선택하면 순환 참조가 발생한 위치로 이동합니다.

의도적으로 순환 참조를 사용해야 할 때

대부분의 경우 거의 사용할 일이 없지만 일부 업무에서 반복 계산을 하기 위해 의도적으로 순환 참조를 사용해야 할 때가 있습니다. 이때는 엑셀 옵션에서 조정하면 됩니다.

[Excel 옵션] → [수식] → [계산 옵션] → 반복 계산 사용에 체크 표시하고 [최대 반복 횟수]와 [변화 한도값]을 필요한 값으로 조정하면 됩니다.

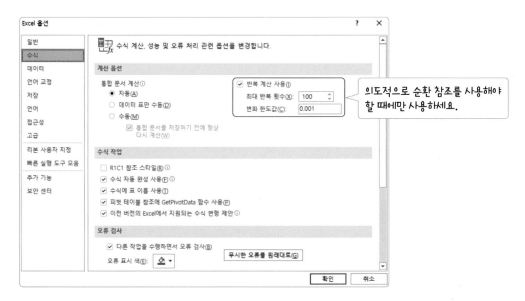

03-4 엑셀 오류 유형과 해결 방법

• 실습 파일 03-4.엑셀오류유형과해결방법.xlsx

엑셀에서 함수나 수식을 입력하다 보면 #DIV/0!, #N/A, #NAME?, #NULL!, #NUM!, #REF!, #VALUE!, #SPILL!, #CALC!와 같이 #이 붙으면서 이상한 값이 표시되는 경우가 있습니다. 입력한 수식에 문제가 있다는 뜻입이다.

이번 절에서는 각각의 오류를 살펴보고 어떻게 해결해야 하는지 알아보겠습니다.

#DIV/0!

#DIV/0!의 DIV는 Divide(나누다)를 줄여 쓴 것입니다.

다음 예시에서는 숫자는 0으로 나눌 수 없는데 0 또는 빈 값으로 나누는 수식(분모가 0이 되는 경우)을 입력해서 오류가 발생했습니다.

	A	B	C	D	E	F
2						
3		영업사원	판매실적	이익	이익률	
4		김길동	3,200,000	300,000	9.38%	=D4/C4
5		남주희	2,800,000	450,000	16.07%	=D5/C5
6		장영주	-	450,000	#DIV/0!	=D6/C6

#DIV/0! 오류 해결 방법

이 경우 IF 함수를 이용하여 나누는 값이 0이면 나누지 말고 0을 표시하고 0이 아닐 때만 나누도록 수식을 =IF(C12=0,0,D12/C12)로 수정하면 됩니다.

	A	B	C	D	E	F	G
8							
9		영업사원	판매실적	이익	이익률		
10		김길동	3,200,000	300,000	9.38%	=IF(C10=0,0,D10/C10)	
11		남주희	2,800,000	450,000	16.07%	=IF(C11=0,0,D11/C11)	
12		장영주	-	450,000	0.00%	=IF(C12=0,0,D12/C12)	

IF 함수는 09장에서 다룹니다!

#N/A

N/A는 Not Available, No Answer 등을 의미합니다. 해당 사항 없음, 값 없음 정도로 해석할 수 있습니다. 엑셀에서는 VLOOKUP, MATCH 등 찾기 함수를 사용했을 때 찾는 값이 없으면 #N/A가 표시됩니다.

왼쪽 사번/이름 테이블에 1007에 해당하는 사번이 존재하지 않으므로 값을 찾지 못하고 #N/A 오류가 표시됩니다.

```
=VLOOKUP(E19,$B$18:$C$22,2,FALSE)
```

#N/A 오류 해결 방법

#N/A 오류가 표시되면 제대로 찾을 수 있도록 참조 범위를 바꿔주거나 IFNA 함수를 이용하여 처리합니다.

```
=IFNA(VLOOKUP(E27,$B$26:$C$30,2,FALSE),"찾는 값이 없음")
```

#NAME?

#NAME? 오류는 사용자가 입력한 '이름'이 인식이 안 될 때 발생합니다. 구체적으로 다음과 같은 경우에 발생합니다.

- 함수 이름을 잘못 입력했을 때
- 참조 영역의 이름을 잘못 입력했을 때
- 이름 정의에 없는 이름을 입력했을 때

(1) 함수 이름을 잘못 입력했을 때

SUMX는 엑셀에는 없는 함수이기 때문에 오류가 발생했습니다. 함수 이름이 정확한지 확인하세요.

`=SUMX(C36:C38)`

	A	B	C	D	E	F
34						
35		영업사원	판매실적	이익	이익률	
36		김길동	3,200,000	300,000	9.38%	
37		남주희	2,800,000	450,000	16.07%	
38		장영주	5,000,000	450,000	9.00%	
39		합계	#NAME?			=@SUMX(C36:C38)

(2) 참조 영역의 이름을 잘못 입력했을 때

'AAA'는 참조할 수 있는 셀 주소가 아니라서 오류가 발생했습니다. 참조하는 셀 주소가 정확한지 확인하세요.

`=SUM(C43:AAA)`

	A	B	C	D	E	F
41						
42		영업사원	판매실적	이익	이익률	
43		김길동	3,200,000	300,000	9.38%	
44		남주희	2,800,000	450,000	16.07%	
45		장영주	5,000,000	450,000	9.00%	
46		합계	#NAME?			=SUM(C43:AAA)

(3) 이름 정의에 없는 이름을 입력했을 때

'판매실적'이라는 이름은 이름 정의에 없어서 오류가 발생했습니다.

`=SUM(판매실적)`

	G	H	I	J	K	L	M	N
34								
35		영업사원	판매실적	이익	이익률			
36		김길동	3,200,000	300,000	9.38%			
37		남주희	2,800,000	450,000	16.07%			
38		장영주	5,000,000	450,000	9.00%			
39		합계	#NAME?			=SUM(판매실적)		

Ctrl + F3 를 눌러 입력한 이름이 [이름 관리자]에 있는지 확인해 보았더니 '판매실적'이라는 이름이 없어서 오류가 발생한 것입니다. [I36:I38] 셀 범위를 '판매실적'이라는 이름으로 정의하면 정상적으로 작동합니다.

#NAME? 오류 해결 방법

- 함수 이름이 정확한지 확인합니다.
- 참조하는 셀 주소가 정확한지 확인합니다.
- [Ctrl] + [F3]을 눌러 입력한 이름이 [이름 관리자]에 있는지 확인합니다.

#NULL!

NULL은 값이 없는 상태, 알 수 없는 상태를 의미하며, 엑셀에서는 실제로 교차하지 않는 두 범위를 교차 범위로 입력할 때 발생합니다.

오류가 난 수식 =SUM(C52 C54)을 자세히 살펴보면, 엑셀 함수에서 참조 범위 사이에 공백을 넣으면 교차 범위로 인식을 하는데 참조 범위 [C52]와 [C54]는 교차하지 않으므로 #NULL! 오류가 발생한 것입니다.

	A	B	C	D	E	F
50						
51		영업사원	판매실적	이익	이익률	
52		김길동	3,200,000	300,000	9.38%	
53		남주희	2,800,000	450,000	16.07%	
54		장영주	5,000,000	450,000	9.00%	
55		합계	#NULL!			=SUM(C52 C54)

#NULL! 오류 해결 방법

- 위의 경우는 원래 =SUM(C52:C54)인데 중간에 :(콜론)이 누락되어 오류가 발생했습니다. 공백 대신에 :(콜론)을 넣으면 해결됩니다.
- 실제로 교차하는 범위에 있는 값을 SUM 하는 경우였다면 범위가 교차하도록 범위를 수정해 주면 해결됩니다.

#NUM!

NUM은 NUMBER를 줄여 쓴 것입니다. 함수나 수식에 잘못된 숫자 값을 입력하거나(계산이 불가능한 숫자 값 입력 등) 계산 결과가 엑셀이 처리할 수 있는 숫자보다 크거나 작을 때 발생합니다.

(1) 함수나 수식에 잘못된 숫자 값을 입력했을 때

음수는 제곱근을 구하는 인수로 사용될 수 없습니다.

```
=SQRT(-4)
```

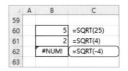

	A	B	C
59			
60		5	=SQRT(25)
61		2	=SQRT(4)
62		#NUM!	=SQRT(-4)
63			

(2) 함수나 수식이 너무 크거나 너무 작은 값은 숫자 값을 반환할 때

1000의 1000승은 엑셀이 처리할 수 있는 숫자 범위를 벗어나므로 #NUM! 오류가 발생합니다.

 **엑셀에 입력할 수 있는 숫자 범위는 정해져 있어요!**

엑셀의 사용 및 제한 사항(엑셀 2007 이상 버전 기준)은 다음과 같습니다.

기능	범위(한도)
숫자 최대 자릿수	15자리
계산할 수 있는 가장 빠른 날짜	1900년 1월 1일 (1904 날짜 체계를 사용할 경우에는 1904년 1월 1일)
계산할 수 있는 가장 늦은 날짜	9999년 12월 31일
워크시트 전체 행의 개수	1,048,576행(약 100만 행)
워크시트 전체 열의 개수	16,384열
한 셀에 입력할 수 있는 문자 수	32,767자

#REF!

REF는 참조를 뜻하는 Reference를 줄여 쓴 것으로, #REF! 오류는 함수나 수식에서 참조가 잘못된 경우에 발생합니다.
다음 두 가지 예를 통해 확인해 보겠습니다.

(1) 함수나 수식에서 참조가 잘못된 경우(원래 있던 셀을 삭제할 경우)

[B71] 셀을 삭제하기 전에는 수식이 정상으로 표시됩니다. [B71] 셀을 삭제하면 (원래 있던 셀을 삭제하면) 참조할 수 있는 셀이 사라지므로 오류가 발생합니다. 참조 범위를 다시 설정하세요.

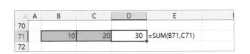

(2) 존재하지 않는 시트의 이름을 참조하거나 원래 있던 시트를 삭제할 경우

[Sheet1] 시트를 삭제하기 전에는 수식이 정상으로 표시됩니다. [Sheet1] 시트를
삭제하면 참조할 수 있는 시트가 사라지므로 오류가 발생합니다.

#REF! 오류 해결 방법

> • 참조 범위를 다시 설정합니다.
> • SUM 함수와 같이 셀 범위를 지정할 수 있는 수식은 =SUM(B71,C71) 형태로 입력하지 말
>   고 =SUM(B71:C71) 형태로 입력합니다. 이렇게 입력하면 [B71] 셀을 삭제해도 수식은 자
>   동으로 =SUM(C71:C71)로 바뀌고 오류가 발생하지 않습니다.

#VALUE!

함수나 수식에서 참조하는 값의 유형이 잘못된 경우에 발생합니다. 숫자만 입력되
어야 되는데 문자가 입력된 경우에 많이 발생합니다.

다음 예시의 경우 판매실적에 숫자만 입력되어야 하는데 실수로 문자값인 'AAA'가
입력되어 이익률이 제대로 표시되지 않고 #VALUE! 오류가 발생했습니다. 문자 값
을 숫자로 바꾸면 이익률이 정상적으로 표시됩니다.

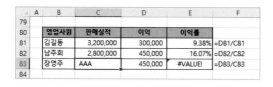

#SPILL!

SPILL은 엎지르다, 쏟아붓다 등을 의미하며, 엑셀에서는 범위에 결과를 쏟아붓다,
유출하다 정도로 해석할 수 있습니다. 정확히는 결과를 동적 배열의 형태로 가져오
는 것을 말합니다.

(1) 동적 배열 수식으로 자료 참조

다음 예시와 같은 거래처별 판매실적 자료에서 [B15] 셀에 =B5:E7 수식을 입력하면 판매실적 자료를 참조하여 결과를 배열 형태로 가져옵니다.

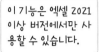

그런데 결과를 가져올 범위에 이미 다른 값이 존재한다면 결과를 가지오지 못하고 다음과 같이 #SPILL! 오류가 발생합니다. 동적 배열 형태로 결과를 가져올 때는 가져올 범위가 비어 있는지 미리 확인해야 합니다.

(2) FILTER 함수로 자료 가져오기

다음 예는 FILTER 함수를 이용해 판매실적에서 '노트'인 것만 찾아서 결과를 배열 형태로 가져옵니다.

```
=FILTER($B$5:$E$12,($D$5:$D$12="노트"),"찾는 자료가 없음")
```

첫 번째 경우와 마찬가지로 결과를 가져올 범위에 이미 다른 값이 존재한다면 결과를 가지오지 못하고 #SPILL! 오류가 발생합니다.

#CALC!

CALC는 계산을 뜻하는 Calculation을 줄여 쓴 것으로, #CALC! 오류는 동적 배열 함수가 결과를 반환할 수 없을 때 발생합니다.

다음 예시는 FILTER 함수를 이용하여 판매실적에서 상품이 '망치'인 것만 찾아서 결과를 배열 형태로 가져오고, 만약 찾는 자료가 없다면 '찾는 자료가 없음'으로 표시해 줍니다.

판매실적 중에 상품이 망치인 것은 없으므로 결과가 '찾는 자료가 없음'으로 표시되었습니다.

```
=FILTER($B$5:$E$12,($D$5:$D$12="망치"),"찾는 자료가 없음")
```

다음 예시와 같이 실수로 FILTER 함수의 마지막 인수(찾는 값이 없을 때 표시할 값)가 누락되었다면 #CALC! 오류가 발생합니다.

```
=FILTER($B$5:$E$12,($D$5:$D$12="망치"))
```

#CALC! 오류는 동적 배열 함수가 결과를 반환할 수 없을 때 발생합니다. 따라서 수식을 다음과 같이 작성하면 '망치'가 없어도 '찾는 자료가 없음'이라는 텍스트를 반환하지만, 마지막 인수가 누락되었다면 아예 반환할 값이 없으므로 #CALC! 오류가 발생한 것입니다.

```
=FILTER($B$5:$E$12,($D$5:$D$12="망치"),"찾는 자료가 없음")
```

오류를 보이지 않게 처리하는 방법

앞서 설명한 오류를 다음과 같이 IFERROR 함수를 사용하여 보이지 않게 처리하는 방법도 있습니다. [오류표시 숨기기] 시트를 살펴보세요.
다음 수식은 오류가 발생하면 아무것도 표시하지 않습니다. 판매실적이 0이어서 아무것도 표시가 안 되는지, 수식이 삭제되어 아무것도 표시가 안 되는지 알 수 없는 문제가 있습니다.

```
=IFERROR(D6/C6,"")
```

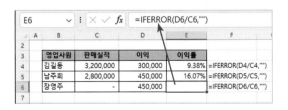

이 오류는 앞서 첫 부분에서 설명한 대로 IF 함수를 이용하여 나누는 값이 0이면 나누지 말고 0을 표시하고 0이 아닐 때만 나누도록 수식을 =IF(C14=0,0,D14/C14)로 수정하면 됩니다.

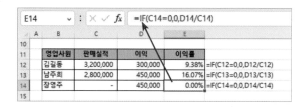

오류를 보이지 않게 처리하는 방법은 좋지 않은 방법입니다. 오류가 보이지 않는다고 문제가 해결된 것이 아니므로, 위와 같이 오류의 원인을 찾아서 오류별로 적절한 방법을 찾아 해결하는 것이 좋습니다.

오류를 보이지 않게 처리하면 문제가 될 수 있어요. 오류의 원인을 찾아 해결하는 것이 중요합니다!

정리만 잘해도
능력자가 되는 데이터

지금까지 나온 엑셀 책을 보면
대부분 수식, 함수 중심으로 다루어 왔습니다.
실제 엑셀에서 알맹이는 데이터인데
그동안 너무 소홀히 해왔다는 생각이 듭니다.
둘째마당에서는 이 책의 세 가지 큰 주제인
수식, 데이터, 함수 중에서 데이터를 제대로 소개해 보겠습니다.

04 • 데이터 입력하고 표시하기

05 • 엑셀 데이터 다루기

06 • 데이터 정렬/필터링, 이름과 표 사용

데이터 입력하고 표시하기

데이터를 입력할 때 가장 많이 사용하는 복붙(복사 후 붙여넣기), 자동 채우기 기능도 제대로 사용하려면 다루는 요령이 필요합니다. 단순해 보이는 붙여넣기, 자동 채우기 기능만 제대로 이해해도 업무 시간을 단축할 수 있습니다.

숫자에 천 단위 쉼표 표시하기, 날짜를 원하는 형식으로 표시하기, 셀에 입력된 값이 정해진 조건을 만족하면 원하는 서식으로 강조 표시하기 등 엑셀에는 입력된 값을 나타내는 다양한 방법이 있습니다. 이번 장에서는 이런 방법을 제대로 익혀서 업무 효율을 높이고 엑셀이 더욱 즐거워질 수 있도록 해보겠습니다.

04-1 값을 입력하고 표시하는 원리

04-2 셀 서식을 지정하여 원하는 형태로 표시하기

04-3 조건부 서식으로 데이터 강조하기

04-4 조건부 서식 규칙 관리하기

04-5 수식으로 조건부 서식 지정하기

04-6 엑셀에서 복사하고 붙여넣기의 모든 것

04-7 엑셀 자동 채우기의 모든 것

04-1 값을 입력하고 표시하는 원리

• 실습 파일 04-1.값을입력하고표시하는원리.xlsx

일상생활에서 숫자나 날짜는 동일한 값이라도 표시되는 방식이 다른 경우가 많습니다. 숫자의 경우 천 단위에 쉼표를 붙여서 표시하기도 하지만 붙이지 않는 경우도 있고, 날짜의 경우 2022-09-10, 9월 10일 또는 9/10 등 다양한 형태로 표시할 수 있습니다. 엑셀에서는 이렇게 목적에 따라서 동일한 값을 여러 형태로 표시하기 위하여 표시 형식이라는 방식을 사용합니다.

이번 절에서는 몇 가지 예를 통해 셀에 값이나 수식을 입력하면 내부적으로 어떻게 저장되는지, 표시 형식을 통해 어떠한 방식으로 값이 표시되는지 알아보겠습니다.

하면 된다! } 값 입력하고 표시 형식 변경하기

01. 일반으로 입력하기

[B2] 셀에 숫자 3000을 입력합니다. 기본 표시 형식이 일반이므로 입력된 그대로 3000으로 표시됩니다.

02. 회계 형식으로 입력하기

표시 형식을 회계로 변경하면 원화 표시와 천 단위에 콤마(쉼표)가 찍힌 ₩ 3,000으로 표시됩니다.

03. 날짜 형식으로 입력하기

표시 형식을 날짜로 변경하면 입력한 숫자가 날짜로 표시됩니다.

> 숫자가 어떻게 날짜로 바뀌는지는 '11-1 날짜와 시간 데이터 다루기'를 참고하세요.

셀에 값을 입력하고 표시하는 원리

엑셀은 내부에 저장하는 값과 달리 표시 형식에 따라 셀에 표시되는 것이 다를 수 있습니다.

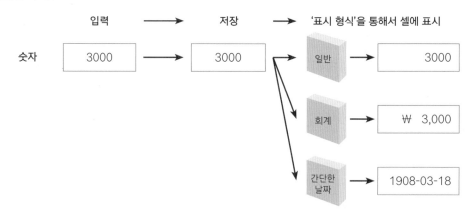

위의 세 가지 외에 몇 가지 더 살펴보겠습니다.

- 텍스트는 저장되는 값이나 표시되는 형식이 동일합니다.
- 날짜는 입력과 동시에 숫자로 저장되고 날짜 형식으로 표시됩니다.
- 수식을 입력하면 수식 자체가 저장되고 표시 형식을 통해서 수식 계산의 결과가 표시됩니다.

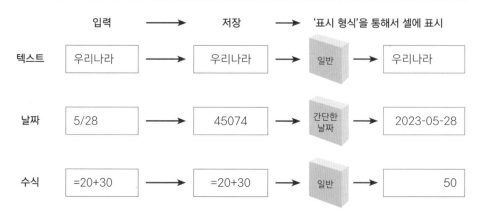

셀에 입력할 수 있는 값, 수식의 유형

앞서 몇 가지 입력 유형을 알아보았는데, 실무에서 주의할 점을 포함하여 조금 더 상세히 정리해 보겠습니다. 셀에 입력할 수 있는 유형에는 숫자, 텍스트, 논리값, 수식이 있으며, 이 외에 계산의 결과로 표시되는 오류 표시가 있습니다. [셀 입력유형] 시트를 참조하세요!

숫자

엑셀에서 숫자는 조금 특별합니다. 숫자뿐 아니라 날짜와 시간을 저장할 때도 숫자를 사용합니다. 숫자는 표시 형식을 어떻게 지정하느냐에 따라 같은 값이라도 표시하는 모양이 달라집니다.

특히 분수는 다른 값과 달리 입력하는 방법이 특이합니다. 숫자 0을 먼저 입력하고 공백(스페이스바)을 한 칸 입력한 후 3/4과 같이 입력합니다.

입력 유형		입력	저장	표시	표시형식
숫자	숫자	3000	3000	3000	일반
		3000	3000	₩ 3,000	회계
		3000	3000	1908-03-18	간단한 날짜
	분수	0을 입력 후 공백한칸 입력 후 분수(예 3/4)를 입력	3/4	3/4	분수
	날짜	6/19	44366	2021-06-19	간단한 날짜
	시간	15:35	0.649305556	오후 3:35:00	시간

텍스트

텍스트는 셀에 입력한 대로 저장되고 화면에 표시됩니다. 단, 텍스트가 수식의 일부로 포함될 때는 큰따옴표로 묶어주어야 합니다. 텍스트를 큰따옴표로 묶지 않으면 #NAME? 오류가 발생합니다.

입력 유형	입력	저장	표시
텍스트	가나다라	가나다라	가나다라
수식에 포함	=IF(A1>90,"합격","불합격")	=IF(A1>90,"합격","불합격")	합격 또는 불합격

논리값

논리값에는 TRUE(참), FALSE(거짓)가 있습니다. 논리값을 직접 입력할 수도 있지만, 이렇게 쓸 일은 거의 없고 계산의 결과로 표시되거나 계산의 중간 결과로 활용됩니다.

=IF(5>1,"바름","틀림") 수식에서 IF 함수 안의 5>1의 결과는 TRUE이므로 IF 함수는 최종적으로 바름으로 판단합니다.

	A	B	C	D	E	F	G
17							
18		입력 유형		입력	저장	표시	
19		직접 입력		TRUE	TRUE	TRUE	
20		계산의 결과		=5>1	=5>1	TRUE	
21		계산의 결과		=5<1	=5<1	FALSE	
22		계산의 중간 결과		=IF(5>1,"바름","틀림")	=IF(5>1,"바름","틀림")	바름	

수식

수식은 다음과 같이 다양한 형태로 구성할 수 있습니다. 수식을 입력하면 입력한 대로 저장하고 표시 형식에 지정된 대로 표시해 줍니다.

	A	B	C	D	E	F	G
24							
25		입력 유형		입력	저장	표시	
26		숫자만 입력		=100+100	=100+100	200	
27		셀참조 + 숫자		=F26+50	=F26+50	250	
28		함수로 구성		=SUM(F26:F27)	=SUM(F26:F27)	450	

오류 표시

오류 표시는 입력 유형이 아니라 계산의 결과 표시되는 것입니다. 예를 들어 Good 이라는 이름을 정의하지 않은 채 다음과 같이 =Good & "Morning"을 입력하면, 엑셀은 그런 이름은 없다는 의미로 #NAME? 오류를 표시합니다.

	A	B	C	D	E	F	G
30							
31		입력 유형		입력	저장	표시	
32		정상		="Good " & "Morning"	="Good " & "Morning"	Good Morning	
33		오류		=Good & "Morning"	=Good & "Morning"	#NAME?	

이상으로 간단히 엑셀에서 값을 입력하고 표시하는 원리와 셀에 입력되는 유형에 대해 알아보았습니다. 자세한 표시 형식에 대해서는 다음 절에서 살펴보겠습니다.

04-2 셀 서식을 지정하여 원하는 형태로 표시하기

- 실습 파일 04-2.셀서식으로-원하는형태표시-실습.xlsx
- 완성 파일 04-2.셀서식으로-원하는형태표시-완성.xlsx

엑셀에서 숫자(날짜 포함, 엑셀에서 날짜는 숫자로 저장됨)를 원하는 형태로 표시하고 싶을 때가 있습니다. 예를 들어 숫자 10000을 10,000으로 표시하거나 6/3을 입력하고 2022-06-03으로 표시하려면 셀 서식을 지정하거나 TEXT 함수를 사용해야 합니다. 이번 절에서는 셀 서식을 이용해서 값을 원하는 형태로 표시하는 방법을 알아보겠습니다. 먼저 셀 서식은 다음 세 가지 방법으로 지정할 수 있습니다.

> ❶ 리본 메뉴의 [표시 형식]에서 셀 서식 지정
> ❷ [셀 서식] 대화상자에서 셀 서식 지정
> ❸ 사용자 지정 서식을 만들어서 셀 서식 지정

하면 된다! } 리본 메뉴의 [표시 형식]에서 셀 서식 지정하기   [샘플표] 시트

리본 메뉴의 [표시 형식]을 이용하면 가장 간단하게 셀 서식을 지정할 수 있습니다.

01. ❶ 값이 입력된 셀 범위 [C3:E6]을 선택한 후 ❷ [홈] 탭 → [표시 형식] 그룹에서 목록 상자의 내림 버튼을 눌러 원하는 서식을 선택합니다. 여기에서는 [회계]를 선택했습니다.

02. 회계 표시 형식의 결과가 표시됩니다.

> [표시 형식]에는 회계 표시 형식 이외에도 다양한 형식이 있습니다. 한 번씩 눌러 살펴보세요!

셀 서식을 지정하는 목록 상자 아래에는 회계 표시 형식(각국 통화 표시), 백분율 스타일(백분율 표시), 쉼표 스타일(천 단위 쉼표 표시), 자릿수 늘림(소수점 자릿수 늘리기), 자릿수 줄임(소수점 자릿수 줄이기)이 있으며, 값을 선택하면 바로 적용됩니다.

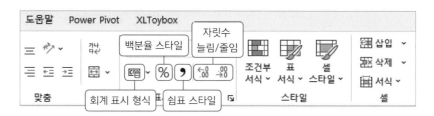

하면 된다! ﹜ [셀 서식] 대화상자에서 셀 서식 지정하기

[샘플표] 시트

리본 메뉴의 [표시 형식]에서 셀 서식을 간단하게 바로 적용할 수 있지만, 좀 더 복잡한 경우(예를 들어 숫자가 음수일 때 빨간색으로 표시하는 경우)에는 지정할 수 없는 단점이 있습니다. 이런 경우 셀 서식을 지정하는 대화상자에서 선택하면 됩니다.

01. ❶ 값이 입력된 셀 범위 [C3:E6]을 선택한 후 **❷** Ctrl + 1 을 누르거나 마우스 오른쪽 버튼을 눌러 [셀 서식]을 선택합니다. **❸** [셀 서식] 대화상자의 [범주]에서 숫자를 선택하고 **❹** 오른쪽 [음수]에서 -1,234를 선택합니다.

> [셀 서식] 대화상자에서 다양한 옵션을 선택할 수 있습니다.

02. 음수 표시 형식의 결과가 표시됩니다.

분기	매출액	매출원가	매출이익
1분기	7,800,000	6,500,000	1,300,000
2분기	9,500,000	7,000,000	2,500,000
3분기	6,500,000	7,000,000	-500,000
4분기	8,800,000	6,500,000	2,300,000

하면 된다! } 사용자 지정 서식을 만들어 셀 서식 지정하기 [샘플표] 시트

[셀 서식] 대화상자에 원하는 셀 서식이 없다면 사용자 지정 서식을 수정하거나 직접 만들어 적용할 수 있습니다.

❶ [Ctrl] + [1]을 눌러 [셀 서식] 대화상자를 실행하여 [범주]에서 **사용자 지정**을 선택합니다.

❷ 오른쪽에 표시되는 [형식] 중 하나(여기서는 #,##0_)를 선택하면 ❸ 목록 위에 선택한 문자가 입력됩니다.

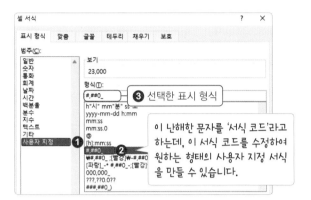

이 난해한 문자를 '서식 코드'라고 하는데, 이 서식 코드를 수정하여 원하는 형태의 사용자 지정 서식을 만들 수 있습니다.

엑셀 능력자의 꿀팁 　 서식 코드를 자세히 알아보자!

셀에 숫자 10000을 입력하고 [셀 서식] 대화상자에서 다음과 같이 서식 코드를 입력하면 각각의 서식 코드에 해당하는 형태로 값이 표시됩니다. 이 실습은 [서식코드 적용예시] 시트를 참조하세요!

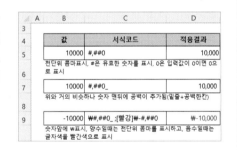

값	서식코드	적용결과
10000	#,##0	10,000
천단위 콤마표시, #은 유효한 숫자를 표시, 0은 입력값이 0이면 0으로 표시		
10000	#,##0_	10,000
위와 거의 비슷하나 숫자 맨뒤에 공백이 추가됨(밑줄+공백한칸)		
-10000	₩#,##0_;[빨강]₩-#,##0	₩-10,000
숫자앞에 ₩표시, 양수일때는 천단위 콤마를 표시하고, 음수일때는 글자색을 빨간색으로 표시		

[파랑]_-* #,##0_-;[빨강]* -#,##0_-;_-* "0"_-;_-@"고객님"_-

서식 코드 구조

서식 코드는 다음과 같이 4개 섹션으로 구성됩니다. 섹션과 섹션 사이는 세미콜론(;)으로 구분합니다.

섹션 1 양수일 때	섹션 2 음수일 때	섹션 3 0일 때	섹션 4 문자일 때

[파랑]_-* #,##0_-;[빨강]* -#,##0_-;_-* "0"_-;_-@"고객님"_-

4개 섹션을 전부 적용하면 네 가지 경우(입력된 값이 양수일 때, 음수일 때, 0일 때, 문자일 때)가 한 번에 적용되어 마치 조건부 서식을 이용하는 것처럼 값의 상태에 따라 모양을 다르게 표시할 수 있습니다.

서식 코드 [파랑]_-* #,##0_-;[빨강]* -#,##0_-;_-* "0"_-;_-@"고객님"_-을 적용하면 다음과 같이 각각의 입력 값에 따라 네 가지 경우가 표시됩니다.

이 암호 같은 서식을 풀이해 보면 각 섹션의 의미는 다음과 같습니다.

섹션	서식 코드	의미
섹션 1	[파랑]_-* #,##0_-	값이 양수일 때 파란색으로 표시하고 천 단위 콤마를 표시합니다.
섹션 2	[빨강]* -#,##0_-	값이 음수일 때 빨간색으로 표시하고 음수 기호와 함께 천 단위 콤마를 표시합니다.
섹션 3	_-* "0"_-	값이 0일 때 0으로 표시하되, 맨 앞에는 _(밑줄) 너비만큼의 공백을 넣고 오른쪽 정렬하고, 맨 뒤에는 _(밑줄) 너비만큼의 공백을 넣어서 표시합니다.
섹션 4	_-@"고객님"_-	값이 문자일 때 맨 앞에는 _(밑줄) 너비만큼의 공백을 넣고 입력된 값에 "고객님"이라는 값을 붙이고, 맨 뒤에는 _(밑줄) 너비만큼의 공백을 넣어서 표시합니다.

서식 코드를 입력하는 규칙

서식 코드를 4개 다 쓸 필요는 없고 필요에 따라 한두 개만 써도 됩니다.

- 한 개의 코드 섹션만 지정할 경우 이 섹션은 모든 숫자에 적용됩니다.
- 두 개의 코드 섹션만 지정할 경우 첫 번째 섹션은 양수 및 0에 적용되고 두 번째 섹션은 음수에 적용됩니다.
- 특정 코드 섹션을 건너뛰고 그다음 코드 섹션을 포함하려면 건너뛸 부분에 세미콜론(;)을 사용합니다.

하면 된다! ┤ 판매 실적 상승률에 세모 증감 표시 입력하기

[상승률에 서식코드 적용] 시트

서식을 이용하여 %로 표시되는 숫자에 다음과 같이 세모 증감 표시를 해보겠습니다.

01. ❶ 서식을 적용할 상승률의 셀 범위 [E5:E12]를 선택하고 ❷ Ctrl + 1을 누르거나 마우스 오른쪽 버튼을 눌러 [셀 서식]을 선택합니다.

02. ❶ [셀 서식] 대화상자의 [범주]에서 **사용자 지정**을 선택하고 ❷ [형식]에 다음 서식 코드를 입력합니다. 상승률에 빨강과 파랑 세모 증감 표시, 음수 기호, %가 표시됩니다.

[파랑]▲_-* 0.0%_-;[빨강]▼* -0.0%_-;_-* 0.0%_-;

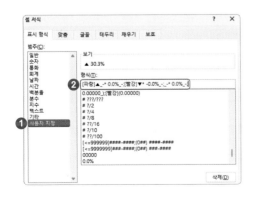

사용된 서식 코드는 다음과 같이 3개 섹션으로 구성되어 있습니다.

섹션	서식 코드	의미
섹션 1	[파랑]▲_-* 0.0%_-	값이 양수일 때 파란색으로 표시하되, ▲를 앞에 붙이고 숫자는 소수점 첫째 자리까지 %로 표시합니다.
섹션 2	[빨강]▼* -0.0%_-	값이 음수일 때 빨간색으로 표시하되, ▼를 앞에 붙이고 음수가 들어가며 숫자는 소수점 첫째 자리까지 %로 표시합니다.
섹션 3	_-* 0.0%_-	값이 0일 때 0.0%으로 표시하되, 맨 앞에는 _(밑줄) 너비만큼의 공백을 넣고 오른쪽 정렬하고, 맨 뒤에는 _(밑줄) 너비만큼의 공백을 넣어서 표시합니다.

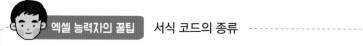

엑셀 능력자의 꿀팁   서식 코드의 종류

숫자 및 문자

숫자 및 문자를 표시할 때 사용하는 서식 코드는 다음과 같습니다. 단독으로 사용할 수도 있지만 다른 코드 값과 조합하여 많이 사용됩니다.

서식 코드	의미
#	숫자 하나 또는 여러 개를 의미하며, 유효 자릿수만 표시합니다(#으로 표시한 서식의 길이보다 입력한 값이 짧은 경우에는 값의 길이만큼 표시).
0	숫자 하나를 의미하며, 0으로 표시한 서식의 길이보다 입력한 값이 짧은 경우 나머지는 0으로 채웁니다.
?	숫자 하나를 의미하며, ?로 표시한 서식의 길이보다 입력한 값이 짧으면 나머지는 공백으로 채웁니다. 소수점을 고정된 위치에 표시할 때 사용할 수 있습니다.
,	천 단위 표시용 쉼표(콤마)
_(밑줄)	숫자에서 공백을 표시할 때, 밑줄 다음의 문자와 같은 너비의 공백을 만들 때 사용합니다(예: _)을 입력하면)의 문자 크기만큼 공백이 생김).
@	문자를 그대로 출력합니다. @을 2회 반복하면 입력된 문자를 2회 반복해서 출력합니다.
*	* 뒤의 문자를 셀 너비에 맞게 반복합니다.

	B	C	D	E
	문자	값	서식코드	적용 결과
	#	10000	#,##0	10,000
	0	10	000,000_	000,010
	?	10	???,??0.0??	10.0
		10.532		10.532
	,	10000	#,##0	10,000
	_(밑줄)	5000	###,##0_)	5,000
	@	홍길동	@"고객님"	홍길동고객님
	*	500	*+#	++++++++++++ 500

문자별 서식 코드 적용 예([문자별 서식코드 적용예시] 시트)

날짜/시간

날짜 및 시간을 표시할 때 사용하는 서식 코드는 다음과 같습니다.

서식 코드	의미
y,m,d	연, 월, 일을 표시합니다.
a	요일을 표시합니다.
h	시간을 표시합니다.
m	천 단위 표시용 쉼표(콤마)합니다.
s	초를 표시합니다.
AM/PM, A/P	오전/오후를 표시합니다.

	값	서식코드	적용 결과	비고
5	2021-07-01	yyyy	2021	연도 4자리
6	2021-07-01	yy	21	연도 2자리
7	2021-07-01	mm	07	월 2자리
8	2021-07-01	m	7	월 1~2자리(10월부터는 2자리)
9	2021-07-01	mmm	Jul	영어 월 3자리
10	2021-07-01	mmmm	July	영어 월 전체자리
11	2021-07-01	mmmmm	J	영어 월 첫자리
12	2021-07-01	dd	01	날짜 2자리
13	2021-07-01	d	1	날짜 1~2자리(10일부터는 2자리)
14	2021-07-01	aaa	목	요일 1자리
15	2021-07-01	aaaa	목요일	요일 전체자리
16	9:05:07	hh	09	시간 2자리
17	9:05:07	h	9	시간 1~2자리(10시부터는 2자리)
18	9:05:07	mm:ss	05:07	분:초 각 2자리
19	9:05:07	m:ss	5:07	분 1자리, 초 2자리
20	9:05:07	ss	07	초 2자리
21	9:05:07	s	7	초 1~2자리(10초부터는 2자리)
22	9:05:07	hh:mm AM/PM	09:05 AM	AM/PM 표시
23	9:05:07	hh:mm A/P	09:05 A	A/P (AM,PM의 앞자리만)표시
24	9:05:07	[$-ko-KR]AM/PM hh:mm	오전 09:05	한국식 오전/오후 표시

날짜/시간 서식 코드 적용 예([날짜시간기타 서식코드 적용예시] 시트)

	값	서식코드	적용 결과
30	2021-07-01 15:52	yyyy"-"mm"-"dd hh:mm AM/PM	2021-07-01 03:52 PM
31	2021-07-01 15:52	[$-ko-KR]yyyy"-"mm"-"dd AM/PM hh:mm	2021-07-01 오후 03:52
32	2021-07-01 15:52	[$-ko-KR]yyyy"-"mm"-"dd (aaa) AM/PM hh:mm	2021-07-01 (목) 오후 03:52

날짜/시간 서식 코드를 조합하여 적용한 예

분수

분수는 숫자 서식 코드를 조합하여 표시합니다.

서식 코드	의미
#	숫자에서 1 이상인 부분을 표시합니다.
/	분수 표시 문자
?	숫자에서 1보다 작은 부분을 표시합니다.

	값	서식코드	적용 결과	비고
37	0.5	# ?/?	1/2	한 자릿수 분모
38	4.2	# ?/?	4 1/5	한 자릿수 분모
39	0.3	# ??/??	3/10	두 자릿수 분모
40	3.14159	# ???/???	3 16/113	세 자릿수 분모
41	0.5	# ?/2	1/2	분모를 2로
42	0.5	# ?/4	2/4	분모를 4로
43	0.5	# ?/8	4/8	분모를 8로
44	0.5	# ??/16	8/16	분모를 16으로
45	0.5	# ?/10	5/10	분모를 10으로
46	0.5	# ??/100	50/100	분모를 100으로

서식 코드를 조합하여 분수를 입력할 수도 있지만, [셀 서식] 대화상자에서 [범주]를 분수로 선택해서 편리하게 입력할 수 있습니다.

기타(주민번호, 한글/한자 숫자 등)

다음과 같이 우편번호, 전화번호, 주민등록번호, 숫자 한글, 숫자 한자 표시를 할 수 있습니다.

서식 코드	의미
00000	우편번호
[<=999999]####-####;(0##) ####-####	전화번호(국번 4자리)
[<=9999999]###-####;(0##) ###-####	전화번호(국번 3자리)
000000-0000000	주민등록번호
[DBNum4][$-ko-KR]G/표준	숫자(한글)
[DBNum1][$-ko-KR]G/표준	숫자(한자)
[DBNum2][$-ko-KR]G/표준	숫자(한자-갖은자)

	값	서식코드	적용 결과	비고
52	47542	00000	47542	우편번호
53	3135352323	[<=999999]####-####;(0##) ####-####	(031) 3535-2323	전화번호(국번 4자리)
54	315352323	[<=9999999]###-####;(0##) ###-####	(031) 535-2323	전화번호(국번 3자리)
55	9905011231346	000000-0000000	990501-1231346	주민등록번호
56	3500	[DBNum4][$-ko-KR]G/표준	삼천오백	숫자 한글
57	3500	[DBNum1][$-ko-KR]G/표준	三千五百	숫자 한자
58	3500	[DBNum2][$-ko-KR]G/표준	參阡伍百	숫자 한자-갖은자

위와 같이 서식 코드를 조합하여 입력할 수도 있지만, [셀 서식] 대화상자에서 [범주]를 기타로 선택해서 편리하게 입력할 수 있습니다. 단, 우편번호는 과거에 사용하던 6자리 서식으로 되어 있으므로 위의 예처럼 5자리 서식으로 바꾸어서 사용해야 합니다.

04-3 조건부 서식으로 데이터 강조하기

- 실습 파일 04-3.조건부서식의-모든것-실습.xlsx
- 완성 파일 04-3.조건부서식의-모든것-완성.xlsx

엑셀의 조건부 서식을 사용하면 다음과 같이 셀에 입력된 값이 정해진 조건을 만족할 경우 원하는 서식(배경색, 폰트 색상, 아이콘 등)으로 강조 표시를 할 수 있습니다. 이와 같이 조건부 서식을 활용하면 중요한 데이터를 빠르게 파악하거나 잘못 입력된 데이터를 손쉽게 찾아낼 수 있습니다.

	A	B	C	D	E
3					
4		영업 본부	상반기 목표	판매 실적	달성률
5		종로	400,000	389,000	97.3%
6		서대문	500,000	500,000	100.0%
7		마포	700,000	333,000	47.6%
8		강서	500,000	473,000	94.6%
9		영등포	300,000	270,000	90.0%
10		구로	700,000	753,120	107.6%
11		강남	500,000	375,000	75.0%
12		서초	500,000	422,000	84.4%
13		송파	1,000,000	1,150,000	115.0%
14		강동	500,000	378,000	75.6%

> 이렇게 데이터를 보기 좋게 만드는 것도 실무의 중요한 능력입니다!

조건부 서식 종류

[홈] 탭 → [스타일] 그룹 → [조건부 서식]을 선택하면 미리 정의된 5개의 조건부 서식이 있으며, 필요시 새로 만들 수도 있습니다.

❶ 셀 강조 규칙(H) >
❷ 상위/하위 규칙(T) >
❸ 데이터 막대(D) >
❹ 색조(S) >
❺ 아이콘 집합(I) >

❶ 셀 강조 규칙
셀에 입력된 숫자가 정해진 기준을 만족하거나, 셀에 특정 텍스트가 포함되어 있거나, 셀 값이 중복인 조건 등을 만족하면 셀에 강조 표시를 할 수 있습니다.

학생	국어	영어	수학
이지은	89	79	93
이나나	100	98	99
김지은	85	89	75
이민수	89	93	88
김수현	91	78	83
홍지수	79	77	73
박지훈	95	92	92
김범수	85	87	88
홍길동	89	90	93
이현수	82	78	76

❷ 상위/하위 규칙

셀에 입력된 값의 순위 조건을 만족하는 셀에 강조 표시를 할 수 있습니다.

품명	판매금액
포스트잇 노트 (654) 노랑	119,000
포스트잇 노트 큐브 3색	197,800
더블에이 A4용지	240,000
오피스 수정테이프	420,000
옥스포드 노트	408,000
카카오프렌즈 인덱스 노트	165,000

❸ 데이터 막대

데이터 막대를 사용하면 셀 값의 크기에 따라 가로 막대의 길이가 달라집니다. 값이 크면 길게, 작으면 짧게 표시되어 값의 크기를 시각적으로 바로 확인할 수 있습니다.

품명	판매 금액
포스트잇 노트 (654) 노랑	119,000
포스트잇 노트 큐브 3색	197,800
더블에이 A4용지	240,000
오피스 수정테이프	420,000
옥스포드 노트	408,000
카카오프렌즈 인덱스 노트	165,000

❹ 색조

셀 값의 크기에 따라 배경색이 달라집니다. 예를 들어 셀 값이 크면 배경색을 진하게, 작으면 연하게 표시하여 값의 크기, 값의 변화 정도를 시각적으로 바로 확인할 수 있습니다.

연-월	서울	대전	대구
2021-01	-2.4	-1	0.5
2021-02	2.7	4	4.8
2021-03	9	9.6	10.2
2021-04	14.2	14.7	14.5
2021-05	17.1	17.7	18.3

❺ 아이콘 집합

방향 화살표, 신호등, 깃발 등 여러 모양의 아이콘 집합을 사용하여 셀 값의 크기에 따라 아이콘의 모양이나 색을 다르게 표시할 수 있습니다. 예를 들어 상승률이 플러스면 초록 삼각형, 마이너스면 빨강 삼각형으로 표시할 수 있습니다.

1분기	2분기	상승률
23,080	30,080 ▲	30.3%
42,620	34,410 ▼	-19.3%
29,390	11,090 ▼	-62.3%
67,870	72,720 ▲	7.1%

하면 된다! } 목표 금액을 초과하면 셀 강조 표시하기

[셀강조-숫자] 시트

다음과 같은 영업 본부별 판매 자료에서 상반기 목표 열의 금액이 650,000원보다 클 경우 셀 강조 표시를 해보겠습니다.

01. ❶ 상반기 목표의 셀 범위 [C5:C14]를 선택합니다. ❷ [홈] 탭 → [스타일] 그룹 → [조건부 서식] → [셀 강조 규칙] → [보다 큼]을 선택합니다.

02. [보다 큼] 대화상자에서 ❶ [다음 값보다 큰 셀의 서식 지정]에 650,000을 입력하고 ❷ [적용할 서식]에서 원하는 서식을 선택한 후 ❸ [확인]을 누릅니다. 조건부 서식이 적용되어 상반기 목표 금액이 650,000원보다 큰 셀에 색상이 표시됩니다.

하면 된다! } 특정 텍스트를 포함하면 강조 표시하기

[셀강조-텍스트] 시트

이번에는 판매 자료의 품명에 '모나미'가 포함된 경우에 색상을 표시해 보겠습니다.

01. ❶ 품명의 셀 범위 [D5:D18]을 선택합니다. ❷ [홈] 탭 → [스타일] 그룹 → [조건부 서식] → [셀 강조 규칙] → [텍스트 포함]을 선택합니다.

02. [텍스트 포함] 대화상자에서 ❶ [다음 텍스트를 포함하는 셀의 서식 지정]에 모나미를 입력하고, ❷ [적용할 서식]에서 원하는 서식을 선택한 후 ❸ [확인]을 누릅니다. 품명에 '모나미'를 포함하고 있는 2개 셀이 녹색으로 표시됩니다.

하면 된다! ┤ 상위 5위까지 강조 표시하기

[상위하위] 시트

조건부 서식의 상위/하위 규칙을 사용하여 판매금액 상위 5위까지 강조 표시를 해 보겠습니다.

01. ❶ 판매금액의 셀 범위 [D5:D18]을 선택합니다. ❷ [홈] 탭 → [스타일] 그룹 → [조건부 서식] → [상위/하위 규칙] → [상위 10개 항목]을 선택합니다.

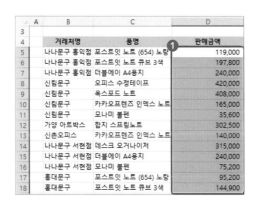

02. [상위 10개 항목] 대화상자에서 ❶ 순위 개수를 10에서 5로 바꾸고 ❷ [적용할 서식]에서 원하는 서식을 선택한 후 ❸ [확인]을 누릅니다. 조건부 서식이 적용되어 상위 5위까지 셀에 강조 표시가 되었습니다.

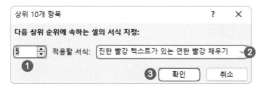

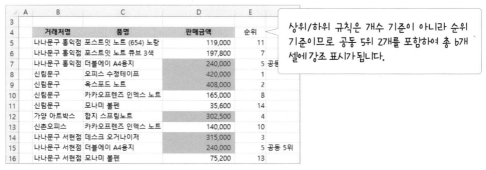

상위/하위 규칙은 개수 기준이 아니라 순위 기준이므로 공동 5위 2개를 포함하여 총 6개 셀에 강조 표시가 됩니다.

하면 된다! } 판매금액에 데이터 막대 표시하고 최소값/최대값 범위 조정하기

[데이터막대] 시트

조건부 서식을 사용하여 판매금액 열에 데이터 막대를 표시해 보겠습니다.

01. ❶ 판매금액의 셀 범위 [E5:E18]을 선택합니다. **❷** [홈] 탭 → [스타일] 그룹 → [조건부 서식] → [데이터 막대] → [단색 채우기: 주황 데이터 막대]를 선택합니다.

02. 판매금액 크기에 맞춰서 주황색 데이터 막대가 표시됩니다.

	A	B	C	D	E
3					
4		**판매일자**	**거래처명**	**품명**	**판매금액**
5		2022-07-02	나나문구 홍익점	포스트잇 노트 (654) 노랑	119,000
6		2022-07-02	나나문구 홍익점	포스트잇 노트 큐브 3색	197,800
7		2022-07-02	나나문구 홍익점	더블에이 A4용지	240,000
8		2022-07-02	신림문구	오피스 수정테이프	420,000
9		2022-07-02	신림문구	옥스포드 노트	408,000
10		2022-07-02	신림문구	카카오프렌즈 인덱스 노트	165,000
11		2022-07-02	신림문구	모나미 볼펜	35,600
12		2022-07-03	가양 아트박스	합지 스프링노트	302,500
13		2022-07-04	신촌오피스	카카오프렌즈 인덱스 노트	140,000
14		2022-07-05	나나문구 서현점	데스크 오거나이저	315,000
15		2022-07-05	나나문구 서현점	더블에이 A4용지	240,000
16		2022-07-05	나나문구 서현점	모나미 볼펜	75,200
17		2022-07-06	홍대문구	포스트잇 노트 (654) 노랑	95,200
18		2022-07-06	홍대문구	포스트잇 노트 큐브 3색	144,900

03. 이번에는 데이터 막대 길이를 조정해 보겠습니다.

앞에서 적용한 데이터 막대의 길이는 입력된 값의 최소값, 최대값 크기에 따라 자동으로 조정됩니다. 자동으로 조정되면 편리한 점도 있지만, 기존에 입력된 값의 최소값, 최대값 범위를 벗어나는 값이 입력되면 동일한 값이라도 길이가 계속 변한다는 단점이 있습니다. 실제로 발생 가능한 최소값과 최대값을 미리 설정하고 동일한 값이라면 항상 동일한 길이로 표시되도록 수정해 보겠습니다.

❶ 데이터 막대가 적용된 판매금액의 셀 범위 [E5:E18]을 선택합니다. ❷ [홈] 탭 → [스타일] 그룹 → [조건부 서식] → [규칙 관리]를 선택합니다.

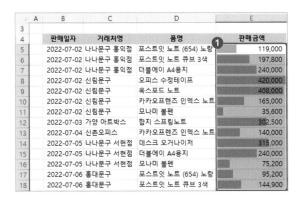 

04. [조건부 서식 규칙 관리자] 대화상자에서 ❶ 데이터 막대 규칙을 선택하고 ❷ [규칙 편집]을 누릅니다.

05. [서식 규칙 편집] 대화상자에서 ❶ 셀 값을 기준으로 모든 셀의 서식 지정을 선택하고, ❷ 자동으로 되어 있는 최소값/최대값의 종류를 숫자로, ❸ 최소값은 0, 최대값은 1000000으로 변경한 후 ❹ [확인]을 누릅니다. 판매금액 최소 0원, 최대 100만 원 범위에서 데이터 막대가 표시됩니다.

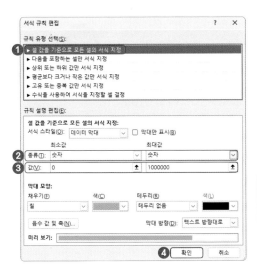

이제부터는 이미 입력되어 있는 값의 범위를 벗어나는 값이 입력되더라도 이미 입력되어 있는 값의 데이터 막대 길이는 변하지 않습니다.

하면 된다! } 색조로 판매 트렌드 파악하기

[색조] 시트

다음과 같은 거래처별, 월별 판매실적 자료에서는 월별 판매 트렌드를 한 번에 파악하기가 쉽지 않습니다. 색조를 적용하여 판매 트렌드를 한 번에 빠르게 파악할 수 있도록 해보겠습니다.

01. ❶ 판매금액에 해당하는 셀 범위 [C5:H12]를 선택합니다. ❷ [홈] 탭 → [스타일] 그룹 → [조건부 서식] → [색조] → [빨강 - 흰색 색조]를 선택합니다.

	A	B	C	D	E	F	G	H
3								
4		거래처	1월	2월	3월	4월	5월	6월
5		가양 아트박스	23,080	10,080	55,830	12,770	12,930	95,150
6		나나문구 대치점	42,620	34,410	111,450	86,310	28,070	150,980
7		나나문구 서현점	29,390	11,090	68,940	57,610	54,680	116,580
8		나나문구 홍익점	67,870	72,720	43,340	85,880	81,380	155,770
9		신림문구	13,350	13,130	78,440	22,810	78,210	162,400
10		신촌오피스	61,730	99,780	60,560	79,020	48,780	99,960
11		아현 아트박스	61,330	23,060	60,040	79,650	62,310	124,850
12		홍대문구	6,140	85,060	2,840	95,150	56,550	122,340

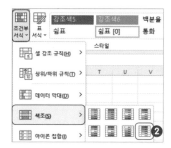

02. 금액 크기에 맞춰서 빨강 그러데이션으로 표시됩니다.

연초에는 판매실적이 저조하다가 3월부터 증가하기 시작하여 6월에 가까워지면서 판매실적이 큰 폭으로 증가하는 트렌드를 한 번에 파악할 수 있습니다.

	A	B	C	D	E	F	G	H
3								
4		거래처	1월	2월	3월	4월	5월	6월
5		가양 아트박스	23,080	10,080	55,830	12,770	12,930	95,
6		나나문구 대치점	42,620	34,410	111,450	86,310	28,070	150,
7		나나문구 서현점	29,390	11,090	68,940	57,610	54,680	116,580
8		나나문구 홍익점	67,870	72,720	43,340	85,880	81,380	155,770
9		신림문구	13,350	13,130	78,440	22,810	78,210	162,400
10		신촌오피스	61,730	99,780	60,560	79,020	48,780	99,960
11		아현 아트박스	61,330	23,060	60,040	79,650	62,310	124,850
12		홍대문구	6,140	85,060	2,840	95,150	56,550	122,340

> 색조를 사용하면 트렌드를
> 한번에 파악할 수 있어요!

하면 된다! ┆ 판매 목표를 달성하면 초록 신호등 아이콘 표시하기

[아이콘집합] 시트

이번에는 목표 대비 실적 달성률에 다음과 같은 기준으로 신호등 아이콘을 표시해 보겠습니다.

- 달성률이 100% 이상이면 초록 신호등
- 달성률이 80% 이상이면 주황 신호등
- 달성률이 80% 미만이면 빨간 신호등

01. ❶ 달성률의 셀 범위 [E5:E12]를 선택합니다. **❷** [홈] 탭 → [스타일] 그룹 → [조건부 서식] → [새 규칙]을 선택해 [새 서식 규칙] 대화상자를 실행합니다.

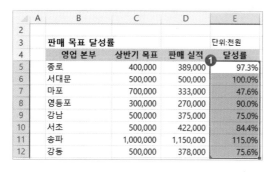

02. ❶ [규칙 유형 선택]에서 셀 값을 기준으로 모든 셀의 서식 지정을 선택하고 **❷** [서식 스타일]은 아이콘 집합, **❸** [아이콘 스타일]은 3색 신호등을 선택한 후 **❹** 기본 설정 값을 바꾸어 주고 **❺** [확인]을 누릅니다. 달성률에 맞도록 신호등이 표시됩니다.

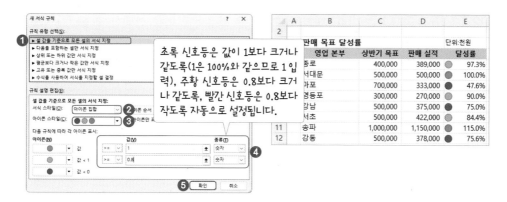

초록 신호등은 값이 1보다 크거나 같도록(1은 100%와 같으므로 1 입력), 주황 신호등은 0.8보다 크거나 같도록, 빨간 신호등은 0.8보다 작도록 자동으로 설정됩니다.

04-4 조건부 서식 규칙 관리하기

• 실습 파일 04-4.조건부서식-규칙관리-실습.xlsx
• 완성 파일 04-4.조건부서식-규칙관리-완성.xlsx

[조건부 서식 규칙 관리자]를 사용하여 규칙 추가, 편집, 삭제, 복사, 우선순위 조정 작업을 할 수 있습니다.

하면 된다! } 이미 만들어진 조건부 서식 편집하기   [조건부서식편집] 시트

이미 만들어진 조건부 서식을 [조건부 서식 규칙 관리자]를 사용하여 편집해 보겠습니다.

01. ❶ 조건부 서식이 적용된 셀 범위 [C5:C14]를 선택합니다. ❷ [홈] 탭 → [스타일] 그룹 → [조건부 서식] → [규칙 관리]를 선택합니다.

02. [조건 서식 규칙 관리자] 대화상자에서 ❶ 편집할 규칙을 선택한 후 ❷ [규칙 편집]을 누릅니다.

03. [서식 규칙 편집] 대화상자가 실행되면 ❶ [규칙 유형 선택]에서 다음을 포함하는 셀만 서식 지정을 선택하고 ❷ 연산자를 >=로, ❸ 값은 500000으로 변경한 후 ❹ [서식]을 누릅니다.

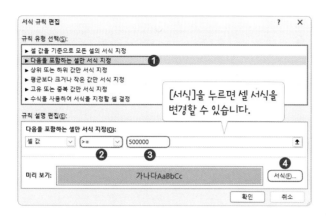

04. [셀 서식] 대화상자에서 [표시 형식], [글꼴], [테두리], [채우기] 탭을 선택하여 글꼴, 배경색 등을 원하는 모양으로 선택한 후 [확인]을 누릅니다. 서식이 변경됩니다.

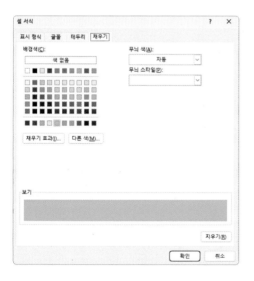

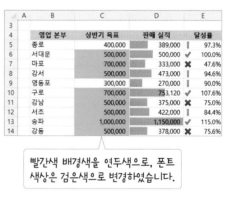

빨간색 배경색을 연두색으로, 폰트 색상은 검은색으로 변경하였습니다.

하면 된다! ⟩ 규칙 삭제, 복사, 적용 우선순위 조정하기　[여러규칙동시적용] 시트

셀에 적용된 조건부 서식 규칙은 [조건부 서식 규칙 관리자]에서 확인할 수 있으며, 규칙을 선택하여 삭제, 복사, 우선순위 조정 작업을 할 수 있습니다.

01. 조건부 서식이 적용된 범위를 선택한 후 [홈] 탭 → [스타일] 그룹 → [조건부 서식] → [규칙 관리]를 선택해 [조건부 서식 규칙 관리자] 대화상자에서 규칙을 지정합니다.

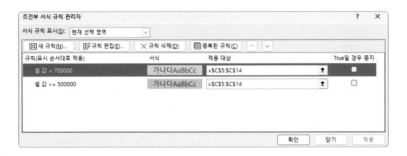

> **규칙 삭제**
> [규칙 삭제]: 선택한 규칙을 삭제합니다.
>
> **규칙 복사**
> [중복된 규칙]: 선택한 규칙을 복사합니다.
>
> **규칙 적용 우선순위 조정**
> [위로 이동]/[아래로 이동]: 선택한 규칙을 위/아래로 이동하여 적용 순서를 정합니다. 하나의 셀에 여러 규칙이 적용되어 있을 때 적용 우선순위를 결정합니다.

02. 예시의 '상반기 목표' 열에 규칙 2개가 동시에 적용되어 있어 적용 범위가 겹칩니다. 두 번째 셀 값 >= 500000 규칙은 첫 번째 규칙보다 우선순위가 낮으므로 50만 원 이상이지만 빨간색으로 적용되지 않는 셀이 있습니다.

① 두 번째 규칙을 선택한 후 **②** [위로 이동]을 눌러 위로 올려 규칙을 적용합니다.

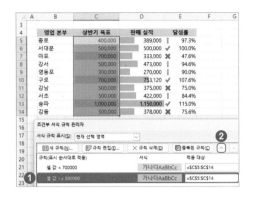 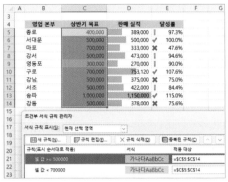

 **새 규칙 만들기**

미리 정의된 5개의 조건부 서식 규칙 중에서 필요한 것이 없다면 [새 서식 규칙] 대화상자에서
새 규칙을 직접 만들 수 있습니다. 새로 만들 수 있는 규칙 유형에는 다음과 같이 6개 유형이
있습니다.

- 셀 값을 기준으로 모든 셀의 서식 지정
- 다음을 포함하는 셀만 서식 지정
- 상위 또는 하위 값만 서식 지정
- 평균보다 크거나 작은 값만 서식 지정
- 고유 또는 중복 값만 서식 지정
- 수식을 사용하여 서식을 지정할 셀 결정

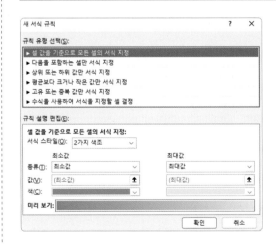

04-5 수식으로 조건부 서식 지정하기

• 실습 파일 04-5.조건부서식-수식으로서식지정-실습.xlsx
• 완성 파일 04-5.조건부서식-수식으로서식지정-완성.xlsx

조건부 서식은 미리 정의된 다양한 규칙이 있으므로 셀을 선택하고 원하는 규칙을 고르기만 하면 손쉽게 사용할 수 있습니다. 그러나 편리하게 사용할 수는 있지만 복잡한 규칙을 적용하기에는 한계가 있습니다.

이런 경우 수식을 사용하면 복잡하고 다양한 조건으로 조건부 서식을 지정할 수 있습니다.

하면 된다! } 하나의 조건을 만족하면 전체 행에 서식 지정하기

[단일조건설정-전체열] 시트

다음과 같은 판매 자료에서 대리점 유형이 직영일 경우 전체 행에 배경색을 지정해 보겠습니다.

01. ❶ 판매 데이터가 입력된 셀 범위 [B5:F17]을 선택합니다. ❷ [홈] 탭 → [스타일] 그룹 → [조건부 서식] → [새 규칙]을 선택합니다.

02. [새 서식 규칙] 대화상자가 실행되면 ❶ [규칙 유형 선택]에서 수식을 사용하여 서식을 지정할 셀 결정을 선택하고 ❷ [다음 수식이 참인 값의 서식 지정] 입력란을 클릭해 [D5] 셀을 선택(선택 시 =$D$5로 절대참조가 표시됨)하고 F4를 번갈아 눌러 =$D5(열고정 혼합참조)가 표시되도록 한 후 ="직영"을 입력합니다. =$D5="직영"(D5, D6, D7... 셀의 값이 직영인 조건을 만족하면)으로 입력된 것을 확인한 후 ❸ [서식]을 누릅니다.

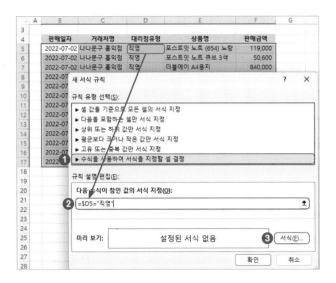

03. [셀 서식] 대화상자에서 [표시 형식], [글꼴], [테두리], [채우기] 탭을 선택하여
글꼴, 배경색 등을 원하는 모양으로 선택한 후 [확인]을 누릅니다. 대리점 유형이 직
영일 경우 배경색이 선택한 색상으로 표시됩니다.

하면 된다! } 여러 조건을 만족하면 전체 행에 서식 지정하기

[여러조건 설정] 시트

앞에서는 하나의 조건을 만족하면 서식을 지정했는데, 이번에는 대리점 유형이 직영이고 판매금액이 50만 원 이상이면 전체 행에 배경색을 지정해 보겠습니다. 앞에서 다룬 방식과 모든 순서가 동일하며, 판매금액 50만 원 이상이라는 조건이 추가되었습니다. AND 함수를 이용한 수식입니다.

01. [새 서식 규칙] 대화상자에서 ❶ [다음 수식이 참인 값의 서식 지정] 입력란에 수식 =AND($D5="직영",$F5>=500000)을 입력하고 ❷ [서식]을 눌러 원하는 모양으로 지정합니다

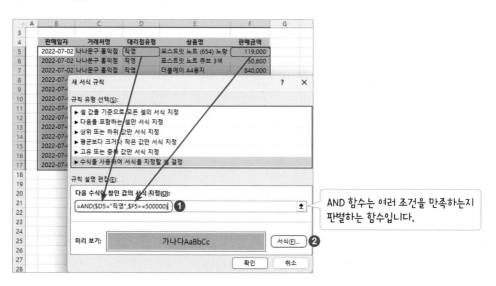

> AND 함수는 여러 조건을 만족하는지 판별하는 함수입니다.

02. 대리점 유형이 직영이고 판매금액이 50만 원 이상이면 배경색이 선택한 색상으로 표시됩니다.

	판매일자	거래처명	대리점유형	상품명	판매금액
5	2022-07-02	나나문구 홍익점	직영	포스트잇 노트 (654) 노랑	119,000
6	2022-07-02	나나문구 홍익점	직영	포스트잇 노트 큐브 3색	50,600
7	2022-07-02	나나문구 홍익점	직영	더블에이 A4용지	840,000
8	2022-07-02	신림문구	가맹	오피스 수정테이프	1,060,000
9	2022-07-02	신림문구	가맹	옥스포드 노트	624,000
10	2022-07-02	신림문구	가맹	카카오프렌즈 인덱스 노트	165,000
11	2022-07-02	신림문구	가맹	모나미 볼펜	9,000
12	2022-07-03	가양 아트박스	직영	합지 스프링노트	512,000
13	2022-07-04	신촌오피스	직영	카카오프렌즈 인덱스 노트	140,000
14	2022-07-05	나나문구 서현점	직영	데스크 오거나이저	495,300
15	2022-07-05	나나문구 서현점	직영	더블에이 A4용지	1,200,000
16	2022-07-05	나나문구 서현점	직영	모나미 볼펜	13,300
17	2022-07-06	홍대문구	가맹	포스트잇 노트 (654) 노랑	95,200

04-6 엑셀에서 복사하고 붙여넣기의 모든 것

• 실습 파일 04-6.복사하고붙여넣기-실습.xlsx
• 완성 파일 04-6.복사하고붙여넣기-완성.xlsx

엑셀에서 값을 복사하고 붙여넣을 때 Ctrl + C, Ctrl + V만 사용하시나요? 아니면 붙여넣기 옵션을 이용해 다양한 방법을 사용하고 계신가요? 엑셀에는 값을 복사해서 붙여넣을 때 우리가 잘 모르는 붙여넣기 옵션이 많이 있습니다.

이번 절에서는 엑셀에서 값을 복사하고 붙여넣을 때 유용하게 사용할 수 있는 붙여넣기 옵션의 모든 것을 알려드리겠습니다.

붙여넣기 옵션

엑셀의 붙여넣기 옵션은 다음과 같이 두 가지 방식 중에서 선택할 수 있습니다.

(1) 붙여넣기 메뉴 옵션

값을 복사한 후 붙여넣을 셀을 선택하고 [홈] 탭 → [클립보드] 그룹 → [붙여넣기]를 선택하면 붙여넣기 메뉴 옵션이 나타납니다.

값을 복사한 후 붙여넣을 셀을 선택하고 마우스 오른쪽 버튼을 눌러도 붙여넣기 메뉴 옵션이 나타납니다.

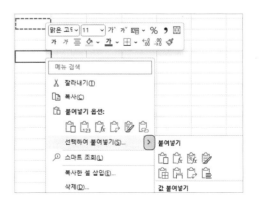

(2) [선택하여 붙여넣기] 대화상자 옵션

값을 복사한 후 붙여넣을 셀을 선택하
고 Ctrl + Alt + V를 누르면 [선택하
여 붙여넣기] 대화상자가 나타납니다.

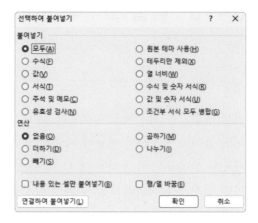

값을 복사한 후 붙여넣을 셀을 선택하고 마우스 오른
쪽 버튼을 [선택하여 붙여넣기]를 선택해도 [선택하여
붙여넣기] 대화상자가 나타납니다.

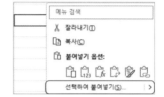

하면 된다! } 붙여넣기 옵션별로 실습하기

[복사붙여넣기] 시트

다음과 같은 판매이력 자료에서 여러 가지 붙여넣기 옵션을 이용해 복사해서 붙여
넣는 방법을 알아보겠습니다.

	상품유형	상품	판매수량(a)	단가(b)	판매금액(a*b)
	<판매이력>				
판매일자	상품유형	상품	판매수량(a)	단가(b)	판매금액(a*b)
3월 28일	필기구	모나미 볼펜	70	1,000	70,000
3월 28일	기타	수정테이프	86	3,000	258,000
3월 28일	기타	클립	42	800	33,600

01. Ctrl + V로 붙여넣기(기본 붙여넣기)

위의 판매이력 자료에서 [B4:G7] 셀 범위를 복사하여 Ctrl + V를 눌러 붙여넣으
면 붙여넣기 메뉴를 선택한 것과 동일한 방식으로 붙여넣을 수 있습니다. 이 경우
원본과 완전히 동일하게 붙여넣어집니다.

	Ctrl+V로 붙여넣기				
판매일자	상품유형	상품	판매수량(a)	단가(b)	판매금액(a*b)
3월 28일	필기구	모나미 볼펜	70	1,000	70,000
3월 28일	기타	수정테이프	86	3,000	258,000
3월 28일	기타	클립	42	800	33,600

02. 값 붙여넣기

값 붙여넣기로 붙여넣으면 서식, 수식 등은 제외하고 셀의 값만 붙여넣어집니다. [G19] 셀을 수식 입력 창에서 확인해 보면 값만 입력되어 있는 것을 알 수 있습니다. 날짜의 경우 서식이 제외되므로 44648과 같이 날짜가 내부적으로 저장되는 형태로 표시되며, 숫자의 경우 천 단위 콤마 등 서식이 제외되어 표시됩니다.

	A	B	C	D	E	F	G
17		값 붙여넣기					
18		판매일자	상품유형	상품	판매수량(a)	단가(b)	판매금액(a*b)
19		44648	필기구	모나미 볼펜	70	1000	70000
20		44648	기타	수정테이프	86	3000	258000
21		44648	기타	클립	42	800	33600

03. 수식 및 숫자 서식 붙여넣기

수식과 숫자에 적용된 서식까지 같이 붙여넣습니다. [G26] 셀을 수식 입력 창에서 확인해 보면 수식이 입력되어 있는 것을 알 수 있습니다.

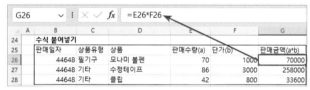

	A	B	C	D	E	F	G
24		수식 붙여넣기					
25		판매일자	상품유형	상품	판매수량(a)	단가(b)	판매금액(a*b)
26		44648	필기구	모나미 볼펜	70	1000	70000
27		44648	기타	수정테이프	86	3000	258000
28		44648	기타	클립	42	800	33600

04. 행/열 바꾸어 붙여넣기

원본 자료의 행은 열로, 열은 행으로 바꾸어 붙여넣습니다.

	A	B	C	D	E
31		행/열 바꾸어 붙여넣기			
32		판매일자	3월 28일	3월 28일	3월 28일
33		상품유형	필기구	기타	기타
34		상품	모나미 볼펜	수정테이프	클립
35		판매수량(a)	70	86	42
36		단가(b)	1,000	3,000	800
37		판매금액(a*b)	70,000	258,000	33,600

05. 연결된 그림으로 붙여넣기

단순히 그림으로 붙여넣기 하면 원본이 변경되어도 붙여넣은 그림에는 변화가 없지만, 연결된 그림으로 붙여넣기 하면 복사했던 원본이 변경되면 그림에 있는 내용도 같이 변경됩니다.

기타 붙여넣기 옵션

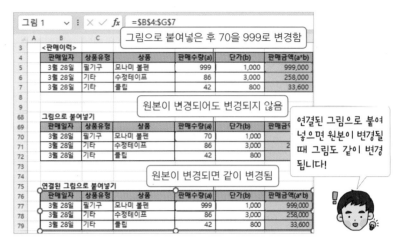

그림으로 붙여넣은 후 70을 999로 변경함

원본이 변경되어도 변경되지 않음

원본이 변경되면 같이 변경됨

연결된 그림으로 붙여넣으면 원본이 변경될 때 그림도 같이 변경됩니다!

06. 유효성 검사 붙여넣기

서식 등은 제외하고 데이터 유효성 검사만 필요할 때 사용합니다.
다음 자료에서 원본 데이터인 판매이력의 상품유형에는 데이터 유효성 검사가 적용되어 있습니다.

❶ 판매이력의 셀 범위 [B4:G7]을 복사하고 ❷ [선택하여 붙여넣기] 대화상자에서 유효성 검사 붙여넣기 옵션을 선택한 후 ❸ [확인]을 누릅니다. 데이터 유효성 검사가 적용된 셀만 붙여넣어집니다

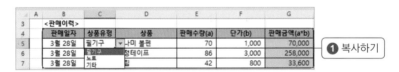

❶ 복사하기

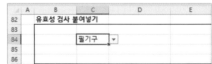

07. 조건부 서식 모두 병합 붙여넣기

원본에 조건부 서식이 있고 붙여넣을 곳에도 조건부 서식이 있을 경우에 양쪽의 서식을 모두 병합하여 그대로 유지해 줍니다. '조건부 서식 모두 병합' 옵션을 사용하지 않고 Ctrl + V를 눌러 붙여넣기 하면 원본에 있는 조건부 서식으로 덮어쓰여집니다.

'조건부 서식 모두 병합' 옵션은 메뉴 또는 대화상자에서 선택할 수 있습니다.

다음 예시에서 첫 번째 표는 단가가 1,000원보다 작으면 초록색 배경을 표시하는 조건부 서식이 적용되어 있고, 두 번째 표는 단가가 2,000원 이상이면 붉은색 배경을 표시하는 조건부 서식이 적용되어 있습니다. 첫 번째 표의 조건부 서식을 두 번째 표에 붙여넣어 보겠습니다.

❶ 첫 번째 표의 셀 범위 [B90:G93]을 복사한 후 ❷ 조건부 서식 모두 병합 옵션을 지정하여 두 번째 표에 붙여넣습니다. 표에 2개의 조건부 서식이 적용됩니다. 가끔 붙여넣는 곳의 조건부 서식을 유지해야 할 때 사용하면 유용합니다. 단, 조건부 서식뿐만 아니라 값, 서식도 같이 붙여넣으므로 주의해야 합니다.

❸ [F103:F105] 셀 범위를 선택하고 [홈] 탭 → [스타일] 그룹 → [조건부 서식] → [규칙 관리]를 선택해 조건부 서식을 확인해 보면 2개의 조건부 서식이 설정된 것을 확인할 수 있습니다.

	A	B	C	D	E	F	G	
89		조건부 서식 - 1000보다 작은 경우 초록색 배경표시						
90		판매일자	상품유형	상품	판매수량(a)	단가(b)	판매금액(a*b)	
91		3월 28일	필기구	모나미 볼펜	70	1,000	70,000	❶ 복사하기
92		3월 28일	기타	수정테이프	86	4,000	344,000	
93		3월 28일	기타	클립	42	900	37,800	
94								
95		조건부 서식 - 2000이상인 경우 붉은색 배경표시						
96		판매일자	상품유형	상품	판매수량(a)	단가(b)	판매금액(a*b)	
97		3월 28일	필기구	모나미 볼펜	70	1,000	999,000	
98		3월 28일	기타	수정테이프	86	3,000	258,000	
99		3월 28일	기타	클립	42	800	33,600	

	A	B	C	D	E	F	G	
101		'조건부 서식 모두 병합' 붙여넣기 후						
102		판매일자	상품유형	상품	판매수량(a)	단가(b)	판매금액(a*b)	
103		3월 28일	필기구	모나미 볼펜	70	1,000	999,000	❷ 붙여넣기
104		3월 28일	기타	수정테이프	86	4,000	258,000	
105		3월 28일	기타	클립	42	900	33,600	

08. 연산해서 붙여넣기

연산해서 붙여넣기는 연산할 값을 복사하여 붙여넣는 대상에 계산을 수행합니다.

다음 예시의 최종 목적은 단가를 10% 인상하는 것입니다. 이런 경우 보통 열을 추가하여 1.1을 곱해서 구한 값을 다시 단가 열에 붙여넣는 방식으로 작업합니다.

연산해서 붙여넣기를 하면 열을 추가하지 않고도 한 번에 작업이 가능합니다.

❶ 먼저 [G109] 셀을 복사하고 ❷ 단가가 있는 [F112:F114] 셀 범위를 선택한 후 마우스 오른쪽 버튼을 눌러 [선택하여 붙여넣기]를 선택해 대화상자를 실행합니다.

❸ [연산]에서 곱하기를 선택한 후 ❹ [확인]을 누릅니다.

원래의 단가에 1.1이 곱해진 값이 구해집니다.

 **엑셀 능력자의 꿀팁** 붙여넣기 옵션 총정리

앞서 자주 쓰거나 유익한 옵션 몇 개를 알아보았습니다. 여기서는 붙여넣기 전체 옵션을 정리해 보겠습니다.

붙여넣기 메뉴 옵션

종류	번호	선택	붙여넣을 항목
붙여넣기	❶	붙여넣기	복사한 데이터를 포함한 모든 셀 내용과 서식
	❷	수식	수식만
	❸	수식 및 숫자 서식	수식 및 숫자 서식 옵션만
	❹	원본 서식 유지	모든 셀 내용과 서식
	❺	테두리 없음	셀 테두리를 제외한 모든 셀 내용과 서식
	❻	원본 열 너비 유지	복사한 열 범위의 너비를 다른 열 범위에 붙여 넣어 원본의 열 너비로 맞춤
	❼	행/열 바꿈	행의 데이터는 열에 붙여넣고 열의 데이터는 행에 붙여넣음
	❽	조건부 서식 병합	복사한 셀의 조건부 서식을 붙여넣을 영역에 있는 조건부 서식과 병합
값 붙여넣기	❾	값	셀에 표시된 값만
	❿	값 및 숫자 서식	값과 숫자 서식만
	⓫	값 및 원본 서식	값 및 숫자 색 및 글꼴 크기 서식만
기타 붙여넣기 옵션	⓬	서식	숫자 및 원본 서식을 포함한 모든 셀 서식
	⓭	연결하여 붙여넣기	붙여넣은 데이터를 원본 데이터에 연결
	⓮	그림	원본을 그림으로 붙여넣음
	⓯	연결된 그림	원본을 그림으로 붙여넣되, 원본 셀을 변경할 경우 변경 내용이 붙여넣은 그림에 반영됨

[선택하여 붙여넣기] 대화상자 옵션

종류	번호	선택	붙여넣을 항목
붙여넣기	❶	붙여넣기	복사한 데이터를 포함한 모든 셀 내용과 서식
	❷	수식	수식만
	❸	값	셀에 표시된 값만
	❹	서식	셀 내용과 서식
	❺	주석 및 메모	셀에 첨부된 메모만
	❻	유효성 검사	값은 제외하고 데이터 유효성 검사 규칙만
	❼	원본 테마 사용	원본 데이터에 적용된 테마를 사용하여 모든 셀 내용과 서식을 붙여넣음
	❽	테두리만 제외	셀 테두리를 제외한 셀 내용과 서식
	❾	열 너비	복사한 열 범위의 너비를 다른 열 범위에 붙여넣어 원본의 열 너비로 맞춤
	❿	수식 및 숫자 서식	수식 및 숫자 서식만
	⓫	값 및 숫자 서식	값과 숫자 서식만
	⓬	조건부 서식 모두 병합	복사한 셀의 조건부 서식을 붙여넣을 영역에 있는 조건부 서식과 병합
연산	⓭	없음	수학 연산을 실행하지 않고 복사할 영역의 내용을 붙여넣음
	⓮	더하기	복사할 영역의 값을 붙여넣을 영역의 값에 더함
	⓯	빼기	붙여넣을 영역의 값에서 복사할 영역의 값을 뺌
	⓰	곱하기	붙여넣을 영역의 값에 복사할 영역의 값을 곱함
	⓱	나누기	붙여넣을 영역의 값을 복사할 영역의 값으로 나눔
기타	⓲	내용 있는 셀만 붙여넣기	내용이 있는 셀만 붙여넣고 빈 셀은 붙여넣지 않음(복사할 영역의 셀이 비어 있는 경우 붙여넣을 영역의 값 또는 특성이 바뀌지 않도록 함)
	⓳	행/열 바꿈	행의 데이터는 열에 붙여넣고 열의 데이터는 행에 붙여넣음
	⓴	연결하여 붙여넣기	붙여넣은 데이터를 원본 데이터에 연결

04-7 엑셀 자동 채우기의 모든 것

• 실습 파일 04-7.자동채우기-실습.xlsx   • 완성 파일 04-7.자동채우기-완성.xlsx

엑셀은 데이터를 효율적으로 빠르게 입력할 수 있는 여러 가지 방법을 제공합니다. 그중에서 '자동 채우기'는 반복적으로 입력하는 값의 패턴을 인식하여 자동으로 값을 입력해 주는 기능입니다. 이 기능을 이용하면 단순, 반복적인 작업을 빠른 속도로 끝낼 수 있습니다.

자동 채우기는 보통 숫자 또는 수식에서 많이 사용하는데, 문자, 숫자와 문자 혼합, 사용자가 지정한 목록으로도 자동 채우기 기능을 사용할 수 있습니다.

하면 된다! } 숫자 자동 채우기
[자동채우기] 시트

01. 세로로 자동 채우기

숫자 값이 일부만 채워져 있을 경우 나머지 영역을 자동 채우기를 이용하여 채워보겠습니다.

❶ 값이 채워진 셀 범위 [B5:B6]을 선택하고 선택 영역의 오른쪽 밑에 마우스 커서를 가져다 놓으면 십자가 모양(+)이 생깁니다.

❷ 이 상태에서 마우스를 클릭한 채로 [B14] 셀까지 아래로 드래그하면 값이 자동으로 채워집니다.

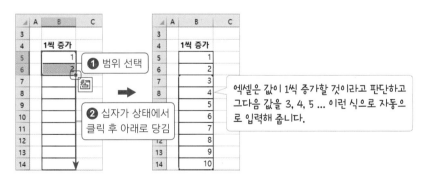

02. 자동 채우기의 몇 가지 예를 더 살펴보겠습니다.

다음 예시와 같이 [D5], [D6] 셀에는 1, 3을, [F5], [F6] 셀에는 5, 4를, 그리고 [H5] 셀에는 1만 입력합니다.

	A	B	C	D	E	F	G	H	I
4		1씩 증가		2씩 증가		1씩 감소		패턴을 알 수 없는 경우	
5		1		1		5		1	
6		2		3		4			
7		3							
8		4							
9		5							
10		6							
11		7							
12		8							
13		9							
14		10							

03. 값이 입력된 셀을 선택하고 십자가 상태에서 아래로 드래그하면 미리 입력해 놓은 숫자 사이의 증가, 감소 등의 패턴을 인식하여 자동 채우기가 됩니다. 하지만 마지막에 숫자 1만 입력한 경우에는 패턴을 알 수 없으므로 그냥 1로만 채워집니다.

	A	B	C	D	E	F	G	H	I
4		1씩 증가		2씩 증가		1씩 감소		패턴을 알 수 없는 경우	
5		1		1		5		1	
6		2		3		4		1	
7		3		5		3		1	
8		4		7		2		1	
9		5		9		1		1	
10		6		11		0		1	
11		7		13		-1		1	
12		8		15		-2		1	
13		9		17		-3		1	
14		10		19		-4		1	

04. 가로로 자동 채우기

자동 채우기는 세로뿐만 아니라 가로 방향으로도 할 수 있습니다.

❶ 값이 채워진 [B37:C37] 셀 범위를 선택하고 ❷ 십자가 모양(+)이 생긴 상태에서 오른쪽으로 [I37] 셀까지 드래그합니다. 자동으로 값이 채워집니다.

	A	B	C	D	E	F	G	H	I	J
36										
37		1	2	3	4	5	6	7	8	
38										

하면 된다! } 날짜 자동 채우기

[자동채우기] 시트

날짜 값도 숫자 자동 채우기와 크게 다르지 않습니다. 다만, 날짜의 특성상 몇 가지 유용한 채우기 옵션이 있습니다.

01. 다음 예시와 같이 [B42], [B43] 셀에는 2021-09-01, 2021-09-02를, [D42], [D43] 셀에는 2021-09-01, 2021-09-03을, 그리고 [F42] 셀에는 2021-09-01만 입력합니다.

A	B	C	D	E	F	G
40						
41	1일씩 증가		2일씩 증가		패턴을 알 수 없는 경우	
42	2021-09-01		2021-09-01		2021-09-01	
43	2021-09-02		2021-09-03			
44						
45						
46						
47						
48						
49						
50						
51						

02. 값이 입력된 셀을 선택하고 십자가 상태에서 아래로 드래그하면 숫자 값 자동 채우기와 유사한 방식으로 자동으로 채워집니다. 마지막에 2021-09-01만 입력한 경우에는 자동으로 1일씩 증가했습니다. 숫자와 달리 날짜는 하나만 입력해도 1일씩 자동으로 증가하는 방식으로 채워지기 때문입니다.

A	B	C	D	E	F	G
40						
41	**1일씩 증가**		**2일씩 증가**		**패턴을 알 수 없는 경우**	
42	2021-09-01		2021-09-01		2021-09-01	
43	2021-09-02		2021-09-03		2021-09-02	
44	2021-09-03		2021-09-05		2021-09-03	
45	2021-09-04		2021-09-07		2021-09-04	
46	2021-09-05		2021-09-09		2021-09-05	
47	2021-09-06		2021-09-11		2021-09-06	자동으로 1일씩 증가함
48	2021-09-07		2021-09-13		2021-09-07	
49	2021-09-08		2021-09-15		2021-09-08	
50	2021-09-09		2021-09-17		2021-09-09	
51	2021-09-10		2021-09-19		2021-09-10	

하면 된다! 〉 날짜 값 자동 채우기 옵션으로 자동 채우기   [자동채우기] 시트

날짜 값 자동 채우기를 하면 자동 채우기 옵션 단추가 나타납니다. 이 옵션 단추를 눌러 나타나는 메뉴를 선택하여 여러 방식으로 날짜를 채울 수 있습니다.

01. 평일 단위 채우기
평일 단위 채우기를 선택하면 토요일, 일요일은 제외하고 표시됩니다.

A	B	C	D	E	F	
40						
41	**1일씩 증가**		**2일씩 증가**		**패턴을 알 수 없는 경우**	
42	2021-09-01		2021-09-01		2021-09-01	수
43	2021-09-02		2021-09-03		2021-09-02	목
44	2021-09-03		2021-09-05		2021-09-03	금
45	2021-09-04		2021-09-07		2021-09-06	월
46	2021-09-05		2021-09-09		2021-09-07	화
47	2021-09-06		2021-09-11		2021-09-08	수
48	2021-09-07		2021-09-13		2021-09-09	목
49	2021-09-08		2021-09-15		2021-09-10	금
50	2021-09-09		2021-09-17		2021-09-13	월
51	2021-09-10		2021-09-19		2021-09-14	화

02. 월 단위 채우기

월 단위 채우기를 선택하면 1
개월 단위로 건너뛰면서 표시
됩니다.

	A	B	C	D	E	F
40						
41		1일씩 증가		2일씩 증가		패턴을 알 수 없는 경우
42		2021-09-01		2021-09-01		2021-09-01
43		2021-09-02		2021-09-03		2021-10-01
44		2021-09-03		2021-09-05		2021-11-01
45		2021-09-04		2021-09-07		2021-12-01
46		2021-09-05		2021-09-09		2022-01-01
47		2021-09-06		2021-09-11		2022-02-01
48		2021-09-07		2021-09-13		2022-03-01
49		2021-09-08		2021-09-15		2022-04-01
50		2021-09-09		2021-09-17		2022-05-01
51		2021-09-10		2021-09-19		2022-06-01

하면 된다! } 텍스트 자동 채우기와 수식 자동 채우기 [자동채우기] 시트

01. 텍스트도 패턴이 있으면 패턴에 맞도록 자동 채우기가 됩니다. 다음과 같이 과일
이름이 입력되어 있을 때 텍스트는 항목을 반복하는 형태로 자동 채우기가 됩니다.

02. 수식 자동 채우기는 실무에서는 가장 많이 사용하는 기능입니다. 상대참조, 절
대참조, 혼합참조 방식에 따라 자동 채우기 방식에 차이가 있습니다. 다음 예시는
상대참조 방식으로 자동 채우기를 한 것입니다.

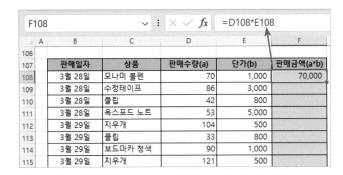

F109					f_x	=D109*E109

	A	B	C	D	E	F
106						
107		판매일자	상품	판매수량(a)	단가(b)	판매금액(a*b)
108		3월 28일	모나미 볼펜	70	1,000	70,000
109		3월 28일	수정테이프	86	3,000	258,000
110		3월 28일	클립	42	800	33,600
111		3월 28일	옥스포드 노트	53	5,000	265,000
112		3월 29일	지우개	104	500	52,000
113		3월 29일	클립	33	800	26,400
114		3월 29일	보드마카 청색	90	1,000	90,000
115		3월 29일	지우개	121	500	60,500

수식에서 참조하는 셀이 [D108]에서 [D109]로 바뀐 것을 보면 상대참조 방식으로 채워졌다는 것을 알 수 있습니다.

 엑셀 능력자의 꿀팁 **다양한 방법으로 자동 채우기**

지금까지 살펴본 자동 채우기 이외에도 텍스트와 숫자가 섞여 있는 경우 자동 채우기, 사용자 지정 목록으로 자동 채우기 등 다양한 방법으로 자동 채우기를 할 수 있습니다. 자세한 내용은 저자의 블로그를 참고하세요.

05

엑셀 데이터 다루기

엑셀의 시트는 데이터베이스라고도 합니다. 보통 데이터베이스는 필드마다 넣을 수 있는 값의 유형이 정해져 있습니다. 숫자 필드에는 숫자만, 날짜 필드에는 날짜만, 텍스트 필드에는 텍스트만 넣을 수 있습니다.

그렇지만 엑셀 시트에는 값을 어떤 유형으로 넣을지 정해져 있지 않습니다. 하나의 필드(열)에 날짜와 텍스트를 섞어서 넣어도 되고, 메모와 그림도 함께 넣을 수 있습니다. 보고서를 작성하거나 임시로 사용하는 간단한 문서라면 이렇게 사용해도 됩니다. 하지만 데이터를 다른 사람과 공유하고 계속 관리해야 하는데 아무 규칙 없이 데이터를 입력한다면 관리하기도 힘들고 오류도 발생할수 있습니다. 따라서 이번 장에서는 엑셀에서 데이터를 잘 다루는 방법을 알아보겠습니다.

05-1　데이터 다루기의 첫 단추는 데이터 구조화

05-2　데이터 유효성 검사로 허용된 데이터만 입력하기

05-3　사용자 지정 수식으로 데이터 유효성 검사하기

05-4　상위 목록에 종속되는 하위 목록 만들기

05-5　이동 옵션으로 원하는 셀 선택하기

05-6　텍스트 나누기

05-7　중복 데이터 제거하기

05-8　엑셀 오류 데이터 처리하기

05-1 데이터 다루기의 첫 단추는 데이터 구조화

• 실습 파일 05-1.데이터구조화-실습.xlsx　　• 완성 파일 05-1.데이터구조화-완성.xlsx

데이터 구조화라고 하면 뭔가 어려울 것 같은 느낌이지만 어렵지 않습니다. 약간의 노력을 들여서 알아두면 엑셀의 새로운 세계를 만날 수 있습니다. 과거부터 사용하던 복잡한 엑셀 양식 때문에 수식이 복잡하게 꼬여서 고생하고, 수식으로도 안 돼서 VBA까지 써야 했던 고통으로부터 벗어날 수 있습니다.

수식이 복잡하고 어려운 대부분의 경우는 데이터를 구조화하지 않아서 생기는 문제입니다. 구조화를 하면 엑셀이 쉬워지고 업무 능률이 향상됩니다.

구조화되지 않은 엑셀 자료

수식을 어렵고 복잡하게 만드는 구조화되지 않은 엑셀 자료 몇 가지를 살펴보겠습니다.

문제 1 | 엑셀 양식에 불필요한 요소가 포함되어 있는 형태

다음 자료는 실무 현장에서 많이 볼 수 있는 구조입니다. 없어도 되는 제목이 2행에 표시되어 있고 그다음에 머리글이 나오는데 그룹별로 일부는 병합이 되어 있습니다.

판매일자	거래처	상품		수량(a)	단가(b)	합계(a*b)
		분류	품명			
2021-01-02	나나문구 홍익점(직영대리점)	기타	포스트잇 노트 (654) 노랑	70	1,700	119,000
2021-01-02	나나문구 홍익점(직영대리점)	기타	포스트잇 노트 큐브 3색	86	2,300	197,800
2021-01-02	나나문구 홍익점(직영대리점)	복사용지	더블에이 A4용지	42	20,000	840,000
2021-01-02	신림문구(가맹대리점)	기타	오피스 수정테이프	0	20,000	0
2021-01-02	신림문구(가맹대리점)	노트	옥스포드 노트	104	6,000	624,000
2021-01-02	신림문구(가맹대리점)	노트	카카오프렌즈 인덱스 노트 네오	33	5,000	165,000
2021-01-02	신림문구(가맹대리점)	필기구	모나미 볼펜	90	100	9,000
						0
2021-01-03	가양 아트박스(직영대리점)	노트	합지 스프링노트	121	2,500	302,500
2021-01-04	신촌오피스(직영대리점)	노트	카카오프렌즈 인덱스 노트 라이	28	5,000	140,000
2021-01-05	나나문구 서현점(직영대리점)	기타	데스크 오거나이저		15,000	0
2021-01-05	나나문구 서현점(직영대리점)	복사용지	더블에이 A4용지	60	20,000	1,200,000

이 양식은 다음과 같은 문제들이 있습니다.

- 실제 자료는 4행부터 시작하므로 정렬, 필터 등을 사용하려면 항상 범위를 지정해야 합니다.
- 데이터를 정렬하기가 불편합니다. 정렬을 할 수 있긴 하지만 머리글을 제대로 못 가져옵니다.
- 머리글이 병합되어 있어서 일부 필드는 필터 기능을 사용할 수 없습니다.
- 머리글이 병합되어 있어서 피벗 테이블을 사용할 수 없습니다.
- 머리글이 병합되어 있어서 일부 필드는 부분합 기능을 사용할 수 없습니다.
- 거래처에 두 가지 정보가 포함되어 있어서 제대로 사용할 수 없습니다.
- 빈 행이 중간에 포함되어 있어서 빈 행을 계산에 포함할 때 계산이 일부 잘못될 수 있습니다.

양식을 다음과 같이 바꾸면 앞서 언급한 엑셀의 기능을 제대로 사용할 수 있습니다.

	A	B	C	D	E	F	G	H
1	판매일자	거래처명	대리점유형	상품분류	품명	수량(a)	단가(b)	합계(a*b)
2	2021-01-02	나나문구 홍익점	직영대리점	기타	포스트잇 노트 (654) 노랑	70	1,700	119,000
3	2021-01-02	나나문구 홍익점	직영대리점	기타	포스트잇 노트 큐브 3색	86	2,300	197,800
4	2021-01-02	나나문구 홍익점	직영대리점	복사용지	더블에이 A4용지	42	20,000	840,000
5	2021-01-02	신림문구	가맹대리점	기타	오피스 수정테이프	53	20,000	1,060,000
6	2021-01-02	신림문구	가맹대리점	노트	옥스포드 노트	104	6,000	624,000
7	2021-01-02	신림문구	가맹대리점	노트	카카오프렌즈 인덱스 노트 네오			
8	2021-01-02	신림문구	가맹대리점	필기구	모나미 볼펜			
9	2021-01-03	가양 아트박스	직영대리점	노트	합지 스프링노트			
10	2021-01-04	신촌오피스	직영대리점	노트	카카오프렌즈 인덱스 노트 라이	28	5,000	140,000
11	2021-01-05	나나문구 서현점	직영대리점	기타	데스크 오거나이저	118	15,000	1,770,000
12	2021-01-05	나나문구 서현점	직영대리점	복사용지	더블에이 A4용지	60		1,200,000
13	2021-01-05	나나문구 서현점	직영대리점	필기구	모나미 볼펜	133		13,300
14	2021-01-06	홍대문구	가맹대리점	기타	포스트잇 노트 (654) 노랑	56	1,7	95,200
15	2021-01-06	홍대문구	가맹대리점	기타	포스트잇 노트 큐브 3색	63	2,300	144,900

양식을 이렇게 바꾸면 엑셀이 쉬워집니다.

위와 같이 바꾸면 다음과 같은 집계표도 쉽게 만들 수 있습니다. 집계 함수 몇 개만 사용하면 됩니다. 어려운 배열 함수 같은 것은 쓸 일이 없습니다.

대리점 유형별 월별 매출 현황 년도 2021 단위:원

구분	1월	2월	3월	4월	5월	6월	총합계
총합계	8,640,650	23,569,250	18,564,550	20,317,650	12,657,400	28,201,650	111,951,150
직영대리점	4,582,600	13,635,300	9,615,200	10,720,000	6,870,200	14,841,400	60,264,700
기타	2,086,800	3,963,400	2,224,700	2,207,700	1,280,000	3,946,700	15,709,300
노트	442,500	1,817,500	1,540,000	1,677,500	1,177,500	2,092,500	8,747,500
복사용지	2,040,000	7,420,000	5,040,000	6,140,000	3,880,000	7,700,000	32,220,000
필기구	13,300	434,400	810,500	694,800	532,700	1,102,200	3,587,900
가맹대리점	4,058,050	9,933,950	8,949,350	9,597,650	5,787,200	13,360,250	51,686,450
기타	1,956,750	5,605,550	6,485,950	5,943,550	3,330,600	8,260,250	31,582,650
노트	789,000	2,714,000	1,238,000	1,075,000	1,430,000	2,302,000	9,548,000
복사용지	-	-	-	-	-	-	-
필기구	1,312,300	1,614,400	1,225,400	2,579,100	1,026,600	2,798,000	10,555,800
						총합계 Check:	Ok

데이터와 보고서 양식이 혼재되어 있는 형태

실무 현장에서 보면 과거부터 사용하던 인쇄된 보고서 형식의 자료를 엑셀로 그대로 옮겨서 쓰는 바람에 다음과 같은 양식의 엑셀 양식을 쓰는 경우가 많습니다. 주단위로 시트를 하나씩 만드는 방식입니다. 이 자료로 월간, 분기 단위의 집계 또는 보고서 작성을 해야 한다면 난감해집니다. 시간을 상당히 들여서 수작업하거나 복잡하고 꼬인 수식을 쓰든지 해야 합니다.

	사번	이름	구분	10월 04일 월	10월 05일 화	10월 06일 수	10월 07일 목	10월 08일 금	10월 09일 토	10월 10일 일	합계
	101	박소현	출근	8:00	9:00	9:00	9:00	8:30	9:00		47.50
			퇴근	17:00	18:00	18:00	18:00	17:00	12:00		
	102	박민수	출근	8:00	9:00	9:00	9:00	8:20		9:00	48.17
			퇴근	17:00	18:00	18:00	18:00	17:00		12:30	
	103	김나나	출근	8:00	8:00	8:00	8:00	8:00			45.00
			퇴근	17:00	17:00	17:00	17:00	17:00			
	104	최미연	출근	9:00	9:00	9:00	9:00	9:00			45.00
			퇴근	18:00	18:00	18:00	18:00	18:00			
	105	강영찬	출근	9:00	8:00	8:00	8:00	9:30	9:00		46.00
			퇴근	18:00	17:00	17:00	17:00	16:00	12:30		

(제목: 주간 근무표)

위 주간 근무표뿐만 아니라 건설 현장의 작업일보, 생산 현장의 생산일보도 비슷한 양식으로 작성되고 있고, 겪고 있는 문제도 비슷합니다. 주간 근무표가 가진 문제점을 정리해 보면 다음과 같습니다.

- 단기간만 쓸 때는 금방 만들 수 있고 간단해서 좋지만, 한 달만 넘어가면 시트가 4~5개씩 만들어지고 기간이 늘어날수록 자료에 파묻히게 됩니다.
- 주간 단위 관리를 위한 양식이므로 월간, 분기 집계/보고 등 주간 단위 이외의 자료 처리에는 엄청난 시간과 노력을 들여야 합니다.
- 점심시간 계산이 되어 있지 않아 필드를 추가하거나 근무시간에서 일괄적으로 1을 빼는 수식을 작성해야 하고, 연장 근무 계산이 필요할 경우 다 뜯어고쳐야 합니다.
- 주간 단위 근무시간 합계 같은 간단한 집계를 하려면 어려운 배열 수식을 써야 합니다.

위 자료는 다음과 같이 구조화된 형태로 바꿔야 문제점을 해결할 수 있습니다.

사번	이름	근무일	요일	출근	퇴근	제외시간(점심)	근무시간		
101	박소현	2021-10-04	월	8:00	17:00	1	8.0		
102	박민수	2021-10-04	월	8:00	17:00	1	8.0		
103	김나나	2021-10-04	월	8:00	17:00	1	8.0		
104	최미연	2021-10-04	월	9:00	18:00	0.5	8.5		
105	강영찬	2021-10-04	월	9:00	18:00	0.5	8.5		
101	박소현	2021-10-05	화	9:00	18:00	0.5	8.5		
102	박민수	2021-10-05	화	9:00	18:00	0.5	8.5		
103	김나나	2021-10-05	화	8:00	17:00	1	8.0		

이와 같이 엑셀을 구조화하면 집계 함수 몇 개로 간단하게 집계/보고 양식을 만들 수 있습니다. 이뿐만 아니라 다음과 같이 피벗 테이블을 이용하면 수식을 하나도 사용하지 않고도 원하는 양식을 만들 수 있습니다. 자료를 구조화하면 복잡하기만 하던 업무가 간단해집니다.

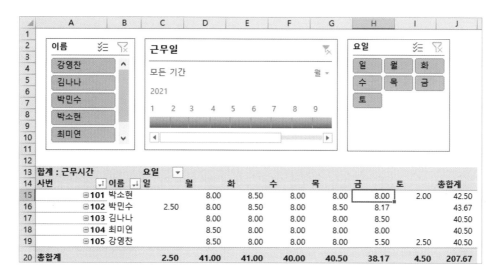

엑셀 자료 구조화 원칙

앞서 살펴본 내용에 더해서 엑셀 자료를 구조화하는 원칙에 대해 정리해 보겠습니다.

원칙 1 데이터와 분석/보고용 양식 분리하기

엑셀 자료를 구조화하는 첫 번째 원칙은 데이터와 분석/보고용 양식이 혼재되어 있는 업무 양식에서 데이터와 분석/보고용 양식으로 분리하는 것입니다.

데이터와 분석/보고용 양식 혼재

구조화되지 않은 업무 양식

- 자료 집계가 어려움
- 구조를 바꾸기 어려움

데이터와 분석/보고용 양식 분리

구조화된 데이터

분석/보고용 양식

- 자료 집계가 쉬움
- 구조를 바꾸기 쉬움
- 하나의 데이터를 이용하여 다양하게 활용 가능

업무 양식에서 데이터를 분리하여 구조화된 형태로 만들면 다음과 같은 이점이 있습니다.

- 데이터가 구조화되어 있어야 엑셀의 기능(피벗 테이블, 필터, 정렬 등)과 함수, 수식을 쉽게 사용할 수 있습니다.
- 구조화된 데이터로부터 다양한 형태의 분석 및 보고용 양식을 손쉽게 만들 수 있습니다.
- 업무에 필요한 항목이 있을 때 필드(열)를 손쉽게 추가할 수 있으며, 기존의 데이터와 수식에 영향을 미치지 않습니다.

원칙 2 │ 데이터 구조는 데이터베이스 구조로 만들기

과거 종이에 업무 내용을 기록해야 했던 시절에는 종이 여백을 두지 않고 최대한 공간을 활용하는 방식이지만, 엑셀에서는 그렇게 할 필요가 없습니다. 데이터베이스와 같은 방식으로 데이터 구조를 만들고 자료를 입력하면 됩니다.

엑셀의 시트는 사실 데이터베이스와 거의 동일한 구조입니다. 행과 열이 모인 것이 시트이고, 데이터베이스도 동일한 구조로 되어 있습니다. 용어만 약간 다를 뿐입니다. 행은 보통 row(행의 영어 표현), 열은 필드 또는 속성이라고 부릅니다.

데이터베이스 구조로 만드는 원칙을 정리해보면 다음과 같습니다. 이 원칙으로 데이터 구조가 만들어져야 불필요한 작업 없이 간단히 데이터를 처리할 수 있습니다.

데이터베이스 구조를 만드는 다섯 가지 원칙

❶ 1~3행은 불필요하므로 삭제합니다. 머리글이 1행, 1열([A1] 셀)부터 시작하도록 하고 제목은 시트 이름으로 대신합니다.

❷ 세로로 반복되는 사번, 이름 필드는 그대로 세로로 옮깁니다.

❸ 날짜와 함께 요일이 가로로 펼쳐진 부분은 확장에 문제가 있으므로(1주일이 아니라 1개월을 관리해야 한다면 31개까지 열을 추가해야 함) 근무일 필드와 요일 필드를 추가하고 데이터는 세로(행 단위)로 추가될 수 있도록 합니다.

❹ 출근시간과 퇴근시간은 하나의 자료(행 단위)에 기록되어야 하는데 2개의 행으로 나누어져 있으므로 출근, 퇴근 필드를 추가합니다.

❺ 합계 등 계산 필드는 삭제합니다. 계산 필드는 집계, 분석, 보고용 시트에서 따로 계산할 수 있으므로 불필요한 필드입니다.

엑셀 능력자의 꿀팁 　데이터베이스 구조로 만들기에 대해 …

사실 데이터베이스 구조로 만드는 작업은 위에서 설명한 것보다 훨씬 더 복잡합니다. 정규화라는 작업을 해야 하고 Primary key를 식별해야 하는 등 많은 작업이 있는데, 엑셀 사용자 입장에서는 필요 이상의 범위이므로 필요한 만큼만 간단히 설명하였습니다. 데이터 분석 등 좀 더 전문적으로 데이터를 다뤄야 하는 경우라면 추가적인 학습이 필요할 수 있습니다.

원칙 3　데이터베이스 구조로 만들었으면 데이터베이스처럼 사용하기

여기에서는 기본 원칙을 설명합니다. 자세한 방법은 이어지는 각각의 절에서 설명하겠습니다.

- 하나의 필드(열)에는 데이터 유형을 통일합니다. 날짜 필드라면 날짜 형식으로만 넣습니다. 텍스트로 '9월 15일' 형식으로 입력하면 안 됩니다.
- 하나의 셀에는 하나의 정보만 포함합니다. 위의 거래처별 판매이력의 예처럼 거래처명과 대리점 유형을 같은 필드에 넣어놓으면 필드별로 데이터 처리가 불가능합니다.
- 중간에 빈 셀, 빈 행이 있으면 안 됩니다. 보기 좋도록 하기 위해 비운 것인지, 실제 값이 빈 것인지 판별이 불가능합니다. → 빈 셀, 빈 행은 이동 옵션을 이용하여 삭제할 수 있습니다.
- 유효한 데이터만 들어가도록 처리합니다. → 데이터 유효성 검사를 이용하여 유효한 데이터만 들어가도록 할 수 있습니다.
- 폰트 크기 지정, 배경색 지정 등 서식을 사용하지 않습니다. 색으로 정렬도 할 수 있지만 데이터 처리에는 그다지 유용하지 않습니다.

05-2 데이터 유효성 검사로 허용된 데이터만 입력하기

• 실습 파일 05-2.데이터유효성검사-실습.xlsx   • 완성 파일 05-2.데이터유효성검사-완성.xlsx

엑셀에서 데이터를 처리할 때 잘못된 데이터가 입력되지 않도록 하는 것이 중요합니다. 숫자 필드에 문자가 입력되거나 허용되지 않은 값이 입력되면 문제가 되겠죠. '데이터 유효성 검사' 기능을 이용하면 다음과 같이 잘못된 데이터가 입력되지 않도록 할 수 있습니다.

	A	B	C	D	E	F	G	H	I
1	판매일자	거래처명	대리점유형	상품분류	품명	수량(a)	단가(b)	합계(a*b)	
2	2021-01-02	나나문구 홍익점	직영대리점	기타	포스트잇 노트 (654) 노랑	70	1,700	119,000	
3	2021-01-02	나나문구 홍익점	직영대리점	기타	포스트잇 노트 큐브 3색	86	2,300	197,800	
4	2021-01-02	나나문구 홍익점	대리점	기타	더블에이 A4용지	-100	20,000	840,000	
5	2021-01-02	신림문구	가맹대리점	기타	오피스 수정테이프	53	20,000	1,060,000	
6	2021-01-02	신림문구	가맹대리점	노트					
7	2021-01-02	신림문구	대리점	노트					
8	2021-01-02	신림문구	대리점	필기구					
9	2021-01-03	가양 아트박스	직영대리점	노트					
10	2021-01-04	신촌오피스	직영대리점	노트					
11	2021-01-05	나나문구 서현점	직영대리점	기타					
12	2021-01-05	나나문구 서현점	직영대리점	기타	더블에이 A4용지	60	20,000	1,200,000	

숫자 입력 오류 ✕
✕ 수량은 음수를 입력할 수 없습니다.
다시 시도(R)   취소   도움말(H)

하면 된다! ﹜ 목록에 있는 값만 입력 허용하기

[판매이력-잘못된데이터], [판매이력-유효성검사] 시트

데이터 유효성 검사는 잘못된 값이 입력되지 않도록 미리 제한을 설정해 놓고 제한을 벗어나면 값을 입력하지 못하도록 합니다.

예를 들어 다음과 같은 판매실적 자료에서 대리점 유형은 직영대리점, 가맹대리점만 입력되어야 하는데 누군가가 실수로 '대리점'이라고 입력을 했습니다. 데이터 유효성 검사 기능을 이용하여 잘못된 값이 입력되지 않도록 해보겠습니다. 이후 데이터 유효성 검사가 적용된 양식을 사용하면 잘못된 데이터를 입력할 일이 없겠죠.

	A	B	C	D	E	F	G	H	I
1	판매일자	거래처명	대리점유형	상품분류	품명	수량(a)	단가(b)	합계(a*b)	
2	2021-01-02	나나문구 홍익점	직영대리점	기타	포스트잇 노트 (654) 노랑	70	1,700	119,000	
3	2021-01-02	나나문구 홍익점	직영대리점	기타	포스트잇 노트 큐브 3색	86	2,300	197,800	
4	2021-01-02	나나문구 홍익점	대리점	기타	더블에이 A4용지	42	20,000	840,000	
5	2021-01-02	신림문구	가맹대리점	기타	오피스 수정테이프	53	20,000	1,060,000	
6	2021-01-02	신림문구	가맹대리점	노트	옥스포드 노트	104	6,000	624,000	
7	2021-01-02	신림문구	대리점	노트	카카오프렌즈 인덱스 노트 네오	33	5,000	165,000	
8	2021-01-02	신림문구	대리점	필기구	모나미 볼펜	90	100	9,000	
9	2021-01-03	가양 아트박스	직영대리점	노트	합지 스프링노트	121	2,500	302,500	
10	2021-01-04	신촌오피스	직영대리점	노트	카카오프렌즈 인덱스 노트 라이	28	5,000	140,000	
11	2021-01-05	나나문구 서현점	직영대리점	기타	데스크 오거나이저	118	15,000	1,770,000	
12	2021-01-05	나나문구 서현점	직영대리점	기타	더블에이 A4용지	60	20,000	1,200,000	

실습 파일의 [판매이력-유효성검사] 시트에 데이터 유효성 검사를 적용해 보겠습니다.

01. ❶ 먼저 데이터 유효성 검사를 적용할 셀 범위 [C2:C16]을 선택합니다. ❷ [데이터] 탭 → [데이터 도구] 그룹 → [데이터 유효성 검사]를 선택해 [데이터 유효성] 대화상자를 실행합니다.

02. ❶ [설정] 탭의 [제한 대상]에서 목록을 선택하고 ❷ [원본]에서 직영대리점,가맹대리점을 입력한 후 ❸ [확인]을 누릅니다.

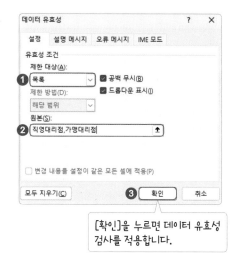

[확인]을 누르면 데이터 유효성 검사를 적용합니다.

03. [C2] 셀을 클릭하면 데이터 유효성 검사가 적용되어 목록이 표시되는 것을 확인할 수 있습니다.

04. 데이터 유효성 검사를 적용한 후 대리점 유형 필드에 직영대리점, 가맹대리점 이외의 다른 값, 즉 대리점을 입력하면 어떻게 될까요? 다음과 같이 경고 창이 나타나 다른 값을 입력할 수 없습니다.

하면 된다! ⟩ 범위 지정하여 데이터 유효성 목록 설정하기

[판매이력-유효성검사], [기초Data] 시트

앞서 데이터 유효성 목록을 직접 입력하였는데, 다음과 같이 값 목록이 입력된 범위를 지정하여 설정할 수도 있습니다.

01. 데이터 유효성 검사를 적용할 셀 범위를 선택하고 ❶ [데이터 유효성] 대화상자에서 [원본] 오른쪽의 버튼을 누릅니다. ❷ 값이 입력되어 있는 [기초Data] 시트의 셀 범위 [B3:B4]를 지정하고 ❸ 범위가 입력된 상자의 오른쪽에 있는 버튼을 누릅니다.

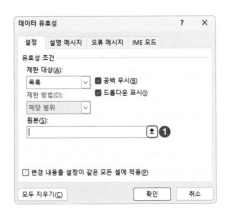

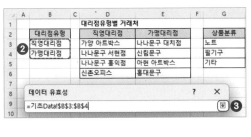

02. ❶ [데이터 유효성] 대화상자의 [원본]에 범위가 입력됩니다. ❷ [확인]을 누르면 데이터 유효성 검사가 적용됩니다.

하면 된다! ⟩ 음수는 입력하지 못하도록 제한하기

[판매이력-유효성검사] 시트

이번에는 숫자 값 입력을 제한해 보겠습니다. 판매수량이 음수인 경우는 없으므로 음수를 입력하지 못하도록 설정해 보겠습니다.

01. ❶ 데이터 유효성 검사를 적용할 셀 범위 [F] 열 전체를 선택합니다. ❷ [데이터] 탭 → [데이터 도구] 그룹 → [데이터 유효성 검사] → [데이터 유효성 검사]를 선택해 [데이터 유효성] 대화상자를 실행합니다.

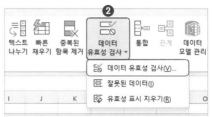

02. ❶ [설정] 탭의 [제한 대상]에서 정수를 선택하고(소수점이 없는 숫자만 입력 가능), ❷ [제한 방법]은 >=(~보다 크거나 같은)을 선택한 후 ❸ [최소값]에는 0을 입력합니다.

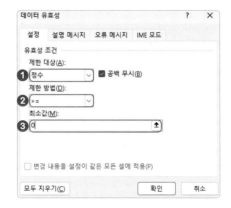

03. 사용자가 값을 잘못 입력하면 무엇을 잘못했는지 알 수 있도록 오류 메시지를 표시하는 방법을 알아보겠습니다.

❶ [설명 메시지] 탭을 선택한 후 ❷ [제목]에 주의!를 입력하고 ❸ [설명 메시지]에는 수량은 음수를 입력할 수 없습니다.를 입력합니다. 셀을 선택하면 [설명 메시지]에 입력한 내용이 노란 메모 형식으로 표시됩니다.

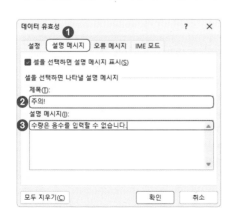
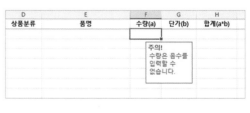

04. 마지막으로 ❶ [오류 메시지] 탭을 눌러 ❷ [스타일]은 중지를 선택하고, ❸ [제목]에는 숫자 입력 오류를 입력하고, ❹ [오류 메시지]에는 수량은 음수를 입력할 수 없습니다.를 입력한 후 ❺ [확인]을 누릅니다. 데이터 유효성 검사가 적용됩니다.

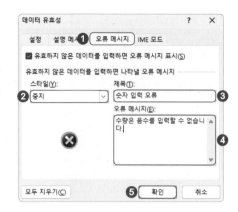

05. 수량 필드에 -100을 입력하면 숫자 입력 오류 경고 창이 나타납니다. 수량은 음수를 입력할 수 없도록 제한되기 때문입니다.

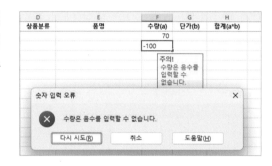

데이터 유효성 검사 옵션 정리

지금까지 데이터 유효성 검사의 몇 가지 옵션을 살펴보았는데, [데이터 유효성] 대화상자를 보면 알 수 있듯이 다른 유용한 옵션들이 있습니다.

데이터 유효성 검사 옵션

옵션	적용 내용
모든 값	데이터 유효성 검사 조건이 지워집니다.
정수	정수만 입력할 수 있도록 제한합니다.
소수점	정수와 소수점을 포함한 숫자만 입력할 수 있도록 제한합니다.
목록	드롭다운 목록에 있는 항목을 선택하여 입력할 수 있도록 제한합니다.
날짜	날짜만 입력하도록 제한합니다. 특정 날짜만 입력하거나 특정 날짜 이후만 입력하는 등 다양한 방법으로 제한할 수 있습니다.
시간	시간만 입력하도록 제한합니다. 특정 시간만 입력하거나 특정 시간 이후만 입력하는 등 다양한 방법으로 제한할 수 있습니다.
텍스트 길이	텍스트의 길이를 제한합니다. 예를 들어 사번은 5자리를 초과할 수 없도록 제한할 수 있습니다.
사용자 지정	수식을 입력하여 수식을 만족하는 값만 입력하도록 제한합니다. 예를 들어 어떤 회사의 사번은 6자리로 구성되어 있고 처음 2자리는 항상 SC로 시작한다면 수식을 이용하여 처음 2자리를 SC 이외에는 입력하지 못하게 제한할 수 있습니다.

하면 된다! ⑃ 잘못 입력된 데이터 표시하기

[판매이력-잘못된데이터] 시트

앞에서도 예를 들었지만, 판매실적 자료에서 대리점 유형은 직영대리점, 가맹대리점만 입력되어야 하는데 누군가가 실수로 '대리점'이라고 입력을 했습니다. 잘못된 데이터를 눈으로 찾으면 시간도 오래 걸리고 누락할 수도 있겠지요.

	A	B	C	D	E	F	G	H	I
1	판매일자	거래처명	대리점유형	상품분류	품명	수량(a)	단가(b)	합계(a*b)	
2	2021-01-02	나나문구 홍익점	직영대리점	기타	포스트잇 노트 (654) 노랑	70	1,700	119,000	
3	2021-01-02	나나문구 홍익점	직영대리점	기타	포스트잇 노트 큐브 3색	86	2,300	197,800	
4	2021-01-02	나나문구 홍익점	대리점	기타	더블에이 A4용지	42	20,000	840,000	
5	2021-01-02	신림문구	가맹대리점	기타	오피스 수정테이프	53	20,000	1,060,000	
6	2021-01-02	신림문구	가맹대리점	노트	옥스포드 노트	104	6,000	624,000	
7	2021-01-02	신림문구	대리점	노트	카카오프렌즈 인덱스 노트 네오	33	5,000	165,000	
8	2021-01-02	신림문구	대리점	필기구	모나미 볼펜	90	100	9,000	
9	2021-01-03	가양 아트박스	직영대리점	노트	합지 스프링노트	121	2,500	302,500	
10	2021-01-04	신촌오피스	직영대리점	노트	카카오프렌즈 인덱스 노트 라이	28	5,000	140,000	
11	2021-01-05	나나문구 서현점	직영대리점	기타	데스크 오거나이저	118	15,000	1,770,000	
12	2021-01-05	나나문구 서현점	직영대리점	기타	더블에이 A4용지	60	20,000	1,200,000	

데이터 유효성 검사 기능에 포함된 잘못된 데이터 표시 기능을 이용하여 잘못된 값을 한 번에 표시해 보겠습니다. 이 기능은 앞에서 알아본 데이터 유효성 검사를 먼저 적용하고 잘못된 데이터 표시 기능을 사용하는 방식입니다.

01. ❶ 데이터 유효성 검사를 적용할 셀 범위를 선택한 후 ❷ [데이터] 탭 → [데이터 도구] 그룹 → [데이터 유효성 검사] → [데이터 유효성 검사]를 선택해 [데이터 유효성] 대화상자를 실행합니다.

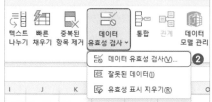

02. ❶ [설정] 탭의 [제한 대상]에서 목록을 선택하고 ❷ [원본]에 직영대리점,가맹대리점을 입력한 후 ❸ [확인]을 누릅니다. 데이터 유효성 검사가 적용됩니다.

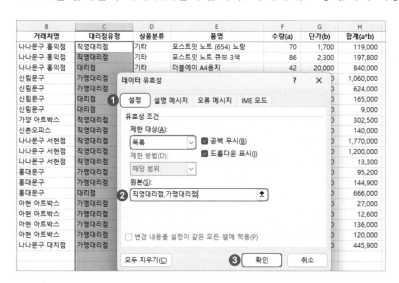

03. [데이터] 탭 → [데이터 도구] 그룹 → [데이터 유효성 검사] → [잘못된 데이터]를 선택합니다. 잘못된 데이터에 빨간 동그라미가 표시됩니다.

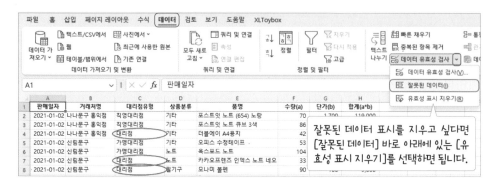

잘못된 데이터 표시를 지우고 싶다면 [잘못된 데이터] 바로 아래에 있는 [유효성 표시 지우기]를 선택하면 됩니다.

05-3 사용자 지정 수식으로 데이터 유효성 검사하기

• 실습 파일 05-3.데이터유효성검사-사용자지정수식-실습.xlsx
• 완성 파일 05-3.데이터유효성검사-사용자지정수식-완성.xlsx

엑셀에서 셀에 잘못된 데이터가 입력되지 않도록 할 때 데이터 유효성 검사 기능을 이용하여 입력 값을 체크합니다. 보통은 입력 가능한 목록을 만들어 놓고 체크하거나 숫자 또는 날짜 값만 입력받는 방식으로 체크를 합니다.

이러한 방법은 입력 값 체크 유형이 단순한 경우에는 유용하긴 하지만, 입력 값 체크 유형이 복잡할 경우에는 뭔가 다른 방법이 필요합니다.

하면 된다! } 정해진 규칙에 맞는 값만 입력받기   [근무이력] 시트

다음 예시와 같이 회사 사번이 SC1205, SC1206, SC1207 등 6자리로 구성되어 있고 처음 2자리는 항상 SC로 시작한다면 데이터 유효성 검사의 사용자 지정 수식을 이용하여 처음 2자리를 SC 이외에는 입력하지 못하도록 할 수 있습니다.

01. ❶ 데이터 유효성 검사를 적용할 셀 범위 [A] 열 전체를 선택합니다. ❷ [데이터] 탭 → [데이터 도구] 그룹 → [데이터 유효성 검사] → [데이터 유효성 검사]를 선택해 [데이터 유효성] 대화상자를 실행합니다.

02. ❶ [설정] 탭의 [제한 대상]에서 사용자 지정을 선택하고 ❷ [수식]에 =LEFT(A1,2)="SC"를 입력합니다.

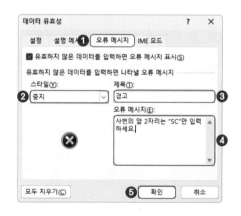

=LEFT(A1,2)="SC"

- LEFT 함수로 첫 2자리를 잘라내어 SC가 맞는지 비교하여 맞으면 TRUE를 반환하고 틀리면 FALSE를 반환합니다.

- 최종적으로 데이터 유효성 검사에서는 수식의 결괏값이 FALSE일 때 경고 창을 표시하여 입력을 제한합니다.

03. ❶ 잘못된 값을 입력했을 때 경고 창을 표시하기 위해 [오류 메시지] 탭을 선택합니다. ❷ [스타일]은 중지, ❸ [제목]에는 경고를 입력하고, ❹ [오류 메시지]에는 사번의 앞 2자리는 "SC"만 입력하세요.를 입력한 후 ❺ [확인]을 누릅니다. 데이터 유효성 검사가 적용됩니다

04. 사번 필드에 SC로 시작하는 값이 아닌 TC1207을 입력하면 경고 창이 나타나 처음 2자리가 SC로 시작하지 않으면 입력할 수 없도록 제한합니다.

엑셀 능력자의 꿀팁 여러 조건으로 체크하기

앞에서는 사번의 처음 2자리가 SC인지만 체크를 했는데,
다음 수식을 이용하면 동시에 사번의 자릿수가 6자리인지
체크하는 것도 가능합니다.

> =AND(LEFT(A1,2)="SC", LEN(A1)=6)

수식에서 LEFT(A1,2)="SC"는 처음 2자리가 SC가 맞는
지 체크하고, LEN(A1)=6은 입력된 값의 자릿수가 6이 맞는지 체크합니다. 동시에 이 두 가지
조건을 만족하면 AND 함수는 최종적으로 TRUE를 반환합니다.

하면 된다! } 중복 값 입력 금지하기

[상품정보] 시트

엑셀을 이용하여 데이터를 다룰 때 시트에 중복된 값이 입력되지 않도록 해야 할 경
우가 있습니다. 예를 들어 사원 정보에서 사번, 상품 정보에서 상품코드와 같은 값
들은 중복으로 들어가면 안 되므로 다음과 같이 데이터 유효성 검사로 중복을 체크
하여 입력하지 못하도록 할 수 있습니다.

01. ❶ 데이터 유효성 검사를 적용할 셀 범위 [A] 열을 선택한 후 ❷ [데이터] 탭 →
[데이터 도구] 그룹 → [데이터 유효성 검사] → [데이터 유효성 검사]를 선택해 [데
이터 유효성] 대화상자를 실행합니다.

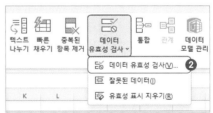

02. ❶ [제한 대상]에서 사용자 지정을 선
택하고, ❷ [수식]에 =(COUNTIF(A:A,A1)
=1)를 입력합니다.

=(COUNTIF(A:A,A1)=1)

- COUNTIF 함수는 [A] 열의 어떤 행에 입력하는 값이 [A] 열 전체에서 이미 입력 되어 있는지 체크해서 없으면 1, 있으면 2(이미 입력된 것 1개 + 현재 입력하는 1 개 = 2개가 되므로 중복이 됨)를 반환하고, 반환된 값이 1과 같으면(즉 중복이 없음) TRUE를 반환하고, 1이 아니면(1보다 커서 2가 되므로 중복) FALSE를 반환합니다.

- 최종적으로 데이터 유효성 검사에서는 수식의 결괏값이 FALSE일 때 경고 창을 표시하여 입력을 제한합니다.

03. ❶ 이번에는 [오류 메시지] 탭을 선택해 **❷** [스타일]은 중지, **❸** [제목]에는 경고를 입력하고, **❹** [오류 메시지]에는 동일한 상 품코드가 이미 존재합니다. 다른 상품코드 를 입력하세요.를 입력합니다. **❺** [확인]을 누르면 데이터 유효성 검사가 적용됩니다.

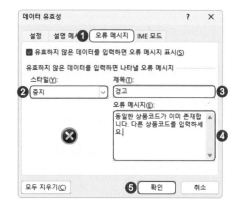

04. 데이터 유효성 검사를 적용한 후 상품코드 필드에 이미 존재하는 NP0027을 입력하면 경고 창이 나 타나 이미 존재하는 상품코드는 입 력할 수 없도록 제한합니다.

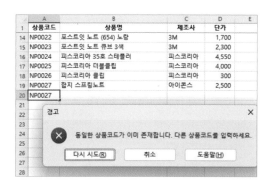

05-4 상위 목록에 종속되는 하위 목록 만들기

• 실습 파일 05-4.데이터유효성검사-종속목록-실습.xlsx
• 완성 파일 05-4.데이터유효성검사-종속목록-완성.xlsx

이번 절에서는 엑셀의 데이터 유효성 검사 기능을 이용하여 상위 목록에 종속되는 하위 목록을 만드는 방법을 알아보겠습니다.

상위 목록에 종속되는 하위 목록이란?

다음 예시와 같이 거래처별 월별 매출 현황을 조회하기 위해 대리점 유형, 거래처 조건을 선택해야 할 때 상위 목록에 종속되는 하위 목록이 필요합니다.

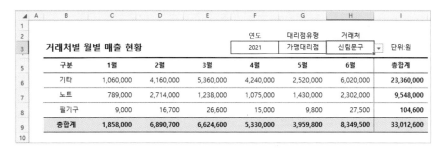

대리점 유형에는 직영대리점과 가맹대리점이 있는데, 직영대리점을 선택하면 거래처에는 직영대리점에 속하는(종속되는) 거래처만 선택할 수 있어야 하고, 가맹대리점을 선택하면 가맹대리점에 속하는 거래처만 선택할 수 있어야 합니다.

하면 된다! } 해당하는 거래처만 보이는 목록 만들기

[기초Data], [집계], [판매이력] 시트

위 예시와 같은 목록을 만들려면 데이터 유효성 검사 기능을 약간 응용해야 합니다.

01. 먼저 대리점 유형(상위 목록)과 대리점 유형에 종속되는 거래처(하위 목록) 자료를 별도의 시트에 만들어야 합니다. 실습 파일의 [기초Data] 시트에 정리해 두었습니다.

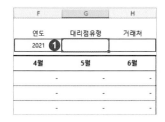

02. [집계] 시트에서 다음 순서로 데이터 유효성 검사를 설정합니다.

대리점 유형 목록을 만들기 위해 ❶ [G3] 셀을 선택하고 ❷ [데이터] 탭 → [데이터 도구] 그룹 → [데이터 유효성 검사] → [데이터 유효성 검사]를 선택해 [데이터 유효성] 대화상자를 실행합니다.

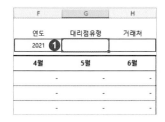

03. ❶ [제한 대상]에서 목록을 선택하고, ❷ [원본] 오른쪽에 있는 버튼을 누릅니다. [기초Data] 시트로 이동하여 ❸ 대리점 유형이 입력되어 있는 [B3:B4] 셀 범위를 선택한 후 ❹ 수식이 입력된 상자 오른쪽에 있는 버튼을 누릅니다.

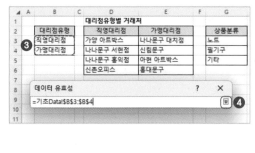

04. ❶ [데이터 유효성] 대화상자 [원본]에 수식이 입력됩니다. ❷ [확인]을 누르면 데이터 유효성 검사가 적용됩니다. 여기까지 진행하면 대리점 유형 목록이 만들어집니다.

05. 대리점 유형 목록이 만들어졌으니 거래처 목록을 만들어야 하는데, 그 전에 다음 작업을 진행합니다. ❶ [기초Data] 시트에서 직영대리점의 셀 범위 [D3:D6]을 선택한 후 ❷ 이름 상자에 직영대리점을 입력하고 Enter 를 누르면 이름이 정의됩니다. ❸ 가맹대리점도 직영대리점과 동일한 방법으로 범위를 선택하고 이름 상자에 가맹대리점을 입력해서 이름을 정의합니다.

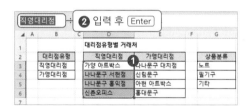
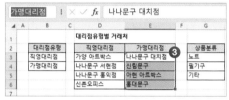

06. 대리점 유형에 종속되는 거래처 목록을 만들어 보겠습니다. ❶ 거래처 목록을 만들기 위해 [H3] 셀을 선택한 후 ❷ [데이터] 탭 → [데이터 도구] 그룹 → [데이터 유효성 검사] → [데이터 유효성 검사]를 선택해 [데이터 유효성] 대화상자를 실행합니다.

❸ [제한 대상]에서 목록을 선택하고, ❹ [원본]에 =INDIRECT($G$3)를 입력한 후 ❺ [확인]을 누릅니다. 대리점 유형에 종속되는 거래처 목록이 완성됩니다.

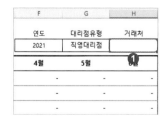

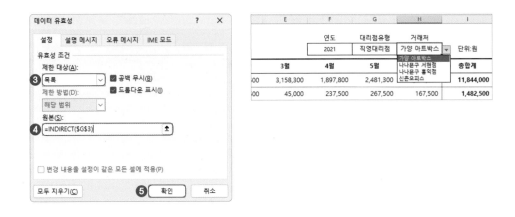

따라하긴 했는데 원리를 이해하기가 쉽지 않습니다. 다음 그림을 보고 다시 한번 차근차근 따라해 보면 이해할 수 있을 것입니다.

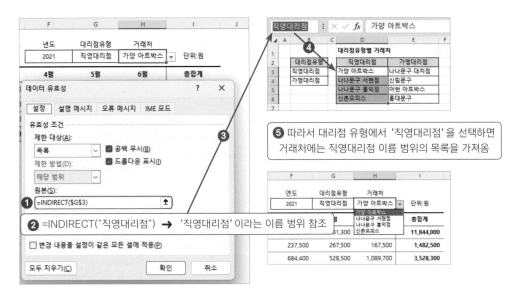

❺ 따라서 대리점 유형에서 '직영대리점'을 선택하면 거래처에는 직영대리점 이름 범위의 목록을 가져옴

❷ =INDIRECT("직영대리점") → '직영대리점'이라는 이름 범위 참조

❶ [원본]에 입력된 =INDIRECT($G$3) 수식이 핵심입니다.

❷ 대리점 유형 목록에서 직영대리점을 선택했다면 [G3] 셀에는 직영대리점이라는 값이 들어갈 것이고, =INDIRECT($G$3)는 결국 =INDIRECT("직영대리점")과 같습니다.

❸ INDIRECT 함수는 텍스트(문자열)로 입력된 인수를 참조로 만들어 주므로 =INDIRECT("직영대리점")은 앞서 설정한 직영대리점이라는 이름 정의와 같습니다.

❹ 직영대리점이라는 이름 정의는 결국 [기초Data] 시트의 [D3:D6] 셀 범위를 참조합니다.

❺ [집계] 시트에서 거래처 목록을 선택하면 직영대리점에 해당하는 거래처만 표시됩니다.

05-5 이동 옵션으로 원하는 셀 선택하기

• 실습 파일 05-5.엑셀이동옵션-실습.xlsx　　• 완성 파일 05-5.엑셀이동옵션-완성.xlsx

엑셀의 이동 옵션은 원하는 셀을 한 번에 선택하는 기능입니다. 이동 옵션이라는 이름만으로는 이 기능이 하는 일을 떠올리기가 쉽지 않습니다. 엑셀 영문 버전에는 'Go To Special'이라고 되어 있는데 점점 더 미궁 속으로 빠지는 이름이네요. 아무튼 이동 옵션은 어딘가로 이동하는 것이 아니라 셀을 선택하는 기능이라고 이해하면 됩니다.

이동 옵션이란?

이동 옵션 기능을 이용해서 셀을 한 번에 선택하면 값을 채워넣거나, 바꾸거나, 색상을 표시하는 등 다양한 작업을 빠르게 처리할 수 있습니다. 특히 대량의 데이터를 처리할 때 아주 유용합니다. 빈 셀을 찾아서 한 번에 값을 채우거나, 빈 셀이 포함된 행을 삭제하거나, 수식이 있어야 할 자리에 값이 입력되어 있을 때 한 번에 찾아서 원하는 방식대로 빠르게 처리할 수 있습니다.

이동 옵션은 이동하는 것이 아니라 셀을 선택하는 기능입니다!

[이동 옵션] 대화상자는 다음 두 가지 방법으로 실행할 수 있습니다.
첫째, [홈] 탭 → [편집] 그룹 → [찾기 및 선택] → [이동 옵션]을 선택합니다.
둘째, Ctrl + G 또는 F5 를 눌러 [이동] 대화상자에서 [옵션]을 누릅니다.

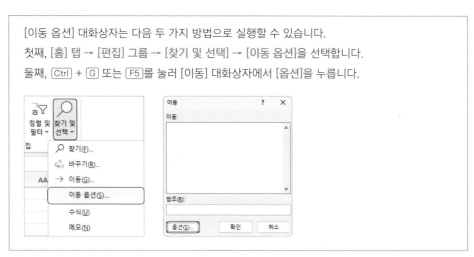

[이동 옵션] 대화상자에서 옵션 종류에 따라 다양한 방식으로 셀을 선택할 수 있습니다.

꼭 알아 두어야 할 이동 옵션 사용 예

실무에서 유용하게 사용할 수 있는 여러 가지 이동 옵션 사용 사례에 대해 알아보겠습니다.

하면 된다! } 빈 셀에 0으로 채워넣기   [판매이력-일부빈셀] 시트

다음과 같이 판매이력 자료에 수량이 비어 있는 곳이 있습니다. 해당 상품의 판매실적이 없어서 그냥 비워 둔 경우입니다. 비워 두어도 합계 계산 등에는 문제가 없지만, 0이 포함된 셀의 개수를 구할 때 찾아지지 않는 문제가 있고, 값이 입력되지 않은 것인지 실제 판매실적이 없어서 수량이 0인지 알 수 없는 경우도 있습니다. 이러한 경우에는 0으로 채우는 것이 데이터를 처리할 때 유리합니다.

이동 옵션을 이용하여 빈 셀을 찾은 다음 0으로 채워보겠습니다.

	A	B	C	D	E	F	G	H
1	판매일자	거래처명	대리점유형	상품분류	품명	수량(a)	단가(b)	합계(a*b)
2	2021-01-02	나나문구 홍익점	직영대리점	기타	포스트잇 노트 (654) 노랑	70	1,700	119,000
3	2021-01-02	나나문구 홍익점	직영대리점	기타	포스트잇 노트 큐브 3색		2,300	0
4	2021-01-02	나나문구 홍익점	직영대리점	복사용지	더블에이 A4용지	42	20,000	840,000
5	2021-01-02	신림문구	가맹대리점	기타	오피스 수정테이프	53	20,000	1,060,000
6	2021-01-02	신림문구	가맹대리점	노트	옥스포드 노트	104	6,000	624,000
7	2021-01-02	신림문구	가맹대리점	노트	카카오프렌즈 인덱스 노트 네오	33	5,000	165,000
8	2021-01-02	신림문구	가맹대리점	필기구	모나미 볼펜		100	0
9	2021-01-03	가양 아트박스	직영대리점	노트	합지 스프링노트	121	2,500	302,500
10	2021-01-04	신촌오피스	직영대리점	노트	카카오프렌즈 인덱스 노트 라이	28	5,000	140,000
11	2021-01-05	나나문구 서현점	직영대리점	기타	데스크 오거나이저	118	15,000	1,770,000
12	2021-01-05	나나문구 서현점	직영대리점	복사용지	더블에이 A4용지	60	20,000	1,200,000
13	2021-01-05	나나문구 서현점	직영대리점	필기구	모나미 볼펜	133	100	13,300
14	2021-01-06	홍대문구	가맹대리점	기타	포스트잇 노트 (654) 노랑		1,700	0
15	2021-01-06	홍대문구	가맹대리점	기타	포스트잇 노트 큐브 3색	63	2,300	144,900
16	2021-01-06	홍대문구	가맹대리점	필기구	네임펜F (중간글씨용) 흑색	111	6,000	666,000
17	2021-01-07	아현 아트박스	가맹대리점	기타	스카치 다용도 테이프	30	900	27,000
18	2021-01-07	아현 아트박스	가맹대리점	기타	피스코리아 클립	42	300	12,600
19	2021-01-07	아현 아트박스	가맹대리점	기타	피스코리아 더블클립	34	4,000	136,000
20	2021-01-07	아현 아트박스	가맹대리점	필기구	옵텍스 형광펜 혼합3색	40	3,000	120,000

01. ❶ 빈 셀을 찾을 범위를 선택한 후 ❷ [홈] 탭 → [편집] 그룹 → [찾기 및 선택]
→ [이동 옵션]을 선택해 [이동 옵션] 대화상자를 실행합니다.

02. ❶ [종류]에서 빈 셀을 선택한 후 ❷ [확인]을 누릅니다. [F] 열에서 수량이 비어
있는 빈 셀이 선택됩니다.

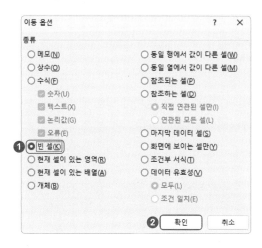

품명	수량(a)	단가(b)	합계(a*b)
포스트잇 노트 (654) 노랑	70	1,700	119,000
포스트잇 노트 큐브 3색		2,300	0
더블에이 A4용지	42	20,000	840,000
오피스 수정테이프	53	20,000	1,060,000
옥스포드 노트	104	6,000	624,000
카카오프렌즈 인멕스 노트 네오	33	5,000	165,000
모나미 볼펜		100	0
합지 스프링노트	121	2,500	302,500
카카오프렌즈 인멕스 노트 라이	28	5,000	140,000
데스크 오거나이저	118	15,000	1,770,000
더블에이 A4용지	60	20,000	1,200,000
모나미 볼펜	133	100	13,300
포스트잇 노트 (654) 노랑		1,700	0
포스트잇 노트 큐브 3색	63	2,300	144,900
네임펜F (중간글씨용) 흑색	111	6,000	666,000
스카치 다용도 테이프	30	900	27,000
피스코리아 클립	42	300	12,600
피스코리아 더블클립	34	4,000	136,000
옵텍스 형광펜 혼합3색	40	3,000	120,000

03. 셀이 선택된 상태에서 0을 입력한 후 [Ctrl] + [Enter]를 누릅니다. 빈 셀에 모두
0이 채워진 것을 확인할 수 있습니다.

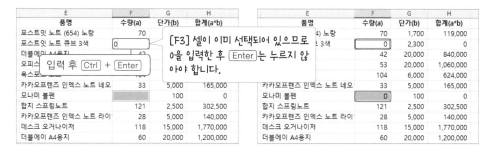

하면 된다! } 빈 셀에 동일한 값 채워넣기

[판매이력-동일값생략] 시트

다음 판매이력 자료에는 동일한 판매일자, 동일한 거래처, 동일한 대리점 유형이 반복되는 곳에 값이 비어 있습니다. 이와 같이 자료를 작성하는 경우가 많이 있는데, 이 자료를 가지고 집계 처리 등의 작업을 해야 한다면 빈 곳이 있으면 안 됩니다. 사람의 눈으로는 알아볼 수 있지만, 이 자료를 이용하여 처리를 하면 집계에서 누락되는 행도 생기고 그 외 여러 문제가 발생하게 됩니다.

이런 경우 이동 옵션을 이용하여 빈 셀을 찾은 다음 값을 채워넣으면 됩니다.

판매일자	거래처명	대리점유형	상품분류	품명	수량(a)	단가(b)	합계(a*b)
2021-01-02	나나문구 홍익점	직영대리점	기타	포스트잇 노트 (654) 노랑	70	1,700	119,000
			기타	포스트잇 노트 큐브 3색	86	2,300	197,800
			복사용지	더블에이 A4용지	42	20,000	840,000
2021-01-02	신림문구	가명대리점	기타	오피스 수정테이프	53	20,000	1,060,000
			노트	옥스포드 노트	104	6,000	624,000
			노트	카카오프렌즈 인덱스 노트 네오	33	5,000	165,000
			필기구	모나미 볼펜	90	100	9,000
2021-01-03	가양 아트박스	직영대리점	노트	합치 스프링노트	121	2,500	302,500
2021-01-04	신촌오피스	직영대리점	노트	카카오프렌즈 인덱스 노트 라이	28	5,000	140,000
2021-01-05	나나문구 서현점	직영대리점	기타	데스크 오거나이저	118	15,000	1,770,000
			복사용지	더블에이 A4용지	60	20,000	1,200,000
			필기구	모나미 볼펜	133	100	13,300
2021-01-06	홍대문구	가명대리점	기타	포스트잇 노트 (654) 노랑	56	1,700	95,200
			기타	포스트잇 노트 큐브 3색	63	2,300	144,900
			필기구	네임펜F (중간글씨용) 흑색	111	6,000	666,000
2021-01-07	아현 아트박스	가명대리점	기타	스카치 다용도 테이프	30	900	27,000
			기타	피스코리아 클립	42	300	12,600

01. ❶ 빈 셀을 찾을 범위를 선택한 후 `Ctrl` + `G`를 눌러 [이동] 대화상자에서 [옵션]을 눌러 [이동 옵션] 대화상자를 실행합니다. **❷** [종류]에서 **빈 셀**을 선택한 후 **❸** [확인]을 누릅니다. 판매일자, 거래처명, 대리점 유형 열의 빈 셀이 선택됩니다.

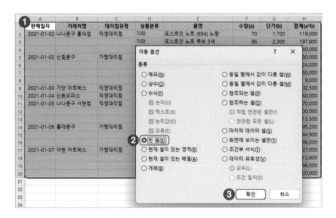

02. 셀이 선택된 상태에서 바로 위의 [A2] 셀을 참조하도록 =A2를 입력한 후 Ctrl + Enter 를 누릅니다. 빈 셀에 값이 채워진 것을 확인할 수 있습니다.

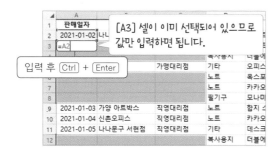

03. 값이 채워지긴 했는데 채워진 값은 바로 위의 셀을 참조하여 채워졌기 때문에 정렬을 하거나 다른 처리를 하면 참조 위치가 바뀌는 등 문제가 될 수 있습니다. ❶ 범위를 선택해 값을 복사한 후 ❷ 마우스 오른쪽 버튼을 눌러 붙여넣기 옵션: 값을 선택합니다. 이렇게 하면 나중에 데이터를 처리할 때 문제가 되지 않습니다.

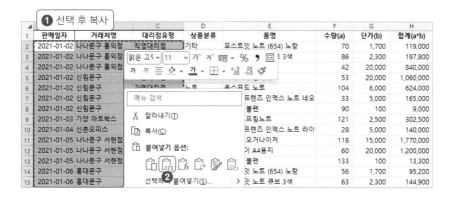

하면 된다! } 빈 행 삭제하기

[판매이력-빈행] 시트

누군가에게서 받은 판매이력 자료의 중간 중간에 빈 행이 있습니다. 항목을 구분하느라 빈 행을 넣었는데, 사람의 눈으로는 알아볼 수 있지만 이 자료를 이용하여 집계를 한다면 문제가 됩니다. 정확한 처리를 위해서 이동 옵션을 이용하여 빈 셀을 찾아서 불필요한 빈 행을 삭제해 보겠습니다.

	A	B	C	D	E	F	G	H
1	판매일자	거래처명	대리점유형	상품분류	품명	수량(a)	단가(b)	합계(a*b)
2	2021-01-02	나나문구 홍익점	직영대리점	기타	포스트잇 노트 (654) 노랑	70	1,700	119,000
3	2021-01-02	나나문구 홍익점	직영대리점	기타	포스트잇 노트 큐브 3색	86	2,300	197,800
4	2021-01-02	나나문구 홍익점	직영대리점	복사용지	더블에이 A4용지	42	20,000	840,000
5								
6	2021-01-02	신림문구	가맹대리점	기타	오피스 수정테이프	53	20,000	1,060,000
7	2021-01-02	신림문구	가맹대리점	노트	옥스포드 노트	104	6,000	624,000

01. ❶ 빈 셀을 찾을 범위를 선택한 후 Ctrl + G를 눌러 [이동] 대화상자에서 [옵션]을 눌러 [이동 옵션] 대화상자를 실행합니다. ❷ [종류]에서 빈 셀을 선택한 후 ❸ [확인]을 누릅니다. 빈 행이 선택됩니다.

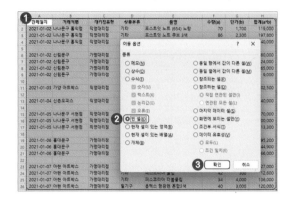

02. ❶ 빈 행을 선택한 상태에서 마우스 오른쪽 버튼을 눌러 ❷ [삭제]를 선택합니다. ❸ [삭제] 대화상자에서 행 전체를 선택한 후 ❹ [확인]을 누릅니다.

	A	B	C	D	E	F	G	H
1	판매일자	거래처명	대리점유형	상품분류	품명	수량(a)	단가(b)	합계(a*b)
2	2021-01-02	나나문				노트 (654) 노랑	70	1,700	119,000
3	2021-01-02	나나문				노트 큐브 3색	86	2,300	197,800
4	2021-01-02	나나문				A4용지	42	20,000	840,000
5									
6	2021-01-02	신림문				오피스 수정테이프	53	20,000	1,060,000
7	2021-01-02	신림문				옥스포드 노트	104	6,000	624,000
8	2021-01-02	신림문				카카오프렌즈 인멕스 노트 네오	33	5,000	165,000
9	2021-01-02	신림문				모나미 볼펜	90	100	9,000
10									
11	2021-01-03	가양 0				합지 스프링노트	121	2,500	302,500
12									
13	2021-01-04	신촌오				카카오프렌즈 인멕스 노트 라이	28	5,000	140,000
14									
15	2021-01-05	나나문					118	15,000	1,770,000
16	2021-01-05	나나문					60	20,000	1,200,000
17	2021-01-05	나나문					133	100	13,300
18									
19	2021-01-06	홍대문					56	1,700	95,200
20	2021-01-06	홍대문					63	2,300	144,900
21	2021-01-06	홍대문					111	6,000	666,000
22									
23	2021-01-07	아현 0					30	900	27,000

[삭제]
삭제
○ 셀을 왼쪽으로 밀기(L)
○ 셀을 위로 밀기(U)
● ❸ 행 전체(R)
○ 열 전체(C)
❹ 확인   취소

03. 빈 행이 삭제된 것을 확인할 수 있습니다.

	A	B	C	D	E	F	G	H
1	판매일자	거래처명	대리점유형	상품분류	품명	수량(a)	단가(b)	합계(a*b)
2	2021-01-02	나나문구 홍익점	직영대리점	기타	포스트잇 노트 (654) 노랑	70	1,700	119,000
3	2021-01-02	나나문구 홍익점	직영대리점	기타	포스트잇 노트 큐브 3색	86	2,300	197,800
4	2021-01-02	나나문구 홍익점	직영대리점	복사용지	더블에이 A4용지	42	20,000	840,000
5	2021-01-02	신림문구	가맹대리점	기타	오피스 수정테이프	53	20,000	1,060,000
6	2021-01-02	신림문구	가맹대리점	노트	옥스포드 노트	104	6,000	624,000
7	2021-01-02	신림문구	가맹대리점	노트	카카오프렌즈 인멕스 노트 네오	33	5,000	165,000
8	2021-01-02	신림문구	가맹대리점	필기구	모나미 볼펜	90	100	9,000
9	2021-01-03	가양 아트박스	직영대리점	노트	합지 스프링노트	121	2,500	302,500
10	2021-01-04	신촌오피스	직영대리점	노트	카카오프렌즈 인멕스 노트 라이	28	5,000	140,000
11	2021-01-05	나나문구 서현점	직영대리점	기타	데스크 오거나이저	118	15,000	1,770,000

하면 된다! } 화면에 보이는 셀만 복사하기

[판매이력-일부숨겨짐] 시트

다음 자료는 2행과 7행 사이의 행이 숨겨져 있습니다. 이 상태에서 [A1:H7] 셀 범위를 복사하여 다른 곳에 붙여넣으면 숨겨졌던 3~6행도 붙여넣어집니다. 화면에 보이는 셀만 복사해서 붙여넣으려면 이동 옵션을 사용하면 됩니다.

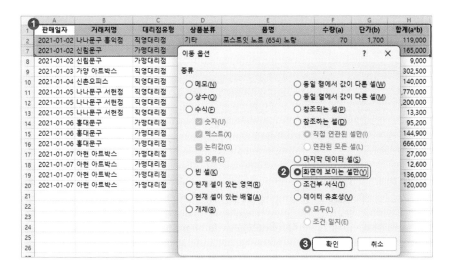

01. ❶ 빈 셀을 찾을 범위를 선택한 후 Ctrl + G를 눌러 [이동] 대화상자에서 [옵션]을 눌러 [이동 옵션] 대화상자를 실행합니다. ❷ [종류]에서 화면에 보이는 셀만을 선택한 후 ❸ [확인]을 누릅니다.

02. 화면에 보이는 셀만 선택됩니다. 이 상태에서 다른 셀은 클릭하지 말고 Ctrl + C를 눌러 복사한 후 다른 곳에 붙여넣습니다.

03. 다음과 같이 화면에 보이는 셀만 복사됩니다.

	A	B	C	D	E	F	G	H
1	판매일자	거래처명	대리점유형	상품분류	품명	수량(a)	단가(b)	합계(a*b)
2	2021-01-02	나나문구 홍익점	직영대리점	기타	포스트잇 노트 (654) 노랑	70	1,700	119,000
3	2021-01-02	신림문구	가맹대리점	노트	카카오프렌즈 인덱스 노트 네오	33	5,000	165,000

하면 된다! ⟩ 실수로 수식에 값을 입력한 곳 찾기 [집계] 시트

다음 자료는 판매이력을 집계한 것입니다. 집계를 했기 때문에 숫자가 있는 부분은 모두 집계 수식으로 되어 있습니다. 그런데 누군가가 이 자료 어딘가에 수식이 아니라 값을 직접 입력해 버렸다면 어떻게 찾을 수 있을까요?

셀을 하나하나 선택하여 수식이 입력되어 있는지 값이 입력되어 있는지 확인하거나 수식 표시 기능을 이용할 수도 있지만, 이동 옵션을 이용하면 수식이 아닌 숫자, 텍스트, 오류가 입력된 셀을 한 번에 찾을 수 있습니다.

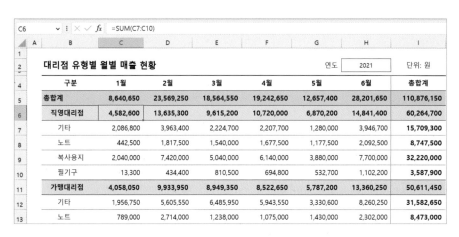

01. ❶ 빈 셀을 찾을 범위를 선택한 후 Ctrl + G를 눌러 [이동] 대화상자에서 [옵션]을 눌러 [이동 옵션] 대화상자를 실행합니다. ❷ [종류]에서 상수를 선택하고 ❸ 찾기 원하는 값 유형을 선택한 후 ❹ [확인]을 누릅니다.

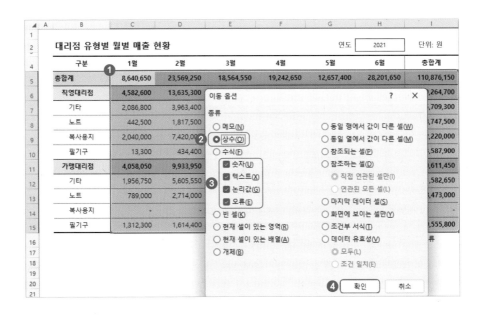

02. 수식이 있어야 할 자리에 잘못된 값이 입력되어 있는 4개의 셀(F9, G9, H9, F13)을 표시해 줍니다. [F9] 셀을 확인해 보면 수식이 아니라 숫자가 입력되어 있는 것을 확인할 수 있습니다.

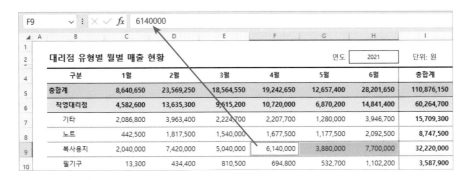

이동 옵션 총정리

앞서 이동 옵션의 중요한 몇 가지만
살펴보았는데, 이 외 옵션들도 유용
한 점들이 많습니다.

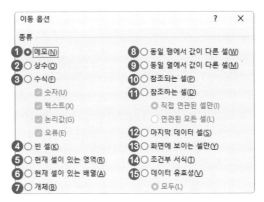

번호	선택 옵션	대상 셀 또는 개체
❶	메모	메모가 추가된 셀
❷	상수	상수가 입력된 셀(수식이 아닌 숫자, 텍스트가 입력된 셀)
❸	수식	수식이 입력된 셀 * 수식의 결과가 [숫자], [텍스트], [논리값], [오류]인지 선택할 수 있음
❹	빈 셀	아무것도 입력되지 않은 빈 셀
❺	현재 셀이 있는 영역	현재 셀이 포함된 연속된 영역
❻	현재 셀이 있는 배열	활성 셀이 배열에 포함된 경우 전체 배열
❼	개체	워크시트, 텍스트 박스에 있는 차트, 버튼 등의 그래픽 개체
❽	동일 행에서 값이 다른 셀	활성 셀과 같은 행에 있는 다른 셀들의 값을 비교하여 활성 셀과 값이 다른 셀
❾	동일 열에서 값이 다른 셀	활성 셀과 같은 열에 있는 다른 셀들의 값을 비교하여 활성 셀과 값이 다른 셀
❿	참조되는 셀	선택된 셀의 수식이 참조하는 셀 * 수식에서 직접 참조하는 셀만 찾으려면 [직접 연관된 셀만]을 선택하고, 직접 또는 간접적으로 참조하는 모든 셀을 찾으려면 [연관된 모든 셀]을 선택
⓫	참조하는 셀	선택된 셀을 참조하는 셀(수식이 있는 셀) * 선택된 셀을 직접 참조하는 셀만 찾으려면 [직접 연관된 셀만]을 선택하고, 선택된 셀을 직접 또는 간접적으로 참조하는 모든 셀을 찾으려면 [연관된 모든 셀]을 선택
⓬	마지막 데이터 셀	현재의 워크시트에서 데이터 또는 서식, 수식이 포함되어 있는 셀 중에서 마지막 셀
⓭	화면에 보이는 셀만	숨겨진 행이나 열을 무시하고 화면에 보이는 셀만 선택
⓮	조건부 서식	조건부 서식이 적용된 셀만 * 조건부 서식이 적용된 모든 셀을 찾으려면 [모두]를 선택하고, 현재 선택한 셀과 동일한 조건부 서식이 적용된 셀을 찾으려면 [조건 일치]를 선택
⓯	데이터 유효성	데이터 유효성 검사 규칙이 적용된 셀만 * 데이터 유효성 검사가 적용된 모든 셀을 찾으려면 [모두]를 선택하고, 현재 선택한 셀과 동일한 데이터 유효성 검사가 적용된 셀을 찾으려면 [조건 일치]를 선택

05-6 텍스트 나누기

• 실습 파일 05-6.텍스트나누기-실습.xlsx   • 완성 파일 05-6.텍스트나누기-완성.xlsx

엑셀을 제대로 또 쉽게 사용하려면 먼저 데이터가 정리되어 있어야 합니다. 데이터가 정리되지 않은 상태에서는 수식을 복잡하게 꼬거나 난해한 방법으로 문제를 해결해야 하는 경우가 많으므로, 가능하면 데이터를 미리 정리하는 것이 좋습니다. 데이터를 정리하는 방법은 다음과 같이 여러 가지가 있습니다.

- 하나의 필드에 입력되어 있는 텍스트 나누기
- 중복 데이터 제거하기
- 불필요한 값 제거하기
- 잘못된 값 바꾸기 등

데이터가 정리되어 있지 않으면 수식이 복잡해지고 어려워집니다.

하면 된다! } 하나의 열에 합쳐진 텍스트 나누기

[공백으로구분] 시트

오른쪽 근무 데이터에는 [A] 열에 사번, 이름, 근무일자가 다 들어가 있습니다. 이 상태로는 데이터 활용이 불가능하므로 텍스트 나누기 기능을 이용해서 데이터를 나누어 보겠습니다.

	A	B	C	D
1	이름	출근	퇴근	
2	101 박소현 2021-10-04	8:55	18:17	
3	102 박민수 2021-10-04	8:43	18:00	
4	102 박민수 2021-10-04	8:20	18:02	
5	103 남궁철민 2021-10-04	9:12	17:16	
6	104 최미연 2021-10-04	8:38	18:02	
7	105 강영찬 2021-10-04	8:55	17:58	
8	101 박소현 2021-10-05	8:33	18:00	
9	102 박민수 2021-10-05	8:55	18:02	
10	105 강영찬 2021-10-04	9:10	18:12	
11	103 남궁철민 2021-10-05	9:12	17:30	
12				

01. 텍스트 나누기를 하면 옆에 있는 기존 열에 데이터가 들어가 덮어쓰게 되므로, 먼저 이름 열 옆에 추가로 생기는 열의 개수만큼 빈 열을 2개 추가합니다.

	A	B	C	D	E
1	이름			출근	퇴근
2	101 박소현 2021-10-04			8:55	18:17
3	102 박민수 2021-10-04			8:43	18:00
4	102 박민수 2021-10-04			8:20	18:02
5	103 남궁철민 2021-10-04			9:12	17:16
6	104 최미연 2021-10-04	추가로 생기는 열의		8:38	18:02
7	105 강영찬 2021-10-04	개수만큼 빈 열 추가		8:55	17:58
8	101 박소현 2021-10-05			8:33	18:00
9	102 박민수 2021-10-05			8:55	18:02
10	105 강영찬 2021-10-04			9:10	18:12
11	103 남궁철민 2021-10-05			9:12	17:30
12					

02. ❶ 텍스트 나누기를 할 [A] 열 전체를 선택한 후 ❷ [데이터] 탭 → [데이터 도구] 그룹 → [텍스트 나누기]를 선택해 [텍스트 마법사 – 3단계 중 1단계] 대화상자를 실행합니다. ❸ [원본 데이터 형식]에서 구분 기호로 분리됨을 선택한 후 ❹ [다음]을 누릅니다.

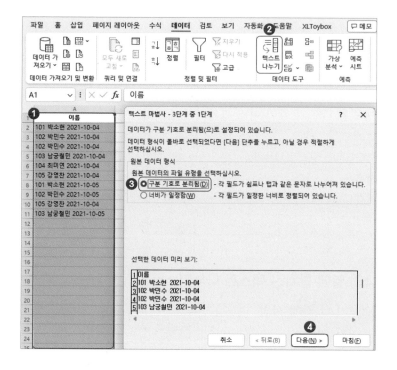

03. [텍스트 마법사 – 3단계 중 2단계] 대화상자가 실행되면 원본 데이터가 공백으로 나누어져 있으므로 ❶ [구분 기호]에서 공백을 선택하고 ❷ [다음]을 누릅니다.

04. ❶ [텍스트 마법사 – 3단계 중 3 단계] 대화상자의 [열 데이터 서식] 에서 일반을 선택하고 ❷ [마침]을 누릅니다.

 엑셀 능력자의 꿀팁   데이터에 맞게 서식을 변경해야 할 때도 있어요!

위에서 [열 데이터 서식]을 선택할 때 대부분의 경우 '일반'을 선택하면 숫자 값은 숫자로, 날짜 값은 날짜로, 나머지는 텍스트로 변환됩니다. 그러나 엑셀에서 인식할 수 없는 형태의 데이터 가 입력된 경우에는 자동으로 변환되지 않습니다. 예를 들면 날짜가 2021.10.05 형태로 중간 에 하이픈(-)이나 슬래시(/)가 아닌 점(.)이 들어가 있을 때 '일반'을 선택하면 날짜로 변환되지 않습니다. 이때는 직접 '날짜'를 선택해 주어야 날짜로 변환됩니다.

05. [B], [C] 열에 데이터가 나누어져 있는 것을 확인할 수 있습니다.

하면 된다! ⟩ 너비가 일정한 텍스트 나누기

[너비일정] 시트

다음 자료의 [A] 열 데이터와 같이 중간에 공백이 없고 사번, 이름, 날짜가 전부 같은 너비인 경우 텍스트를 나누어 보겠습니다.

01. ❶ 텍스트를 나눌 [A] 열 전체를 선택한 후 ❷ [데이터] 탭 → [데이터 도구] 그룹 → [텍스트 나누기]를 선택해 [텍스트 마법사 – 3단계 중 1단계] 대화상자를 실행합니다. ❸ [원본 데이터 형식]에서 너비가 일정함을 선택하고 ❹ [다음]을 누릅니다.

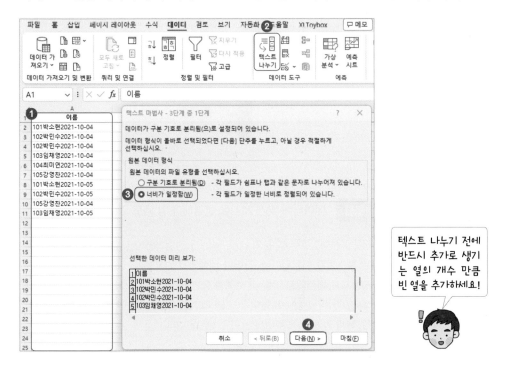

02. ❶ [텍스트 마법사 – 3단계 중 2단계] 대화상자에서 텍스트를 나누고자 하는 위치를 마우스로 클릭하면 구분선이 생깁니다. ❷ [다음]을 누릅니다. ❸ [텍스트 마법사 – 3단계 중 3단계] 대화상자의 [열 데이터 서식]에서 일반을 선택한 후 ❹ [마침]을 누르면 텍스트가 나누어집니다.

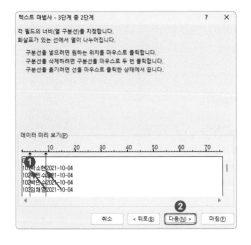
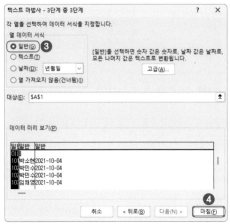

하면 된다! ﹜ 문자로 구분된 텍스트 나누기

[문자로구분] 시트

다음 자료의 [B] 열에는 거래처명뿐만 아니라 괄호로 구분하여 대리점 유형 정보도 같이 나열되어 있습니다. 괄호를 구분자로 해서 텍스트를 나누어 보겠습니다.

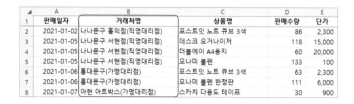

01. 텍스트 나누기를 하면 옆에 있는 기존 열에 데이터가 들어가 덮어쓰게 되므로, 먼저 [B] 열 거래처명 옆에 빈 열을 하나 추가합니다.

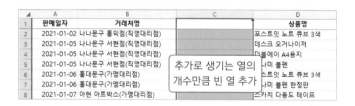

02. ❶ 텍스트 나누기를 할 [B] 열 전체를 선택한 후 ❷ [데이터] 탭 → [데이터 도구] 그룹 → [텍스트 나누기]를 선택해 [텍스트 마법사] 대화상자를 실행합니다. ❸ [텍스트 마법사 – 3단계 중 1단계] 대화상자의 [원본 데이터 형식]에서 구분 기호로 분리됨을 선택하고 ❹ [다음]을 누릅니다.

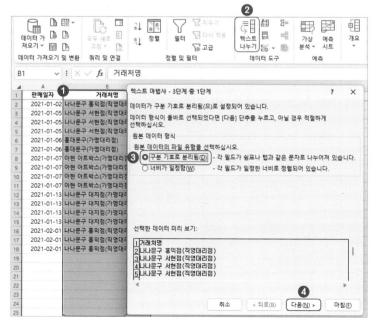

03. [텍스트 마법사 – 3단계 중 2단계] 대화상자에서 원본 데이터가 괄호로 나누어져 있으므로 ❶ [구분 기호]에서 기타를 선택하고 ❷ 기타 오른쪽 빈 칸에 구분자로 사용할 괄호 (를 입력한 후 ❸ [다음]을 누릅니다.

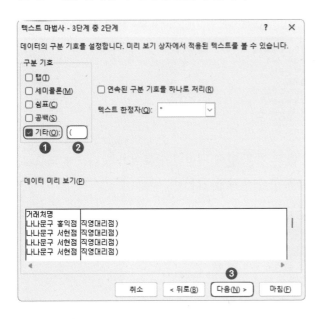

04. [텍스트 마법사 – 3단계 중 3단계] 대화상자가 실행되면 ❶ [열 데이터 서식]에서 일반을 선택하고 ❷ [마침]을 누릅니다. 텍스트가 나누어집니다.

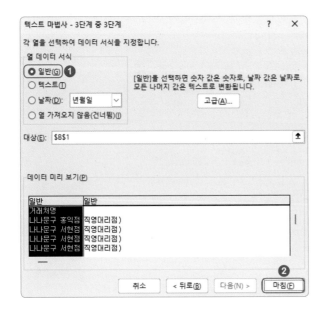

05. ❶ [C] 열 전체를 선택하고 `Ctrl` + `H`를 눌러 [찾기 및 바꾸기] 대화상자를 실행합니다. ❷ [바꾸기] 탭을 선택해 ❸ [찾을 내용]에)를 입력하고 [바꿀 내용]은 비워두고 ❹ [모두 바꾸기]를 누릅니다.

> 왼쪽 괄호(로 구분하여 텍스트를 나누었지만 뒤에 있는 오른쪽 괄호)는 여전히 남아 있으므로 바꾸기 기능을 이용하여 괄호를 제거해 줍니다.

06. [C] 열 데이터의 오른쪽 괄호가 제거된 것을 확인할 수 있습니다.

▲	A	B	C	D
1	판매일자	거래처명		상품명
2	2021-01-02	나나문구 홍익점	직영대리점	포스트잇 노트 큐브 3색
3	2021-01-05	나나문구 서현점	직영대리점	데스크 오거나이저
4	2021-01-05	나나문구 서현점	직영대리점	더블에이 A4용지
5	2021-01-05	나나문구 서현점	직영대리점	모나미 볼펜
6	2021-01-06	홍대문구	가맹대리점	포스트잇 노트 큐브 3색
7	2021-01-06	홍대문구	가맹대리점	모나미 볼펜 한정판
8	2021-01-07	아현 아트박스	가맹대리점	스카치 다용도 테이프
9	2021-01-07	아현 아트박스	가맹대리점	피스코리아 클립
10	2021-01-07	아현 아트박스	가맹대리점	피스코리아 더블클립
11	2021-01-07	아현 아트박스	가맹대리점	옴텍스 형광펜 혼합3색
12	2021-01-13	나나문구 대치점	가맹대리점	피스코리아 35호 스테플러
13	2021-01-13	나나문구 대치점	가맹대리점	사무용 스테플러침 (33호)
14	2021-01-13	나나문구 대치점	가맹대리점	모나미 볼펜 한정판
15	2021-01-13	나나문구 대치점	가맹대리점	보드마카 청색
16	2021-02-01	나나문구 홍익점	직영대리점	포스트잇 노트 (654) 노랑
17	2021-02-01	나나문구 홍익점	직영대리점	포스트잇 노트 큐브 3색
18	2021-02-01	나나문구 홍익점	직영대리점	더블에이 A4용지

05-7 중복 데이터 제거하기

• 실습 파일 05-7.중복데이터제거-실습.xlsx • 완성 파일 05-7.중복데이터제거-완성.xlsx

엑셀에서 동일한 데이터가 중복되어 존재하면 수식 합계가 잘못 계산될 수 있고 엉뚱한 데이터를 참조하는 등 문제를 유발시킬 수 있습니다.
이번 절에서는 중복 데이터를 찾아서 제거하는 효율적인 방법을 알아보겠습니다.

하면 된다! } 1개의 열에서 중복된 데이터 제거하기   [1개열 중복] 시트

다음 자료의 상품코드 정보가 실수로 NP0012인 것과 NP0015인 것이 2개씩 중복 입력되어 있습니다. 데이터가 이런 상태로 계속 존재하면 많은 문제를 유발시킬 수 있으므로 반드시 중복 데이터를 찾아서 제거해야 합니다.

A	B	C	D	E
No.	상품코드	상품명	제조사	단가
1	NP0010	네임펜F (중간글씨용) 흑색	모나미	6000
2	NP0011	더블에이 A4용지	더블에이	20000
3	NP0012	데스크 오거나이저	하이브	15000
4	NP0013	모나미 볼펜	모나미	300
5	NP0014	보드마카 청색	동아	4300
6	NP0012	데스크 오거나이저	하이브	15000
7	NP0015	사무용 스테플러침 (33호)	피스코리아	950
8	NP0016	스카치 다용도 테이프	3M	900
9	NP0017	오피스 수정테이프	아이비스	7500
10	NP0018	옥스포드 노트	브랜빌	6000
11	NP0019	올팩스 형광펜 혼합3색	동아	3000
12	NP0015	사무용 스테플러침 (33호)	피스코리아	950
13	NP0020	카카오프렌즈 인덱스 노트 네오	바른손	5000
14	NP0021	카카오프렌즈 인덱스 노트 라이언	바른손	5000
15	NP0022	포스트잇 노트 (654) 노랑	3M	1700

중복 (rows 4, 7)
중복 (rows 10, 13)

[A] 열은 상품코드 정보에서는 실제로 필요 없는 것으로, 삭제 대상을 구별하기 쉽게 일부러 추가하였습니다.

조건부 서식을 이용하여 중복 데이터 표시하기

중복 데이터를 바로 제거해도 되지만, 제거하기 전에 중복 건이 몇 개나 있는지 엑셀의 조건부 서식을 이용해서 찾아보겠습니다.

01. ❶ 중복 값을 체크할 [B] 열 전체를 선택하고 ❷ [홈] 탭 → [스타일] 그룹 → [조건부 서식]→ [셀 강조 규칙] → [중복 값]을 선택합니다.

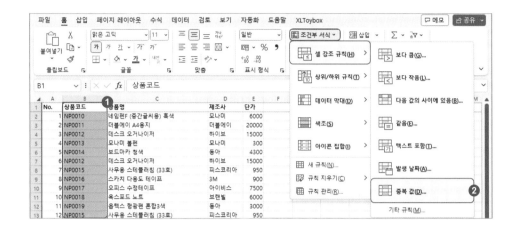

02. ❶ [중복 값] 대화상자의 드롭다운 리스트에서 중복을 선택하고 ❷ [적용할 서식]에서 진한 빨강 텍스트가 있는 연한 빨강 채우기를 선택한 후 ❸ [확인]을 누릅니다.

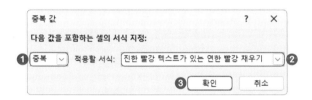

03. 상품코드가 중복된 데이터에 빨간색 표시가 된 것을 확인할 수 있습니다.

중복 데이터 제거하기

이제 중복 데이터를 제거해 보겠습니다. 중복 데이터 중 아래에 있는 것이 제거되므로 [A] 열 No.의 값이 6과 12인 행이 제거되어야 정상적으로 제거된 것입니다.

01. ❶ 중복 데이터가 있는 [B] 열 전체를 선택합니다. ❷ [데이터] 탭 → [데이터 도구] 그룹 → [중복된 항목 제거]를 선택해 [중복된 항목 제거 경고] 대화상자를 실행합니다.

02. ❶ 선택 영역 확장을 선택하고 ❷ [중복된 항목 제거]를 누릅니다.

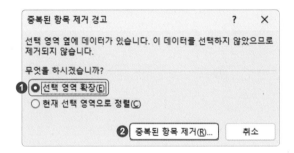

[중복된 항목 제거 경고] 대화상자는 하나의 열만 선택하고 중복 데이터를 제거하려고 할 때 나타납니다.

03. ❶ [중복 값 제거] 대화상자의 [열] 표시에서 중복이 있는 열을 선택하고 ❷ [확인]을 누릅니다.

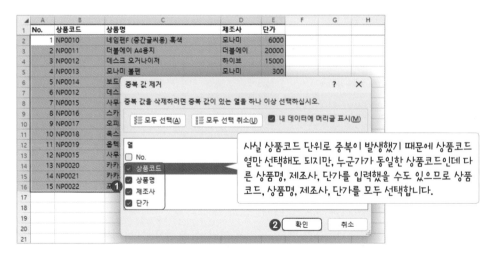

사실 상품코드 단위로 중복이 발생했기 때문에 상품코드 열만 선택해도 되지만, 누군가가 동일한 상품코드인데 다른 상품명, 제조사, 단가를 입력했을 수도 있으므로 상품코드, 상품명, 제조사, 단가를 모두 선택합니다.

04. No.6인 NP0012와 No.12인 NP0015 상품코드 행이 삭제된 것을 확인할 수 있습니다.

상품코드가 동일한데 상품명, 제조사, 단가를 다르게 입력한 경우가 있다면 상품코드 단위로 삭제되지 않고 상품명, 제조사, 단가 단위로 중복인 데이터만 삭제됩니다

엑셀 능력자의 꿀팁   선택한 열에서만 중복을 제거할 경우 - 현재 선택 영역으로 정렬

현재 선택 영역으로 정렬을 선택하고 [B] 열을 선택하면 선택한 열 안에서만 중복을 제거해 줍니다.

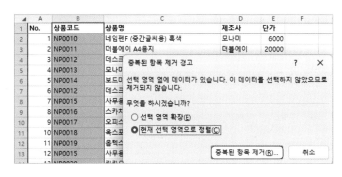

[B] 열에서만 중복을 제거했으므로 맨 아래에 빈 자리가 생기고 다른 열은 아무런 변화가 없습니다. 따라서 이 기능은 특정 열의 중복만 제거하고 싶을 때 사용합니다.

◢	A	B	C	D	E	F
1	No.	상품코드	상품명		제조사	단가
2	1	NP0010	네임펜F (중간글씨용) 흑색		모나미	6000
3	2	NP0011	더블에이 A4용지		더블에이	20000
4	3	NP0012	데스크 오거나이저		하이브	15000
5	4	NP0013	모나미 볼펜		모나미	300
6	5	NP0014	보드마카 청색		동아	4300
7	6	NP0015	데스크 오거나이저1		하이브	15000
8	7	NP0016	사무용 스테플러침 (33호)		피스코리아	950
9	8	NP0017	스카치 다용도 테이프		3M	900
10	9	NP0018	오피스 수정테이프		아이비스	7500
11	10	NP0019	옥스포드 노트		브랜빌	6000
12	11	NP0020	옥텍스 형광펜 혼합3색		동아	3000
13	12	NP0021	사무용 스테플러침 (33호)		피스코리아	950
14	13	NP0022	카카오프렌즈 인덱스 노트 네오		바른손	5000
15	14		카카오프렌즈 인덱스 노트 라이언		바른손	5000
16	15		포스트잇 노트 (654) 노랑		3M	1700

하면 된다! ⟩ 2개 이상의 열에서 중복된 데이터 제거하기

[2개이상의열 중복] 시트

어떤 회사에서 직원이 하루에 한 번만 출근한다고 한다면 근무 기록 데이터는 하루에 하나만 입력되어야 합니다. 그런데 다음 자료에서 직원 박민수, 강영찬의 근무기록은 같은 날짜에 2건이 입력되어 있습니다(10월 4일에 두 번 근무한 것으로 되어 있음). 누군가가 실수로 잘못 입력한 중복 데이터입니다.

데이터가 중복 존재하면 근무시간이 실제보다 많이 계산되는 등 문제를 유발시킬수 있으므로 반드시 중복 데이터를 찾아서 제거해야 합니다.

◢	A	B	C	D	E	F	G	H	I
1	No.	사번	이름	근무일	요일	출근	퇴근	제외시간(점심)	근무시간
2	1	101	박소현	2021-10-04	월	오전 8:00:00	오후 5:00:00	1	8
3	2	101	박소현	2021-10-05	화	오전 9:00:00	오후 6:00:00	0.5	8.5
4	3	102	박민수	2021-10-04	월	오전 8:00:00	오후 5:00:00	1	8
5	4	102	박민수	2021-10-04	월	오전 8:00:00	오후 5:00:00	1	8
6	5	102	박민수	2021-10-05	화	오전 9:00:00	오후 6:00:00	0.5	8.5
7	6	103	김나나	2021-10-04	월	오전 8:00:00	오후 5:00:00	1	8
8	7	103	김나나	2021-10-05	화	오전 8:00:00	오후 5:00:00	1	8
9	8	104	최미연	2021-10-04	월	오전 9:00:00	오후 6:00:00	0.5	8.5
10	9	104	최미연	2021-10-05	화	오전 9:00:00	오후 6:00:00	1	8
11	10	105	강영찬	2021-10-04	월	오전 9:00:00	오후 6:00:00	0.5	8.5
12	11	105	강영찬	2021-10-04	월	오전 9:00:00	오후 6:00:00	0.5	8.5
13	12	105	강영찬	2021-10-05	화	오전 8:00:00	오후 5:00:00	1	8

[A] 열은 근무 정보에서는 필요 없는 것으로, 삭제 대상을 구별하기 쉽게 일부러 추가하였습니다.

수식을 이용해 중복 데이터 표시하기

중복 데이터를 제거하기 전에 먼저 어떤 데이터가 중복되었는지 찾아서 확인하는것이 좋습니다. 앞에서는 1개의 열에서 중복된 행을 찾을 때 조건부 서식을 이용했는데, 2개 이상의 열이 동시에 중복인 경우 조건부 서식의 셀 강조 규칙의 중복 값표시 기능으로는 찾을 수 없고 다음 두 가지 방법 중 사용하기 편한 방법으로 찾으면 됩니다.

수식으로 중복인 개수를 표시하는 방법

01. 수식으로 중복 데이터를 표시하여 찾기 위해 [K2] 셀에 다음 수식을 입력하고 나머지 [K3:K13] 셀 범위에는 자동 채우기 합니다.

```
=COUNTIFS($B$2:$B$13,B2,$C$2:$C$13,C2,$D$2:$D$13,D2)
```

수식풀이

=COUNTIFS($B$2:$B$13,B2,$C$2:$C$13,C2,$D$2:$D$13,D2)

이 수식은 사번, 이름, 근무일이 같은 행의 개수를 구해줍니다.

COUNTIFS 함수는 여러 조건을 만족하는 셀의 개수를 구해주므로 이 수식은 첫 번째 인수인 사번 범위에서 동일한 사번이면서, 이름 범위에서 동일한 이름이고, 근무일 범위에서 동일 근무일인 행의 개수를 구해줍니다.

결과적으로 행의 개수가 1보다 크면 중복 건입니다.

02. 다음 자료에서 [K] 열의 값이 2인 것은 동일 사번, 동일 이름, 동일 근무일이라서 중복인 것을 알 수 있습니다.

No.	사번	이름	근무일	요일	출근	퇴근	제외시간(점심)	근무시간	중복체크
1	101	박소현	2021-10-04	월	오전 8:00:00	오후 5:00:00	1	8	1
2	101	박소현	2021-10-05	화	오전 9:00:00	오후 6:00:00	0.5	8.5	1
3	102	박민수	2021-10-04	월	오전 8:00:00	오후 5:00:00	1	8	2
4	102	박민수	2021-10-04	월	오전 8:00:00	오후 5:00:00	1	8	2
5	102	박민수	2021-10-05	화	오전 9:00:00	오후 6:00:00	0.5	8.5	1
6	103	김나나	2021-10-04	월	오전 8:00:00	오후 5:00:00	1	8	1
7	103	김나나	2021-10-05	화	오전 8:00:00	오후 5:00:00	1	8	1
8	104	최미연	2021-10-04	월	오전 9:00:00	오후 6:00:00	0.5	8.5	1
9	104	최미연	2021-10-05	화	오전 9:00:00	오후 6:00:00	1	8	1
10	105	강영찬	2021-10-04	월	오전 9:00:00	오후 6:00:00	0.5	8.5	2
11	105	강영찬	2021-10-04	월	오전 9:00:00	오후 6:00:00	0.5	8.5	2
12	105	강영찬	2021-10-05	화	오전 8:00:00	오후 5:00:00	1	8	1

조건부 서식에서 수식으로 서식 지정 기능 사용하기

01. 먼저 중복 데이터가 있는 범위를 선택합니다.

No.	사번	이름	근무일	요일	출근	퇴근	제외시간(점심)	근무시간
1	101	박소현	2021-10-04	월	오전 8:00:00	오후 5:00:00	1	8
2	101	박소현	2021-10-05	화	오전 9:00:00	오후 6:00:00	0.5	8.5
3	102	박민수	2021-10-04	월	오전 8:00:00	오후 5:00:00	1	8
4	102	박민수	2021-10-04	월	오전 8:00:00	오후 5:00:00	1	8
5	102	박민수	2021-10-05	화	오전 9:00:00	오후 6:00:00	0.5	8.5
6	103	김나나	2021-10-04	월	오전 8:00:00	오후 5:00:00	1	8
7	103	김나나	2021-10-05	화	오전 8:00:00	오후 5:00:00	1	8
8	104	최미연	2021-10-04	월	오전 9:00:00	오후 6:00:00	0.5	8.5
9	104	최미연	2021-10-05	화	오전 9:00:00	오후 6:00:00	1	8
10	105	강영찬	2021-10-04	월	오전 9:00:00	오후 6:00:00	0.5	8.5
11	105	강영찬	2021-10-04	월	오전 9:00:00	오후 6:00:00	0.5	8.5
12	105	강영찬	2021-10-05	화	오전 8:00:00	오후 5:00:00	1	8

02. [홈] 탭 → [스타일] 그룹 → [조건부 서식] → [새 규칙]을 선택합니다. ❶ [규칙 유형 선택]에서 수식을 사용하여 서식을 지정할 셀 결정을 선택한 후 ❷ 다음 수식을 입력하고 ❸ 중복인 경우 표시할 서식을 지정한 다음 ❹ [확인]을 누릅니다.

```
=COUNTIFS($B$2:$B$13,$B2,$C$2:$C$13,$C2,$D$2:$D$13,$D2)>1
```

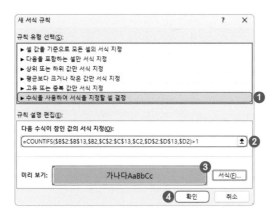

03. 사번, 이름, 근무일이 같은 행이 1개 이상이면 색상으로 중복을 표시해 줍니다.

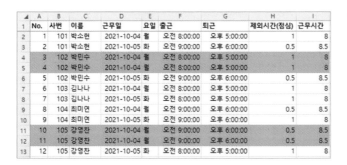

중복 데이터 제거하기

중복인 데이터는 확인했으니 이제 중복 데이터를 제거해 보겠습니다. 중복 데이터 중 아래에 있는 것이 제거되므로 No.4, No.11이 제거되어야 정상적으로 제거된 것입니다.

01. ❶ 근무 기록이 입력된 전체 범위를 선택합니다. ❷ [데이터] 탭 → [데이터 도구] 그룹 → [중복된 항목 제거]를 눌러 [중복 값 제거] 대화상자를 실행합니다.

① 전체 범위 선택

02. ❶ [열] 표시에서 중복이 있는 열을 선택한 후 ❷ [확인]을 누릅니다.

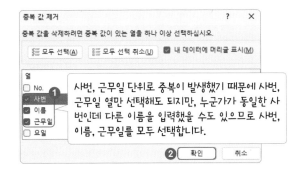

사번, 근무일 단위로 중복이 발생했기 때문에 사번, 근무일 열만 선택해도 되지만, 누군가가 동일한 사번인데 다른 이름을 입력했을 수도 있으므로 사번, 이름, 근무일을 모두 선택합니다.

03. No.4, No.11 행이 삭제된 것을 확인할 수 있습니다.

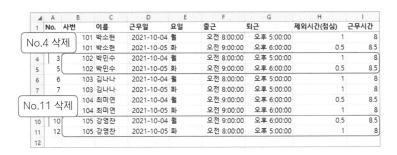

05-8 엑셀 오류 데이터 처리하기

· 실습 파일 05-8.오류데이터처리-실습.xlsx   · 완성 파일 05-8.오류데이터처리-완성.xlsx

엑셀을 이용하여 업무를 처리할 때 엑셀이 아닌 다른 프로그램(PDF, 웹, HWP, Word, PowerPoint 등)에서 만든 자료를 복사하여 붙여넣으면 오류를 일으킬 가능성이 있습니다. 오류가 있는 데이터는 수식에서 처리되지 않거나 처리 시 문제를 일으킬 수 있으므로 사전에 데이터를 엑셀에 맞는 형식으로 바꾸어 주어야 합니다.
대표적인 오류 데이터 유형에는 다음과 같은 것들이 있습니다.

> · 숫자, 날짜인 것 같지만 텍스트 형식으로 저장된 경우
> · 값 앞에 아포스트로피(')를 포함한 경우
> · 값 앞에 공백을 포함한 경우
> · 값 앞, 뒤, 중간에 보이지 않는 문자를 포함한 경우

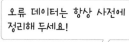 오류 데이터는 항상 사전에 정리해 두세요!

하면 된다! } 텍스트로 저장된 날짜, 숫자 변환하기   [텍스트 데이터] 시트

다음 자료는 눈으로 보면 분명히 정상적인 데이터로 보이는데 수식에서 참조해서 계산해 보면 계산이 되지 않습니다. [홈] 탭 → [표시 형식] 그룹에서 확인해 보면 텍스트로 되어 있어 계산이 되지 않는 것입니다.

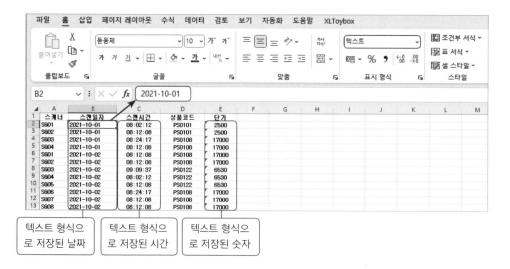

이러한 텍스트 데이터를 텍스트 나누기 기능으로 날짜 유형으로 바꿔보겠습니다. 원래 텍스트 나누기 기능은 텍스트로 된 열을 나누는 데 사용하지만, 이렇게 텍스트가 있는 열을 변환하는 데 사용할 수도 있습니다.

01. ❶ 먼저 변환할 열을 선택합니다. [데이터] 탭 → [데이터 도구] 그룹 → [텍스트 나누기]를 선택해 [텍스트 마법사] 대화상자가 실행되면 ❷ [마침]을 누릅니다.

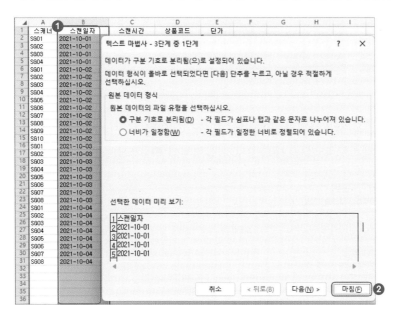

02. 텍스트 형식이 날짜 형식으로 변환됩니다. 나머지 스캔시간과 단가 필드도 같은 방법으로 처리하면 각각 시간과 숫자 형태로 변환됩니다.

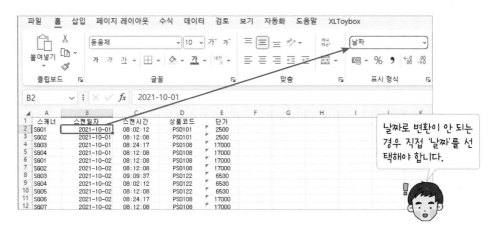

날짜로 변환이 안 되는 경우 직접 '날짜'를 선택해야 합니다.

하면 된다! } 아포스트로피가 붙은 날짜, 숫자 변환하기

[아포스트로피 데이터] 시트

외부에서 데이터를 가져올 때 아포스트로피(')가 붙어 있는 경우가 있습니다. 일일이 이것을 제거하지 않고 텍스트 나누기로 원하는 형태로 한번에 변환할 수 있습니다.

01. ❶ 먼저 바꿀 열을 선택합니다. [데이터] 탭 → [데이터 도구] 그룹 → [텍스트 나누기]를 선택해 [텍스트 마법사] 대화상자가 실행되면 ❷ [마침]을 누릅니다.

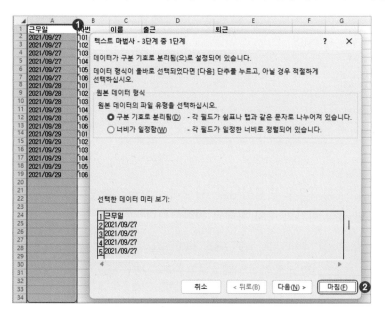

02. 텍스트 형식이 날짜 형식으로 변환됩니다.

하면 된다! } 잘못된 날짜, 숫자 찾고 변환하기 [잘못된날짜숫자] 시트

다음 자료에서 작업일과 작업시간은 눈으로 보면 문제가 없어 보이지만 일부 날짜와
숫자가 텍스트 형식으로 되어 있습니다. 어떤 데이터가 텍스트 형식으로 되어 있는지
찾아서 날짜와 숫자 형식으로 변환해 보겠습니다.

	팀	담당자	작업명	작업일	작업시간
2	시설관리팀	박민수	연구동 조명 보수	2022-02-03	1.0
3	시설관리팀	박민수	전기시설 점검	2022-03-03	2.0
4	IT지원팀	최미연	회계시스템 오류점검	2022-03-03	0.5
5	시설관리팀	김영찬	전기시설 점검	2022.03.08	8
6	IT지원팀	최미연	회계시스템 오류점검	2022.03.14	1.0
7	시설관리팀	김영찬	전기시설 점검	2022-04-02	8.0
8	시설관리팀	박민수	전기시설 점검	2022-04-03	3.0
9	IT지원팀	박영균	로그인 오류 처리	2022-04-03	1.0
10	IT지원팀	박영균	시스템 오류 수정	2022-04-06	8.0
11	IT지원팀	박영균	비밀번호 초기화	2022-04-06	0.5
12	IT지원팀	박영균	프로그램 수정	2022.04.08	0.5
13	IT지원팀	박영균	로그인 오류 처리	2022-04-22	0.5
14	IT지원팀	박영균	프로그램 수정	2022-05-11	1.0
15	IT지원팀	최미연	로그인 오류 처리	2022-05-12	1.0
16	IT지원팀	최미연	권한변경 처리	2022-05-20	1.0
17	IT지원팀	최미연	권한변경 처리	2022-05-25	1.0
18	시설관리팀	박민수	전기시설 점검	2022-10-11	2.5
19	시설관리팀	김영찬	전기시설 점검	2022-10-11	7
20	시설관리팀	김영찬	연구동 조명 보수	2022-10-13	0.5

텍스트 형식으로 입력된 데이터 찾기

먼저 이동 옵션 기능을 이용하여 텍스트 형식으로 입력된 데이터를 찾아보겠습니다.

01. ❶ 텍스트 형식으로 입력된 셀을 찾을 범위를 선택하고 **❷** [홈] 탭 → [편집] 그룹
→ [찾기 및 선택] → [이동 옵션]을 선택해 [이동 옵션] 대화상자를 실행합니다.

02. ❶ [종류]에서 상수를 선택하고 **❷** 텍스트를 선택한 후 **❸** [확인]을 누르면 텍스트 형식으로 입력된 셀이 선택됩니다.

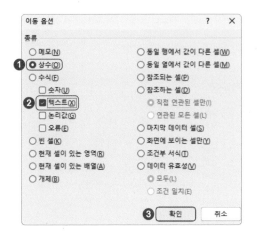 

[D5], [D6], [D12] 셀에는 2022.03.08 등과 같은 형식으로 입력되어 있습니다. 윈도우에 설정된 날짜 기본 형식인 2022-03-08 형식과 다르게 입력되어 있어서 텍스트로 인식됩니다.

[D15]~[D17] 셀에는 2022-05-12 등 정상적인 날짜 형식으로 되어 있는 것 같지만 실제로는 텍스트 형식으로 입력되어 있습니다. 인터넷이나 다른 시스템의 날짜를 복사해서 붙여넣으면 눈으로 보기에는 문제가 없어 보이지만 실제로는 텍스트 형식으로 입력된 경우가 있습니다.

텍스트 형식으로 입력된 데이터 변환하기

이제 텍스트 형식으로 입력된 데이터를 날짜 형식으로 변환해 보겠습니다.

01. ❶ 바꿀 범위를 선택하고 **❷** [데이터] 탭 → [데이터 도구] 그룹 → [텍스트 나누기]를 선택해 [텍스트 마법사] 대화상자를 실행합니다.

02. [텍스트 마법사] 대화상자에서 아무것도 선택하지 않고 바로 [마침]을 누르면 텍스트 형식으로 저장된 데이터가 날짜 형식으로 바뀝니다.

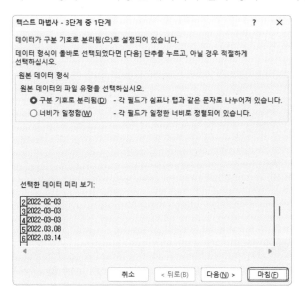

03. 앞서 사용한 [이동 옵션] 기능으로 텍스트 형식의 날짜가 남아 있는지 확인합니다. [D15]~[D17] 셀은 정상적으로 날짜로 변환되었지만, [D5], [D6], [D12] 셀은 여전히 텍스트 형식입니다.

2022.03.08 형식으로 입력되어 있으면 날짜로 변환되지 않습니다. 날짜 사이의 점(.)을 하이픈(-)으로 바꾸어 주어야 합니다.

	A	B	C	D	E
1	팀	담당자	작업명	작업일	작업시간
2	시설관리팀	박민수	연구동 조명 보수	2022-02-03	1.0
3	시설관리팀	박민수	전기시설 점검	2022-03-03	2.0
4	IT지원팀	최미연	회계시스템 오류점검	2022-03-03	0.5
5	시설관리팀	김영찬	전기시설 점검	2022.03.08	8
6	IT지원팀	최미연	회계시스템 오류점검	2022.03.14	1.0
7	시설관리팀	김영찬	전기시설 점검	2022-04-02	8.0
8	시설관리팀	박민수	전기시설 점검	2022-04-03	3.0
9	IT지원팀	박영균	로그인 오류 처리	2022-04-03	1.0
10	IT지원팀	박영균	시스템 오류 수정	2022-04-06	8.0
11	IT지원팀	박영균	비밀번호 초기화	2022-04-06	0.5
12	IT지원팀	박영균	프로그램 수정	2022.04.08	0.5
13	IT지원팀	박영균	로그인 오류 처리	2022-04-22	0.5
14	IT지원팀	박영균	프로그램 수정	2022-05-11	1.0
15	IT지원팀	최미연	로그인 오류 처리	2022-05-12	1.0
16	IT지원팀	최미연	권한변경 처리	2022-05-20	1.0
17	IT지원팀	최미연	권한변경 처리	2022-05-25	1.0
18	시설관리팀	박민수	전기시설 점검	2022-10-11	2.5
19	시설관리팀	김영찬	전기시설 점검	2022-10-11	7
20	시설관리팀	김영찬	연구동 조명 보수	2022-10-13	0.5

04. [D5], [D6], [D12] 셀이 선택된 상태에서 Ctrl + H를 눌러서 [찾기 및 바꾸기] 대화상자를 실행합니다.

❶ [찾을 내용]에 .(점)을, ❷ [바꿀 내용]에 -(하이픈)을 입력하고 ❸ [모두 바꾸기]를 누르면 [D5], [D6], [D12] 셀의 값이 날짜로 바뀝니다.

05. 작업시간 열에서 텍스트로 입력된 숫자는 다음과 같이 숫자로 바꿉니다.

❶ 셀 범위 [E5:E19]를 선택하고 ❷ 경고 표시 옆의 드롭다운 버튼을 눌러 ❸ [숫자로 변환]을 선택합니다.

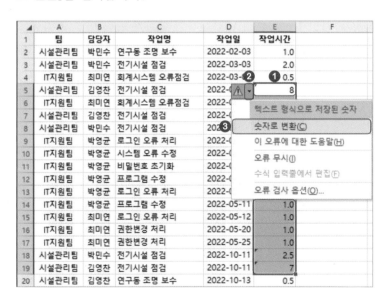

텍스트 형식으로 입력된 숫자는 앞서 살펴본 텍스트 나누기 기능을 사용해서 숫자로 변환할 수도 있습니다.

06. 다음과 같이 텍스트 형식으로 입력된 데이터가 날짜와 숫자 형식으로 변환되었습니다.

	A	B	C	D	E
1	팀	담당자	작업명	작업일	작업시간
2	시설관리팀	박민수	연구동 조명 보수	2022-02-03	1.0
3	시설관리팀	박민수	전기시설 점검	2022-03-03	2.0
4	IT지원팀	최미연	회계시스템 오류점검	2022-03-03	0.5
5	시설관리팀	김영찬	전기시설 점검	2022-03-08	8
6	IT지원팀	최미연	회계시스템 오류점검	2022-03-14	1.0
7	시설관리팀	김영찬	전기시설 점검	2022-04-02	8.0
8	시설관리팀	박민수	전기시설 점검	2022-04-03	3.0
9	IT지원팀	박영균	로그인 오류 처리	2022-04-03	1.0
10	IT지원팀	박영균	시스템 오류 수정	2022-04-06	8.0
11	IT지원팀	박영균	비밀번호 초기화	2022-04-06	0.5
12	IT지원팀	박영균	프로그램 수정	2022-04-08	0.5
13	IT지원팀	박영균	로그인 오류 처리	2022-04-22	0.5
14	IT지원팀	박영균	프로그램 수정	2022-05-11	1.0
15	IT지원팀	최미연	로그인 오류 처리	2022-05-12	1.0
16	IT지원팀	최미연	권한변경 처리	2022-05-20	1.0
17	IT지원팀	최미연	권한변경 처리	2022-05-25	1.0
18	시설관리팀	박민수	전기시설 점검	2022-10-11	2.5
19	시설관리팀	김영찬	전기시설 점검	2022-10-11	7
20	시설관리팀	김영찬	연구동 조명 보수	2022-10-13	0.5

엑셀의 오류 표시를 무시하면?

엑셀에서 숫자 데이터를 처리할 때 다음과 같이 오류 표시를 볼 수 있는데, [오류 무시]를 선택해서 오류가 표시되지 않도록 할 수 있습니다.

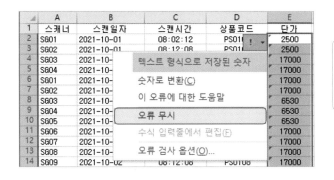

엑셀에서 오류를 무시하면 생각하지 못한 많은 문제를 일으킬 수 있으므로 가능하면 오류 무시 기능은 사용하지 마세요!

하지만 이것은 오류를 해결한 것이 아니라 오류가 안 보이도록 했을 뿐입니다. 오류 표시를 무시하면 나중에 오류 값을 참조하는 수식에서 오류가 나도 찾기가 어렵고 생각하지 못한 많은 문제를 일으킬 수 있으므로, 특별한 이유가 없다면 [오류 무시] 옵션을 사용하지 말고 [숫자로 변환]을 해주는 것이 좋습니다.

또한 [Excel 옵션]에서 [다른 작업을 수행하면서 오류 검사] 옵션의 체크 표시를 해제하면 오류 표시가 되지 않도록 할 수 있습니다. 하지만 앞서 나온 오류 무시보다 더 많은 문제를 일으킬 수 있으므로 가능하면 사용하지 않는 것이 좋습니다.

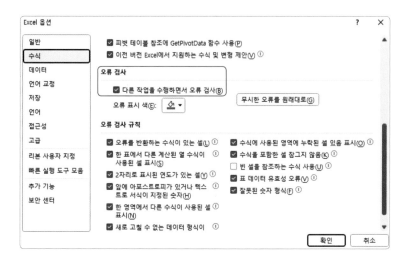

06

데이터 정렬/필터링, 이름과 표 사용

데이터는 구조화하고 관리하는 것도 필요하지만, 시트에 입력한 자료가 많아지면 잘 분류하고 빠르게 찾을 수 있게 하는 것이 무엇보다 중요합니다. 정렬 기능과 필터링 기능을 잘 익혀두면 데이터를 찾고 분류하느라 버리는 시간을 아낄 수 있습니다.

지금까지 셀 범위, 주소만 사용했다면 셀 범위에 이름을 붙일 수 있는 이름 기능, 표 기능을 사용해보세요. 마치 해독하기 어려운 종이 지도를 들고 다니다가 최신 내비게이션을 만난 듯한 느낌이 들것입니다. 엑셀의 또 다른 세계를 경험해 보세요.

언제 어디서든 저자의 블로그에서 검색해 볼 수 있어요!

06-1 정렬의 또 다른 방법, 사용자 지정 목록/색으로 정렬하기

06-2 고급 필터로 다양하게 자료 필터링하기

06-3 엑셀 이름표, 이름 정의하기

06-4 동적 범위에 이름 정의하기

06-5 엑셀 표 기능 이해하기

06-6 직관적인 참조 방식 ─ 구조적 참조

06-1 정렬의 또 다른 방법,
사용자 지정 목록/색으로 정렬하기

• 실습 파일 06-1.데이터정렬-실습.xlsx • 완성 파일 06-1.데이터정렬-완성.xlsx

엑셀에서 자료를 정렬할 때 값 기준으로 오름차순 또는 내림차순으로 정렬을 많이 하지만, 내가 원하는 기준으로 정렬한다든지 셀에 표시한 색을 기준으로 정렬을 해야 할 때도 있습니다.

이번 절에서는 알아두면 요긴한 사용자 지정 목록 또는 색으로 정렬하는 방법을 알아보겠습니다.

하면 된다! } 여러 항목 기준으로 정렬하기

[인사자료] 시트

사용자 지정 목록 또는 색으로 정렬하는 방법을 알아보기 전에 복습 차원에서 여러 항목 기준으로 오름차순 또는 내림차순으로 정렬하는 방법을 먼저 알아보겠습니다.

다음과 같은 인사 자료가 있습니다. 자료가 조직별로 정렬되어 있으면 보기가 편한데 순서 없이 섞여 있습니다. 본부, 팀 기준으로 정렬해 보겠습니다.

	A	B	C	D	E	F	G
1	본부	팀	이름	직책	직위	사번	월급여
2	영업본부	영업3팀	노준호	팀장	부장	K1501	7,080,000
3	생산본부	품질경영팀	김정인	팀장	차장	K1513	5,940,000
4	영업본부	영업1팀	박해미	팀원	대리	K1521	4,330,000
5	영업본부	영업3팀	남주희	팀원	차장	K1510	6,250,000
6	생산본부	제조팀	윤갑수	팀원	사원	K1528	3,580,000
7	영업본부	영업2팀	박소윤	팀원	차장	K1509	6,420,000
8	경영지원본부	회계팀	이상윤	팀원	사원	K1533	3,630,000
9	경영지원본부	인사팀	이요한	팀원	사원	K1532	3,880,000
10	생산본부	제조팀	박준서	팀장	부장	K1502	6,920,000
11	생산본부	제조팀	선우재덕	팀원	과장	K1517	5,100,000
12	경영지원본부	인사팀	나인사	팀장	부장	K1505	6,950,000

01. ❶ 정렬할 데이터 전체 셀 범위 [A1:G34]를 선택한 후 ❷ [데이터] 탭 → [정렬 및 필터] 그룹 → [정렬]을 선택해 [정렬] 대화상자를 실행합니다.

02. [정렬] 대화상자에서 ❶ 첫 번째 정렬 필드 본부를 선택합니다. ❷ [기준 추가] 를 눌러서 ❸ 다음 정렬 필드 팀을 선택하고 ❹ [확인]을 누릅니다.

03. 본부, 팀 기준으로 정렬된 것을 확인할 수 있습니다.

	A	B	C	D	E	F	G
1	본부	팀	이름	직책	직위	사번	월급여
2	경영지원본부	기획팀	박기획	팀장	부장	K1504	6,830,000
3	경영지원본부	기획팀	김아람	팀원	사원	K1531	3,580,000
4	경영지원본부	기획팀	이현서	팀원	대리	K1524	4,230,000
5	경영지원본부	인사팀	이요한	팀원	사원	K1532	3,880,000
6	경영지원본부	인사팀	나인사	팀장	부장	K1505	6,950,000
7	경영지원본부	인사팀	최성은	팀원	대리	K1525	4,330,000
8	경영지원본부	총무팀	김아성	팀원	대리	K1526	4,630,000
9	경영지원본부	총무팀	박총무	팀장	차장	K1514	6,040,000
10	경영지원본부	회계팀	이상윤	팀원	사원	K1533	3,630,000
11	경영지원본부	회계팀	윤아라	팀원	대리	K1527	4,080,000
12	경영지원본부	회계팀	김수로	팀원	과장	K1520	5,050,000

하면 된다! ⸢ 사용자 지정 목록으로 정렬하기

[인사자료] 시트

위의 인사 자료를 직위 기준으로 오름차순 정렬을 하면 어떻게 될까요? 가나다순으로 정렬되므로 과장, 대리, 부장, 사원, 차장 순으로 정렬됩니다.

하지만 원하는 결과는 가나다 순서가 아닌 회사의 직위 순서인 사장, 부사장, 전무, 상무, 이사, 부장, 차장, 과장, 대리, 사원 순으로 정렬하는 것입니다. 오름차순, 내림차순 대신에 사용자 지정 목록으로 정렬될 수 있도록 해보겠습니다.

	A	B	C	D	E	F	G
1	본부	팀	이름	직책	직위	사번	월급여
2	경영지원본부	회계팀	김수로	팀원	과장	K1520	5,050,000
3	생산본부	설비팀	김민욱	팀원	과장	K1519	5,380,000
4	생산본부	제조팀	선우재덕	팀원	과장	K1517	5,100,000
5	생산본부	제조팀	양진우	팀원	과장	K1518	4,920,000
6	영업본부	영업1팀	김미란	팀원	과장	K1515	5,250,000
7	영업본부	영입3팀	성유리	팀원	과장	K1516	5,170,000
8	경영지원본부	기획팀	이현서	팀원	대리	K1524	4,230,000
9	경영지원본부	인사팀	최성은	팀원	대리	K1525	4,330,000
10	경영지원본부	총무팀	김아성	팀원	대리	K1526	4,630,000
11	경영지원본부	회계팀	윤아라	팀원	대리	K1527	4,080,000
12	생산본부	자재팀	정우혁	팀원	대리	K1523	4,460,000

01. ❶ 정렬할 데이터 전체 셀 범위 [A1:G34]를 선택한 후 ❷ [데이터] 탭 → [정렬 및 필터] 그룹 → [정렬]을 선택해 [정렬] 대화상자를 실행합니다.
❸ 대화상자에서 [정렬 필드]를 직위로 선택하고 ❹ [정렬]은 사용자 지정 목록을 선택합니다.

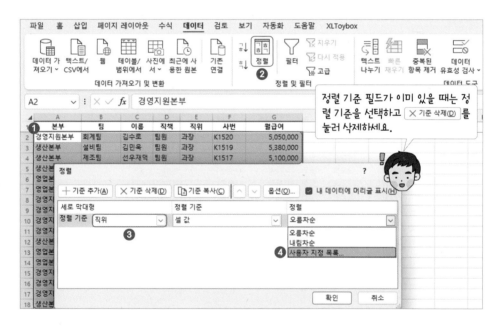

02. ❶ [사용자 지정 목록]에서 새 목록을 선택하고 ❷ [목록 항목]에 사장, 부사장, 전무… 순으로 입력합니다. ❸ [추가]를 누르면 방금 입력한 내용이 사용자 지정 목록에 추가됩니다. ❹ [확인]을 누릅니다.

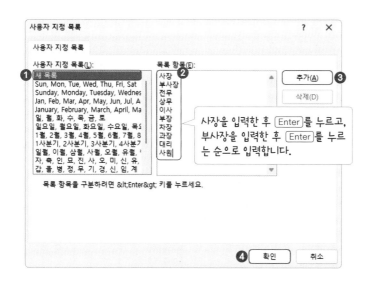

03. [정렬] 대화상자로 돌아오면 [정렬]에 사장, 부사장, 전무…가 추가된 것을 확인할 수 있습니다. [확인]을 누릅니다.

04. 직위 순서로 정렬된 것을 확인할 수 있습니다.

▲	A	B	C	D	E	F	G
1	**본부**	**팀**	**이름**	**직책**	**직위**	**사번**	**월급여**
2	경영지원본부	기획팀	박기획	팀장	부장	K1504	6,830,000
3	경영지원본부	인사팀	나인사	팀장	부장	K1505	6,950,000
4	경영지원본부	회계팀	오인영	팀장	부장	K1506	6,750,000
5	생산본부	설비팀	정세형	팀장	부장	K1503	7,210,000
6	생산본부	제조팀	박준서	팀장	부장	K1502	6,920,000
7	영업본부	영업3팀	노준호	팀장	부장	K1501	7,080,000
8	경영지원본부	총무팀	박총무	팀장	차장	K1514	6,040,000
9	생산본부	자재팀	이누리	팀장	차장	K1512	6,480,000
10	생산본부	제조팀	신지수	팀원	차장	K1511	6,040,000
11	생산본부	품질경영팀	김정인	팀장	차장	K1513	5,940,000
12	영업본부	영업1팀	나현주	팀장	차장	K1507	6,250,000
13	영업본부	영업2팀	박소윤	팀원	차장	K1509	6,420,000
14	영업본부	영업2팀	이승기	팀장	차장	K1508	6,250,000
15	영업본부	영업3팀	남주희	팀원	차장	K1510	6,250,000
16	경영지원본부	회계팀	김수로	팀원	과장	K1520	5,050,000
17	생산본부	설비팀	김민욱	팀원	과장	K1519	5,380,000

하면 된다! } 색으로 정렬하기

[인사자료(색으로정렬)] 시트

이번에는 셀 값이 아니라 셀 색으로 정렬해 보겠습니다. 셀 색뿐만 아니라 글꼴 색, 조건부 서식 아이콘으로도 정렬할 수 있습니다.

다음과 같이 업무상 필요에 의해 이름 열에 셀 색이 지정되어 있을 때 색이 있는 셀만 위쪽으로 정렬해 보겠습니다.

	A	B	C	D	E	F	G
1	본부	팀	이름	직책	직위	사번	월급여
2	경영지원본부	기획팀	이현서	팀원	대리	K1524	4,230,000
3	경영지원본부	기획팀	박기획	팀장	부장	K1504	6,830,000
4	경영지원본부	기획팀	김아람	팀원	사원	K1531	3,580,000
5	경영지원본부	인사팀	이요한	팀원	사원	K1532	3,880,000
6	경영지원본부	인사팀	나인사	팀장	부장	K1505	6,950,000
7	경영지원본부	인사팀	최성은	팀원	대리	K1525	4,330,000
8	경영지원본부	총무팀	박총무	팀장	차장	K1514	6,040,000
9	경영지원본부	총무팀	김아성	팀원	대리	K1526	4,630,000
10	경영지원본부	회계팀	오인영	팀장	부장	K1506	6,750,000
11	경영지원본부	회계팀	김수로	팀원	과장	K1520	5,050,000
12	경영지원본부	회계팀	이상윤	팀원	사원	K1533	3,630,000
13	경영지원본부	회계팀	윤아라	팀원	대리	K1527	4,080,000
14	생산본부	설비팀	김민욱	팀원	과장	K1519	5,380,000
15	생산본부	설비팀	정세형	팀장	부장	K1503	7,210,000

01. ❶ 정렬할 데이터 전체 셀 범위 [A1:G34]를 선택하고 ❷ [데이터] 탭 → [정렬 및 필터] 그룹 → [정렬]을 선택해 [정렬] 대화상자를 실행합니다. ❸ 대화상자에서 [정렬 필드]는 이름, ❹ [정렬 기준]은 셀 색을 선택하고 ❺ [정렬]에서 셀 색 없음 옆의 드롭다운 버튼을 눌러 색상표에서 첫 번째로 정렬할 색을 선택합니다.

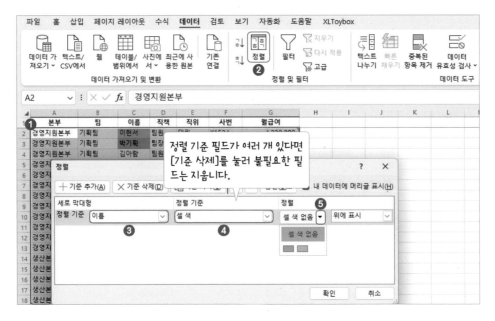

02. ❶ [기준 추가]를 눌러 ❷ 첫 번째 정렬 기준과 같은 방법으로 두 번째로 정렬할 색을 선택하고 ❸ [확인]을 누릅니다.

03. 셀 색 순서로 정렬된 것을 확인할 수 있습니다.

▲	A	B	C	D	E	F	G
1	본부	팀	이름	직책	직위	사번	월급여
2	경영지원본부	기획팀	박기획	팀장	부장	K1504	6,830,000
3	경영지원본부	인사팀	나인사	팀장	부장	K1505	6,950,000
4	생산본부	설비팀	정세형	팀장	부장	K1503	7,210,000
5	경영지원본부	기획팀	이현서	팀원	대리	K1524	4,230,000
6	경영지원본부	총무팀	김아성	팀원	대리	K1526	4,630,000
7	경영지원본부	기획팀	김아람	팀원	사원	K1531	3,580,000
8	경영지원본부	인사팀	이요한	팀원	사원	K1532	3,880,000
9	경영지원본부	인사팀	최성온	팀원	대리	K1525	4,330,000
10	경영지원본부	총무팀	박총무	팀장	차장	K1514	6,040,000
11	경영지원본부	회계팀	오인영	팀장	부장	K1506	6,750,000
12	경영지원본부	회계팀	김수로	팀원	과장	K1520	5,050,000
13	경영지원본부	회계팀	이상윤	팀원	사원	K1533	3,630,000
14	경영지원본부	회계팀	윤아라	팀원	대리	K1527	4,080,000
15	생산본부	설비팀	김민욱	팀원	과장	K1519	5,380,000
16	생산본부	설비팀	김제인	팀원	사원	K1530	3,630,000
17	생산본부	자재팀	정우혁	팀원	대리	K1523	4,460,000

06-2 고급 필터로 다양하게 자료 필터링하기

• 실습 파일 06-2.고급필터-실습.xlsx   • 완성 파일 06-2.고급필터-완성.xlsx

전체 자료에서 원하는 자료를 골라내고 싶다면 필터 기능을 이용하면 됩니다.
필터 기능에는 두 가지가 있는데, [데이터] 탭 → [정렬 및 필터] 그룹에서 [필터]와
[고급] 두 가지 메뉴를 확인할 수 있습니다.

- **[필터]**: 일반적으로 가장 많이 사용하는 자동 필터 기능
- **[고급]**: 다양한 조건으로 데이터를 필터링할 수 있는 고급 필터 기능

자동 필터 기능은 범위를 선택하고 [필터]를 누르면 간단히 각각의 필드별로 조건
을 설정하여 필터링할 수 있는 장점이 있지만, OR 조건(예: 소속팀이 회계팀 또는 직위가
차장인)을 설정할 수 없고 필터링 결과를 다른 곳에 추출할 수 없는 등 기능적인 한
계가 있습니다.
고급 필터 기능을 이용하면 자동 필터의 한계를 벗어나 조금 더 복잡하고 다양한 방
법으로 데이터를 필터링할 수 있습니다.

하면 된다! 〉 고급 필터 기본 사용법   [현재위치에 필터(본부,직위AND조건)] 시트

다음 인사 데이터를 고급 필터를 이용해서 필터링해 보겠습니다. 먼저 다음과 같이
고급 필터 조건을 적용할 수 있는 조건 범위를 만들어야 합니다.

- 범위의 위치는 상관없으며, 위에 있어도 되고 아래에 있어도 되고 다른 시트에 있어도 됩니다.
- 범위의 첫 행은 필드명이어야 하고 원본 데이터 영역의 필드명과 일치해야 합니다.
- 2번째 행부터 조회 조건 값을 입력합니다.

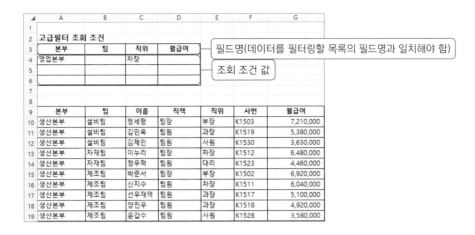

	본부	팀	직위	월급여			
2	고급필터 조회 조건						
3	본부	팀	직위	월급여			필드명(데이터를 필터링할 목록의 필드명과 일치해야 함)
4	영업본부		차장				
5							조회 조건 값
6							
7							
8							
9	본부	팀	이름	직책	직위	사번	월급여
10	생산본부	설비팀	정세형	팀장	부장	K1503	7,210,000
11	생산본부	설비팀	김민욱	팀원	과장	K1519	5,380,000
12	생산본부	설비팀	김제인	팀원	사원	K1530	3,630,000
13	생산본부	자재팀	이누리	팀장	차장	K1512	6,480,000
14	생산본부	자재팀	정우혁	팀원	대리	K1523	4,460,000
15	생산본부	제조팀	박준서	팀장	부장	K1502	6,920,000
16	생산본부	제조팀	신지수	팀원	차장	K1511	6,040,000
17	생산본부	제조팀	선우재덕	팀원	과장	K1517	5,100,000
18	생산본부	제조팀	양진우	팀원	과장	K1518	4,920,000
19	생산본부	제조팀	윤갑수	팀원	사원	K1528	3,580,000

01. 이제 다음과 같은 순서로 고급 필터를 사용해 보겠습니다. ❶ 필터링할 데이터 범위의 셀을 하나 선택하고 ❷ [데이터] 탭 → [정렬 및 필터] 그룹 → [고급]을 눌러 [고급 필터] 대화상자를 실행합니다.

02. ❶ [결과]는 현재 위치에 필터를 선택하고 ❷ [조건 범위]의 오른쪽 버튼을 선택해 조건 범위를 지정합니다.

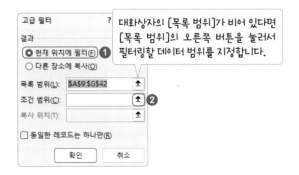

대화상자의 [목록 범위]가 비어 있다면 [목록 범위]의 오른쪽 버튼을 눌러서 필터링할 데이터 범위를 지정합니다.

03. ❶ 마우스로 조건을 지정한 범위를 지정하면 [고급 필터-조건 범위] 대화상자에 범위가 입력됩니다. ❷ 대화상자에서 오른쪽 버튼을 누릅니다.

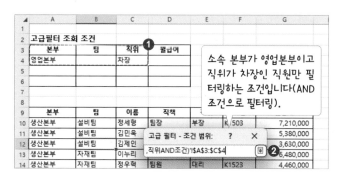

소속 본부가 영업본부이고 직위가 차장인 직원만 필터링하는 조건입니다(AND 조건으로 필터링).

04. ❶ [고급 필터] 대화상자로 돌아오면 [조건 범위]에 범위가 입력된 것을 확인할 수 있습니다. ❷ [확인]을 누릅니다. 소속 본부가 영업본부이고 직위가 차장인 직원의 명단이 필터링됩니다.

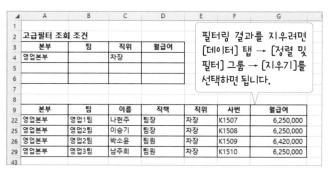

필터링 결과를 지우려면 [데이터] 탭 → [정렬 및 필터] 그룹 → [지우기]를 선택하면 됩니다.

 엑셀 능력자의 꿀팁   조건 지정 시 AND 조건과 OR 조건을 설정하는 방법

조건을 설정할 범위의 형태에 따라서 AND 조건이 되기도 하고 OR 조건이 됩니다.

같은 행에 조건 값이 있으면 AND 조건	다른 행에 조건 값이 있으면 OR 조건

본부=영업본부 AND 직위=차장(본부가 영업본부이고 직위가 차장)

본부=영업본부 OR 직위=차장(본부가 영업본부이거나 직위가 차장)

하면 된다! } 필터링 결과를 다른 장소에 복사하기

[원본데이터], [원본필터링복사] 시트

이번에는 고급 필터 기능에서만 가능한 필터링 결과를 다른 장소(시트 등)에 복사해 보겠습니다.

다음과 같이 원본 데이터가 있는 시트와 필터링된 데이터를 복사하여 붙여넣을 시트가 필요합니다.

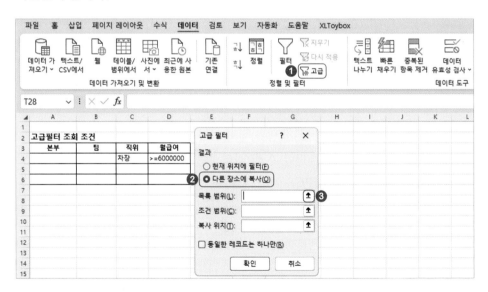

[원본데이터] 시트

[원본필터링복사] 시트

01. 먼저 필터링된 데이터를 복사하여 붙여넣을 시트를 선택한 후 ❶ [데이터] 탭 → [정렬 및 필터] 그룹 → [고급]을 선택해 [고급 필터] 대화상자를 실행합니다.
❷ [결과]는 다른 장소에 복사를 선택하고 ❸ [목록 범위]를 지정하기 위해 오른쪽 버튼을 누릅니다.

02. [원본데이터] 시트에서 ❶ 마우스로 목록 범위 $A$1:$G$34를 선택하고 ❷ [고급 필터 – 목록 범위] 대화상자의 오른쪽 버튼을 눌러 [고급 필터] 대화상자로 돌아옵니다.

03. ❶ [조건 범위] 오른쪽 버튼을 눌러 조건 범위를 설정합니다. ❷ 마우스로 조건 범위를 지정하면 [고급 필터–조건 범위] 대화상자에 범위가 입력됩니다. 직위가 차장이고 월급여가 600만 원 이상인 직원만 필터링하는 조건입니다. ❸ 대화상자의 오른쪽 버튼을 누릅니다.

04. [고급 필터] 대화상자에서 [조건 범위]에 범위가 입력된 것을 확인할 수 있습니다. ❶ [복사 위치] 입력 필드를 클릭한 후 ❷ 필터링된 데이터를 복사해서 붙여넣을 위치 [A9] 셀을 지정하고 ❸ [확인]을 누릅니다.

05. 직위가 차장이고 월급여가 600만 원 이상인 직원만 필터링된 결과가 붙여넣어 졌습니다.

	A	B	C	D	E	F	G
1							
2	고급필터 조회 조건						
3	**본부**	**팀**	**직위**	**월급여**			
4			차장	>=6000000			
5							
6							
7							
8							
9	**본부**	**팀**	**이름**	**직책**	**직위**	**사번**	**월급여**
10	생산본부	자재팀	이누리	팀장	차장	K1512	6,480,000
11	생산본부	제조팀	신지수	팀원	차장	K1511	6,040,000
12	영업본부	영업1팀	나현주	팀장	차장	K1507	6,250,000
13	영업본부	영업2팀	이승기	팀장	차장	K1508	6,250,000

> 이 예시에서는 필터링된 결과를 복사/붙여넣은 것이므로 결과를 지우고자 할 때 [정렬 및 필터] 그룹의 [지우기]로는 지워지지 않습니다. 셀 범위 또는 행을 선택한 후 직접 지워야 합니다.

고급 필터 실무 사용 사례

앞에서는 개념 이해를 위해 간단한 예만 알아보았는데, 이번에는 실무에서 자주 사용하는 몇 가지 사례를 소개하겠습니다.

사례 1 같은 필드를 OR 조건으로 필터링(자동 필터로도 가능)
소속 본부가 생산본부 또는 영업본부인 직원을 필터링합니다.

	A	B	C	D	E	F	G
1							
2	고급필터 조회 조건						
3	**본부**	**팀**	**직위**	**월급여**			
4	생산본부						
5	영업본부						
6							
7							
8							
9	**본부**	**팀**	**이름**	**직책**	**직위**	**사번**	**월급여**
10	생산본부	설비팀	정세형	팀장	부장	K1503	7,210,000
22	영업본부	영업1팀	나현주	팀장	차장	K1507	6,250,000
23	영업본부	영업1팀	김미란	팀원	과장	K1515	5,250,000

사례 2 서로 다른 필드를 OR 조건으로 필터링(자동 필터로 불가능)
직위가 부장 또는 월급여가 500만 원 이상인 직원을 필터링합니다.

	A	B	C	D	E	F	G
1							
2	고급필터 조회 조건						
3	**본부**	**팀**	**직위**	**월급여**			
4			부장				
5				>=5000000			
6							
7							
8							
9	**본부**	**팀**	**이름**	**직책**	**직위**	**사번**	**월급여**
10	생산본부	설비팀	정세형	팀장	부장	K1503	7,210,000
34	경영지원본부	인사팀	나인사	팀장	부장	K1505	6,950,000
37	경영지원본부	총무팀	박총무	팀장	차장	K1514	6,040,000

사례 3 3개의 필드를 OR 조건으로 필터링(자동 필터로 불가능)

직위가 부장 또는 월급여가 600만 원에서 700만 원 구간에 속한 직원을 필터링합니다.

급여 구간 조건을 설정하기 위해 월급여 필드를 두 번 사용했습니다. 고급 필터를 이용하면 이렇게 다양한 방식으로 조건을 설정할 수 있는 장점이 있습니다.

	A	B	C	D	E	F	G
1							
2	고급필터 조회 조건						
3	본부	팀	직위	월급여	월급여		
4			부장				
5				>=6000000	<=7000000		
6							
7							
8							
9	본부	팀	이름	직책	직위	사번	월급여
10	생산본부	설비팀	정세형	팀장	부장	K1503	7,210,000
13	생산본부	자재팀	이누리	팀장	차장	K1512	6,480,000
28	영업본부	영업3팀	노준호	팀장	부장	K1501	7,080,000
29	영업본부	영업3팀	남주희	팀원	차장	K1510	6,250,000
31	경영지원본부	기획팀	박기획	팀장	부장	K1504	6,830,000
34	경영지원본부	인사팀	나인사	팀장	부장	K1505	6,950,000
37	경영지원본부	총무팀	박총무	팀장	차장	K1514	6,040,000
39	경영지원본부	회계팀	오인영	팀장	부장	K1506	6,750,000

고급 필터를 사용하면 다양하게 조건을 설정할 수 있어요.

06-3 엑셀 이름표, 이름 정의하기

• 실습 파일 06-3.엑셀이름정의-실습.xlsx   • 완성 파일 06-3.엑셀이름정의-완성.xlsx

이번에는 엑셀 수식을 읽기 쉽게 만드는 이름에 대해 알아보겠습니다. 보통은 셀 또는 범위에 이름을 정의하여 많이 사용하지만, 숫자와 텍스트, 수식에도 이름을 정의할 수 있습니다.

이름은 간단하게 만들 수 있고 생각보다 응용할 수 있는 방법이 많은 기능이므로 잘 익혀두면 실무에서 많은 도움이 됩니다.

이름이란?

엑셀에서 이름이란 셀, 범위 등에 붙이는 이름표라고 할 수 있습니다. 셀이나 범위의 복잡한 주소 대신 이름표를 붙이면 복잡한 수식을 알아보기 쉽도록 할 수 있습니다. [셀,범위 이름정의] 시트에서 회사에서 영업사원에게 판매금액의 5%를 인센티브로 지급한다고 할 때 보통 다음과 같이 판매금액에 인센티브 지급률을 곱해서 계산합니다.

> 이름이란 셀, 범위에 붙이는 이름표라고 할 수 있습니다.

```
=C8*$C$4
```

A	B	C	D
3			
4	인센티브 지급률	5%	
5			
6	셀을 참조하여 인센티브 계산		
7	영업사원	판매금액	인센티브
8	김나나	2,500,000	=C8*$C$4
9	이지은	3,000,000	150,000
10	박성재	2,800,000	140,000

수식 =C8*$C$4에서 인센티브 지급률 5%가 입력된 $C$4 대신 인센티브율이라는 이름을 만들어 다음과 같이 계산할 수 있습니다. 훨씬 알아보기 쉬운 수식이 됩니다.

```
=C14*인센티브율
```

A	B	C	D
3			
4	인센티브 지급률	5%	
5			
12	이름을 참조하여 인센티브 계산		
13	영업사원	판매금액	인센티브
14	김나나	2,500,000	=C14*인센티브율
15	이지은	3,000,000	150,000
16	박성재	2,800,000	140,000

엑셀의 이름은 셀, 범위, 상수(숫자, 문자), 수식 등 다양한 곳에 붙일 수 있습니다. 앞에서 사용한 이름 인센티브율을 어떻게 만드는지 알아보겠습니다.

하면 된다! } 이름 상자에서 이름 만들기 [셀,범위 이름정의] 시트

01. ❶ [C4] 셀을 선택하고 ❷ 이름 상자에 인센티브율이라고 입력합니다.

02. 이름이 만들어졌습니다. 이제 [C4]라는 셀 주소 대신 '인센티브율'이라는 이름을 수식에서 사용할 수 있습니다.

=C14*인센티브율

하면 된다! } [이름 정의] 메뉴에서 이름 만들기 [셀,범위 이름정의] 시트

01. ❶ 이름을 정의할 [C4] 셀을 선택하고 ❷ [수식] 탭 → [정의된 이름] 그룹 → [이름 정의]를 선택해 [새 이름] 대화상자를 실행합니다.

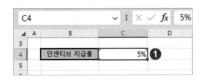

02. ❶ [이름] 필드에 인센티브율을 입력하고 ❷ [확인]을 누르면 이름이 만들어집니다.

[참조 대상]에는 앞에서 선택한 셀의 주소가 입력되어 있습니다. 필요 시 오른쪽 버튼을 누른 후 셀을 선택하여 참조 대상을 바꿀 수 있습니다.

03. 이름이 만들어지고 [이름 관리자] 대화상자가 나타납니다. 이름이 정상적으로 만들어졌는지 확인하고 [닫기]를 누릅니다.

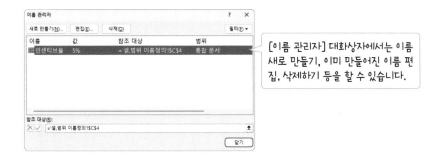

[이름 관리자] 대화상자에서는 이름 새로 만들기, 이미 만들어진 이름 편집, 삭제하기 등을 할 수 있습니다.

이름을 만드는 규칙

이름을 만들 때는 숫자로 시작하는 이름을 만들 수 없는 등 다음과 같은 다섯 가지 규칙이 있습니다.

이름을 만드는 다섯 가지 규칙

- 문자 또는 밑줄로 시작해야 합니다.
- 공백 또는 특수문자는 사용할 수 없습니다.
- 255자까지만 사용할 수 있습니다.
- A1, B2, R1C1 등 셀 범위를 표현하는 값을 이름으로 사용할 수 없습니다.
- 영어 대소문자 구분을 하지 않습니다.

이름의 범위

이름을 처음 만들 때 범위를 별도로 지정하지 않는 한 통합 문서 범위로 만들어집니다. 하나의 엑셀 파일 내의 어느 시트에서나 통합 문서 범위로 만들어진 이름을 참조할 수 있습니다.

[이름 관리자]를 보면 앞에서 만든 이름 '인센티브율'이 통합 문서 범위로 만들진 것을 확인할 수 있습니다.

이름이 참조하고 있는 시트를 복사하면 통합 문서 범위의 이름이 워크시트 범위의 이름으로 복사됩니다. 복사되지만 동일한 이름으로 만들어집니다.

이 이름을 다른 시트에서 참조하려면 이름 앞에 시트명과 !를 붙여야 합니다.

`=C14*'셀,범위 이름정의 (2)'!인센티브율`

범위가 달라서 문제가 되지는 않지만 이름이 동일하므로 혼란스러울 수 있습니다. 이름이 있는 시트를 복사할 때 이러한 점을 미리 고려해야 합니다. 워크시트 범위의 이름이 필요 없다면 삭제하는 것이 좋습니다.

하면 된다! } 범위에 이름 붙이기

[셀,범위 이름정의] 시트

찾기 함수(VLOOKUP 함수) 범위에 이름을 붙여보겠습니다.

다음 예시는 VLOOKUP 함수로 값을 찾아올 때 함수의 두 번째 인수 table_array 에 [$B$22:$C$31] 범위를 지정하는데 범위가 눈에 잘 들어오지 않습니다.

`=VLOOKUP(B35,$B$22:$C$31,2,FALSE)`

[$B$22:$C$31] 범위를 VLOOKUP 함수에 직접 입력하는 대신 '상품정보'라는 이름을 정의해서 사용해 보겠습니다.

01. [B22:D31] 셀 범위를 선택하고 [수식] 탭 → [정의된 이름] 그룹 → [이름 정의]를 눌러 [새 이름] 대화상자를 실행합니다. ❶ [이름] 필드에 **상품정보**를 입력하고 ❷ [확인]을 눌러 이름을 만듭니다.

02. 이제 [$B$22:$D$31] 범위를 수식에 입력하는 대신 상품정보라는 이름을 입력하여 상품명을 가져올 수 있습니다. 범위를 직접 입력하는 수식보다 훨씬 이해하기 쉬운 수식이 되었습니다.

=VLOOKUP(B43,상품정보,2,FALSE)

하면 된다! } 상수(숫자, 텍스트)에 이름 붙이기

[상수,수식 이름정의] 시트

셀, 범위뿐만 아니라 숫자, 텍스트 등 상수 값에도 이름을 붙일 수 있습니다.
해마다 바뀌는 최저시급(2023년에는 9,620원)을 이름으로 정해서 사용해 보겠습니다.

01. [수식] 탭 → [정의된 이름] 그룹 → [이름 정의]를 눌러 [새 이름] 대화상자를 실행합니다. ❶ [이름] 필드에 최저시급2023을 입력하고 ❷ [참조 대상]에 =9620을 입력한 후 ❸ [확인]을 눌러 이름을 만듭니다.

02. 만들어진 이름은 =최저시급2023을 셀에 입력하여 바로 참조할 수 있습니다. 이렇게 구해진 시급에 근무시간을 곱하면 근무자별 시급 합계를 구할 수 있습니다.

03. 업무에서 많이 입력하는 회사주소도 이름으로 만들어 놓고 사용할 수 있습니다.
[수식] 탭 → [정의된 이름] 그룹 → [이름 정의]를 눌러 [새 이름] 대화상자를 실행합니다. ❶ [이름] 필드에 나나문구주소를 입력하고 ❷ [참조 대상]에 주소를 입력한 후 ❸ [확인]을 눌러 이름을 만듭니다.

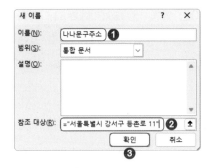

04. 만들어진 이름 =나나문구주소를 셀에 입력하여 바로 참조할 수 있습니다.

하면 된다! } 수식에 이름 붙이기

[상수,수식 이름정의] 시트

이번에는 수식에 이름을 붙여보겠습니다.

01. [수식] 탭 → [정의된 이름] 그룹 → [이름 정의]를 눌러 [새 이름] 대화상자를 실행합니다. ❶ [이름] 필드에 월주차를 입력하고 ❷ [참조 대상]에 다음 수식을 입력한 후 ❸ [확인]을 눌러 이름을 만듭니다.

```
=MONTH(TODAY()) & "월 " & WEEKNUM
(TODAY(),1)-WEEKNUM(DATE(YEAR(TODA
Y()),MONTH(TODAY()),1),1)+1 & "주차"
```

> MONTH, WEEKNUM 등의 날짜 함수는
> 11장에서 자세히 다룹니다.

02. =월주차를 셀에 입력하면 현재 날짜 기준(예시는 2022년 12월 27일)으로 월 주차를 구해줍니다.

06-4 동적 범위에 이름 정의하기

• 실습 파일 06-4.동적범위이름정의-실습.xlsx • 완성 파일 06-4.동적범위이름정의-완성.xlsx

이번 절에서는 이름으로 지정한 범위가 계속 변하는 경우에 필요한 동적 범위에 이름을 정의하는 방법을 알아보겠습니다.

하면 된다! } 고정된 범위에 이름 정의하기   [상품정보], [고정범위참조] 시트

동적 범위에 이름을 정의하기 전에 다음과 같은 시트의 고정된 범위에 이름을 정의해서 사용해 보고 어떤 문제가 있는지 확인해 보겠습니다.

01. ❶ [상품정보] 시트에서 이름을 정의할 [A2:C11] 셀 범위를 선택하고 ❷ [수식] 탭 → [정의된 이름] 그룹 → [이름 정의]를 선택해 [새 이름] 대화상자를 실행합니다.

02. ❶ [이름] 필드에 상품을 입력하고 ❷ [확인]을 눌러 이름을 만듭니다

03. 앞에서 정의한 이름을 이용하여 VLOOKUP 함수로 상품명을 가져옵니다

=VLOOKUP(B4,상품,2,FALSE)

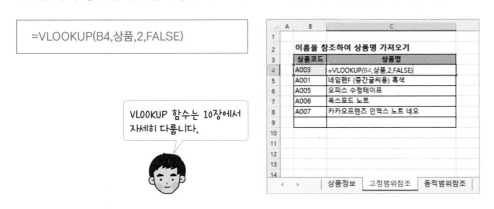

VLOOKUP 함수는 10장에서
자세히 다룹니다.

04. 그런데 [상품정보] 시트에 새로운 상품코드 A011이 12행에 추가되면 '상품'
이라는 이름으로 정의된 범위 [$A$2:$C$11]을 벗어나므로 VLOOKUP 함수로
A011에 해당하는 상품정보를 찾지 못하는 문제점이 있습니다. 행이 추가되어도 이
름의 범위가 자동으로 늘어나도록 할 필요가 있습니다.

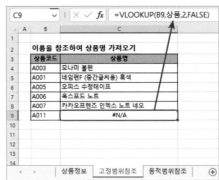

하면 된다! } 동적 범위에 이름 정의하기　[상품정보], [동적범위참조] 시트

앞에서 문제가 된 고정된 범위 대신 이름의 참조 범위를 동적으로 정의해서 문제를
해결해 보겠습니다.

01. [수식] 탭 → [정의된 이름] 그룹 → [이름 정의]를 눌러 [새 이름] 대화상자를
실행합니다. 대화상자에서 ❶ [이름] 필드에 동적범위상품을 입력하고 ❷ [참조 대
상]에 다음 수식을 입력한 후 ❸ [확인]을 눌러 이름을 만듭니다.

> =OFFSET(상품정보!$A$2,0,0,COUNTA(상품정보!$A:$A)-1,3)

OFFSET 함수는 10장에서
자세히 다룹니다.

수식에서 OFFSET 함수는 어떤 셀의 위치를 기준점으로 해서 높이와 너비만큼
의 범위를 참조로 구해주는 역할을 합니다. OFFSET 함수의 인수를 살펴보면
COUNTA 함수가 핵심입니다.

> **수식 풀이**
>
> =OFFSET(<u>상품정보!$A$2,0,0</u>,<u>COUNTA(상품정보!$A:$A)-1</u>,3)
>
> - **상품정보!$A$2,0,0**: [A2] 셀에서 행 방향으로 0칸, 열 방향으로 0칸 이동이므로
> 결과적으로 이동하지 않고 [A2] 셀이 기준점이 됩니다.
>
> - **COUNTA(상품정보!$A:$A)-1**: COUNTA(상품정보!$A:$A) 수식으로 [A] 열에
> 서 비어 있지 않은 셀의 개수를 구해서 1을 빼줍니다(첫 행의 제목 행은 제외해야
> 하므로 1을 빼야 함).

결과적으로 [A2] 셀을 기준점으로 해서 COUNTA 함수로 [A] 열에 입력된 행의 수에서 1을 뺀 높이 11, 너비 3([A]~[C] 열을 범위로 정해야 하므로 3칸)만큼의 범위를 구해줍니다. 행이 추가되면 COUNTA 함수는 추가된 행을 포함한 개수를 구해주므로 OFFSET 함수는 항상 동적으로 범위를 참조하는 원리입니다.

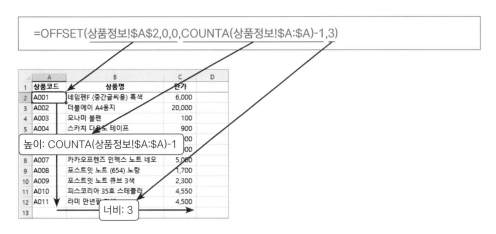

02. [C9] 셀에 수식 =VLOOKUP(B9,동적범위상품,2,FALSE)를 입력하면 새로 추가된 A011의 상품명을 제대로 가져오는 것을 확인할 수 있습니다.

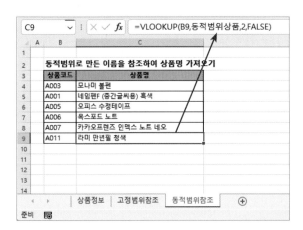

06-5 엑셀 표 기능 이해하기

• 실습 파일 06-5.엑셀표기능-실습.xlsx　　• 완성 파일 06-5.엑셀표기능-완성.xlsx

엑셀에서 데이터를 입력하고 관리하는 일반적인 모습은 엑셀 시트에 데이터를 입력하고, 수식을 입력하고, 참조하는 범위가 바뀌면 참조 범위를 고치고, 열이 추가되면 서식을 다시 적용하고⋯ 등과 같을 것입니다. 상당히 손이 많이 가고 번거로운 경우가 많습니다.

엑셀의 표 기능을 사용하면 이와 같은 번거로운 작업 없이 편리하게 데이터를 관리할 수 있습니다.

범위와 표의 차이

엑셀 시트에 아래 왼쪽과 같이 자료가 입력되어 있으면 보통 표라고 부릅니다. 표는 행과 열로 구성된 자료 형태이므로 표라고 불러도 틀린 표현은 아니지만, 엑셀에서는 범위라고 합니다.

엑셀의 범위를 표로 바꿀 수 있습니다. 표로 바꾸면 오른쪽과 같은 모양이 됩니다.

	A	B	C	D	E	F	G
1	본부	팀	이름	직책	직위	사번	월급여
2	영업본부	영업3팀	노준호	팀장	부장	K1501	7,080,000
3	생산본부	품질경영팀	김정인	팀장	차장	K1513	5,940,000
4	영업본부	영업1팀	박해미	팀원	대리	K1521	4,330,000
5	영업본부	영업3팀	남주희	팀원	차장	K1510	6,250,000
6	생산본부	제조팀	윤갑수	팀원	사원	K1528	3,580,000
7	영업본부	영업2팀	박소윤	팀원	차장	K1509	6,420,000
8	경영지원본부	회계팀	이상윤	팀원	사원	K1533	3,630,000
9	경영지원본부	인사팀	이요한	팀원	사원	K1532	3,880,000
10	생산본부	제조팀	박준서	팀장	부장	K1502	6,920,000
11	생산본부	제조팀	선우재먹	팀원	과장	K1517	5,100,000
12	경영지원본부	인사팀	나인사	팀장	부장	K1505	6,950,000
13	경영지원본부	기획팀	박기획	팀장	부장	K1504	6,830,000

엑셀 범위

	A	B	C	D	E	F	G
1	본부	팀	이름	직책	직위	사번	월급여
2	영업본부	영업3팀	노준호	팀장	부장	K1501	7,080,000
3	생산본부	품질경영팀	김정인	팀장	차장	K1513	5,940,000
4	영업본부	영업1팀	박해미	팀원	대리	K1521	4,330,000
5	영업본부	영업3팀	남주희	팀원	차장	K1510	6,250,000
6	생산본부	제조팀	윤갑수	팀원	사원	K1528	3,580,000
7	영업본부	영업2팀	박소윤	팀원	차장	K1509	6,420,000
8	경영지원본부	회계팀	이상윤	팀원	사원	K1533	3,630,000
9	경영지원본부	인사팀	이요한	팀원	사원	K1532	3,880,000
10	생산본부	제조팀	박준서	팀장	부장	K1502	6,920,000
11	생산본부	제조팀	선우재먹	팀원	과장	K1517	5,100,000
12	경영지원본부	인사팀	나인사	팀장	부장	K1505	6,950,000
13	경영지원본부	기획팀	박기획	팀장	부장	K1504	6,830,000

엑셀 표

엑셀의 표는 모양만 바뀐 것이 아니라 기능적으로 많이 다릅니다. 엑셀의 표는 범위보다 훨씬 간편하게 데이터 관리를 할 수 있도록 해주는 기능(서식 적용, 자동으로 범위 확장 등, 편리한 구조적 참조 등)이라고 할 수 있습니다.

하면 된다! } 엑셀 표 만들기

[엑셀범위] 시트

엑셀에서는 다음과 같은 순서로 표를 만듭니다.

01. ① 표를 만들 범위의 셀을 하나 선택한 후 **②** [삽입] 탭 → [표] 그룹 → [표]를 선택해 [표 만들기] 대화상자를 실행합니다. **③** 범위 지정이 잘못 되었다면 범위 지정 버튼을 눌러 범위를 다시 지정하고 **④** [확인]을 누릅니다.

02. 범위가 표로 변환됩니다. 표로 변환되면 엑셀의 이름으로 정의되며 이름으로 표의 데이터를 참조할 수 있습니다.

표의 다양한 기능

엑셀에서 표는 다음과 같은 기능이 있습니다. 기능에 관한 실습은 [엑셀표] 시트에서 진행합니다.

표의 기능 1 서식 자동 적용

표를 만들면 서식이 자동으로 적용됩니다. 자동으로 적용된 서식을 변경할 수도 있습니다. [테이블 디자인] 탭 → [표 스타일] 그룹에서 원하는 스타일을 선택하면 표의 스타일이 변경됩니다.

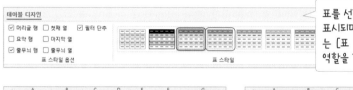

> 표를 선택한 상태에서만 이 탭이 표시되며, Excel 2016 버전에서는 [표 도구-디자인] 탭이 같은 역할을 합니다.

본부	팀	이름	직위	사번	평균여
영업본부	영업3팀	노준호	팀장	부장	K1501	7,080,000
생산본부	품질경영팀	김정인	팀장	차장	K1513	5,940,000
영업본부	영업1팀	박해미	팀원	대리	K1521	4,330,000
영업본부	영업3팀	남주희	팀원	차장	K1510	6,250,000
생산본부	제조팀	윤갑수	팀원	사원	K1528	3,580,000
영업본부	영업2팀	박소윤	팀원	차장	K1509	6,420,000
경영지원본부	회계팀	이상윤	팀원	사원	K1533	3,630,000
경영지원본부	인사팀	이요한	팀원	사원	K1532	3,880,000
생산본부	제조팀	박준서	팀장	부장	K1502	6,920,000
생산본부	제조팀	선우재덕	팀원	과장	K1517	5,100,000
경영지원본부	인사팀	나인사	팀장	부장	K1505	6,950,000
경영지원본부	기획팀	박기획	팀장	부장	K1504	6,830,000

정의되어 있는 표 스타일을 선택해도 되지만, [표 스타일] 그룹의 드롭다운 버튼을 눌러 [표 스타일 새로 만들기]를 선택해 원하는 형태로 표 스타일을 만들 수 있습니다.

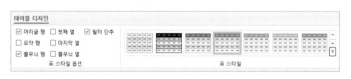

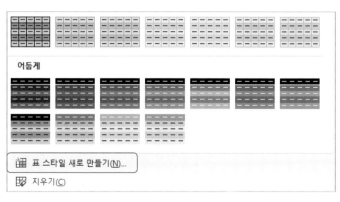

표의 기능 2 필터 자동 적용

표를 만들면 필터가 자동으로 적용되며 정렬과 필터 기능을 사용할 수 있습니다.

표의 기능 3 슬라이서 기능

표를 만들면 슬라이서 기능을 사용할 수 있습니다. 슬라이서를 이용하면 필터보다 훨씬 편리하게 데이터를 필터링할 수 있습니다.

❶ [테이블 디자인] 탭 → [도구]그룹 → [슬라이서 삽입]을 눌러 [슬라이서 삽입] 대화상자를 실행합니다. ❷ 슬라이서를 삽입할 머리글을 선택하고 ❸ [확인]을 누르면 머리글별로 슬라이서가 표시됩니다. 필터링을 할 값을 선택하면 표의 데이터가 필터링됩니다.

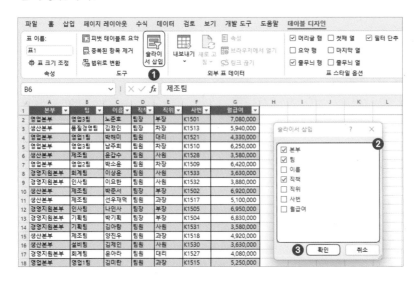

표의 기능 4 행과 열 자동 확장

표에서 행 또는 열을 추가하면 표가 참조하는 범위가 자동으로 확장됩니다. 표를 사용하는 큰 장점 중의 하나입니다.

35행의 [A] 열에 생산본부라고 입력하면 자동으로 표의 범위가 확장됩니다. 오른쪽 끝의 표시가 확장된 표의 끝부분을 뜻합니다.

	A	B	C	D	E	F	G
28	경영지원본부	회계팀	오인영	팀장	부장	K1506	6,750,000
29	생산본부	자재팀	이누리	팀장	차장	K1512	6,480,000
30	영업본부	영업2팀	이승기	팀장	차장	K1508	6,250,000
31	경영지원본부	기획팀	이현서	팀원	대리	K1524	4,230,000
32	생산본부	설비팀	정세형	팀장	부장	K1503	7,210,000
33	생산본부	자재팀	정우혁	팀원	대리	K1523	4,460,000
34	경영지원본부	인사팀	최성은	팀원	대리	K1525	4,330,000
35	생산본부						
36							

	A	B	C	D	E	F	G
28	경영지원본부	회계팀	오인영	팀장	부장	K1506	6,750,000
29	생산본부	자재팀	이누리	팀장	차장	K1512	6,480,000
30	영업본부	영업2팀	이승기	팀장	차장	K1508	6,250,000
31	경영지원본부	기획팀	이현서	팀원	대리	K1524	4,230,000
32	생산본부	설비팀	정세형	팀장	부장	K1503	7,210,000
33	생산본부	자재팀	정우혁	팀원	대리	K1523	4,460,000
34	경영지원본부	인사팀	최성은	팀원	대리	K1525	4,330,000
35	생산본부						
36							

이번에는 열을 추가해 보겠습니다. [H1] 셀에 연봉을 입력하면 [H] 열까지 표가 확장되고 서식이 자동으로 적용됩니다.

	A	B	C	D	E	F	G	H
1	본부	팀	이름	직책	직위	사번	월급여	연봉
2	영업본부	영업3팀	노준호	팀장	부장	K1501	7,080,000	
3	생산본부	품질경영팀	김정인	팀장	차장	K1513	5,940,000	
4	영업본부	영업1팀	박해미	팀원	대리	K1521	4,330,000	
5	영업본부	영업3팀	남주희	팀원	차장	K1510	6,250,000	
6	생산본부	제조팀	윤갑수	팀원	사원	K1528	3,580,000	
7	영업본부	영업2팀	박소윤	팀원	차장	K1509	6,420,000	
8	경영지원본부	회계팀	이상윤	팀원	사원	K1533	3,630,000	
9	경영지원본부	인사팀	이요한	팀원	사원	K1532	3,880,000	
10	생산본부	제조팀	박준서	팀원	부장	K1502	6,920,000	
11	생산본부	제조팀	선우재덕	팀원	과장	K1517	5,100,000	

	A	B	C	D	E	F	G	H
1	본부	팀	이름	직책	직위	사번	월급여	연봉
2	영업본부	영업3팀	노준호	팀장	부장	K1501	7,080,000	
3	생산본부	품질경영팀	김정인	팀장	차장	K1513	5,940,000	
4	영업본부	영업1팀	박해미	팀원	대리	K1521	4,330,000	
5	영업본부	영업3팀	남주희	팀원	차장	K1510	6,250,000	
6	생산본부	제조팀	윤갑수	팀원	사원	K1528	3,580,000	
7	영업본부	영업2팀	박소윤	팀원	차장	K1509	6,420,000	
8	경영지원본부	회계팀	이상윤	팀원	사원	K1533	3,630,000	
9	경영지원본부	인사팀	이요한	팀원	사원	K1532	3,880,000	
10	생산본부	제조팀	박준서	팀원	부장	K1502	6,920,000	
11	생산본부	제조팀	선우재덕	팀원	과장	K1517	5,100,000	

표의 기능 5 수식 자동 적용

표에서는 하나의 행에 수식을 적용하면 나머지 행에 자동으로 적용됩니다.

[H2] 셀을 선택한 후 =을 입력하고 [G2] 셀을 선택하고 *12를 입력하면 수식 =[@월급여]*12가 입력됩니다.

[@월급여]는 셀 주소 [G2]를 입력한 것과 동일합니다. 구조적 참조라고 하는데 셀 주소 방식보다 훨씬 직관적입니다.

수식 입력 후 Enter 를 누르면 다른 행에도 자동으로 수식이 입력됩니다. 범위를 사용할 때는 수식을 복사한 후 붙여넣거나 자동 채우기를 했지만, 표를 사용하면 그럴 필요가 없습니다.

표의 기능 6 요약 행 표시

[테이블 디자인] 탭 → [표 스타일 옵션] 그룹 → [요약 행]에 체크 표시하면 표의 아래에 요약 행이 추가됩니다. 숫자 필드에는 자동으로 합계가 표시됩니다. 합계 이외에 평균, 개수 등 다른 요약 값도 사용할 수 있습니다.

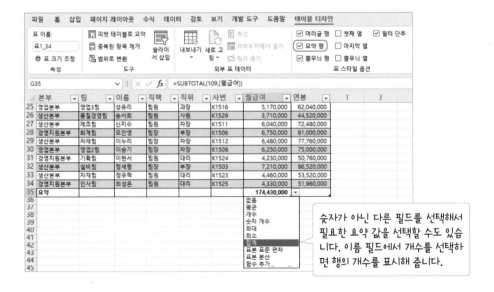

숫자가 아닌 다른 필드를 선택해서 필요한 요약 값을 선택할 수도 있습니다. 이름 필드에서 개수를 선택하면 행의 개수를 표시해 줍니다.

06-6 직관적인 참조 방식 — 구조적 참조

· 실습 파일 06-6.엑셀표구조적참조-실습.xlsx   · 완성 파일 06-6.엑셀표구조적참조-완성.xlsx

엑셀의 표는 다음과 같은 구조로 되어 있습니다. 먼저 표의 이름을 정의하고 표 하위의 머리글, 데이터, 요약 행을 참조하는 방식을 '구조적 참조'라고 합니다. 구조적 참조를 사용하면 기존의 셀 주소 참조 방식보다 훨씬 직관적이고 사용하기 편리합니다.

위의 표에서 박기획 부장의 월급여는 [G2] 셀에 입력되어 있는데 월급여를 참조할 때 =[G2]와 같이 셀 주소를 입력하는 것보다 =인사[@월급여]처럼 구조적 참조가 직관적입니다. 처음에는 낯설어서 더 어려워 보일 수도 있지만, 조금만 익히면 수식을 바로 이해할 수 있고 참조 위치가 바뀌어도 수식을 변경하지 않아도 되는 등 장점이 많습니다.

하면 된다! } 표 이름 정의하기

[엑셀표] 시트

표를 만들면 표1, 표2, …와 같은 형식으로 표 이름이 자동으로 만들어집니다. 자동으로 만들어진 이름을 그대로 사용해도 되지만, 의미 있는 이름으로 바꾸면 수식을 참조할 때 알아보기 쉽습니다.

| | 파일 | 홈 | 삽입 | 페이지 레이아웃 | 수식 | 데이터 | 검토 | 보기 | 개발 도구 | 도움말 | 테이블 디자인 |

표 이름:
표1

	A	B	C	D	E	F	G	H	I	J	K	L
1	본부	팀	이름	직책	직위	사번	월급여					
2	경영지원본부	기획팀	박기획	팀장	부장	K1504	6,830,000					
3	경영지원본부	기획팀	이현서	팀원	대리	K1524	4,230,000					
4	경영지원본부	기획팀	김아람	팀원	사원	K1531	3,580,000					
5	경영지원본부	인사팀	나인사	팀장	부장	K1505	6,950,000					
6	경영지원본부	인사팀	최성은	팀원	대리	K1525	4,330,000					
7	경영지원본부	인사팀	이요한	팀원	사원	K1532	3,880,000					
8	경영지원본부	총무팀	박총무	팀장	차장	K1514	6,040,000					
9	경영지원본부	총무팀	김아성	팀원	대리	K1526	4,630,000					
10	경영지원본부	회계팀	오인영	팀장	부장	K1506	6,750,000					
11	경영지원본부	회계팀	김수로	팀원	과장	K1520	5,050,000					
12	경영지원본부	회계팀	윤아라	팀원	대리	K1527	4,080,000					
13	경영지원본부	회계팀	이상윤	팀원	사원	K1533	3,630,000					
14	영업본부	영업1팀	나현주	팀장	차장	K1507	6,250,000					
15	영업본부	영업1팀	김미란	팀원	과장	K1515	5,250,000					

01. 예제의 표는 인사 정보를 담고 있으므로 표1이 입력되어 있는 곳을 선택하여 표 이름을 인사로 바꿉니다.

02. 표 이름은 엑셀의 이름으로 정의됩니다. Ctrl + F3 를 눌러 [이름 관리자]에서 확인해 보면 인사라는 이름이 만들어져 있는 것을 확인할 수 있습니다.

표의 행과 열의 데이터 구조적 참조

표가 만들어졌으면 '구조적 참조'라는 독특한 방식으로 데이터를 참조할 수 있습니다. 다음 예제의 표 이름은 인사입니다. 이제부터 인사라는 이름으로 표의 여러 요소를 참조할 수 있습니다.

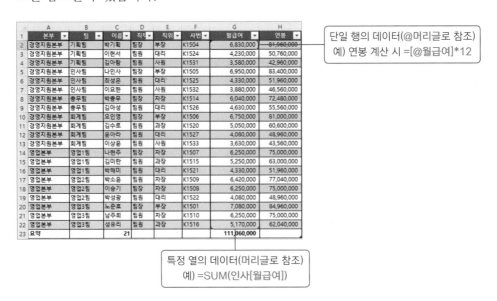

단일 행의 데이터(@머리글로 참조)
예) 연봉 계산 시 =[@월급여]*12

특정 열의 데이터(머리글로 참조)
예) =SUM(인사[월급여])

(1) 단일 행의 데이터 참조

표이름[@머리글]로 참조합니다. 표 안에서 참조할 때는 [@머리글]만 입력하면 됩니다. 월급여에 12를 곱해서 연봉을 계산하는 수식은 =[@월급여]*12와 같이 입력할 수 있습니다. =G2*12와 같이 셀 참조로 입력할 수도 있지만 구조적 참조의 이점을 누릴 수 없습니다.

표 밖에서 참조할 때는 표이름[@머리글] 형식으로 입력해야 합니다(즉 =인사[@월급여]). 셀 참조와는 달리 행이 달라도 참조는 동일하며 항상 같은 행의 데이터만 참조할 수 있습니다. 다른 행의 데이터를 참조해야 한다면 셀 참조로 입력해야 합니다.

 자동으로 입력하는 방법도 있어요!

구조적 참조 입력 시 =표이름[까지 입력하면 나타나는 목록에서 필요한 항목을 선택하여 자동으로 입력할 수 있습니다.

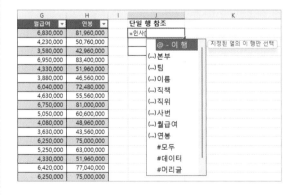

(2) 열 단위 데이터 참조

표이름[머리글]로 참조합니다. 행 단위 참조와는 달리 머리글 앞에 @가 붙지 않습니다.

> =SUM(인사[월급여]): 월급여 열을 참조하므로 월급여 전체 합계를 구해줍니다.
>
> =COUNTA(인사[이름]): 이름 열의 비어 있지 않은 행의 개수(직원 수)를 구해줍니다.

	A	B	C	D	E	F	G	H	I
1	본부	팀	이름	직책	직위	사번	월급여	연봉	
2	경영지원본부	기획팀	박기획	팀장	부장	K1504	6,830,000	=[@월급여]*12	
3	경영지원본부	기획팀	이현서	팀원	대리	K1524	4,230,000	50,760,000	
4	경영지원본부	기획팀	김아람	팀원	사원	K1531	3,580,000	42,960,000	
5	경영지원본부	인사팀	나인사	팀장	부장	K1505	6,950,000	83,400,000	
6	경영지원본부	인사팀	최성은	팀원	대리	K1525	4,330,000	51,960,000	
7	경영지원본부	인사팀	이요한	팀원	사원	K1532	3,880,000	46,560,000	
8	경영지원본부	총무팀	박총무	팀장	차장	K1514	6,040,000	72,480,000	
9	경영지원본부	총무팀	김아성	팀원	대리	K1526	4,630,000	55,560,000	
10	경영지원본부	회계팀	오인영	팀장	부장	K1506	6,750,000	81,000,000	
11	경영지원본부	회계팀	김수로	팀원	과장	K1520	5,050,000	60,600,000	
12	경영지원본부	회계팀	윤아라	팀원	대리	K1527	4,080,000	48,960,000	
13	경영지원본부	회계팀	이상윤	팀원	사원	K1533	3,630,000	43,560,000	
14	영업본부	영업1팀	나현주	팀장	차장	K1507	6,250,000	75,000,000	
15	영업본부	영업1팀	김미탄	팀원	과장	K1515	5,250,000	63,000,000	
16	영업본부	영업1팀	박해미	팀원	대리	K1521	4,330,000	51,960,000	
17	영업본부	영업2팀	박소윤	팀원	차장	K1509	6,420,000	77,040,000	
18	영업본부	영업2팀	이승기	팀장	차장	K1508	6,250,000	75,000,000	
19	영업본부	영업2팀	박성광	팀원	대리	K1522	4,080,000	48,960,000	
20	영업본부	영업3팀	노준호	팀장	부장	K1501	7,080,000	84,960,000	
21	영업본부	영업3팀	남주희	팀원	차장	K1510	6,250,000	75,000,000	
22	영업본부	영업3팀	성유리	팀원	과장	K1516	5,170,000	62,040,000	
23	요약		21				111,060,000		
24									
25						특정 열 참조			
26						월급여 합계	111,060,000	=SUM(인사[월급여])	
27						직원 수	21	=COUNTA(인사[이름])	
28									

 엑셀 능력자의 꿀팁   **구조적 참조를 사용하는 이유**

새로운 직원이 입사하여 위의 표에 행을 하나 더 추가하면 표가 자동으로 확장되고 표가 참조하는 범위도 자동으로 늘어납니다. 따라서 위의 수식은 수정하지 않아도 여전히 전체 합계를 구해줍니다. 이것이 구조적 참조의 장점 중의 하나입니다.

구조적 참조 대신 셀 참조를 사용하여 수식을 작성했다면 수식에서 참조 범위를 수정하거나 동적으로 범위를 참조할 수 있도록 OFFSET, COUNTA 함수를 써서 해결(참고-동적 범위에 이름 정의하기)해야 하는 불편함이 따릅니다.

표의 구조적 참조 방식 정리

참조 방식	설명
표이름 [@머리글]	표에서 동일 행을 참조합니다.
	표의 안에서 참조할 때는 [@머리글] 형식으로 표 이름을 앞에 붙이지 않아도 됩니다.
표이름 [머리글]	표의 특정 열 전체를 참조합니다.
	표의 안에서 참조할 때는 [머리글] 형식으로 표 이름을 앞에 붙이지 않아도 됩니다.

기호를 이용한 구조적 참조

기호를 이용하면 표의 머리글, 데이터, 요약, 전체 영역을 참조할 수 있습니다.

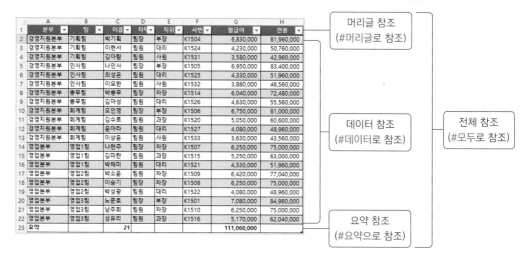

(1) 머리글 참조

#머리글로 참조합니다.

다음 수식은 머리글 열의 개수를 구해줍니다.

```
=COUNTA(인사[#머리글]) ➜ 8
```

(2) 데이터 참조

#데이터로 참조합니다.

다음 수식은 데이터 영역을 참조한 결과를 구해줍니다.

```
=COUNTA(인사[#데이터]) ➜ 168 (데이터 영역의 값이 있는 셀의 개수)
=SUM(인사[[#데이터],[월급여]]) ➜ 111,060,000 (데이터 영역에서 월급여 열의 합계)
```

(3) 요약 참조

#요약으로 참조합니다.

다음 수식은 요약 영역을 참조한 결과를 구해줍니다.

```
=인사[[#요약],[이름]] ➜ 21 (요약 행의 이름 항목의 값(직원 수))
=인사[[#요약],[월급여]] ➜ 111,060,000 (요약 행의 월급여(월급여 합계))
```

(4) 전체(모두) 참조

#모두로 참조합니다.

다음 수식은 전체 영역을 참조한 결과를 구해줍니다.

> =ROWS(인사[#모두]) ➜ 23 (머리글, 데이터, 요약을 포함한 전체의 행수)

기호를 이용한 표의 구조적 참조 방식 정리

참조 방식	설명
표이름[#머리글]	표의 머리글 행을 참조합니다.
표이름[#데이터]	표의 머리글 행과 요약 행을 제외한 영역을 참조합니다.
표이름[#요약]	표의 요약 행을 참조합니다.
표이름[#전체]	표의 머리글 행, 데이터 행, 요약 행을 모두 포함하여 참조합니다.

제대로 써먹는
직장인 필수 함수

셋째마당에서는 이 책의 세 가지 큰 주제
수식, 데이터, 함수 중에서 '함수'에 대해 알려드립니다.
엑셀에는 정말 많은 함수가 존재하지만,
실제로 쓰는 함수는 그렇게 많지 않습니다.
이번 마당에서는 실무에 꼭 쓰이는 함수들 위주로 정리했으니,
천천히 함께 배워봅시다!

07 ● **엑셀 함수 기초**

08 ● **수학 및 통계 함수**

09 ● **논리 및 정보 함수**

10 ● **찾기 및 참조 영역 함수**

11 ● **날짜와 시간 함수**

12 ● **텍스트 함수**

07

엑셀 함수 기초

07장에서는 엑셀에서 함수를 사용하기 전에 미리 알아두면 좋을 기초를 배웁니다.
먼저 함수의 구조를 살펴보고 나서, 함수를 입력하는 여러 가지 방법과 함수의 범주(category)를
알아보겠습니다. 그리고 실무에서 자주 쓰는 함수들에 대해서도 살펴 보겠습니다.

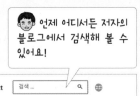

XLWorks 엑셀웍스   강좌 함수 엑셀 프로그램 엑셀간트 Contact   검색 ...   🔍 🌐

07-1 엑셀 함수의 구조와 입력 방법

07-2 실무에서 자주 쓰는 주요 함수 24가지

07-1 엑셀 함수의 구조와 입력 방법

• 실습 파일 07-1.함수기초-실습.xlsx   • 완성 파일 07-1.함수기초-완성.xlsx

엑셀의 함수는 숫자 계산, 날짜 계산, 자료 찾기와 같은 작업을 쉽게 할 수 있도록 **미리 만들어 놓은 수식**이라고 할 수 있습니다.

사용자는 함수 내부가 어떻게 동작하는지는 알 필요가 없습니다. 함수에 인수를 넣기만 하면 함수는 스스로 알아서 결과를 반환해 줍니다.

엑셀 함수의 구조

엑셀의 함수는 **함수명**과 함수 실행에 필요한 입력 값인 **인수**를 받는 구조로 되어 있습니다.

함수의 인수는 쉼표로 구분하여 차례대로 입력하고 대괄호로 둘러싼 인수는 생략 가능합니다. 예를 들어 조건을 만족하는 범위의 합계를 구할 때 사용하는 SUMIF 함수의 경우 range, criteria 인수는 필수 입력

이며, sum_range 인수는 대괄호로 둘러싸여 있으므로 생략 가능합니다.

[함수의 구조] 시트의 판매실적 자료에서 사과의 판매 수량 합계를 구할 때 다음과 같이 함수의 인수를 입력하고 Enter 를 누르면 함수가 실행되어 결과를 반환합니다.

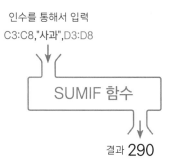

```
=SUMIF(C3:C8,"사과",D3:D8)  ➜  290
```

SUMIF 함수의 마지막 인수는 생략 가능하므로 다음과 같이 두 가지 방식으로 사용할 수 있습니다.

인수를 전부 입력하는 경우

판매실적 자료에서 SUMIF 함수로 사과의 판매 수량 합계를 구할 때는 모든 인수를 입력합니다.

```
=SUMIF(C3:C8,"사과",D3:D8)
```

특정 인수를 생략하는 경우

판매실적 자료에서 판매 수량이 100개 이상인 것의 합계를 구할 때는 sum_range 인수를 생략합니다.

```
=SUMIF(D3:D8,">=100")
```

대부분의 함수는 인수가 있지만 인수가 없는 함수도 있습니다. 오늘 날짜를 구해주는 TODAY 함수는 인수가 없습니다. 인수가 없어도 함수를 사용할 때는 괄호(())를 항상 붙여야 합니다.

함수를 입력하는 다양한 방법

함수는 몇 가지 방법으로 입력할 수 있습니다. 셀에서 직접 입력할 수도 있지만, 메뉴에서 함수를 찾아서 입력할 수도 있습니다.

하면 된다! } 입력 방법 1 — 직접 입력하기 [입력 1] 시트

두 날짜 사이의 일수를 구하는 DAYS 함수를 직접 입력해 보겠습니다.

01. [B2], [B3] 셀에 입력된 두 날짜 사이의 일수를 구하기 위해 ❶ [B4] 셀에 =과 D를 입력해 ❷ 목록에서 DAYS 함수를 선택한 후 [Tab]을 누르면 함수 이름이 입력됩니다.

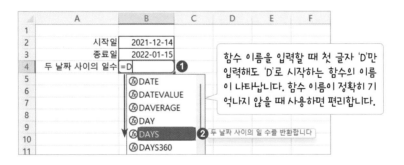

함수 이름을 입력할 때 첫 글자 'D'만 입력해도 'D'로 시작하는 함수의 이름이 나타납니다. 함수 이름이 정확히 기억나지 않을 때 사용하면 편리합니다.

02. 함수 이름을 입력하고 괄호 (까지 입력하면 인수의 이름이 나타납니다. 인수의 이름만으로도 함수 사용법을 대략 이해할 수 있습니다.

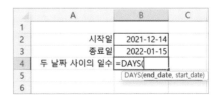

03. 필요한 인수를 다 입력한 후 괄호)를 입력하고 [Enter]를 누르면 함수의 결과가 구해집니다. 수식 입력줄에서 입력된 함수를 확인할 수 있습니다.

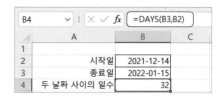

하면 된다! ⟩ 입력 방법 2 — 함수 라이브러리 이용해 입력하기   [입력 2] 시트

이번에는 함수 라이브러리를 이용하여 함수를 입력해 보겠습니다.

01. ❶ 함수를 입력할 [B4] 셀을 선택한 후 ❷ [수식] 탭 → [함수 라이브러리] 그룹 → [날짜 및 시간] → DAYS 함수를 선택합니다.

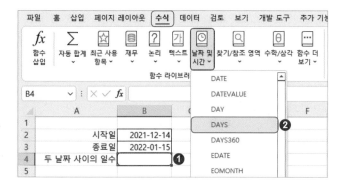

02. [함수 인수] 대화상자에서 ❶ 각각의 인수를 직접 입력하거나 셀을 선택하여 입력하고 ❷ [확인]을 누르면 함수가 입력됩니다.

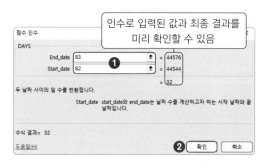

03. 함수가 정상적으로 입력되면 DAYS 함수의 최종 결과가 [B4] 셀에 반환된 것을 확인할 수 있습니다.

하면 된다! } 입력 방법 3 — 함수 마법사 이용해 입력하기 [입력 3] 시트

마지막으로 함수 마법사를 이용하여 함수를 입력해 보겠습니다.

01. ❶ 함수를 입력할 [B4] 셀을 선택한 후 ❷ [수식] 탭 → [함수 라이브러리] 그룹 → [함수 삽입]을 누릅니다.

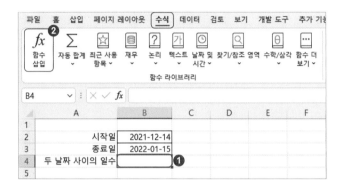

02. [함수 마법사] 대화상자가 나타나면 ❶ [범주 선택]에서 날짜/시간을 선택하고 ❷ [함수 선택]에서 DAYS 함수를 선택한 후 ❸ [확인]을 누릅니다.

03. [함수 인수] 대화상자에서 ❶ 각각의 인수를 직접 입력하거나 셀을 선택하여 입력하고 ❷ [확인]을 누르면 함수가 입력됩니다.

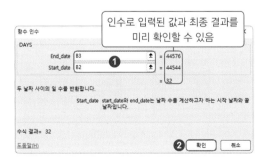

인수로 입력된 값과 최종 결과를 미리 확인할 수 있음

다른 사람에게서 전달받은 엑셀 파일을 열어보았더니 함수명이 _xlfn으로 시작되면서 오류가 발생하는 경우가 있습니다.

예를 들어 엑셀 2010 버전 사용자가 다음과 같은 엑셀 파일을 처음 열었을 때는 [E6] 셀에 수식의 결과가 정확히 표시되고 있고 수식 입력줄을 보면 =_xlfn.CONCAT(B6:D6)로 되어 있었는데, [E6] 셀을 수정하면서 #NAME? 오류가 발생합니다.

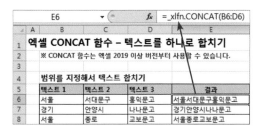

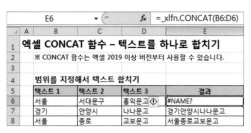

위의 예에서 사용한 CONCAT 함수는 엑셀 2019 이상 버전부터 지원되는 텍스트를 하나로 합쳐주는 함수로, 낮은 버전인 엑셀 2010 버전에서 사용하려고 하니 오류가 발생한 것입니다. CONCAT 함수뿐 아니라 엑셀 하위 버전에서 높은 버전에서만 지원되는 함수를 사용하려고 하면 _xlfn으로 시작하는 오류가 발생합니다.

해결 방법은 높은 버전의 엑셀로 바꾸는 것입니다. 다음과 같이 CONCAT 함수를 지원하는 엑셀 2019 이상 버전에서 파일을 열면 정상적으로 작동합니다.

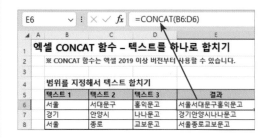

07-2 실무에서 자주 쓰는 주요 함수 24가지

• 실습 파일 없음

엑셀 함수의 개수는 2023년 3월 마이크로소프트 365 기준으로 500개 정도 됩니다. 마이크로소프트 365는 기능이 수시로 업데이트되기 때문에 함수 개수는 더 늘어날 수 있습니다.

물론 이렇게 많은 함수를 다 알 필요는 없습니다. 기본이 되는 함수들만 익히고 나머지는 이런 것이 있다는 정도만 알고 필요할 때 찾아보면 됩니다.

이 책에서 사용하는 함수의 범주는 엑셀에서 분류하는 범주와는 약간 다릅니다.

예를 들어 '수학 및 삼각 함수' 범주와 '통계 함수' 범주는 실무 기준으로 보면 기능이 유사하므로 하나로 합쳐서 '수학 및 통계 함수'로 분류하고, 실무에서 자주 사용되지 않는 일부 함수(재무 함수, 데이터베이스 함수, 공학 함수 등)의 분류는 제외했습니다.

수학 및 통계 함수

엑셀에서 가장 많이 쓰는 SUM 함수, COUNT 함수부터 반올림 함수, 최대값, 최소값, 평균, 표준편차, 순위, 백분위수 구하기 등 다양한 함수가 있습니다.

저자 블로그

> **주요 함수**
> - SUMIF, SUMIFS: 조건을 만족하는 합계 구하기
> - AGGREGATE: 목록이나 데이터베이스의 집계 결과 구하기
> - COUNTIF, COUNTIFS: 조건을 만족하는 개수 구하기
> - ROUND: 반올림하기
> - AVERAGE: 평균 구하기
> - RANK: 순위 구하기

08장에서 하나씩 배워봅시다.

논리 및 정보 함수

논리 및 정보 함수를 사용하면 단순히 값을 계산하는 수준에서 벗어나 조건을 판별하고 조건별로 별도의 처리를 할 수 있습니다.

저자 블로그

주요 함수

09장에서 차근차근 배워봅시다.

- IF: 조건 판별하기
- AND: 여러 조건 판별하기
- IFERROR: 수식 오류 처리하기

찾기 및 참조 영역 함수

엑셀에서 데이터를 잘 입력하는 것도 중요하지만, 입력된 데이터를 빠르게 잘 찾는 것도 중요합니다. 찾기 및 참조 영역 함수에는 원하는 값을 쉽게 찾도록 도와주는 함수들이 많이 있습니다.

저자 블로그

주요 함수

- VLOOKUP, XLOOKUP: 범위에서 값 찾기
- INDEX: 행과 열을 이용하여 값 찾기
- INDIRECT: 문자열을 참조로 바꾸기

10장에서 자세히 다룹니다.

- OFFSET: 행과 열 이동 후 참조 구하기
- SORT: 데이터 정렬하기
- FILTER: 원하는 조건으로 필터링하기

날짜 및 시간 함수

엑셀에서 날짜와 시간은 원리를 모르면 다루기 힘든 데이터 유형입니다. 저장되는 값과 셀에 표시되는 모양이 달라서 많은 엑셀 사용자들이 날짜와 시간만 만나면 어려워하고 좌절합니다. 11장에서 설명하는 몇 가지 원리만 이해하면 훨씬 쉽게 사용할 수 있습니다.

저자 블로그

- TODAY: 오늘 날짜 구하기
- DATE: 연, 월, 일 값으로 날짜 구하기
- NETWORKDAYS: 주말이나 휴무일을 뺀 작업일수 구하기
- WEEKNUM: 날짜의 주차 구하기

11장에서 배울게요.

텍스트 함수

일반적으로 텍스트는 있는 그대로 사용하기보다는 자르거나 붙이는 등 가공 작업을 많이 합니다. 따라서 다른 범주에 비해서 이와 관련된 함수가 많은 편이고, 서로 비슷한 기능을 하는 함수도 많습니다. 기능이 비슷하지만 용도가 조금씩 다르기 때문에 함수별 기능의 차이를 정확하게 아는 것이 중요합니다.

저자 블로그

주요 함수

- LEN: 텍스트 길이 구하기
- SEARCH: 대소문자 구분 없이 텍스트 위치 찾기
- LEFT: 왼쪽부터 텍스트 자르기
- TEXTJOIN: 기호로 구분하여 텍스트 합치기
- TEXT: 숫자, 날짜를 텍스트로 표시하기

12장에서 배울게요.

다섯 가지 범주로 대표 함수들을 간단히 살펴보았습니다.

08장부터 본격적으로 이 함수들을 익혀보겠습니다. 꼭 순서대로 보지 않아도 됩니다. 나에게 필요한 함수가 있다면 먼저 봐도 좋습니다.

08

수학 및 통계 함수

수학 및 통계 함수의 범주에는 합계나 개수를 구해주는 함수, 수를 반올림하거나 잘라주는 함수, 평균·순위·빈도·표준편차 등 숫자 자체를 다루는 함수가 많습니다. 따라서 실무에서 자주 사용하는 SUM, COUNT로 시작하는 함수는 사용법을 자세히 익히고, 나머지 함수는 용도만 이해한 뒤 필요할 때 찾아보는 방식으로 학습하는 것이 좋습니다.

함수의 종류가 다양해서 처음에는 부담스러울 수 있지만, 이런 방법으로 공부하다 보면 08장에서 다루는 함수를 자연스럽게 익힐 수 있을 것입니다.

언제 어디서든 저자의 블로그에서 검색해 볼 수 있어요!

08-1 수학 및 통계 함수 알아보기

08-2 합계, 곱셈, 집계하기
[SUM / SUMIF / SUMIFS / SUMPRODUCT / SUBTOTAL / AGGREGATE]

08-3 개수 구하기
[COUNT / COUNTA / COUNTBLANK / COUNTIF / COUNTIFS]

08-4 숫자 반올림, 올림, 내림
[ROUND / ROUNDUP / ROUNDDOWN / CEILING / FLOOR / MROUND / TRUNC / INT]

08-5 최소값, 최대값 구하기 [MIN / MAX / MINIFS / MAXIFS]

08-6 평균값 구하기 [AVERAGE / AVERAGEIF / AVERAGEIFS]

08-7 순위 구하기 [RANK.EQ / RANK.AVG]

08-8 몇 번째로 큰 값, 작은 값 구하기 [LARGE / SMALL]

08-9 수학 및 통계 관련 나머지 함수

08-1 수학 및 통계 함수 알아보기

• 실습 파일 08-1.수학및통계함수-알아보기.xlsx

엑셀은 원래 숫자를 다루기 위해 만든 프로그램이라 숫자를 다루는 함수가 당연히 많습니다. 숫자를 다루는 함수는 주로 **수학 및 통계 함수** 범주에서 다루며, 각각의 합계를 구해주는 함수, 집계를 구해주는 함수, 개수를 구해주는 함수, 최대값/최소값을 구해주는 함수, 수를 반올림해주는 함수, 평균, 순위, 빈도, 표준편차를 구해주는 함수 등 다양한 함수들이 있습니다.

이번 절에서는 수학 및 통계 함수의 개념 이해를 위해 주요 함수의 기본 사용법을 살펴보겠습니다.

> 각각의 함수별 사용법은 08-2부터 순서대로 배웁니다.

합계 구하기

합계 함수에는 숫자를 더해주는 SUM 함수, 조건을 만족하는 경우에만 합계를 구해주는 SUMIF, SUMIFS 같은 함수가 있습니다.

=SUM(E5:E12) ➡ 1,932,000
판매금액 합계를 구해줍니다.

=SUMIF(C5:C12,"신촌 아트박스",E5:E12) ➡ 710,000
거래처가 '신촌 아트박스'인 것의 판매금액 합계를 구해줍니다.

=SUMIFS(E5:E12,C5:C12,"신촌 아트박스",D5:D12,"노트") ➡ 650,000
거래처가 '신촌 아트박스'이고 상품이 '노트'인 것의 판매금액 합계를 구해줍니다.

SUMIF 함수는 한 가지 조건을 만족하는 합계를 구해주지만, SUMIF에 S가 붙은 SUMIFS 함수를 사용하면 여러 조건을 만족하는 합계를 구할 수 있습니다.

	거래처별 판매실적		
판매일자	거래처명	상품	판매금액
2022-07-02	신촌 아트박스	노트	50,000
2022-08-04	신촌 아트박스	노트	600,000
2022-08-04	신촌 아트박스	필기류	60,000
2022-07-01	신림문구	노트	900,000
2022-07-01	신림문구	필기류	200,000
2022-07-06	서초 아트박스	노트	27,000
2022-07-06	서초 아트박스	클립	15,000
2022-07-06	서초 아트박스	클립	80,000

숫자의 합계 구하기	1,932,000
	=SUM(E5:E12)
조건을 만족하는 범위의 합계 구하기	710,000
	=SUMIF(C5:C12,"신촌 아트박스",E5:E12)
여러 조건을 만족하는 범위의 합계 구하기	650,000
=SUMIFS(E5:E12,C5:C12,"신촌 아트박스",D5:D12,"노트")	

집계하기

집계 함수에서 SUBTOTAL 함수는 목록이나 데이터베이스의 부분합(집계 결과)을 구해줍니다. 이름만 보면 합계만 구해줄 것 같지만, 합계뿐만 아니라 평균, 최대값, 최소값 등 다양한 집계 결과를 구해줍니다.

AGGREGATE 함수는 SUBTOTAL 함수를 대체할 수 있는 함수로 엑셀 2010 이상 버전부터 사용 가능합니다. SUBTOTAL 함수와 비교해 보면 값에 오류가 있으면 제외할 수 있고 처리할 수 있는 함수가 8개(MEDIAN, LARGE, PERCENTILE.INC 등) 추가되어 총 19개의 함수를 지원합니다.

판매수량으로 집계

판매수량에는 오류 값이 없으므로 SUBTOTAL, AGGREGATE 함수의 합계 결과는 동일합니다.

=SUBTOTAL(9,$D$5:$D$13) ➜ 152

=AGGREGATE(9,4,$D$5:$D$13) ➜ 152

AGGREGATE 함수의 첫 번째 인수를 14로 입력하면 몇 번째로 큰 값을 가져옵니다. SUBTOTAL 함수에는 없는 기능입니다.

=AGGREGATE(14,4,$D$5:$D$13,2) ➜ 32

오류 값이 포함된 판매금액으로 집계

=SUBTOTAL(9,$F$5:$F$13) ➜ #VALUE!

[F7] 셀에 오류 값이 포함되어 있으므로 SUBTOTAL 함수는 오류가 발생합니다.

=AGGREGATE(9,6,$F$5:$F$13) ➜ 146,700

AGGREGATE 함수는 오류를 무시할 수 있는 옵션이 있으므로(두 번째 인수를 6으로 입력) 오류가 발생하지 않습니다.

판매실적(오류 값 있음)

판매일자	상품	판매수량	단가	판매금액
2022-07-02	노트	12	1200	14,400
2022-07-02	필기류	11	1000	11,000
2022-07-02	클립	3	ABCD	#VALUE!
2022-07-03	노트	32	1200	38,400
2022-07-03	필기류	17	1000	17,000
2022-07-03	클립	10	700	7,000
2022-07-04	노트	9	1200	10,800
2022-07-04	필기류	25	1000	25,000
2022-07-04	클립	33	700	23,100

판매수량으로 집계(오류값 없음)

	SUBTOTAL	AGGREGATE
합계	152	152
평균	16.9	16.9
최대값(MAX)	33	33
2번째로 큰 값	기능없음	32

판매금액으로 집계(오류값 있음)

	SUBTOTAL	AGGREGATE
합계	#VALUE!	146,700
평균	#VALUE!	18,338
최대값(MAX)	#VALUE!	38,400
2번째로 큰 값	기능없음	25,000

개수 구하기

개수를 구하는 함수에는 숫자의 개수를 구하는 COUNT 함수, 비어 있지 않은 셀의 개수를 구해주는 COUNTA 함수, 비어 있는 셀의 개수를 구하는 COUNTBLANK 함수가 있습니다. 이 외에 조건을 만족하는 경우에만 개수를 구해주는 COUNTIF, COUNTIFS 같은 함수도 있습니다.

=COUNT(E5:E12) ➜ 8

[E5:E12] 셀 범위에서 숫자가 입력된 셀의 개수를 구해줍니다.

=COUNTA(D5:D12) ➜ 7

[D5:D12] 셀 범위에서 비어 있지 않은 셀의 개수를 구해줍니다.

=COUNTBLANK(D5:D12) ➜ 1

[D5:D12] 셀 범위에서 비어 있는 셀의 개수를 구해줍니다.

=COUNTIF(C5:C12,"신촌 아트박스") ➜ 3

거래처명([C5:C12] 셀 범위)이 '신촌 아트박스'인 것의 개수를 구해줍니다.

=COUNTIFS(C5:C12,"신촌 아트박스",D5:D12,"노트") ➜ 2

거래처명이 '신촌 아트박스'이고 상품이 '노트'인 행의 개수를 구해줍니다.

COUNTIF 함수는 한 가지 조건을 만족하는 개수를 구해주지만, COUNTIF에 S가 붙은 COUNTIFS 함수를 사용하면 여러 조건을 만족하는 개수를 구할 수 있습니다.

	A	B	C	D	E
2		거래처별 판매실적			
3					
4		판매일자	거래처명	상품	판매금액
5		2022-07-02	신촌 아트박스	노트	50,000
6		2022-08-04	신촌 아트박스	노트	600,000
7		2022-08-04	신촌 아트박스		60,000
8		2022-07-01	신림문구	노트	900,000
9		2022-07-01	신림문구	필기류	200,000
10		2022-07-06	서초 아트박스	노트	27,000
11		2022-07-06	서초 아트박스	클립	15,000
12		2022-07-06	서초 아트박스	클립	80,000

숫자의 개수 구하기	8
	=COUNT(E5:E12)
비어있지 않은 셀의 개수 구하기	7
	=COUNTA(D5:D12)
비어있는 셀의 개수 구하기	1
	=COUNTBLANK(D5:D12)
조건을 만족하는 범위의 개수 구하기	3
	=COUNTIF(C5:C12,"신촌 아트박스")
여러 조건을 만족하는 범위의 개수 구하기	2
	=COUNTIFS(C5:C12,"신촌 아트박스",D5:D12,"노트")

반올림, 올림, 내림하기

실무에서, 특히 돈을 다루는 업무에서는 함수를 이용하여 숫자를 반올림, 올림, 내림해야 하는 경우가 많습니다. 함수의 기능이 서로 비슷하지만 약간씩 차이가 있으므로 주의해서 사용해야 합니다.

용도	함수 수식	결과
반올림	=ROUND(153.2452,1)	153.2
	=ROUND(153.2652,1)	153.3
올림	=ROUNDUP(153.2452,0)	154
내림(버림)	=ROUNDDOWN(153.2452,0)	153
지정된 배수로 올림	=CEILING(153,5)	155
지정된 배수로 내림	=FLOOR(153,5)	150
배수값으로 반올림	=MROUND(153,5)	155
	=MROUND(152,5)	150
절사	=TRUNC(153.267,1)	153.2
가까운 정수로 내림	=INT(153.267)	153

최대값, 최소값, 평균, 중앙값 구하기

최대값, 최소값, 평균, 중앙값은 기본 개념이 단순하므로 함수 사용법도 단순합니다. 최대값은 MAX 함수, 최소값은 MIN 함수, 평균은 AVERAGE 함수, 중앙값은 MEDIAN 함수로 구하며, 이들 함수 이름 뒤에 IF, IFS를 붙인 MAXIFS, MINIFS, AVERAGEIF, AVERAGEIFS 함수는 조건을 만족하는 값을 구해줍니다.

다음과 같이 거래처별 판매실적 자료에서 용도별 함수 수식을 작성할 수 있습니다.

거래처별 판매실적			
판매일자	거래처명	상품	판매금액
2022-07-02	신촌 아트박스	노트	50,000
2022-08-04	신촌 아트박스	노트	600,000
2022-08-04	신촌 아트박스	필기류	60,000
2022-07-01	신림문구	노트	900,000
2022-07-01	신림문구	필기류	200,000
2022-07-06	서초 아트박스	노트	27,000
2022-07-06	서초 아트박스	클립	15,000
2022-07-06	서초 아트박스	클립	80,000

용도	함수 수식	결과
최소값	=MIN(E5:E12)	15,000
최대값	=MAX(E5:E12)	900,000
여러 조건을 만족하는 최소값	=MINIFS(E5:E12,C5:C12,"*아트박스*",D5:D12,"노트")	27,000
여러 조건을 만족하는 최대값	=MAXIFS(E5:E12,C5:C12,"*아트박스*",D5:D12,"노트")	600,000
평균값	=AVERAGE(E5:E12)	241,500
조건을 만족하는 평균값	=AVERAGEIF(C5:C12,"*아트박스*",E5:E12)	138,667
여러 조건을 만족하는 평균값	=AVERAGEIFS(E5:E12,C5:C12,"*아트박스*",D5:D12,"노트")	225,667
중앙값	=MEDIAN(E5:E12)	70,000

순위 구하기

엑셀에서 순위를 구할 경우 보통 RANK 함수를 사용합니다. 학교에서 성적으로 석차를 구하거나, 업무에서 숫자 값들의 순위를 구해야 할 때 사용할 수 있습니다.

RANK 함수는 RANK.AVG, RANK.EQ 함수로 대체되었습니다. 이전 엑셀 버전과의 호환성을 위해 제공되므로 엑셀 2010 버전부터는 용도에 따라 RANK.AVG, RANK.EQ 함수를 사용하는 것이 좋습니다.

=RANK.EQ(C5,$C$5:$C$9,0) ➜ 2

RANK.EQ 함수는 동점자가 있을 때 같은 순위를 구해줍니다. 기존의 RANK 함수와 동일하게 작동합니다.

=RANK.AVG(C5,$C$5:$C$9,0) ➜ 2.5

RANK.AVG 함수는 동점자가 있을 때 평균 순위를 구해줍니다.

	학생별 성적 - 동점자가 있을 때			
	학생	국어	RANK.EQ	RANK.AVG
5	이지은	93	2	2.5
6	이나나	72	5	5
7	김지은	85	4	4
8	이민수	93	2	2.5
9	김수현	100	1	1

몇 번째로 큰 값, 작은 값 구하기

가장 큰 값, 가장 작은 값을 구하려면 각각 MAX, MIN 함수를 사용하면 되지만, 두 번째로 큰 값, 두 번째로 작은 값을 구하려면 어떻게 해야 할까요?

몇 번째인지 순서를 정해서 크거나 작은 값을 구해주는 LARGE 함수와 SMALL 함수를 사용하면 됩니다.

	거래처별 판매실적	
	거래처명	1월 판매실적
5	홍익문구	5,300,000
6	신촌문구	3,200,000
7	신도림문구	4,570,000
8	서초 아트박스	2,500,000
9	경기문구총판	15,000,000
10	계양문구	1,530,000
11	성동 아트박스	870,000

13	2번째로 높은 판매실적	5,300,000	=LARGE(C5:C11,2)
14	2번째로 낮은 판매실적	1,530,000	=SMALL(C5:C11,2)
15	판매실적이 가장 높은 거래처명	경기문구총판	=INDEX(B5:B11,MATCH(LARGE(C5:C11,1),C5:C11,0))
16	판매실적이 가장 낮은 거래처명	성동 아트박스	=INDEX(B5:B11,MATCH(SMALL(C5:C11,1),C5:C11,0))
17	판매실적 상위 3개의 합계	24,870,000	=SUM(LARGE($C$5:$C$11,{1,2,3}))
18	판매실적 하위 3개의 합계	4,900,000	=SUM(SMALL($C$5:$C$11,{1,2,3}))

> LARGE 함수와 배열 수식을 같이 사용하면 판매실적 상위 3개의 실적 합계도 한 번에 구할 수 있습니다.

08-2 합계, 곱셈, 집계하기

• 실습 파일 [08장] 폴더 안에 함수별로 제공

다음은 엑셀에서 합계, 곱셈, 집계를 구할 때 사용하는 함수들입니다.

함수	설명
SUM	합계 구하기
SUMIF	조건을 만족하는 범위의 합계 구하기
SUMIFS	여러 조건을 만족하는 범위의 합계 구하기
SUMPRODUCT	숫자를 모두 곱하고 합계 구하기
SUBTOTAL	목록이나 데이터베이스의 부분합(집계 결과) 구하기
AGGREGATE	목록이나 데이터베이스 집계하기(SUBTOTAL 함수 대체 가능)

:: SUM 함수 — 합계 구하기

함수 구문

SUM(number1, [number2], ⋯)
SUM(숫자1, [숫자2], ⋯)
숫자의 합계를 구해준다.
• number1, number2, ⋯: 더할 숫자

SUM 함수는 더 이상 설명이 필요 없는, 엑셀에서 가장 많이 사용하는 합계를 구하는 함수입니다. 다음과 같이 다양한 형태로 입력할 수 있습니다.

활용1 =SUM(시작셀:끝셀) 형태로 입력

=SUM(C5:C7) 수식을 입력하면 [C5] 셀부터 [C7] 셀까지 범위의 값을 전부 더합니다.

⏃	A	B	C	D	E	F
3		1호점 판매실적				
4		날짜	연필	지우개	볼펜	노트
5		07월 01일	50,000	1,200	5,500	47,000
6		07월 02일	20,000	5,400	6,500	38,000
7		07월 03일	35,500	3,300	12,500	20,000
8		합계	=SUM(C5:C7)			
9						

활용 2 =SUM(셀,셀,셀...) 형태로 입력

=SUM(C5,C6,C7) 수식을 입력하면 [C5], [C6], [C7] 셀의 값을 전부 더합니다.

	A	B	C	D	E	F
3		1호점 판매실적				
4		날짜	연필	지우개	볼펜	노트
5		07월 01일	50,000	1,200	5,500	47,000
6		07월 02일	20,000	5,400	6,500	38,000
7		07월 03일	35,500	3,300	12,500	20,000
8		합계	=SUM(C5,C6,C7)			
9						

활용 3 =SUM(시작셀:끝셀,시작셀:끝셀) 형태로 입력

=SUM(C8:F8,C15:F15) 수식을 입력하면 [C8] 셀부터 [F8] 셀까지의 값과 [C15] 셀부터 [F15] 셀까지 범위의 값을 전부 더합니다.

	A	B	C	D	E	F
3		1호점 판매실적				
4		날짜	연필	지우개	볼펜	노트
5		07월 01일	50,000	1,200	5,500	47,000
6		07월 02일	20,000	5,400	6,500	38,000
7		07월 03일	35,500	3,300	12,500	20,000
8		합계	105,500	9,900	24,500	105,000
9						
10		2호점 판매실적				
11		날짜	연필	지우개	볼펜	노트
12		07월 01일	30,000	5,000	7,000	12,000
13		07월 02일	15,000	4,000	3,000	20,000
14		07월 03일	35,500	9,000	15,000	20,000
15		합계	80,500	18,000	25,000	52,000
16						
17		1,2호점 판매실적	=SUM(C8:F8,C15:F15)			

활용 4 메뉴에서 자동 합계로 입력

합계를 입력할 셀을 선택하고 [수식] 탭 → [함수 라이브러리] 그룹 → [자동 합계] → [합계]를 선택한 후 Enter 를 누릅니다.

:: SUMIF 함수 — 조건을 만족하는 범위의 합계 구하기

<table>
<tr><td>함
수
구
문</td><td>SUMIF(range, criteria, [sum_range])
SUMIF(조건범위, 조건, [합계범위])
조건에 맞는 범위의 숫자의 합계를 구해준다.
• range: 조건을 적용할 범위
• criteria: 합계를 구할 조건
• sum_range: 합계를 구할 범위</td></tr>
</table>

SUMIF 함수는 SUM과 IF가 합쳐진 형태입니다. "만약(IF) 어떤 조건을 만족하면 SUM하라"는 의미입니다. 특정 조건을 만족하는 범위의 숫자 합계를 구해야 할 때 많이 사용됩니다.

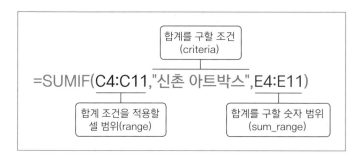

```
                    합계를 구할 조건
                       (criteria)

=SUMIF(C4:C11,"신촌 아트박스",E4:E11)

     합계 조건을 적용할          합계를 구할 숫자 범위
       셀 범위(range)              (sum_range)
```

활용 1 판매실적에서 거래처별 합계 구하기

자료에서 거래처가 신촌 아트박스인 곳의 판매금액 합계를 구하려면 [E14] 셀에 다음 수식을 입력합니다.

=SUMIF(C4:C11,"신촌 아트박스",E4:E11) ➜ 710,000

거래처명이 입력된 조건 범위 [C4:C11]의 값이 '신촌 아트박스'이면 판매금액이 입력된 합계 범위 [E4:E11]에서 같은 행의 판매금액만 더해서 710,000원을 구해줍니다.

판매일자	거래처명	상품	판매금액
2021-07-02	신촌 아트박스	노트	50,000
2021-08-04	신촌 아트박스	복사용지	600,000
2021-08-04	신촌 아트박스	필기류	60,000
2021-07-01	신림문구	노트	900,000
2021-07-01	신림문구	수정용품	200,000
2021-07-06	서초 아트박스	스카치테이프	27,000
2021-07-06	서초 아트박스		15,000
2021-07-06	서초 아트박스	클립	80,000
			1,932,000

'신촌 아트박스'의 판매금액 합계 =SUMIF(C4:C11,"신촌 아트박스",E4:E11)

활용 2 특정 텍스트가 포함된 거래처 실적 구하기

거래처명이 '아트박스'로 끝나는 것만 골라내서 판매실적 합계를 구하려면 다음 수식을 입력합니다.

> =SUMIF(C4:C11,"*아트박스",E4:E11) ➡ 832,000

두 번째 인수 "*아트박스"에서 *는 여러 텍스트를 뜻하는 와일드카드이므로, 거래처명이 임의의 텍스트로 시작하고 '아트박스'로 끝나는 곳을 찾으라는 뜻입니다. 따라서 이 수식은 거래처명이 '신촌 아트박스' 또는 '서초 아트박스'인 곳의 판매금액을 더해서 832,000원을 구해줍니다.

활용 3 판매금액을 조건으로 합계 구하기

전체 판매실적에서 6만 원 이상인 것의 판매금액 합계를 구하려면 다음 수식을 입력합니다.

> =SUMIF(E4:E11,">=60000",E4:E11) ➡ 1,840,000

두 번째 인수 >=60000에서 >=는 크거나 같다는 뜻이므로 판매실적에서 6만 원 이상인 것만 구해서 합계 1,840,000원을 구해줍니다.

 비교 연산자 사용하기

비교 연산자를 사용하여 다양한 방법으로 조건을 설정할 수 있습니다.

수식	설명	수식	설명
=100	100인	<>"신촌 아트박스"	신촌 아트박스가 아닌
<>100	100이 아닌	<100	100보다 작은(100 미만)
>100	100보다 큰(100 초과)	<=100	100보다 작거나 같은 (100 이하)
>=100	100보다 크거나 같은(100 이상)		

:: SUMIFS 함수 — 여러 조건을 만족하는 범위의 합계 구하기

함수 구문

SUMIFS(sum_range, criteria_range1, criteria1, [criteria_range2, criteria2], …)
SUMIFS(합계범위, 조건범위1, 조건1, [조건범위2, 조건2], …)
여러 조건을 만족하는 범위의 숫자의 합계를 구해준다.

- sum_range: 합계를 구할 숫자 범위
- criteria_range1: 첫 번째 조건 범위
- criteria1: 첫 번째 조건
- criteria_range2: 두 번째 조건 범위
- criteria2: 두 번째 조건

엑셀에서 SUMIF 함수를 사용하면 한 번에 하나의 조건을 만족하는 범위의 합계를 구할 수 있지만, SUMIFS 함수를 사용하면 여러 개의 조건을 만족하는 범위의 합계를 구할 수 있습니다.

활용 1 2개 조건을 만족하는 합계 구하기

다음 자료에서 거래처명이 '신촌 아트박스'이면서 상품이 '노트'인 2개 조건을 만족하는 합계를 구하겠습니다. [E14] 셀에 다음 수식을 입력합니다.

=SUMIFS(E4:E11,C4:C11,"신촌 아트박스",D4:D11,"노트") → 650,000

수식 풀이
=SUMIFS(E4:E11,C4:C11,"신촌 아트박스",D4:D11,"노트")

- 거래처명이 입력된 첫 번째 조건 범위 [C4:C11]에서 '신촌 아트박스'인 행만 골라낸 후(빨간색 박스 범위),

- 상품명이 입력된 두 번째 조건 범위 [D4:D11]에서 '노트'인 행만 골라내어(안쪽 보라색 박스 범위),

- 판매금액이 입력된 셀 범위 [E4:E11]에서 같은 행의 판매금액만 더해서 650,000원을 구해줍니다.

활용 2 3개 조건을 만족하는 합계 구하기

거래처명이 '신촌 아트박스'이고, 상품이 '노트'이며, 판매금액이 '5만 원보다 큰' 3개 조건을 만족하는 합계를 구해보겠습니다. [E15] 셀에 다음 수식을 입력합니다.

=SUMIFS(E4:E11,C4:C11,"신촌 아트박스",D4:D11,"노트",E4:E11,">50000") → 600,000

SUMIFS 함수를 사용하여 2개, 3개의 조건을 만족하는 합계를 구해보았습니다. 합계를 구할 조건이 더 필요하다면 조건 범위와 조건을 계속 추가할 수 있으며, 최대 127개까지 추가 가능합니다.

엑셀 능력자의 꿀팁 인수를 셀 참조로 입력하기

앞의 예에서는 인수를 =SUMIFS(E4:E11,C4:C11,"신촌 아트박스",D4:D11,"노트")와 같이 직접 입력했는데, 하나하나 입력해 주어야 하는 불편함이 있습니다. 실무에서는 인수 입력 시 셀을 참조하는 방식을 많이 사용합니다.

다음 예시와 같이 거래처명과 상품명을 표에 미리 입력하고 수식에서는 미리 입력된 셀을 참조합니다. 이렇게 하면 거래처명이나 상품명이 변경될 때 표에서 거래처명과 상품명만 바꾸면 바꾼 이름으로 SUMIFS 함수가 작동합니다.

=SUMIFS($E$4:$E$11,$C$4:$C$11,$B$19,$D$4:$D$11,C19) ➔ 650,000

17	조건을 셀참조로 입력		
18	거래처명	상품	판매금액 합계
19	신촌 아트박스	노트	=SUMIFS($E$4:$E$11,$C$4:$C$11,$B$19,$D$4:$D$11,C19)
20		필기류	60,000
21		클립	
22	신림문구	노트	900,000
23		필기류	200,000
24		클립	-
25	서초 아트박스	노트	27,000
26		필기류	-
27		클립	95,000

하면 된다! } SUMIFS 함수로 월별 합계 구하기

• 실습 파일 08-2.SUMIFS-월별합계-구하기-실습.xlsx   • 완성 파일 08-2.SUMIFS-월별합계-구하기-완성.xlsx

SUMIFS 함수를 이용하면 여러 개의 조건을 만족하는 합계를 구할 수 있습니다. 약간 응용하여 다음과 같은 판매실적 자료에서 조건을 만족하는 월별 합계를 구해보겠습니다.

	A	B	C	D	E	F
3		판매실적				
4		판매일	분류	상품	판매수량	
5		2020-12-01	노트류	스프링노트고급형	35	
6		2020-12-05	노트류	무지노트	100	
7		2021-01-11	필기구	수성펜	55	
8		2021-01-20	노트류	스프링노트	20	
9		2021-01-21	필기구	샤프펜슬	23	
10		2021-02-05	노트류	스프링노트	30	
11		2021-02-15	필기구	형광펜	5	
12		2021-03-02	필기구	샤프펜슬	50	
13		2021-03-13	노트류	스프링노트고급형	35	
14		2021-03-21	노트류	무지노트	60	
15						
16						
17		1) 월별 판매수량 합계 구하기				
18		년	월	판매수량		
19		2020	12	135	=SUMIFS($E$5:$E$14,$B$5:$B$14,">="&DATE(B19,C19,1),$B$5:$B$14,"<="&EOMONTH(DATE(B19,C19,1),0))	
20		2021	1	98	=SUMIFS($E$5:$E$14,$B$5:$B$14,">="&DATE(B20,C20,1),$B$5:$B$14,"<="&EOMONTH(DATE(B20,C20,1),0))	
21		2021	2	35	=SUMIFS($E$5:$E$14,$B$5:$B$14,">="&DATE(B21,C21,1),$B$5:$B$14,"<="&EOMONTH(DATE(B21,C21,1),0))	
22		2021	3	145	=SUMIFS($E$5:$E$14,$B$5:$B$14,">="&DATE(B22,C22,1),$B$5:$B$14,"<="&EOMONTH(DATE(B22,C22,1),0))	
23						

01. 월별 판매수량 합계 구하기

❶ [D19] 셀에 다음 수식을 입력한 다음 ❷ [D19] 셀의 수식을 복사해서 ❸ [D20] 셀부터 [D22] 셀까지 붙여넣습니다. 연, 월별 판매수량 합계가 표시됩니다.

```
=SUMIFS($E$5:$E$14,$B$5:$B$14,">="&DATE(B19,C19,1),$B$5:$B$14,"<="&EO
MONTH(DATE(B19,C19,1),0))  ➡  135
```

02. 위 수식이 어떻게 작동되었는지 살펴보겠습니다.

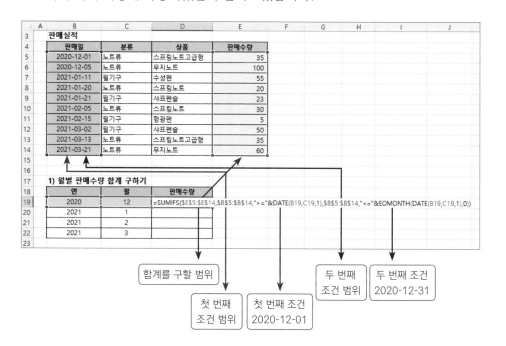

=SUMIFS($E$5:$E$14,$B$5:$B$14,">="&DATE(B19,C19,1),$B$5:$B$14,"
<="&EOMONTH(DATE(B19,C19,1),0))

- 판매실적의 판매일(criteria_range1, $B$5:$B$14)이 12월 1일보다 크거나 같
고(criteria1, ">="&DATE(B19,C19,1)),

- 판매실적의 판매일(criteria_range2, $B$5:$B$14)이 12월 31일보다 작거나
같은(criteria2, "<="&EOMONTH(DATE(B19,C19,1),0)) 것의 판매수량 합계
135를 판매수량 범위(sum_range, $E$5:$E$14)에서 구합니다.

03. 월별로 합계를 가져오기 위해서는 해당 월의 1일보다 크거나 같고 월말보다 작
거나 같도록 조건을 설정해야 하는데, 위 수식에서 날짜를 지정하는 방법을 좀 더
살펴보겠습니다.

- ">="&DATE(B19,C19,1): >=는 크거나 같음을 의미하고 정확한 날짜 값이 필요
하므로 셀에 입력된 값을 참조하여 DATE 함수로 날짜를 만듭니다. &는 >=와 뒤
의 날짜를 연결해서 하나의 문자열로 만들어주는 역할을 합니다.

- "<="&EOMONTH(DATE(B19,C19,1),0): <=는 작거나 같음을 의미하고 월말에
해당하는 날짜 값이 필요하므로 셀에 입력된 값을 참조하여 DATE 함수로 날짜를
만든 후 EOMONTH 함수로 월말에 해당하는 날짜를 만듭니다.

04. 월별/분류별 판매실적 합계 구하기

이번에는 월별 조건에 추가하여 분류별 판매실적 합계를 구해보겠습니다.

❶ [E27] 셀에 다음 수식을 입력한 다음 ❷ [E27] 셀의 수식을 복사해서 ❸ [E28]
셀부터 [E30]셀까지 붙여넣습니다. 연, 월, 분류별 판매수량 합계가 표시됩니다.

=SUMIFS($E$5:$E$14,$B$5:$B$14,">="&DATE(B27,C27,1),$B$5:$B$14,"<="&EO
MONTH(DATE(B27,C27,1),0),$C$5:$C$14,D27)

25	2) 월별, 분류별 판매수량 합계 구하기			
26	연	월	분류	판매수량
27	2020	12	노트류	135
28	2020	12	필기구	0
29	2021	1	노트류	20
30	2021	1	필기구	78

❷ 복사하기

❶ 수식 입력

❸ 붙여넣기

05. 수식을 살펴보면 첫 번째 예 월별 판매수량 합계 구하기와 수식이 동일하고 마지막에 분류 조건만 추가되었습니다.

=SUMIFS($E$5:$E$14,$B$5:$B$14,">="&DATE(B27,C27,1),$B$5:$B$14,"<="&EOMONTH(DATE(B27,C27,1),0),$C$5:$C$14,D27)

- 판매실적의 판매일(criteria_range1, $B$5:$B$14)이 12월 1일보다 크거나 같고(criteria1, ">="&DATE(B27,C27,1)),

- 판매실적의 판매일(criteria_range2, $B$5:$B$14)이 12월 31일보다 작거나 같고(criteria2, "<="&EOMONTH(DATE(B27,C27,1),0)),

- 분류(criteria_range3, $C$5:$C$14)가 "노트류"(criteria3, D27)인 것의 판매수량 합계 135를 판매수량 범위(sum_range, $E$5:$E$14)에서 구합니다.

∷ SUMPRODUCT 함수 ― 숫자를 모두 곱하고 합계 구하기

함수
구문
SUMPRODUCT(array1, [array2], [array3], …)
SUMPRODUCT(배열1, [배열2], [배열3], …)
주어진 배열에서 해당 요소를 모두 곱하고 그 곱의 합계를 구한다.
- array1, array2, array3, …: 계산할 배열(2개에서 255개까지 지정 가능)

SUMPRODUCT 함수는 SUM 함수와 PRODUCT 함수를 합쳐놓은 함수입니다. PRODUCT 함수는 주어진 인수를 모두 곱해주고 SUM 함수는 인수를 모두 더해주므로, SUMPRODUCT 함수는 주어진 인수를 모두 곱한 후에 합계를 구해주는 함수로 이해할 수 있습니다.

활용 1 2개 항목을 곱해서 합계 구하기
SUMPRODUCT 함수를 사용하면 각 행별 합계를 구하지 않고 한 번에 총합계를 구할 수 있습니다.

=SUMPRODUCT(C5:C7,D5:D7)
→ 195,000

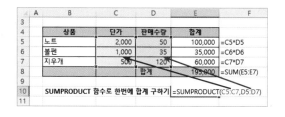

한 번에 총합계를 구했는데 엑셀 내부에서는 어떤 순서로 동작할까요? 각각의 행별로 상품별 단가와 판매수량을 곱해서 나온 합계를 메모리에 저장한 후 행별 합계 ❶, ❷, ❸을 SUM해서 195,000원을 구해줍니다.

활용2 3개 항목을 곱해서 합계 구하기

상품별로 인센티브 금액을 구하는 경우 행별로 '단가×판매수량×인센티브율=인센티브 금액'을 구해서 각 행의 합계를 더해주어야 하는데, SUMPRODUCT 함수로 한 번에 인센티브 금액 합계를 구할 수 있습니다.

=SUMPRODUCT(C15:C17,D15:D17,E15:E17) ➜ 5,950

⚫	A	B	C	D	E	F	G	H
13								
14		상품	단가	판매수량	인센티브율	인센티브금액		
15		노트	2,000	50	3%	3,000	=C15*D15*E15	
16		볼펜	1,000	35	5%	1,750	=C16*D16*E16	
17		지우개	500	120	2%	1,200	=C17*D17*E17	
18					합계	5,950	=SUM(F15:F17)	
19								
20		SUMPRODUCT 함수로 한번에 합계 구하기				=SUMPRODUCT(C15:C17,D15:D17,E15:E17)		
21								

한 번에 인센티브 합계를 간단히 구해주는데, 함수 내부는 다음과 같이 동작합니다. 각각의 행별로 '단가×판매수량×인센티브율'로 계산한 인센티브 금액을 메모리에 저장한 후 행별 금액 ❶ ❷, ❸을 SUM해서 5,950원을 구해줍니다.

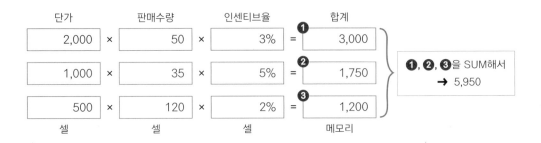

하면 된다! } SUMPRODUCT 함수로 조건을 만족하는 자료의 합계 구하기

- 실습 파일 08-2.조건을-만족하는-자료의-합계구하기-실습.xlsx
- 완성 파일 08-2.조건을-만족하는-자료의-합계구하기-완성.xlsx

SUMPRODUCT 함수의 기능을 약간 응용하면 특정 조건을 만족하는 행만 곱하고 곱한 값을 더할 수 있습니다. 이 기능이야말로 SUMPRODUCT 함수의 진정한 가치라고 할 수 있습니다.

구조가 약간 복잡해서 이해하기 쉽지 않지만 실무에서 많이 사용되므로 잘 익혀두면 조건별로 처리를 해야 할 때 아주 요긴하게 사용할 수 있습니다.

01. 다음 자료에서 분류가 '노트류'이고 상품명이 '스프링노트'인 것의 판매금액 (단가×판매수량) 합계를 구해보겠습니다.

분류	상품	단가	판매수량
노트류	스프링노트	2,000	35
노트류	무지노트	1,500	100
필기구	샤프	5,000	55
노트류	스프링노트	2,000	77
필기구	수성펜	700	120
노트류	스프링노트	2,000	67

❶ [C12] 셀에 다음 수식을 입력합니다. ❷ 합계액 358,000이 구해졌습니다.

```
=SUMPRODUCT((B5:B10="노트류")*(C5:C10="스프링노트"),D5:D10,E5:E10)
```

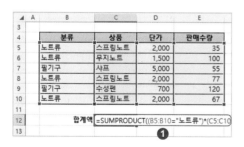

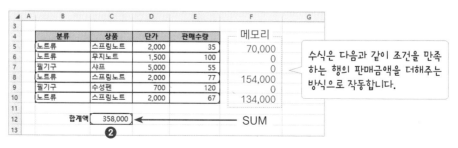

수식은 다음과 같이 조건을 만족하는 행의 판매금액을 더해주는 방식으로 작동합니다.

02. 이 수식 내부에서는 어떤 일이 벌어지고 있는지 알아보겠습니다.

> **수식 풀이**
>
> =SUMPRODUCT((B5:B10="노트류")*(C5:C10="스프링노트"),D5:D10,E5:E10)
>
> - 첫 번째 인수 (B5:B10="노트류")*(C5:C10="스프링노트")는 분류가 '노트류'이고 상품명이 '스프링노트' 이면 1을 반환하고, 아니면 0을 반환합니다.
> - 두 번째 인수 D5:D10은 단가입니다.
> - 세 번째 인수 E5:E10은 판매수량입니다.

SUMPRODUCT 함수는 다음 순서대로 3개의 인수를 각 행별로 곱한 후 합계를 구하게 됩니다.

❶ 최초 상태

입력된 수식의 최초 상태입니다.

❷ 조건을 만족하면 TRUE, 아니면 FALSE를 반환

수식을 평가하여 조건을 만족하면 TRUE, 아니면 FALSE를 반환합니다.

※ 엑셀에서 TRUE는 1, FALSE는 0으로 인식함.

첫 번째 인수 (B5:B10="노트류")*(C5:C10="스프링노트")

- (B5:B10="노트류")는 [B5:B10] 셀 범위에 있는 셀의 값이 '노트류'이면 TRUE, 아니면 FALSE를 반환합니다. 엑셀에서 TRUE는 1, FALSE는 0으로 인식합니다.
- (C5:C10="스프링노트")는 [C5:C10] 셀 범위에 있는 셀의 값이 '스프링노트'이면 TRUE, 아니면 FALSE를 반환합니다.

❸ 조건을 만족하지 못하면 0을 곱해서 계산에서 제외

위에서 반환된 TRUE 또는 FALSE 값은 숫자 1 또는 0으로 변환됩니다.

분류 (B5:B10="노트류") * (C5:C10="스프링노트")		상품명	단가 D5:D10		판매수량 E5:E10		합계
(1	×	1)	× 2,000	×	35	=	70,000
(1	×	0)	× 1,500	×	100	=	0

- 0이 포함되지 않은 5행은 (첫 번째 인수 1)×(두 번째 인수 2,000)×(세 번째 인수 35) = 70,000이 됩니다.
- 0이 포함된 6행은 (첫 번째 인수 0)×(두 번째 인수 1,500)×(세 번째 인수 100) = 0이 됩니다. 즉 분류는 '노트류'이지만 상품명이 '스프링노트'가 아니라 '무지노트'여서 조건을 만족하지 못해 금액이 0원이 됩니다.

이렇게 행별로 구해진 값을 더하면 전체 합계 358,000원이 구해집니다. 이 수식의 핵심은 0으로 곱한 숫자는 항상 0이 되므로 SUMPRODUCT 함수로 각각의 인수를 곱해도 조건을 만족하지 못하면 결과가 0이 나와서 합계에서 빠지도록 하고 조건을 만족하는 것만 합계가 계산되도록 하는 것입니다.

조건을 만족하지 못하면 0을 곱해서 계산에서 제외시키는 것이 핵심!

∷ SUBTOTAL 함수 — 목록이나 데이터베이스의 부분합(집계 결과) 구하기 →

함수 구문

SUBTOTAL(function_num, ref1, [ref2], ⋯)
SUBTOTAL(함수종류, 참조범위1, [참조범위2], ⋯)
목록이나 데이터베이스의 부분합(집계 결과)을 구해준다.

• function_num: 집계 함수 번호

집계 함수 종류	숨겨진 값 포함	숨겨진 값 제외	집계 함수 종류	숨겨진 값 포함	숨겨진 값 제외
AVERAGE (평균)	1	101	STDEV.S (표본집단의 표준편차)	7	107
COUNT (숫자의 개수)	2	102	STDEV.P (모집단의 표준편차)	8	108
COUNTA (비어 있지 않은 셀의 개수)	3	103	SUM (합계)	9	109
MAX (최대값)	4	104	VAR.S (표본집단의 분산)	10	110
MIN (최소값)	5	105	VAR.P (모집단의 분산)	11	111
PRODUCT (곱하기)	6	106			

• ref1: 부분합을 계산할 첫 번째 범위 또는 참조
• ref2: 부분합을 계산할 두 번째 범위 또는 참조

엑셀의 SUBTOTAL 함수는 이름만 보면 합계만 구해줄 것 같지만 합계뿐만 아니라 평균, 최대값, 최소값 등 다양한 집계 결과를 구해줍니다.

합계(SUM), 평균(AVERAGE), 최대값(MAX) 등 집계 결과를 구하는 함수가 이미 있는데 굳이 이 함수를 이용하는 이유는 무엇일까요? SUBTOTAL 함수의 첫 번째 인수를 '숨겨진 값을 무시(제외)'하도록 지정하면 숨겨진 행은 집계 결과에서 제외할 수 있는데, 행을 '숨기기', '숨기기 취소'하면서 집계 결과를 비교할 수 있기 때문입니다.

활용 1 숨겨진 값 포함하여 집계 결과 구하기

다음과 같은 거래처별 판매실적 자료에서 SUBTOTAL 함수를 이용하여 집계 결과를 구해보겠습니다.

[C16] 셀에 다음 수식을 입력하여 합계를 구합니다.

```
=SUBTOTAL(9,$E$6:$E$13)
```

	A	B	C	D	E
4		거래처별 판매실적			
5		판매일자	거래처명	상품	판매금액
6		2021-07-02	신촌 아트박스	노트	50,000
7		2021-08-04	신촌 아트박스	노트	600,000
8		2021-08-04	신촌 아트박스	필기류	60,000
9		2021-07-01	신림문구	노트	900,000
10		2021-07-01	신림문구	필기류	200,000
11		2021-07-06	서초 아트박스	노트	27,000
12		2021-07-06	서초 아트박스	클립	15,000
13		2021-07-06	서초 아트박스	클립	80,000
14					
15		숨겨진 값 포함			
16		합계	=SUBTOTAL(9,$E$6:$E$13)		
17		평균			
18		최대값(MAX)			
19		최소값(MIN)			

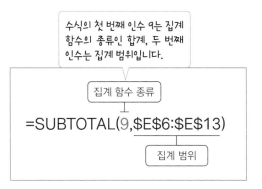

수식의 첫 번째 인수 9는 집계 함수의 종류인 합계, 두 번째 인수는 집계 범위입니다.

집계 함수 종류

=SUBTOTAL(9,$E$6:$E$13)

집계 범위

평균 등 다른 함수의 집계 결과도 구해보겠습니다.

```
=SUBTOTAL(1,$E$6:$E$13)  (집계 함수 1: 평균)
=SUBTOTAL(4,$E$6:$E$13)  (집계 함수 4: 최대값)
=SUBTOTAL(5,$E$6:$E$13)  (집계 함수 5: 최소값)
```

	A	B	C	D	E
4		거래처별 판매실적			
5		판매일자	거래처명	상품	판매금액
6		2021-07-02	신촌 아트박스	노트	50,000
7		2021-08-04	신촌 아트박스	노트	600,000
8		2021-08-04	신촌 아트박스	필기류	60,000
9		2021-07-01	신림문구	노트	900,000
10		2021-07-01	신림문구	필기류	200,000
11		2021-07-06	서초 아트박스	노트	27,000
12		2021-07-06	서초 아트박스	클립	15,000
13		2021-07-06	서초 아트박스	클립	80,000
14					
15		숨겨진 값 포함			
16		합계	1,932,000	=SUBTOTAL(9,$E$6:$E$13)	
17		평균	241,500	=SUBTOTAL(1,$E$6:$E$13)	
18		최대값(MAX)	900,000	=SUBTOTAL(4,$E$6:$E$13)	
19		최소값(MIN)	15,000	=SUBTOTAL(5,$E$6:$E$13)	

숨겨진 값 무시(제외)하고 집계 결과 구하기

이번에는 첫 번째 인수를 '숨겨진 값 무시(제외)'하도록 지정하여 숨겨진 행을 집계 결과에서 제외시켜 보겠습니다. 이 기능은 행을 '숨기기', '숨기기 취소'하면서 집계 결과를 비교해 보는 장점이 있습니다.

오른쪽 표에서 9~12행을 행 숨기기(제외)하고 집계 결과를 구해보겠습니다.
❶ 숨길 행을 선택한 다음 ❷ 마우스 오른쪽 버튼을 클릭하여 메뉴에서 [숨기기]를 선택합니다. ❸ 아래 수식을 각각 입력해 숨겨진 행을 제외한 각각의 집계 결과를 구합니다.

=SUBTOTAL(109,$E$6:$E$13) (집계 함수 109: 합계(숨겨진 값 제외))

=SUBTOTAL(101,$E$6:$E$13) (집계 함수 101: 평균(숨겨진 값 제외))

=SUBTOTAL(104,$E$6:$E$13) (집계 함수 104: 최대값(숨겨진 값 제외))

=SUBTOTAL(105,$E$6:$E$13) (집계 함수 105: 최소값(숨겨진 값 제외))

	A	B	C	D	E
4		거래처별 판매실적			
5		판매일자	거래처명	상품	판매금액
6		2021-07-02	신촌 아트박스	노트	50,000
7		2021-08-04	신촌 아트박스	노트	600,000
8		2021-08-04	신촌 아트박스	필기류	60,000
13		2021-07-06	서초 아트박스	클립	80,000
20					
21		숨겨진 값 무시(제외)			
22		합계		790,000	=SUBTOTAL(109,$E$6:$E$13)
23		평균		197,500	=SUBTOTAL(101,$E$6:$E$13)
24		최대값(MAX)		600,000	=SUBTOTAL(104,$E$6:$E$13)
25		최소값(MIN)		50,000	=SUBTOTAL(105,$E$6:$E$13)

❸

:: AGGREGATE 함수 ─ 목록, 데이터베이스 집계하기 [엑셀 2010 이상] ──────•

AGGREGATE(function_num, options, ref1, [ref2], ⋯)
AGGREGATE(함수종류, 집계방식, 첫번째 인수, [두번째 인수], ⋯)
목록이나 데이터베이스의 집계 결과를 구해준다.

• function_num: 집계 함수 번호

num	집계 함수 종류	num	집계 함수 종류
1	AVERAGE	11	VAR.P
2	COUNT	12	MEDIAN
3	COUNTA	13	MODE.SNGL
4	MAX	14	LARGE
5	MIN	15	SMALL
6	PRODUCT	16	PERCENTILE.INC
7	STDEV.S	17	QUARTILE.INC
8	STDEV.P	18	PERCENTILE.EXC
9	SUM	19	QUARTILE.EXC
10	VAR.S		

• options: 집계 무시(제외) 방식

option	동작
0 또는 생략	중첩된 SUBTOTAL 및 AGGREGATE 함수 무시
1	숨겨진 행, 중첩된 SUBTOTAL 및 AGGREGATE 함수 무시
2	오류 값, 중첩된 SUBTOTAL 및 AGGREGATE 함수 무시
3	숨겨진 행, 오류 값, 중첩된 SUBTOTAL 및 AGGREGATE 함수 무시
4	아무것도 무시 안 함(모두 포함)
5	숨겨진 행 무시
6	오류 값 무시
7	숨겨진 행 및 오류 값 무시

• ref1: 집계 값을 구할 인수가 여러 개인 함수의 첫 번째 인수
• ref2, ⋯: 일부 함수의 두 번째 인수(LARGE, SMALL 등)

AGGREGATE 함수는 SUBTOTAL 함수를 대체할 수 있는 함수로, 목록이나 데이터베이스의 집계 결과를 구해줍니다. 엑셀 2010 이상 버전부터 사용 가능합니다.

SUBTOTAL 함수와 비교해 보면 값에 오류가 있으면 제외할 수 있고 처리할 수 있

는 함수가 8개(MEDIAN, LARGE, PERCENTILE.INC 등) 추가되어 총 19개의 함수를 지원합니다. AGGREGATE 함수는 합계뿐만 아니라 평균, 최대값, 최소값 등 다양한 집계 결과를 구해줍니다.

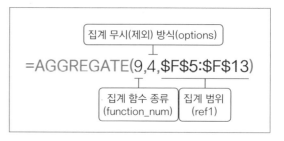

=AGGREGATE(9,4,$F$5:$F$13)

집계 무시(제외) 방식(options)

집계 함수 종류 (function_num)
집계 범위 (ref1)

활용 1 숨겨진 값을 포함하여 집계 결과 구하기

다음 판매실적 자료에서 AGGREGATE 함수를 이용하여 집계 결과를 구해보겠습니다. 숨겨진 행을 모두 포함하여 합계를 구하려면 [C16] 셀에 다음 수식을 입력합니다.

=AGGREGATE(9,4,$F$5:$F$13) (집계 함수 9: 합계(SUM))

	A	B	C	D	E	F
2						
3		판매실적(오류 값 없음)				
4		판매일자	상품	판매수량	단가	판매금액
5		2022-07-02	노트	12	1200	14,400
6		2022-07-02	필기류	11	1000	11,000
7		2022-07-02	클립	3	700	2,100
8		2022-07-03	노트	32	1200	38,400
9		2022-07-03	필기류	17	1000	17,000
10		2022-07-03	클립	10	700	7,000
11		2022-07-04	노트	9	1200	10,800
12		2022-07-04	필기류	25	1000	25,000
13		2022-07-04	클립	33	700	23,100
14						

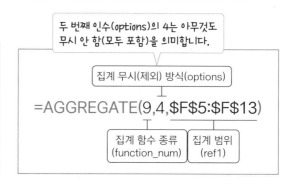

두 번째 인수(options)의 4는 아무것도 무시 안 함(모두 포함)을 의미합니다.

=AGGREGATE(9,4,$F$5:$F$13)

집계 무시(제외) 방식(options)

집계 함수 종류 (function_num)
집계 범위 (ref1)

판매금액 셀 범위 [$F$5:$F$13]에서 숨겨진 행을 모두 포함한 합계 148,800 원이 구해졌습니다.

실제 행을 숨겨보면서 값이 변하는지 직접 확인해 보세요!

	A	B	C	D	E	F
2						
3		판매실적(오류 값 없음)				
4		판매일자	상품	판매수량	단가	판매금액
5		2022-07-02	노트	12	1200	14,400
6		2022-07-02	필기류	11	1000	11,000
7		2022-07-02	클립	3	700	2,100
8		2022-07-03	노트	32	1200	38,400
9		2022-07-03	필기류	17	1000	17,000
10		2022-07-03	클립	10	700	7,000
11		2022-07-04	노트	9	1200	10,800
12		2022-07-04	필기류	25	1000	25,000
13		2022-07-04	클립	33	700	23,100
14						
15		모두 무시 안함				
16		합계	148,800	=AGGREGATE(9,4,$F$5:$F$13)		
17		평균				
18		최대값(MAX)				
19		2번째로 큰 값				

평균, 최대값, 두 번째로 큰 값의 집계 결과도 구해보겠습니다. [C17], [C18], [C19] 셀에 다음 수식을 각각 입력하면 결과가 구해집니다.

=AGGREGATE(1,4,$F$5:$F$13) (집계 함수 1: 평균(AVERAGE))
=AGGREGATE(4,4,$F$5:$F$13) (집계 함수 4: 최대값(MAX))
=AGGREGATE(14,4,$F$5:$F$13,2) (집계 함수 14: k번째로 큰 값(LARGE))

	A	B	C	D	E	F
2						
3		판매실적(오류 값 없음)				
4		판매일자	상품	판매수량	단가	판매금액
5		2022-07-02	노트	12	1200	14,400
6		2022-07-02	필기류	11	1000	11,000
7		2022-07-02	클립	3	700	2,100
8		2022-07-03	노트	32	1200	38,400
9		2022-07-03	필기류	17	1000	17,000
10		2022-07-03	클립	10	700	7,000
11		2022-07-04	노트	9	1200	10,800
12		2022-07-04	필기류	25	1000	25,000
13		2022-07-04	클립	33	700	23,100
14						
15		모두 무시 안함				
16		합계	148,800	=AGGREGATE(9,4,$F$5:$F$13)		
17		평균	16,533	=AGGREGATE(1,4,$F$5:$F$13)		
18		최대값(MAX)	38,400	=AGGREGATE(4,4,$F$5:$F$13)		
19		2번째로 큰 값	25,000	=AGGREGATE(14,4,$F$5:$F$13,2)		

집계 무시(제외) 방식 (options)   LARGE 함수의 두 번째 인수(ref2)

function_num이 14면 LARGE 함수를 사용하므로 이와 같이 네 번째 인수 k값이 필요합니다.

=AGGREGATE(14,4,$F$5:$F$13,2)

집계 함수 종류 (function_num)   집계 범위 (ref1)

활용 2 숨겨진 행 무시(제외)하고 집계 결과 구하기

이번에는 두 번째 인수를 '숨겨진 행 무시(제외)'하도록 지정하여 숨겨진 행을 집계 결과에서 제외시켜 보겠습니다. 이 기능은 행을 '숨기기', '숨기기 취소'하면서 집계 결과를 비교해 보는 장점이 있습니다. 표의 범위에서 8~10행을 행 숨기기(제외)하고 집계 결과를 구해보겠습니다.

	A	B	C	D	E	F
2						
3		판매실적(오류 값 없음)				
4		판매일자	상품	판매수량	단가	판매금액
5		2022-07-02	노트	12	1200	14,400
6		2022-07-02	필기류	11	1000	11,000
7		2022-07-02	클립	3	700	2,100
8		2022-07-03	노트	32	1200	38,400
9		2022-07-03	필기류	17	1000	17,000
10		2022-07-03	클립	10	700	7,000
11		2022-07-04	노트	9	1200	10,800
12		2022-07-04	필기류	25	1000	25,000
13		2022-07-04	클립	33	700	23,100

행 숨기기(제외)

행을 숨긴 후 [C22] 셀에 다음 수식을 입력해서 합계를 구합니다. 숨겨진 행을 무시 (제외)한 합계 86,400원이 구해졌습니다.

=AGGREGATE(9,5,$F$5:$F$13) (집계 함수 9: 합계(SUM))

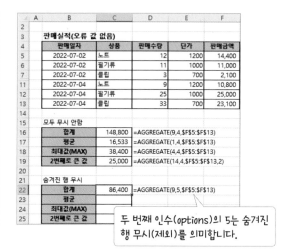

평균, 최대값, 두 번째로 큰 값의 집계 결과도 구해보겠습니다. [C23], [C24], [C25] 셀에 다음 수식을 각각 입력하면 결과가 구해집니다.

=AGGREGATE(1,5,$F$5:$F$13) (집계 함수 1: 평균(AVERAGE))

=AGGREGATE(4,5,$F$5:$F$13) (집계 함수 4: 최대값(MAX))

=AGGREGATE(14,5,$F$5:$F$13,2) (집계 함수 14: k번째로 큰 값(LARGE))

활용 3 오류 값 무시하고 집계 결과 구하기

판매금액에 오류가 포함되어 있을 때 SUM, MAX, SUBTOTAL 함수 등으로 결과를 구하면 #VALUE! 오류가 발생합니다. 이런 경우 AGGREGATE 함수를 이용하면 오류를 제외하고 집계 결과를 구할 수 있습니다.

[함수 사용법(오류값 있음)] 시트의 [C16] 셀에 다음 수식을 입력하여 '오류 값 무시(제외)'한 합계를 구합니다.

=AGGREGATE(9,6,$F$5:$F$13) (집계 함수 9: 합계(SUM))

	A	B	C	D	E	F
2						
3		판매실적(오류 값 있음)				
4		판매일자	상품	판매수량	단가	판매금액
5		2022-07-02	노트	12	1200	14,400
6		2022-07-02	필기류	11	1000	11,000
7		2022-07-02	클립	3	ABCD	#VALUE!
8		2022-07-03	노트	32	1200	38,400
9		2022-07-03	필기류	17	1000	17,000
10		2022-07-03	클립	10	700	7,000
11		2022-07-04	노트	9	1200	10,800
12		2022-07-04	필기류	25	1000	25,000
13		2022-07-04	클립	33	700	23,100
14						
15		오류값 무시				
16		합계	=AGGREGATE(9,6,$F$5:$F$13)			
17		평균				
18		최대값(MAX)				
19		2번째로 큰 값				

두 번째 인수(options)의 6은 오류 값 무시(제외)를 의미합니다.

평균, 최대값, 두 번째로 큰 값의 집계 결과도 구해보겠습니다. [C17], [C18], [C19] 셀에 다음 수식을 각각 입력하면 결과가 구해집니다.

=AGGREGATE(1,6,$F$5:$F$13) (집계 함수 1: 평균(AVERAGE))

=AGGREGATE(4,6,$F$5:$F$13) (집계 함수 4: 최대값(MAX))

=AGGREGATE(14,6,$F$5:$F$13,2) (집계 함수 14: k번째로 큰 값(LARGE))

	A	B	C	D	E	F
2						
3		판매실적(오류 값 있음)				
4		판매일자	상품	판매수량	단가	판매금액
5		2022-07-02	노트	12	1200	14,400
6		2022-07-02	필기류	11	1000	11,000
7		2022-07-02	클립	3	ABCD	#VALUE!
8		2022-07-03	노트	32	1200	38,400
9		2022-07-03	필기류	17	1000	17,000
10		2022-07-03	클립	10	700	7,000
11		2022-07-04	노트	9	1200	10,800
12		2022-07-04	필기류	25	1000	25,000
13		2022-07-04	클립	33	700	23,100
14						
15		오류값 무시				
16		합계	146,700	=AGGREGATE(9,6,$F$5:$F$13)		
17		평균	18,338	=AGGREGATE(1,6,$F$5:$F$13)		
18		최대값(MAX)	38,400	=AGGREGATE(4,6,$F$5:$F$13)		
19		2번째로 큰 값	25,000	=AGGREGATE(14,6,$F$5:$F$13,2)		

08-3 개수 구하기

• 실습 파일 [08장] 폴더 안에 함수별로 제공

엑셀에서 개수를 구할 때 사용하는 함수는 다음과 같습니다.

함수	설명
COUNT	숫자의 개수 구하기
COUNTA	비어 있지 않은 셀의 개수 구하기
COUNTBLANK	비어 있는 셀의 개수 구하기
COUNTIF	조건을 만족하는 셀의 개수 구하기
COUNTIFS	여러 조건을 만족하는 셀의 개수 구하기

:: COUNT 함수 ─ 숫자의 개수 구하기

함수구문

COUNT(value1, [value2], …)
COUNT(값1, [값2], …)

숫자의 개수를 구해준다(날짜도 내부적으로 숫자로 저장되므로 개수에 포함).

• value1, value2, …: 개수를 세려는 항목, 셀 참조 또는 범위

COUNT 함수는 숫자가 입력되어 있는 셀의 개수를 구해줍니다.

활용 숫자가 포함된 셀의 개수 구하기

=COUNT(B5:F9) ➔ 12
[B5:F9] 셀 범위의 숫자 개수 12를 구해줍니다.

문자, 공백, 논리값(TRUE, FALSE), 오류(#VALUE!)는 제외되고 날짜는 내부적으로 숫자로 저장되므로 숫자가 포함된 셀은 12개입니다(황금색으로 표시된 셀).

A	B	C	D	E	F
3					
4	분류	상품	단가	판매수량	판매금액
5	노트류	스프링노트	2,000	35	70,000
6	노트류	TRUE		100	0
7	필기구	2022-02-11	5,000	55	275,000
8	노트류	스프링노트	2,000 X		#VALUE!
9	필기구	"77"	2	120	240
10					
11	=COUNT(B5:F9)				

COUNT 함수에 숫자 말고도 포함하고 싶다면?

논리값(TRUE)이나 문자열로 표시된 숫자("77")는 숫자 개수 계산 시 빠졌지만 COUNT 함수의 인수로 값을 직접 입력하면 논리값, 문자열로 표시하는 숫자는 계산에 포함되므로 다음 수식은 "77"과 TRUE를 포함하여 6개 전부가 숫자로 계산됩니다.

=COUNT(1,2,3,"77",TRUE,2019-2-12) → 6

:: COUNTA 함수 ― 비어 있지 않은 셀의 개수 구하기

함수 구문

COUNTA(value1, [value2], …)
COUNTA(값1, [값2], …)
비어 있지 않은 셀의 개수를 구해준다.
- value1, value2, …: 개수를 세려는 항목, 셀 참조 또는 범위

COUNTA 함수는 숫자, 텍스트, 오류 등 구분하지 않고 비어 있지 않은 셀의 개수를 구해줍니다.

활용 비어 있지 않은 셀의 개수 구하기

=COUNTA(B17:F21) → 24
[B17:F21] 셀 범위의 비어 있지 않은 셀 개수 24를 구해줍니다.

	분류	상품	단가	판매수량	판매금액
16	분류	상품	단가	판매수량	판매금액
17	노트류	스프링노트	2,000	35	70,000
18	노트류	TRUE		100	0
19	필기구	2022-02-11	5,000	55	275,000
20	노트류	스프링노트	2,000 X		#VALUE!
21	필기구	"77"	2	120	240
22					
23	=COUNTA(B17:F21)				

공백인 셀만 제외되므로 비어 있지 않은 셀은 24개입니다.

:: COUNTBLANK 함수 ─ 비어 있는 셀의 개수 구하기

COUNTBLANK(range)
COUNTBLANK(범위)
비어 있는 셀의 개수를 구해준다.
- range: 비어 있는 개수를 세려는 범위

COUNTBLANK 함수는 COUNTA 함수와 반대로 비어 있는 셀의 개수를 구해줍니다.

비어 있는 셀의 개수 구하기

=COUNTBLANK(B28:F32) → 1
[B28:F32] 셀 범위의 비어 있는 셀 개수 1을 구해줍니다.

입력된 범위에서 비어 있는 셀은 [D29] 셀 1개입니다.

	B	C	D	E	F
26					
27	분류	상품	단가	판매수량	판매금액
28	노트류	스프링노트	2,000	35	70,000
29	노트류	TRUE		100	0
30	필기구	2022-02-11	5,000	55	275,000
31	노트류	스프링노트	2,000	X	#VALUE!
32	필기구	"77"	2	120	240
33					
34	=COUNTBLANK(B28:F32)				

:: COUNTIF 함수 ─ 조건을 만족하는 셀의 개수 구하기

COUNTIF(range, criteria)
COUNTIF(범위, 조건)
범위에서 조건을 만족하는 셀의 개수를 구해준다.
- range: 조건을 적용할 범위
- criteria: 개수를 셀 조건

엑셀의 COUNTIF 함수는 COUNT와 IF가 합쳐진 형태로, 만약(IF) 어떤 조건을 만족하면 COUNT하라는 의미입니다. 특정 조건을 만족하는 셀의 개수를 구해야 할 때 많이 사용되므로 익혀두면 자료를 집계할 때 많은 도움이 됩니다.

특정 조건을 만족하는 셀의 개수 구하기

=COUNTIF(C5:C9,"노트류") ➡ 3
분류가 '노트류'인 셀의 개수 3을 구해줍니다.

판매일	분류	상품	단가	판매수량
2022-02-02	노트류	스프링노트고급형	6,000	35
2022-02-02	노트류	무지노트	3,000	100
2022-02-02	필기구	수성펜	5,000	55
2022-02-03	노트류	스프링노트	2,000	20
2022-02-03	필기구	샤프펜슬	5,000	120
=COUNTIF(C5:C9,"노트류")				

와일드카드 문자로 조건을 만족하는 셀의 개수 구하기

=COUNTIF(D16:D20,"*노트*") ➡ 3
상품명에 '노트'라는 문자열 값이 포함된 셀의 개수 3을 구해줍니다.

*(별표)는 여러 문자를 대신하므로 '노트'라는 문자열 앞뒤로 몇 개의 문자열이 오든 상관없이 '노트'라는 값을 포함한 셀은 개수에 포함됩니다.

판매일	분류	상품	단가	판매수량
2022-02-02	노트류	스프링노트고급형	6,000	35
2022-02-02	노트류	무지노트	3,000	100
2022-02-02	필기구	수성펜	5,000	55
2022-02-03	노트류	스프링노트	2,000	20
2022-02-03	필기구	샤프펜슬	5,000	120
=COUNTIF(D16:D20,"*노트*")				

숫자 조건을 만족하는 셀 개수 구하기

=COUNTIF(G26:G30,">10000") ➡ 4
판매금액이 10000보다 큰 셀은 4개이므로 4를 구해줍니다.

판매일	분류	상품	단가	판매수량	판매금액
2022-02-02	노트류	스프링노트고급형	6,000	35	210,000
2022-02-02	노트류	무지노트	3,000	100	300,000
2022-02-02	필기구	수성펜	5,000	55	275,000
2022-02-03	노트류	스프링노트	2,000	3	6,000
2022-02-03	필기구	샤프펜슬	5,000	120	600,000
=COUNTIF(G26:G30,">10000")					

연산자를 사용하면 숫자 조건을 설정할 수 있습니다. 수식에서 〉 연산자가 사용되었는데 특정 값보다 크다는 것을 의미합니다.

:: COUNTIFS 함수 — 여러 조건을 만족하는 셀의 개수 구하기

함수구문

COUNTIFS(criteria_range1, criteria1, [criteria_range2, criteria2], …)
COUNTIFS(조건범위1, 조건1, [조건범위2, 조건2], …)
범위에서 여러 조건을 만족하는 셀의 개수를 구해준다.
- criteria_range1: 첫 번째 조건을 적용할 범위
- criteria1: 개수를 구할 첫 번째 조건
- criteria_range2: 두 번째 조건을 적용할 범위
- criteria2: 개수를 구할 두 번째 조건

엑셀에서 COUNTIF 함수를 이용하면 한 번에 하나의 조건을 만족하는 셀의 개수를 구할 수 있지만, COUNTIFS를 이용하면 여러 개의 조건을 만족하는 셀의 개수를 구할 수 있습니다.

활용 1 특정 조건을 만족하는 셀의 개수 구하기

분류가 '노트류'이면서 상품이 '스프링노트'인 것의 개수를 구하려면 다음 수식을 입력합니다.

=COUNTIFS(C5:C12,"노트류",D5:D12,"스프링노트") → 2

	판매일	분류	상품	단가	판매수량	판매금액
5	2022-07-02	노트류	스프링노트고급형	6,000	35	210,000
6	2022-07-02	노트류	무지노트	3,000	100	300,000
7	2022-07-02	필기구	수성펜	5,000	55	275,000
8	2022-07-03	노트류	스프링노트	2,000	20	40,000
9	2022-07-03	필기구	샤프펜슬	5,000	120	600,000
10	2022-07-04	노트류	스프링노트	2,000	30	60,000
11	2022-07-04	필기구	형광펜	1,000	5	5,000
12	2022-07-04	필기구	샤프펜슬	5,000	120	600,000
14	=COUNTIFS(C5:C12,"노트류",D5:D12,"스프링노트")					

COUNTIFS 함수는 분류가 입력된 첫 번째 조건 범위 [C5:C12]에서 값이 '노트류'
이고, 상품이 입력된 두 번째 조건 범위 [D5:D12]에서 값이 '스프링노트'인 것을
만족하는 행의 개수 2를 구해줍니다.

활용 2 **와일드카드 문자로 찾아서 조건을 만족하는 셀의 개수 구하기**

분류가 '노트류'이면서 상품 이름에 '스프링노트'가 포함된 것의 개수를 구하려면
다음 수식을 입력합니다.

```
=COUNTIFS(C19:C26,"노트류",D19:D26,"*스프링노트*")  ➜  3
```

⏷	A	B	C	D	E	F	G
17							
18		판매일	분류	상품	단가	판매수량	판매금액
19		2022-07-02	노트류	스프링노트고급형	6,000	35	210,000
20		2022-07-02	노트류	무지노트	3,000	100	300,000
21		2022-07-02	필기구	수성펜	5,000	55	275,000
22		2022-07-03	노트류	스프링노트	2,000	20	40,000
23		2022-07-03	필기구	샤프펜슬	5,000	120	600,000
24		2022-07-04	노트류	스프링노트	2,000	30	60,000
25		2022-07-04	필기구	형광펜	1,000	5	5,000
26		2022-07-04	필기구	샤프펜슬	5,000	120	600,000
27							
28		=COUNTIFS(C19:C26,"노트류",D19:D26,"*스프링노트*")					

> *(별표)는 여러 문자를 대신하므로
> '스프링노트'라는 문자열 앞뒤로 몇
> 개의 문자열이 오든 상관없이 스프
> 링노트라는 값을 포함한 셀은 개수
> 에 포함됩니다.

분류가 '노트류'이고 상품 이름에 '스프링노트'를 포함한 것은 스프링노트 고급형 1
개, 스프링노트 2개가 있으므로 COUNTIFS 함수는 개수 3을 구해줍니다.

활용 3 **숫자 조건을 만족하는 셀의 개수 구하기**

분류가 '노트류'이면서 판매금액이 10만 원 이상(10만 원보다 크거나 같은)인 행의 개수
를 구하려면 다음 수식을 입력합니다.

```
=COUNTIFS(C33:C40,"노트류",G33:G40,">=100000")  ➜  2
```

⏷	A	B	C	D	E	F	G
31							
32		판매일	분류	상품	단가	판매수량	판매금액
33		2022-07-02	노트류	스프링노트고급형	6,000	35	210,000
34		2022-07-02	노트류	무지노트	3,000	100	300,000
35		2022-07-02	필기구	수성펜	5,000	55	275,000
36		2022-07-03	노트류	스프링노트	2,000	20	40,000
37		2022-07-03	필기구	샤프펜슬	5,000	120	600,000
38		2022-07-04	노트류	스프링노트	2,000	30	60,000
39		2022-07-04	필기구 .	형광펜	1,000	5	5,000
40		2022-07-04	필기구	샤프펜슬	5,000	120	600,000
41							
42		=COUNTIFS(C33:C40,"노트류",G33:G40,">=100000")					

> 분류가 '노트류'이고 판매금액이 10만 원
> 이상인 것은 33행의 210,000원, 34행의
> 300,000원이므로 COUNTIFS 함수는 개
> 수 2를 구해줍니다.

하면 된다! ▶ COUNTIFS 함수로 월별 교육 참석자 수 구하기

> · 실습 파일 08-3.COUNTIFS-월별-개수구하기-실습.xlsx
> · 완성 파일 08-3.COUNTIFS-월별-개수구하기-완성.xlsx

엑셀에서 COUNTIFS 함수를 이용하면 여러 개의 조건을 만족하는 셀의 개수를 구할 수 있는데, 월의 첫째 날보다 크거나 같고 말일보다 작거나 같은 조건을 추가하면 조건을 만족하는 월별 셀의 개수를 구할 수 있습니다.

이 방법을 응용해서 다음과 같은 교육 참석 현황 자료에서 월별 참석자 수를 구해보겠습니다.

	A	B	C	D	E
3		교육 참석 현황			
4		교육과정명	교육일자	참석부서	참석자
5		직장내 성희롱 예방 교육	2022-07-21	인사팀	김인사
6		직장내 성희롱 예방 교육	2022-07-21	총무팀	김총무
7		직장내 성희롱 예방 교육	2022-07-21	회계팀	김회계
8		직장내 성희롱 예방 교육	2022-07-21	회계팀	박회계
9		직장내 성희롱 예방 교육	2022-08-04	인사팀	박나래
10		직장내 성희롱 예방 교육	2022-08-04	인사팀	성먹선
11		직장내 성희롱 예방 교육	2022-08-04	인사팀	장만옥
12		직장내 성희롱 예방 교육	2022-08-04	총무팀	손담비
13		직장내 성희롱 예방 교육	2022-08-04	회계팀	김성훈
14		직장내 성희롱 예방 교육	2022-08-04	회계팀	이시언
15		산업안전 보건 교육	2022-07-21	인사팀	나인사
16		산업안전 보건 교육	2022-07-21	총무팀	김총무
17		산업안전 보건 교육	2022-07-21	총무팀	박총무
18		산업안전 보건 교육	2022-08-04	인사팀	박나래
19		산업안전 보건 교육	2022-08-04	인사팀	성먹선
20		산업안전 보건 교육	2022-08-04	총무팀	손담비
21		산업안전 보건 교육	2022-08-04	총무팀	이지은

	년	월	참석자수	
23	1) 월별 교육참석현황			
25	2022	7	7	=COUNTIFS($C$5:$C$21,">="&DATE(B25,C25,1),$C$5:$C$21,"<="&EOMONTH(DATE(B25,C25,1),0))
26	2022	8	10	=COUNTIFS($C$5:$C$21,">="&DATE(B26,C26,1),$C$5:$C$21,"<="&EOMONTH(DATE(B26,C26,1),0))

01. [D25] 셀에 다음 수식을 입력하면 참석자 수 7이 구해집니다.

```
=COUNTIFS($C$5:$C$21,">="&DATE(B25,C25,1),$C$5:$C$21,"<="&EOMONTH(D
ATE(B25,C25,1),0))
```

	A	B	C	D	E
3		교육 참석 현황			
4		교육과정명	교육일자	참석부서	참석자
5		직장내 성희롱 예방 교육	2022-07-21	인사팀	김인사
6		직장내 성희롱 예방 교육	2022-07-21	총무팀	김총무
7		직장내 성희롱 예방 교육	2022-07-21	회계팀	김회계
8		직장내 성희롱 예방 교육	2022-07-21	회계팀	박회계
9		직장내 성희롱 예방 교육	2022-08-04	인사팀	박나래
19		산업안전 보건 교육	2022-08-04	인사팀	성먹선
20		산업안전 보건 교육	2022-08-04	총무팀	손담비
21		산업안전 보건 교육	2022-08-04	총무팀	이지은

	년	월	참석자수	
23	1) 월별 교육참석현황			
25	2022	7	=COUNTIFS($C$5:$C$21,">="&DATE(B25,C25,1),$C$5:$C$21,"<="&EOMONTH(DATE(B25,C25,1),0))	
26	2022	8		

=COUNTIFS($C$5:$C$21,">="&DATE(B25,C25,1),$C$5:$C$21,"<="&EOM
ONTH(DATE(B25,C25,1),0))

- 교육 참석 현황의 교육일자(criteria_range1, $C$5:$C$21)가 7월 1일보다 크
  거나 같고(criteria1,">="&DATE(B25,C25,1)),

- 교육 참석 현황의 교육일자(criteria_range2, $C$5:$C$21)가 7월 31일보다
  작거나 같은(criteria2, "<="&EOMONTH(DATE(B25,C25,1),0)) 것의 개수 7
  을 가져옵니다.

02. [D25] 셀의 수식을 복사해서 [D26] 셀에 붙여넣으면 10이 표시됩니다.

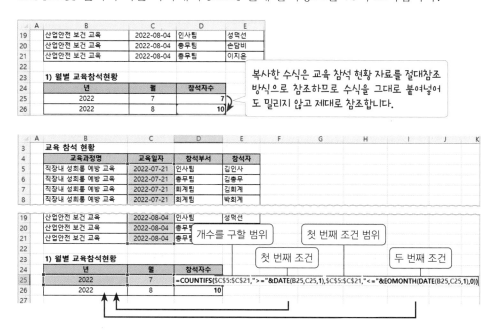

복사한 수식은 교육 참석 현황 자료를 절대참조
방식으로 참조하므로 수식을 그대로 붙여넣어
도 밀리지 않고 제대로 참조합니다.

월별로 개수를 가져오기 위해서는 해당 월의 1일보다 크거나 같고 월말보다 작거나
같도록 조건을 설정해야 하는데, 위 수식에서 날짜를 지정하는 방법을 좀 더 살펴보
겠습니다.

">="&DATE(B25,C25,1): >=는 크거나 같음을 의미하고 정확한 날짜 값이 필요하
므로 셀에 입력된 값을 참조하여 DATE 함수로 날짜를 만듭니다. &는 >=과 뒤의 날
짜를 연결해서 하나의 문자열로 만들어 주는 역할을 합니다.

"<="&EOMONTH(DATE(B25,C25,1),0): <=는 작거나 같음을 의미하고 월말에 해
당하는 날짜 값이 필요하므로 셀에 입력된 값을 참조하여 DATE 함수로 날짜를 만든
후, EOMONTH 함수로 월말에 해당하는 날짜를 만듭니다.

08-4 숫자 반올림, 올림, 내림

• 실습 파일 [08장] 폴더 안에 함수별로 제공

실무에서 숫자 반올림, 올림, 내림(버림)을 해야 할 때 많이 사용하는 함수는 다음과
같습니다.

함수	설명
ROUND	반올림할 자리의 값이 5 미만이면 버리고 5 이상이면 올림
ROUNDUP	숫자를 지정된 자릿수로 무조건 올림
ROUNDDOWN	숫자를 지정된 자릿수로 무조건 내림(버림)
CEILING	숫자 값을 지정된 배수로 올림
FLOOR	숫자 값을 지정된 배수로 내림
MROUND	숫자 값을 지정된 배수로 반올림(반올림할 자리의 값이 5 미만은 버리고 5 이상은 올림)
TRUNC	지정된 자릿수까지만 남기기(절사하기)
INT	가까운 정수로 내림하기

ROUND 함수의 작동 방식

위 함수에서 사용되는 숫자의 자릿수는 다음과 같습니다. 함수 이해에 필요하므로
기억해 두세요!

- 소수점 단위는 자릿수가 양수
- 정수의 1자리는 0
- 정수는 10자리 이상은 음수

	1	5	3	.	2	4	5	2
자릿수	-2	-1	0		1	2	3	4

:: ROUND 함수 — 숫자 반올림

함수구문

ROUND(number, num_digits)
ROUND(숫자, 반올림할 자릿수)
숫자를 지정한 자릿수로 반올림한다.

- number: 반올림할 숫자
- num_digits: 반올림할 자릿수

ROUND 함수는 숫자를 지정한 자릿수(두 번째 인수)로 반올림하는데, 반올림할 자리의 값이 5 미만이면 버리고, 5 이상은 올립니다.

활용 1 반올림할 자릿수가 양수일 때

=ROUND(153.2452, 2) ➡ 153.25
소수점 3자리가 5이므로 올려서 소수점 2자리가 5가 됩니다.

=ROUND(153.2442, 2) ➡ 153.24
소수점 3자리가 4이므로 버려서 소수점 2자리가 4가 됩니다.

활용 2 반올림할 자릿수가 0일 때

ROUND(153.2452,0) ➡ 153
소수점 1자리가 2이므로 버려서 정수로 만듭니다.

ROUND(153.5452,0) ➡ 154
소수점 1자리가 5이므로 올려서 정수로 만듭니다.

활용 3 반올림할 자릿수가 음수일 때

ROUND(153,-1) ➡ 150
소수점 0자리(정수 부분 일의 자리)가 3이므로 버려서 0으로 만듭니다.

ROUND(155,-1) ➡ 160
소수점 0자리(정수 부분 일의 자리)가 5이므로 올려서 0으로 만들고 십의 자리를 6으로 만듭니다.

:: ROUNDUP 함수 — 숫자 올림

함수 구문

ROUNDUP(number, num_digits)
ROUNDUP(숫자, 올림할 자릿수)
숫자를 지정한 자릿수로 올림한다.
- number: 올림할 숫자
- num_digits: 올림할 자릿수

ROUNDUP 함수는 숫자를 지정한 자릿수(두 번째 인수)로 무조건 올립니다.

활용 1 올림할 자릿수가 양수일 때

=ROUNDUP(153.2452, 2) ➡ 153.25
=ROUNDUP(153.2442, 2) ➡ 153.25
소수점 2자리로 무조건 올립니다.

활용 2 올림할 자릿수가 0일 때

ROUNDUP(153.2452,0) ➡ 154
ROUNDUP(153.5452,0) ➡ 154
무조건 올림하여 정수로 만듭니다.

활용 3 올림할 자릿수가 음수일 때

ROUNDUP(153,-1) ➡ 160
ROUNDUP(155,-1) ➡ 160
십의 자리(-1)로 무조건 올립니다.

:: ROUNDDOWN 함수 — 숫자 내림(버림)

ROUNDDOWN(number, num_digits)
ROUNDDOWN(숫자, 내림할 자릿수)
숫자를 지정한 자릿수로 내림한다.
- number: 내림할 숫자
- num_digits: 내림할 자릿수

ROUNDDOWN 함수는 숫자를 지정한 자릿수(두 번째 인수)로 무조건 내립니다.

활용 1 내림할 자릿수가 양수일 때

```
=ROUNDDOWN(153.2452, 2)  ➜  153.24
=ROUNDDOWN(153.2442, 2)  ➜  153.24
소수점 2자리로 무조건 내립니다.
```

활용 2 내림할 자릿수가 0일 때

```
=ROUNDDOWN(153.2452,0)  ➜  153
=ROUNDDOWN(153.5452,0)  ➜  153
무조건 내림하여 정수로 만듭니다.
```

활용 3 내림할 자릿수가 음수일 때

```
=ROUNDDOWN(153,-1)  ➜  150
=ROUNDDOWN(155,-1)  ➜  150
십의 자리(-1)로 무조건 내립니다.
```

:: CEILING 함수 ─ 지정된 배수로 올림

CEILING(number, significance)
CEILING(숫자, 배수의 기준)
두 번째 인수 significance의 배수로 올려진 수를 구해준다.

- number: 올림할 숫자
- significance: 배수의 기준이 되는 수

CEILING 함수는 어떤 값 범위에서 천정(ceiling) 부근에 있는 값, 즉 위쪽에 있는 값을 가져옵니다.

활용 1 배수의 기준으로 올림

=CEILING(1.2, 1) ➜ 2
1의 배수, 즉 1보다 큰 정수로 올립니다.

=CEILING(153, 5) ➜ 155
5의 배수 중에서 153보다 크고 153에 가장 가까운 155로 올립니다.

=CEILING(153, 7) ➜ 154
7의 배수 중에서 153보다 크고 153에 가장 가까운 154로 올립니다.

활용 2 배수의 기준으로 내림

> 입력 값이 음수이고 두 번째 인수 significance가 음수이면 내림합니다.

=CEILING(-153, -5) ➜ -155
입력 값이 음수이고 significance가 음수이면 0에서 먼 쪽(음수 방향)으로 내립니다.

=CEILING(153, -5) ➜ #NUM!
입력 값이 양수이고 significance가 음수이면 오류가 발생합니다.

:: FLOOR 함수 — 지정된 배수로 내림

> **함수구문**
>
> FLOOR(number, significance)
> FLOOR(숫자, 배수의 기준)
> 두 번째 인수 significance의 배수로 내려진 수를 구해준다.
> - number: 내림할 숫자
> - significance: 배수의 기준이 되는 수

FLOOR 함수는 어떤 값 범위에서 바닥(floor) 부근에 있는 값, 즉 아래쪽에 있는 값을 가져옵니다.

활용1 배수의 기준으로 내림

=FLOOR(1.2, 1) → 1
1의 배수, 즉 1로 내립니다.

=FLOOR(153, 5) → 150
5의 배수 중에서 153보다 작고 153에 가장 가까운 150으로 내립니다.

=FLOOR(153, 7) → 147
7의 배수 중에서 153보다 작고 153에 가장 가까운 147로 내립니다.

활용2 배수의 기준으로 올림

> 입력 값이 음수이고 두 번째 인수 significance가 음수이면 올림합니다.

=FLOOR(-153, -5) → -150
입력 값이 음수이고 significance가 음수이면 0에 가까운 쪽(양수 방향)으로 올립니다.

=FLOOR(153, -5) → #NUM!
입력 값이 양수이고 significance가 음수이면 오류가 발생합니다.

∷ MROUND 함수 — 배수 값으로 숫자 반올림

함수구문

MROUND(number, multiple)
MROUND(숫자, 배수의 기준)
두 번째 인수 multiple의 배수로 반올림된 수를 구해준다(올림 또는 내림).
- number: 반올림할 숫자
- multiple: 배수의 기준이 되는 수

MROUND 함수는 반올림 기준으로 작동합니다. 입력된 값을 배수의 기준이 되는 값으로 나눈 나머지가 배수의 기준이 되는 값의 절반보다 크거나 같으면 올리고, 반대의 경우 내립니다.

활용 1 1의 배수로 반올림

=MROUND(1.2, 1) ➡ 1
1의 배수 중에서 1.2에 가까운 1로 내립니다.

=MROUND(1.5, 1) ➡ 2
1의 배수 중에서 1.5에 가까운 2로 올립니다.

활용 2 5의 배수로 반올림

=MROUND(152, 5) ➡ 150
5의 배수 중에서 152에 가까운 150으로 내립니다.

=MROUND(153, 5) ➡ 155
5의 배수 중에서 153에 가까운 155로 올립니다.

활용 3 4, 7의 배수로 반올림

=MROUND(153, 4) ➡ 152
4의 배수 중에서 153에 가까운 152로 내립니다.

=MROUND(158, 7) ➡ 161
7의 배수 중에서 158에 가까운 161로 올립니다.

CEILING/FLOOR 함수와 MROUND 함수의 차이

다음은 각 함수의 특징을 나타낸 것입니다. 비슷한 듯하지만 차이가 있습니다. CEILING/FLOOR 함수는 원하는 방향으로 올리거나 내릴 수 있지만, MROUND 함수는 반올림 기준으로 올리거나 내려줍니다.

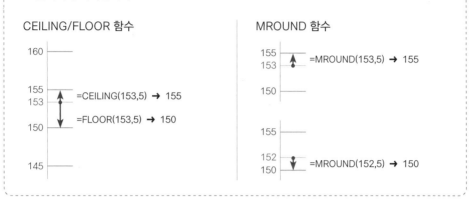

CEILING/FLOOR 함수

=CEILING(153,5) → 155
=FLOOR(153,5) → 150

MROUND 함수

=MROUND(153,5) → 155

=MROUND(152,5) → 150

:: TRUNC 함수 — 지정된 자릿수까지만 남기기(절사하기)

함수 구문

TRUNC(number, [num_digits])
TRUNC(숫자, [남길 자릿수])
숫자에서 지정된 자릿수까지만 남기고 나머지는 버린다.

- number: 절사할 숫자
- num_digits: 남길 자릿수

함수의 이름 TRUNC는 Truncate(잘라내다, 줄이다)를 줄여 쓴 것입니다.

활용 지정된 자릿수까지만 남기기

=TRUNC(153.267,0) → 153
소수점 이하는 전부 버리고 정수 부분만 남깁니다.

=TRUNC(153.267,1) → 153.2
두 번째 인수가 1이므로 소수점 첫째 자리까지만 남깁니다.

=TRUNC(153.267,-1) → 150
두 번째 인수가 -1이므로 십의 자리까지만 남기고 나머지는 버립니다.

=TRUNC(-153.267,0) → -153
소수점 이하는 전부 버리고 정수 부분만 남깁니다.

:: INT 함수 — 가까운 정수로 내림하기

INT(number)
INT(숫자)
숫자를 가장 가까운 정수로 내림한다.
- number: 내림할 숫자

INT는 정수를 의미하는 Integer를 줄여 쓴 것입니다.

활용 가까운 정수로 내림하기

=INT(99.1) ➔ 99
=INT(99.99) ➔ 99
=INT (15.23) ➔ 15
양수이면 소수점 부분을 버립니다.

=INT(-10.3) ➔ -11
음수이면 -10이 아니라 -11로 내립니다.

 **엑셀 능력자의 꿀팁** INT/ROUNDDOWN/TRUNC 함수 비교

INT 함수와 유사한 기능을 가진 ROUNDDOWN 함수나 TRUNC 함수는 양수일 때는 INT 함수와 결과가 동일하지만 음수일 때는 소수점 부분을 버리고 정수 부분만 취합니다.

값	INT(값)	ROUNDDOWN(값,0)	TRUNC(값,0)
99.99	99	99	99
15.23	15	15	15
-10.3	-11	-10	-10
-10.9	-11	-10	-10

08-5 최소값, 최대값 구하기

• 실습 파일 [08장] 폴더 안에 각각의 함수별로 제공

다음은 엑셀에서 최소값/최대값과 조건을 만족하는 최소값/최대값을 구하는 함수들입니다.

함수	설명
MIN	숫자 중에서 최소값 구하기
MAX	숫자 중에서 최대값 구하기
MINIFS	여러 조건을 만족하는 범위의 최소값 구하기
MAXIFS	여러 조건을 만족하는 범위의 최대값 구하기

:: MIN 함수 ─ 숫자 중에서 최소값 구하기

> **함수구문**
> MIN(number1, [number2], …)
> MIN(숫자1, [숫자2], …)
> 숫자가 포함된 인수의 최소값을 구해준다.
> • number1, number2는 최소값을 구하려는 숫자, 셀 참조 또는 범위

활용 숫자가 포함된 셀의 최소값 구하기

MIN 함수는 숫자가 포함된 셀의 최소값을 구하므로 10, 20, 30만 숫자로 인식되어 최소값 10이 구해집니다.

```
=MIN(B7:B13) ➜ 10
```

엑셀 능력자의 꿀팁 논리값, 문자열은 수식에 입력할 때는 계산에 포함

표에서 논리값(TRUE)이나 문자열, 문자열로 표시된 숫자("-5")는 계산 시 빠졌지만 MIN 함수의 인수로 값을 직접 입력할 때는 "-5"와 TRUE를 포함하여 계산하므로 최소값 -5가 구해집니다.

=MIN(10,20,30,"-5", TRUE) ➡ -5

문자열로 표시된 숫자 "-5"는 -5로 계산되고 TRUE는 1로 계산됩니다. FALSE가 입력되면 0으로 계산됩니다.

:: MAX 함수 ─ 숫자 중에서 최대값 구하기

함수구문
MAX(number1, [number2], …)
MAX(숫자1, [숫자2], …)
숫자가 포함된 인수의 최대값을 구해준다.
• number1, number2는 최대값을 구하려는 숫자, 셀 참조 또는 범위

활용 숫자가 포함된 셀의 최대값 구하기

MAX 함수는 숫자가 포함된 셀의 최대값을 구하므로 10, 20, 30만 숫자로 인식되어 최대값 30이 구해집니다.

=MAX(B7:B13) ➡ 30

	A	B	C	D	E
5					
6		입력 값	인식되는 값		
7		10	10		
8		20	20		
9		30	30		
10		"40"	인식안됨		
11			인식안됨		
12		ABC	인식안됨		
13		TRUE	인식안됨		
14					
15		=MAX(B7:B13)			
16					

:: MINIFS 함수 — 여러 조건을 만족하는 범위의 최소값 구하기 [엑셀 2019 이상] →

함수구문 MINIFS(min_range, criteria_range1, criteria1, [criteria_range2, criteria2], …)

MINIFS(숫자범위, 조건범위1, 조건1, [조건범위2, 조건2], …)

여러 조건을 만족하는 범위에서 최소값을 구해준다.

- min_range: 최소값을 구할 숫자 범위
- criteria_range1: 첫 번째 조건을 적용할 범위
- criteria1: 최소값을 구할 첫 번째 조건
- criteria_range2: 두 번째 조건을 적용할 범위
- criteria2: 최소값을 구할 두 번째 조건

MINIFS 함수는 MIN 함수와 IFS 함수가 합쳐진 형태입니다. 조건을 여러 개 정해서 최소값을 구하는 함수입니다.

활용 판매실적에서 거래처별, 상품별 범위의 최소값 구하기

거래처가 '신촌 아트박스'이면서 상품이 '노트'인 것의 판매금액 중 최소값을 구하려면 다음 수식을 입력합니다. 최소값 50,000이 구해집니다.

=MINIFS(E6:E14,C6:C14,"신촌 아트박스",D6:D14,"노트") ➡ 50,000

수식풀이 =MINIFS(E6:E14,C6:C14,"신촌 아트박스",D6:D14,"노트") ➡ 50,000

- [C6:C14] 셀 범위에서 '신촌 아트박스'인 행만 골라낸 후,

- [D6:D14] 셀 범위에서 '노트'인 행만 골라내어,

- 골라낸 행의 판매금액 중에서 가장 작은(최소값) 50,000원을 구해줍니다.

:: MAXIFS 함수 — 여러 조건을 만족하는 범위의 최대값 구하기 [엑셀 2019 이상] →

> **함수구문**
>
> MAXIFS(max_range, criteria_range1, criteria1, [criteria_range2, criteria2], …)
>
> MAXIFS(숫자범위, 조건범위1, 조건1, [조건범위2, 조건2], …)
>
> 여러 조건을 만족하는 범위에서 최대값을 구해준다.
>
> - max_range: 최대값을 구할 숫자 범위
> - criteria_range1: 첫 번째 조건을 적용할 범위
> - criteria1: 최대값을 구할 첫 번째 조건
> - criteria_range2: 두 번째 조건을 적용할 범위
> - criteria2: 최대값을 구할 두 번째 조건

MAXIFS 함수는 MAX 함수와 IFS 함수가 합쳐진 형태입니다. 조건을 여러 개 정해서 최대값을 구하는 함수입니다.

활용 판매실적에서 거래처별, 상품별 범위의 최대값 구하기

다음 자료에서 거래처가 '신촌 아트박스'이면서 상품이 '노트'인 것의 판매금액 중 가장 큰 값(최대값)을 구하려면 다음 수식을 입력합니다. 최대값 720,000이 구해집니다.

```
=MAXIFS(E6:E14,C6:C14,"신촌아트박스",D6:D14,"노트") → 720,000
```

> **수식풀이**
>
> =MAXIFS(E6:E14,C6:C14,"신촌아트박스",D6:D14,"노트") → 720,000
>
> - [C6:C14] 셀 범위에서 '신촌 아트박스'인 행만 골라낸 후,
>
> - [D6:D14] 셀 범위에서 '노트'인 행만 골라내어,
>
> - 골라낸 행의 판매금액 중에서 가장 큰(최대값) 720,000원을 구해줍니다.

08-6 평균값 구하기

• 실습 파일 [08장] 폴더 안에 함수별로 제공

엑셀에서 평균값을 구하는 함수는 다음과 같습니다.

함수	설명
AVERAGE	평균 구하기
AVERAGEIF	조건을 만족하는 셀의 평균 구하기
AVERAGEIFS	여러 조건을 만족하는 셀의 평균 구하기

:: AVERAGE 함수 — 평균 구하기

함수 구문

AVERAGE(number1, [number2], …)
AVERAGE(숫자1, [숫자2], …)
인수의 평균(산술평균)을 구해준다.

• number1, number2는 평균을 구하려는 숫자, 셀 참조 또는 범위

활용 1 숫자가 포함된 셀의 평균 구하기

AVERAGE 함수는 숫자가 포함된 셀의 평균을 구하므로 10, 20, 30만 계산되어 평균값 20이 구해집니다. 즉 (10+20+30)/3 = 20입니다.

```
=AVERAGE(B5:B11) ➜ 20
```

숫자, 텍스트, 논리값이 포함된 셀의 평균 구하기

=AVERAGEA(B20:B26) → 10.17

AVERAGEA 함수는 숫자, 텍스트, 논리값이 포함된 셀의 평균을 구하므로 10, 20, 30은 숫자로 계산되고, "10"은 숫자처럼 보이지만 텍스트(문자열)로 인식하므로 0으로 계산되며, 공백은 계산에서 제외되고, ABC는 텍스트(문자열)이므로 0으로 계산되고, TRUE는 1로 계산되어 평균값은 10.17이 됩니다. 즉 (10+20+30+0+0+1)/6 = 10.17입니다.

A	B 입력 값	C 계산 값
19		
20	10	10
21	20	20
22	30	30
23	"10"	0
24		계산안됨
25	ABC	0
26	TRUE	1
27		
28	=AVERAGEA(B20:B26)	

> AVERAGEA 함수는 숫자, 텍스트, 논리값을 포함한 평균값을 구해줍니다.

:: AVERAGEIF 함수 — 조건을 만족하는 셀의 평균 구하기

AVERAGEIF(range, criteria, [average_range])
AVERAGEIF(범위, 조건, [숫자범위])
범위에서 지정한 조건을 만족하는 모든 셀의 평균(산술평균)을 구해준다.
- range: 평균을 계산할 범위
- criteria: 평균을 구할 조건
- average_range: 평균을 계산할 숫자 범위(지정하지 않으면 range가 대신 사용됨)

일치하는 조건의 평균 구하기
상품이 '노트류'인 3개 행의 단가 평균 1833.33을 구해줍니다.

=AVERAGEIF(B35:B38,"노트류",D35:D38) → 1833.33

A	B 분류	C 상품	D 단가	E 판매수량	F 판매금액
33					
34	분류	상품	단가	판매수량	판매금액
35	노트류	스프링노트	2,000	35	70,000
36	노트류	미니노트	1,500	100	150,000
37	필기구	유성펜	5,000	55	275,000
38	노트류	스프링노트	2,000	190	380,000
39					
40	=AVERAGEIF(B35:B38,"노트류",D35:D38)				

활용2 수식을 활용해 평균 구하기

단가가 2,000원보다 크거나 같은 3개 행의 단가 평균 3000을 구해줍니다.

```
=AVERAGEIF(D43:D46,">=2000")  →  3000
```

	A	B	C	D	E	F
41						
42		**분류**	**상품**	**단가**	**판매수량**	**판매금액**
43		노트류	스프링노트	2,000	35	70,000
44		노트류	미니노트	1,500	100	150,000
45		필기구	유성펜	5,000	55	275,000
46		노트류	스프링노트	2,000	190	380,000
47						
48		=AVERAGEIF(D43:D46,">=2000")				

:: AVERAGEIFS 함수 — 여러 조건을 만족하는 셀의 평균 구하기 ──────

함수구문

AVERAGEIFS(average_range, criteria_range1, criteria1, [criteria_range2, criteria2], ···)
AVERAGEIFS(숫자범위, 조건범위1, 조건1, [조건범위2, 조건2], ···)

여러 조건에 맞는 모든 셀의 평균(산술평균)을 구해준다.

- average_range: 평균을 계산할 숫자 범위
- criteria_range1: 조건을 적용할 범위
- criteria1: 평균을 구할 조건

조건을 더 적용하려면 criteria_range2, criteria2 형식으로
계속 입력할 수 있음.

> 범위와 조건을 최대 127쌍까지
> 지정할 수 있습니다.

활용 조건이 두 가지 이상일 때 평균 구하기

분류가 '노트류'이고 상품이 '스프링노트'인 셀의 단가 평균 2000원을 구해줍니다.

```
=AVERAGEIFS(D53:D56,B53:B56,"노트류",C53:C56,"스프링노트")  →  2000
```

	A	B	C	D	E	F
51						
52		**분류**	**상품**	**단가**	**판매수량**	**판매금액**
53		노트류	스프링노트	2,000	35	70,000
54		노트류	미니노트	1,500	100	150,000
55		필기구	유성펜	5,000	55	275,000
56		노트류	스프링노트	2,000	190	380,000
57						
58		=AVERAGEIFS(D53:D56,B53:B56,"노트류",C53:C56,"스프링노트")				

08-7 순위 구하기

• 실습 파일 [08장] 폴더 안에 함수별로 제공

엑셀에서 순위를 구하는 함수는 다음과 같습니다.

함수	설명
RANK	숫자 목록에서 지정한 수의 순위 구하기
RANK.EQ	숫자 목록에서 지정한 수의 순위 구하기(RANK 함수와 기능 동일)
RANK.AVG	숫자 목록에서 지정한 수의 순위 구하기(같은 수가 여러 개이면 평균 순위)

RANK 함수는 RANK.EQ 함수와 RANK.AVG 함수 두 함수로 대체되었습니다. 이전 엑셀 버전과의 호환성을 위해 제공되므로 엑셀 2010 버전부터는 용도에 따라 RANK.EQ 함수 또는 RANK.AVG 함수를 사용할 것을 권장합니다.

:: RANK.EQ 함수 — 숫자 목록에서 지정한 수의 순위 구하기 [엑셀 2010 이상] →

함수 구문

RANK.EQ(number, ref, [order])
RANK.EQ(숫자, 참조, [순위결정방법])
숫자 목록에서 지정한 수의 순위를 구해준다.

> RANK.EQ 함수와 RANK 함수는 함수 구문과 사용법이 동일하므로 RANK. EQ 함수만 설명합니다.

- number: 순위를 구하려는 수
- ref: 숫자 목록의 배열 또는 참조(숫자 이외의 값은 무시됨)
- order: 순위 결정 방법(0 또는 생략 시 가장 큰 값이 1순위가 되며, 0이 아니면 가장 작은 값이 1순위가 됨)

RANK.EQ 함수는 숫자 목록에서 순위를 구해줍니다. 학교에서 성적 석차를 구하거나, 업무에서 숫자 값들의 순위를 구해야 할 때 사용할 수 있습니다.

활용 1 성적 석차 구하기 - 동점자가 없는 경우

다음과 같이 학생들의 국어 성적이 산출되어 있을 때 석차를 구해보겠습니다. [D6] 셀에 다음 수식을 입력합니다.

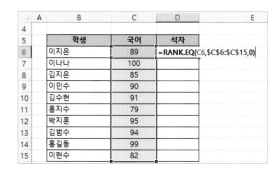

=RANK.EQ(C6,$C$6:$C$15,0)

=RANK.EQ(<u>C6</u>,$C$6:$C$15,<u>0</u>)

- 첫 번째 인수 [C6]은 이지은의 국어 성적입니다.

- 두 번째 인수 [$C$6:$C$15]는 석차를 구할 전체 학생의 성적 범위입니다.

- 세 번째 인수 0은 내림차순 정렬을 의미합니다(가장 높은 점수가 1순위가 됨).

첫 번째 이지은의 석차가 구해졌으므로 나머지 학생들의 석차는 수식을 복사해서 붙여넣거나 자동 채우기를 하면 구할 수 있습니다.

수식에서 성적 범위 [$C$6:$C$15]가 절대참조로 되어 있어 붙여넣기 해도 같은 범위가 유지되므로 나머지 학생들의 석차가 정상적으로 구해집니다.

활용 2 성적 석차 구하기 - 동점자가 있는 경우

이번에는 학생별 성적에서 동점자가 있는 경우 석차를 구해보겠습니다.

	학생	국어	석차	
18				
19	학생	국어	석차	
20	이지은	89		
21	이나나	100		
22	김지은	85		
23	이민수	90		동점자
24	김수현	91		
25	홍지수	79		
26	박지훈	90		동점자

[D20] 셀에 다음 수식을 입력합니다.

```
=RANK.EQ(C20,$C$20:$C$29,0)
```

	학생	국어	석차	
18				
19	학생	국어	석차	
20	이지은	89	=RANK.EQ(C20,$C$20:$C$29,0)	
21	이나나	100		
22	김지은	85		
23	이민수	90		
24	김수현	91		
25	홍지수	79		
26	박지훈	90		
27	김범수	94		
28	홍길동	99		
29	이현수	82		

[D20] 셀을 복사한 후 [D21:D29] 셀 범위를 선택하여 붙여넣으면 나머지 학생들의 석차가 구해집니다.
이민수, 박지훈은 성적이 90점으로 동일하므로 석차가 동일하게 5등이며, 6등은 없고 다음 석차는 7등이 됩니다.

	학생	국어	석차	
18				
19	학생	국어	석차	
20	이지은	89	7	
21	이나나	100	1	
22	김지은	85	8	
23	이민수	90	5	동점자
24	김수현	91	4	
25	홍지수	79	10	
26	박지훈	90	5	동점자
27	김범수	94	3	
28	홍길동	99	2	
29	이현수	82	9	

하면 된다! } RANK 함수로 여러 조건으로 순위 구하기(동순위 문제 해결)

• 실습 파일 08-7.RANK -여러조건-순위구하기-실습.xlsx
• 완성 파일 08-7.RANK -여러조건-순위구하기-완성.xlsx

인사 평가에서 평가 점수를 기준으로 순위를 구할 때 RANK 함수를 이용하게 됩니다. 하지만 다음 자료와 같이 평가 점수가 같으면 동순위로 계산되기 때문에 동료평가 점수, 어학 점수 등 여러 조건을 추가하여 순위를 다시 계산해야 합니다. RANK 함수와 COUNTIFS 함수를 이용하여 순위를 다시 계산하는 방법을 알아보겠습니다

	이름	평가 총점	동료평가 점수	어학 점수	총점 순위	동료평가 반영 순위	어학 반영 순위
2							
3	인사 평가표						
4	이름	평가 총점	동료평가 점수	어학 점수	총점 순위	동료평가 반영 순위	어학 반영 순위
5	김제인	95	8	8	1	1	1
6	이누리	90	7	9	2	2	2
7	신지수	90	7	6	2	2	3
8	윤갑수	90	6	6	2	4	4
9	강민준	85	4	5	5	5	5
10	정세형	85	3	6	5	6	6
11	선우재덕	82	4	6	7	7	7
12	양진우	82	3	4	7	8	8
13	정우혁	77	3	5	9	9	9
14	김민욱	75	5	5	10	10	10
15							

RANK.EQ 함수는 엑셀 2010 버전부터 사용할 수 있습니다. 실무 예시라서 엑셀 2007 버전 사용자도 고려해서 RANK 함수를 사용했습니다.

순위가 같을 경우 조건 추가하여 순위 구하기

다음과 같은 순서로 인사 평가표의 순위를 구하려고 합니다.

- 평가 총점을 기준으로 총점 순위를 구합니다.
- 순위가 같을 경우 동료평가 점수를 반영하여 순위를 다시 구합니다.
- 그래도 같은 순위가 있으면 어학 점수를 반영하여 순위를 다시 구합니다.

01. 먼저 RANK 함수로 순위를 구해보겠습니다.
[F5] 셀에 =RANK(C5, $C$5:$C$14) 수식을 입력합니다.

02. 수식을 복사하여 나머지 [F6:F14] 셀 범위에 붙여넣으면 총점 순위가 모두 계산됩니다. 평가 총점 기준으로 동점자가 있으므로 일부 동일 순위가 나왔습니다.

03. 총점 기준으로 동순위일 때 동료평가 점수가 높으면 상위 순위가 되도록 다시 계산해 보겠습니다. [G5] 셀에 다음 수식을 입력하고, 수식을 복사하여 나머지 [G6:G14] 셀 범위에 붙여 넣습니다.

```
=F5+COUNTIFS($C$5:$C$14,C5,$D$5:$D$14,">"&D5)
```

총점 순위(F5)에 COUNTIFS 함수로 나와 평가 총점이 같고 나보다 동료평가 점수가 높은 사람의 수를 구해서 더하면 동료평가를 반영한 순위가 됩니다.

INDEX	∨ : × ✓ fx	=F5+COUNTIFS($C$5:$C$14,C5,$D$5:$D$14,">"&D5)

	B	C	D	E	F	G	H
3	**인사 평가표**						
4	이름	평가 총점	동료평가 점수	어학 점수	총점 순위	동료평가 반영 순위	어학 반영 순위
5	김제인	95	8	8	1	=F5+COUNTIFS($C$5:$C$14,C5,$D$5:$D$14,">"&D5)	
6	이누리	90	7	9	2		
7	신지수	90	7	6	2		
8	윤갑수	90	6	6	2		
9	강민준	85	4	5	5		
10	정세형	85	3	6	5		
11	선우재덕	82	4	6	7		
12	양진우	82	3	4	7		
13	정우혁	77	3	5	9		
14	김민욱	75	5	5	10		

이 수식에서 COUNTIFS 함수가 핵심입니다.

수식 풀이
```
=COUNTIFS($C$5:$C$14,C5,$D$5:$D$14,">"&D5)
```
- 평가 총점 범위 [$C$5:$C$14]에 있는 값이 [C5] 셀과 같고(나와 평가 총점이 같으면서)
- 동료평가 점수 범위 [$D$5:$D$14]에 있는 값이 [D5] 셀의 값보다 크면(동료평가 점수가 나의 점수보다 높다면)

양진우를 나라고 가정하고 설명하면, 나와 평가 총점이 같은 사람 중에 나보다 동료평가 점수가 높은 사람의 수(결국 나의 순위가 됨)를 구해야 합니다.

이름	평가 총점	동료평가 점수
정세형	85	3
선우재덕	82	4
양진우	82	3
정우혁	77	3

평가 총점이 82점이면서 '양진우'보다 동료평가 점수가 높은 사람은 '선우재덕' 1명이므로 1을 반환

04. 이렇게 구한 값(1)에 양진우의 총점 순위(7)를 더하면 동료평가를 반영한 양진우의 순위는 8이 됩니다. 선우재덕 기준으로 계산하면 평가 총점이 82점인 사람 중에서 동료평가 점수가 4점보다 높은 사람은 없으므로 0이 반환되고 선우재덕의 총점 순위(7)을 더하면 순위는 7위를 그대로 유지합니다.

그런데 문제는 이누리, 신지수는 동료평가 점수도 같으므로 동료평가 점수를 반영해서 순위를 계산해도 여전히 2위로 동일하다는 것입니다.

동료평가 점수를 반영해도 동순위가 나올 경우 처리하기

동료평가 점수를 반영해도 동순위 문제가 해결이 안 될 경우에는 추가 조건(어학 점수 등)을 반영해서 순위를 다시 계산하면 됩니다. 앞에서 살펴본 방식과 기본 원리는 동일하고 조건만 추가되는 방식입니다.

01. [H5] 셀에 다음 수식을 입력하고 수식을 복사하여 나머지 [H6:H14] 범위에 붙여넣으면 어학 점수를 반영한 순위가 계산됩니다.

```
=G5+COUNTIFS($C$5:$C$14,C5, $D$5:$D$14,D5,$E$5:$E$14,">"&E5)
```

02. 동료평가를 반영한 순위(G5)에 COUNTIFS 함수로 나와 평가 총점이 같고 나와 동료평가 점수도 같으면서 어학 점수가 높은 사람의 수를 구해서 더하면 어학 점수를 반영한 순위가 됩니다.

어학 점수까지 반영하니 동순위 문제가 해결되었습니다. 실무에서 이보다 많은 조건을 반영해야 한다면 앞에서 설명한 방식으로 조건을 추가하면 됩니다.

	H5			✕ ✓ *fx*	=G5+COUNTIFS($C$5:$C$14,C5,$D$5:$D$14,D5,$E$5:$E$14,">"&E5)						
	A	B	C	D	E	F	G	H	J	K	L	M
2												
3		**인사 평가표**										
4		이름	평가 총점	동료평가 점수	어학 점수	총점 순위	동료평가 반영 순위	어학 반영 순위				
5		김제인	95	8	8	1	1	1				
6		이누리	90	7	9	2	2	2				
7		신지수	90	7	6	2	2	3				
8		윤갑수	90	6	6	2	4	4				
9		강민준	85	4	5	5	5	5				
10		정세형	85	3	6	5	6	6				
11		선우재덕	82	4	6	7	7	7				
12		양진우	82	3	4	7	8	8				
13		정우혁	77	3	5	9	9	9				
14		김민욱	75	5	5	10	10	10				

엑셀 능력자의 꿀팁 | **동순위 문제 해결에는 배열 수식 대신 COUNTIFS 함수를 사용하세요!**

동순위 문제를 해결하기 위해 COUNTIFS 함수가 아니라 다음과 같은 배열 수식을 사용하는 경우도 있습니다. 기본 원리는 동일합니다.

```
=RANK(C5,$C$5:$C$14)+SUM(($C$5:$C$14=C5)*($D$5:$D$14>D5))
```

하지만 COUNTIFS 함수를 쓸 수 없는 환경이 아니라면 배열 수식보다는 COUNTIFS 함수를 쓰는 것이 이해하기도 쉽고, 배열 수식을 잘못 입력해서 생기는 오류의 가능성도 적습니다.

하면 된다! } RANK 함수로 그룹별 순위 구하기

• 실습 파일 08-7.RANK -그룹별-순위구하기-실습.xlsx
• 완성 파일 08-7.RANK -그룹별-순위구하기-완성.xlsx

회사에서 인사 평가를 할 때 전체 순위를 구하고 본부나 팀 단위의 그룹별 순위를 구해야 할 때가 있습니다. 이번에는 전체 순위를 구한 후 본부, 팀 등 그룹별로 순위를 구하는 방법을 알아보겠습니다.

부서	이름	평가 점수	전체 순위	부서내 순위
기획팀	윤갑수	88	3	1
기획팀	선우재덕	86	5	2
기획팀	양진우	79	8	3
인사팀	신지수	90	2	1
인사팀	이누리	88	3	2
인사팀	강민준	85	6	3
인사팀	정우혁	77	9	4
총무팀	김제인	95	1	1
총무팀	정세형	83	7	2
총무팀	김민욱	75	10	3

이 방식은 학교에서 학년 전체 석차를 구한 후 반별 석차를 구할 때 사용할 수 있습니다.

다음 인사 평가표에서 평가 점수를 기준으로 전체 순위를 구하고 부서 내 순위를 구해보겠습니다.

01. 먼저 RANK 함수로 전체 순위를 구해보겠습니다.

[D5] 셀에 =RANK(D5,$D$5:$D$14) 수식을 입력하고, 수식을 복사하여 나머지 [D6:D14] 셀 범위에 붙여넣습니다. 전체 순위가 구해졌습니다.

INDEX | =RANK(D5,$D$5:$D$14)

부서	이름	평가 점수	전체 순위	부서내 순위
기획팀	윤갑수	88	=RANK(D5,$D$5:$D$14)	
기획팀	선우재덕	86		
기획팀	양진우	79		
인사팀	신지수	90		
인사팀	이누리	88		
인사팀	강민준	85		
인사팀	정우혁	77		
총무팀	김제인	95		
총무팀	정세형	83		
총무팀	김민욱	75		

E5 | =RANK(D5,$D$5:$D$14)

부서	이름	평가 점수	전체 순위	부서내 순위
기획팀	윤갑수	88	3	
기획팀	선우재덕	86	5	
기획팀	양진우	79	8	
인사팀	신지수	90	2	
인사팀	이누리	88	3	
인사팀	강민준	85	6	
인사팀	정우혁	77	9	
총무팀	김제인	95	1	
총무팀	정세형	83	7	
총무팀	김민욱	75	10	

02. 이제 부서별로 평가 점수 기준으로 순위를 계산해 보겠습니다.
[F5] 셀에 다음 수식을 입력하고 수식을 복사하여 나머지 [F6:F14] 셀 범위에 붙여 넣으면 부서 내 순위가 계산됩니다.

```
=COUNTIFS($B$5:$B$14,$B5,$D$5:$D$14,">"&$D5)+1
```

COUNTIFS 함수로 나와 부서가 같고($B$5:$B$14,$B5) 나보다 평가 점수가 높은 사람($D$5:$D$14,">"&$D5)의 수를 구해서 1을 더하면 부서 내 순위가 됩니다.

INDEX		:	× ✓	fx	=COUNTIFS($B$5:$B$14,$B5,$D$5:$D$14,">"&$D5)+1					
	A	B	C	D	E	F	H	I	J	K
2										
3		인사 평가표								
4		부서	이름	평가 점수	전체 순위	부서내 순위				
5		기획팀	윤갑수	88	3	=COUNTIFS($B$5:$B$14,$B5,$D$5:$D$14,">"&$D5)+1				
6		기획팀	선우재덕	86	5					
7		기획팀	양진우	79	8					
8		인사팀	신지수	90	2					
9		인사팀	이누리	88	3					
10		인사팀	강민준	85	6					
11		인사팀	정우혁	77	9					
12		총무팀	김제인	95	1					
13		총무팀	정세형	83	7					
14		총무팀	김민욱	75	10					

양진우를 나라고 가정하고 설명하면 나와 같은 부서(기획팀) 사람 중 나보다 평가 점수가 높은 사람은 2명입니다. 결국 2에 1을 더하면 부서 내에서 나의 순위(3)가 됩니다.
윤갑수 기준으로 계산하면 같은 부서(기획팀) 사람 중에서 평가 점수가 88점보다 높은 사람은 없으므로 COUNTIFS 함수는 0을 반환하고 0에 1을 더하면 윤갑수의 순위(1)가 됩니다.

부서	이름	평가 점수	전체 순위	COUNTIFS
기획팀	윤갑수	88	3	0
기획팀	선우재덕	86	5	1
기획팀	양진우	79	8	2

부서가 기획팀이고 양진우보다 평가 점수가 높은 사람은 2명이므로 2를 반환

03. 최종적으로 부서 내 순위가 구해졌습니다.

	A	B	C	D	E	F	H	I	J
		F5			fx	=COUNTIFS($B$5:$B$14,$B5,$D$5:$D$14,">"&$D5)+1			
2									
3		인사 평가표							
4		부서	이름	평가 점수	전체 순위	부서내 순위			
5		기획팀	윤갑수	88	3	1			
6		기획팀	선우재덕	86	5	2			
7		기획팀	양진우	79	8	3			
8		인사팀	신지수	90	2	1			
9		인사팀	이누리	88	3	2			
10		인사팀	강민준	85	6	3			
11		인사팀	정우혁	77	9	4			
12		총무팀	김제인	95	1	1			
13		총무팀	정세형	83	7	2			
14		총무팀	김민욱	75	10	3			

엑셀 능력자의 꿀팁 순위를 구할 때는 배열 수식 대신
COUNTIFS 함수를 사용하세요!

부서별, 그룹별 순위를 구하기 위해 COUNTIFS 함수가 아니라 다음과 같이 배열 수식을 사용하는 경우도 있습니다. 기본 원리는 동일합니다.

```
=SUMPRODUCT(($B$5:$B$14=B5)*($D$5:$D$14>D5))+1
```

하지만 COUNTIFS 함수를 쓸 수 없는 환경이 아니라면 배열 수식보다는 COUNTIFS 함수를 쓰는 것이 이해하기도 쉽고, 배열 수식을 잘못 입력해서 생기는 오류의 가능성도 적습니다.

:: RANK.AVG 함수 — 숫자 목록에서 지정한 수의 평균 순위 구하기 [엑셀 2010 이상]

함수 구문

RANK.AVG(number, ref, [order])
RANK.AVG(숫자, 참조, [순위결정방법])
숫자 목록에서 지정한 수의 순위를 구해준다(같은 수가 여러 개일 때는 평균 순위를 구해줌).
- number: 순위를 구하려는 수
- ref: 숫자 목록의 배열 또는 참조(숫자 이외의 값은 무시됨)
- order: 0 또는 생략 시 가장 큰 값이 1순위가 되며, 0이 아니면 가장 작은 값이 1순위가 됨

RANK.AVG 함수는 숫자 목록에서 순위를 구해주며, 같은 수가 여러 개일 때는 평균 순위를 구해줍니다. 함수 이름의 마지막 AVG는 평균을 뜻하는 Average를 줄여쓴 것으로 평균 순위를 구해준다는 의미입니다.
반면 RANK 함수나 RANK.EQ 함수는 같은 수가 여러 개일 때 최상위 순위를 구해줍니다.

활용 1 성적에서 석차 구하기(동점자가 없는 경우)

다음과 같이 학생들의 국어 성적이 산출되어 있을 때 석차를 구해보겠습니다.

[D6] 셀에 다음 수식을 입력합니다.

=RANK.AVG(C6,$C$6:$C$15,0)

	A	B	C	D
5		학생	국어	석차
6		이지은	89	=RANK.AVG(C6,$C$6:$C$15,0)
7		이나나	100	
8		김지은	85	
9		이민수	90	
10		김수현	91	
11		홍지수	79	
12		박지훈	95	
13		김범수	94	
14		홍길동	99	
15		이현수	82	

수식 풀이

=RANK.AVG(C6,$C$6:$C$15,0)

- 첫 번째 인수 C6은 이지은 학생의 국어 성적입니다.
- 두 번째 인수 $C$6:$C$15는 석차를 구할 전체 학생의 성적 범위입니다.
- 세 번째 인수 0은 내림차순 정렬을 의미합니다(가장 높은 점수가 1순위가 됨).

첫 번째 학생의 성적이 구해졌으므로 나머지 학생들의 석차는 수식을 복사해서 붙여넣거나 자동 채우기를 하면 구할 수 있습니다.

=RANK.AVG(C6,$C$6:$C$15,0)에서 두 번째 인수 $C$6:$C$15 범위가 절대참조로 되어 있어 붙여넣기 해도 같은 범위가 유지되므로 나머지 학생들의 석차가 정상적으로 구해집니다.

	A	B	C	D
5		학생	국어	석차
6		이지은	89	7
7		이나나	100	1
8		김지은	85	8
9		이민수	90	6
10		김수현	91	5
11		홍지수	79	10
12		박지훈	95	3
13		김범수	94	4
14		홍길동	99	2
15		이현수	82	9

복사하기

붙여넣기

동점자가 없으므로 RANK, RANK.EQ 함수와 결과가 동일합니다.

성적에서 석차 구하기(동점자가 있는 경우)

이번에는 학생별 성적에서 동점자가 있는 경우 석차를 구해보겠습니다.
[D20] 셀에 다음 수식을 입력합니다.

=RANK.AVG(C20,$C$20:$C$29,0)

A	B	C	D
18			
19	학생	국어	석차
20	이지온	89	=RANK.AVG(C20,$C$20:$C$29,
21	이나나	100	
22	김지온	85	
23	이민수	90	
24	김수현	91	
25	홍지수	79	
26	박지훈	90	
27	김범수	94	
28	홍길동	99	
29	이현수	82	

[D20] 셀을 복사한 후 [D21:D29] 셀 범위를 선택하여 붙여넣으면 나머지 학생들의 석차가 구해집니다.
이민수, 박지훈은 성적이 90점으로 동일하므로 평균 석차 5.5가 구해집니다.

A	B	C	D	
18				
19	학생	국어	석차	
20	이지온	89	7	
21	이나나	100	1	
22	김지온	85	8	
23	이민수	90	5.5	동점자
24	김수현	91	4	
25	홍지수	79	10	
26	박지훈	90	5.5	동점자
27	김범수	94	3	
28	홍길동	99	2	
29	이현수	82	9	

엑셀 능력자의 꿀팁 RANK.AVG함수와 RANK.EQ 함수 비교

RANK.EQ 함수는 같은 점수가 여러 개일 때 최상위 석차 5를 구해주지만, RANK.AVG 함수는 4등과 7등 사이에 있는 석차(5등, 6등)의 평균 석차 5.5를 구해줍니다. 즉 (5+6)/2 = 5.5 입니다.

A	B	C	D	E	F
18					
19	학생	국어	석차(RANK.AVG)		석차(RANK.EQ)
20	이지온	89	7		7
21	이나나	100	1		1
22	김지온	85	8		8
23	이민수	90	5.5		5
24	김수현	91	4		4
25	홍지수	79	10		10
26	박지훈	90	5.5		5
27	김범수	94	3		3
28	홍길동	99	2		2
29	이현수	82	9		9

08-8 몇 번째로 큰 값, 작은 값 구하기

• 실습 파일 [08장] 폴더 안에 함수별로 제공

엑셀의 LARGE, SMALL 함수는 다른 함수에 포함되어 많이 사용되는 응용 범위가 넓은 함수입니다.

함수	설명
LARGE	데이터 집합에서 몇 번째(k번째)로 큰 값 구하기
SMALL	데이터 집합에서 몇 번째(k번째)로 작은 값 구하기

:: LARGE 함수 — 몇 번째로 큰 값 구하기

<table>
<tr><td rowspan="2">함
수
구
문</td><td>LARGE(array, k)</td></tr>
<tr><td>LARGE(배열, 순위)</td></tr>
</table>

데이터 집합에서 몇 번째(k번째)로 큰 값을 구해준다.

• array: 값이 들어 있는 배열 또는 범위
• k: 몇 번째로 큰지 나타내는 순위

LARGE 함수는 배열이나 범위에서 몇 번째로 큰 값을 구해줍니다. 가장 큰 값을 구하거나 두 번째 또는 세 번째 등 몇 번째로 큰 값을 구할 수 있습니다.

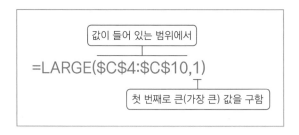

활용1 가장 높은 판매실적 구하기

판매실적 자료에서 가장 높은 또는 몇 번째로 높은 판매실적을 구해보겠습니다.

```
=LARGE($C$4:$C$10,1)  ➡  15,000,000
```

	A	B	C
2			
3		거래처명	1월 판매실적
4		홍익문구	5,300,000
5		신촌문구	3,200,000
6		신도림문구	4,570,000
7		서초 아트박스	2,500,000
8		경기문구총판	15,000,000
9		계양문구	1,530,000
10		성동 아트박스	870,000
11			
12			=LARGE($C$4:$C$10,1)

활용 2 두 번째로 높은 판매실적 구하기

두 번째 인수를 2로 바꾸면 됩니다.

```
=LARGE($C$4:$C$10,2)  ➡  5,300,000
```

하면 된다! } 판매실적 상위 3개의 합계 구하기   LARGE-함수사용법.xlsx

오른쪽 표에서 판매실적 상위 3개의 합계를 구해보겠습니다.

01. [C15] 셀에 다음 수식을 입력하고 Ctrl +
Shift + Enter 를 누릅니다.

	A	B	C
2			
3		거래처명	1월 판매실적
4		홍익문구	5,300,000
5		신촌문구	3,200,000
6		신도림문구	4,570,000
7		서초 아트박스	2,500,000
8		경기문구총판	15,000,000
9		계양문구	1,530,000
10		성동 아트박스	870,000
11			
15			=SUM(LARGE($C$4:$C$10,{1,2,3}))

```
=SUM(LARGE($C$4:$C$10, {1,2,3}))
➡  24,870,000
```

02. 판매실적 상위 3개(15,000,000, 5,300,000, 4,570,000)의 합계 24,870,000
원이 구해집니다.

수식 풀이	=SUM(LARGE($C$4:$C$10,{1,2,3})) • 배열 수식이므로 {1,2,3} 배열 요소의 개수만큼 LARGE 함수가 각각의 값을 구해 서 메모리에 저장하고, SUM 함수가 메모리에 저장된 값을 더합니다. • LARGE($C$4:$C$10,1) ← 가장 큰 값 • LARGE($C$4:$C$10,2) ← 두 번째로 큰 값 • LARGE($C$4:$C$10,3) ← 세 번째로 큰 값

함수 안에 함수가 있는 중첩 함수로 안쪽의 LARGE 함수부터 실행됩니다.
배열을 이용한 수식이므로 수식 입력 후 Ctrl + Shift + Enter를 눌러주어야 합니다. 정상적으로 배열 수식이 입력되면 수식 양쪽 끝에 중괄호(｛ ｝)가 붙어 있습니다. 위 수식을 응용하면 판매실적 상위 3개의 평균은 SUM 함수 대신 평균을 구하는 AVERAGE 함수를 사용해 구할 수 있습니다.

> =AVERAGE(LARGE($C$4:$C10,{1,2,3})) → 8,290,000

하면 된다! } 가장 높은 판매실적을 달성한 거래처명 구하기

LARGE-함수사용법.xlsx

이번에는 가장 높은 판매실적을 달성한 거래처명을 구해보겠습니다.

01. [C14] 셀에 다음 수식을 입력합니다.

> =INDEX(B4:B10,MATCH(LARGE(C4:C10,1),C4:C10,0)) → 경기문구총판

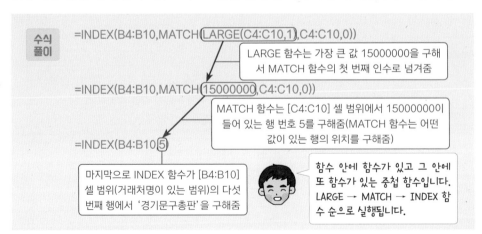

INDEX와 MATCH 함수를 이용해서 값을 찾는 자세한 방법은 10장의 'VLOOKUP으로 안 될 때 INDEX, MATCH 함수 사용하기'를 참조하세요.

02. 가장 높은 판매실적 15,000,000원을 달성한 거래처는 경기문구총판입니다.

수식
풀이

=INDEX(B4:B10,MATCH(LARGE(C4:C10,1),C4:C10,0))

LARGE 함수는 가장 큰 값 15000000을 구해서 MATCH 함수의 첫 번째 인수로 넘겨줌

=INDEX(B4:B10,MATCH(15000000,C4:C10,0))

MATCH 함수는 [C4:C10] 셀 범위에서 15000000이 들어 있는 행 번호 5를 구해줌(MATCH 함수는 어떤 값이 있는 행의 위치를 구해줌)

=INDEX(B4:B10,5)

마지막으로 INDEX 함수가 [B4:B10] 셀 범위(거래처명이 있는 범위)의 다섯 번째 행에서 '경기문구총판'을 구해줌

함수 안에 함수가 있고 그 안에 또 함수가 있는 중첩 함수입니다. LARGE → MATCH → INDEX 함수 순으로 실행됩니다.

:: SMALL 함수 — 몇 번째로 작은 값 구하기

SMALL(array,k)
SMALL(배열, 순위)

데이터 집합에서 몇 번째(k번째)로 작은 값을 구해준다.

- array: 값이 들어 있는 배열 또는 범위
- k: 몇 번째로 작은 지를 나타내는 순위

SMALL 함수는 배열이나 범위에서 몇 번째로 작은 값을 구해줍니다. 가장 작은 값을 구하거나 두 번째 또는 세 번째 등 몇 번째로 작은 값을 구할 수 있습니다.

```
                값이 들어 있는 범위에서
                ───────┬───────
=SMALL($C$4:$C$10,1)
                           │
                첫 번째로 작은(가장 작은) 값을 구함
```

활용1 가장 낮은 판매실적 구하기

판매실적 자료에서 가장 낮은 또는 몇 번째로 낮은 판매실적을 구해보겠습니다.

=SMALL($C$4:$C$10,1) ➡ 870,000

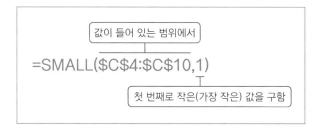

	거래처명	1월 판매실적
	홍익문구	5,300,000
	신촌문구	3,200,000
	신도림문구	4,570,000
	서초 아트박스	2,500,000
	경기문구총판	15,000,000
	계양문구	1,530,000
	성동 아트박스	870,000
		=SMALL($C$4:$C$10,1)

활용2 두 번째로 낮은 판매실적 구하기

판매실적 자료에서 두 번째로 낮은 판매실적을 구하려면 두 번째 인수를 2로 바꾸면 됩니다.

=SMALL($C$4:$C$10,2) ➡ 1,530,000

 **엑셀 능력자의 꿀팁** 판매실적 하위 3개의 합계,
판매실적이 가장 낮은 거래처명 구하기

앞서 LARGE 함수로 판매실적 상위 3개의 합계, 판매실적이 가장 높은 거래처명을 구했습니다. 판매실적 하위 3개의 합계, 판매실적이 가장 낮은 거래처명을 구하려면 수식에서 LARGE 함수를 SMALL 함수로 바꿔주면 됩니다.

08-9 수학 및 통계 관련 나머지 함수

• 실습 파일 [08장] 폴더 안에 각각의 함수별로 제공

모든 함수를 상세하게 설명할 수 없기 때문에 나머지 함수는 간단히 요약해서 설명합니다. 자세한 내용은 저자 블로그를 참고하세요.

함수	기능	QR코드
ABS(number) ABS(숫자)	숫자의 절대값을 구해줍니다. =ABS(-11) ➡ 11 =ABS(153) ➡ 153 이익 증가율 계산 =IF(AND(C14<0,D14>0),"흑자전환",(D14-C14)/ABS(C14)) 	
FREQUENCY (data_array, bins_array) FREQUENCY (배열, 구간값)	값 범위 내에서 값이 발생하는 빈도를 계산하고 숫자의 세로 배열을 구해줍니다. =FREQUENCY(C5:C14,B18:B21) 	
MEDIAN (number1, [number2], …) MEDIAN (숫자1, [숫자2], …)	숫자 집합에서 중간값을 구해줍니다. =MEDIAN(B7:B11) ➡ 3 	

함수	기능	QR코드
MOD (number, divisor) MOD(분자, 분모)	나눗셈의 나머지를 반환합니다. =MOD(10,3) ➡ 1 (10을 3으로 나눈 나머지) =MOD(12.7,5) ➡ 2.7 (12.7을 5로 나눈 나머지)	
QUOTIENT (numerator, denominator) QUOTIENT (분자, 분모)	나눗셈의 몫을 반환합니다. =QUOTIENT(10,3) ➡ 3 (10을 3으로 나눈 몫) =QUOTIENT(12.7,5) ➡ 2 (12.7을 5로 나눈 몫)	
RAND() RAND 함수는 인수가 없음	0 이상 1 미만의 실수인 난수를 반환합니다. =RAND() ➡ 0.1482과 같은 값이 반환됨 10과 20 사이의 난수 구하기 =RAND()*(20-10)+10	
RAND BETWEEN (bottom, top) RAND BETWEEN (시작 값, 끝 값)	숫자 사이의 정수 난수를 반환합니다. =RANDBETWEEN(1,100) 1과 100 사이의 정수 값이 반환됨	
=SEQUENCE (rows, [columns], [start], [step]) =SEQUENCE (행개수, [열개수], [시작숫자], [증가분]) [엑셀 2021 이상]	일정하게 증가하는 연속된 숫자 목록을 만들어줍니다. =SEQUENCE(3,5) 	
SIGN (number) SIGN (부호를 구할 숫자)	숫자의 부호를 구해줍니다. 입력된 숫자가 양수이면 1, 0이면 0, 음수이면 -1을 구해줍니다. =SIGN(7) ➡ 1 =SIGN(0) ➡ 0 =SIGN(-2) ➡ -1	
STDEV.S (number1, [number2],…) STDEV.S (표본에 해당하는 숫자1, 2, …) [엑셀 2010 이상]	표본집단의 표준편차를 구해줍니다. =STDEV.S(C5:C14) ➡ 6.98 	

함수	기능	QR코드
STDEV.P (number1, [number2], …) STDEV.P (모집단에 해당하는 숫자1, 2, …) [엑셀 2010 이상]	모집단의 표준편차를 구해줍니다. =STDEV.P(C5:C14) ➡ 6.62 <table><tr><td>11</td><td>박지훈</td><td>95</td></tr><tr><td>12</td><td>김범수</td><td>94</td></tr><tr><td>13</td><td>홍길동</td><td>99</td></tr><tr><td>14</td><td>이현수</td><td>82</td></tr><tr><td>15</td><td></td><td></td></tr><tr><td>16</td><td colspan="2">=STDEV.P(C5:C14)</td></tr></table>	
VAR.S (number1, [number2], …) VAR.S (표본에 해당하는 숫자1, 2, …) [엑셀 2010 이상]	표본집단의 분산을 구해줍니다. =VAR.S(C5:C14) ➡ 48.71 <table><tr><td>11</td><td>박지훈</td><td>95</td></tr><tr><td>12</td><td>김범수</td><td>94</td></tr><tr><td>13</td><td>홍길동</td><td>99</td></tr><tr><td>14</td><td>이현수</td><td>82</td></tr><tr><td>15</td><td></td><td></td></tr><tr><td>16</td><td colspan="2">=VAR.S(C5:C14)</td></tr></table>	
VAR.P (number1, [number2], …) VAR.P (모집단에 해당하는 숫자1, 2, …) [엑셀 2010 이상]	모집단의 분산을 구해줍니다. =VAR.P(C5:C14) ➡ 43.84 <table><tr><td>11</td><td>박지훈</td><td>95</td></tr><tr><td>12</td><td>김범수</td><td>94</td></tr><tr><td>13</td><td>홍길동</td><td>99</td></tr><tr><td>14</td><td>이현수</td><td>82</td></tr><tr><td>15</td><td></td><td></td></tr><tr><td>16</td><td colspan="2">=VAR.P(C5:C14)</td></tr></table>	

09

논리 및 정보 함수

IF, AND, OR, ISERROR 등 엑셀의 논리 및 정보 함수에는 프로그래밍에서 사용하는 판단, 분기 등의 개념이 들어 있습니다. 논리 및 정보 함수를 사용하면 단순히 값을 계산하는 수준에서 벗어나 조건을 판별하고 조건별로 별도의 처리를 할 수 있습니다.

이러한 방식은 엑셀을 강력한 업무 처리 도구로 만들어 주지만, 그만큼 복잡도 또한 높아집니다. 그러므로 논리 및 정보 함수를 이용해 수식을 작성할 때에는 직장 동료나 주위 사람들이 쉽게 이해하고 관리할 수 있는 수준이어야 합니다. 복잡한 수식은 자신이 만들었는데도 나중에 알아보지 못하는 일이 생길 수 있으니까요.

09-1 조건 판별하기 [IF / IFS]

09-2 여러 조건 판별하기 [AND / OR / SWITCH]

09-3 오류를 처리하는 논리 함수 알아보기 [IFERROR / IFNA]

09-4 셀 또는 수식의 상태 확인하기 [ISERROR / ISERR / ISNUMBER]

09-1 조건 판별하기

• 실습 파일 [09장] 폴더 안에 함수별로 제공

IF 함수와 IFS 함수에는 프로그래밍에서 사용하는 분기(조건에 따라서 처리를 다르게 함) 개념이 들어가 있어서 약간 어려운 면이 있지만, 실무에서 조건별로 처리를 다르게 해야 할 때 자주 사용하는 중요 함수입니다.

함수	설명
IF	조건 판별하기
IFS	여러 조건을 판별하고 값 구하기

∷ IF 함수 ― 조건 판별하기

함수구문

IF(logical_test, [value_if_true], [value_if_false])
IF(판별수식, [참일 때 선택값], [거짓일 때 선택값])
조건을 판별하여 참(조건을 만족함)과 거짓(조건을 만족하지 못함)일 때의 값을 반환한다.

- logical_test: 참 또는 거짓을 판별할 수 있는 수식
- value_if_true: 참(조건을 만족함)이면 선택되는 값
- value_if_false: 거짓(조건을 만족하지 못함)일 때 선택되는 값

활용 1 기본 사용법 ― IF 함수로 판매목표 달성 여부 판별하기

IF 함수를 사용해 영업사원의 판매실적이 300만 원 이상이면 '달성', 300만 원 미만이면 '미달성'으로 표시해 보겠습니다. [D6] 셀에 다음 수식을 입력한 다음, [D6] 셀을 복사하여 [D7:D8] 셀 범위에 붙여넣습니다.

=IF(C6>=3000000,"달성","미달성")

D6	✓ : × ✓ fx	=IF(C6>=3000000,"달성","미달성")

	B	C	D	E
5	영업사원	판매실적	달성여부	
6	김나나	3,200,000	달성	
7	이지은	2,900,000	미달성	
8	박현무	3,500,000	달성	

수식 결과를 살펴보면, 김나나와 박현무는 판매실적이 300만 원 이상이므로 '달성' 으로 표시되고, 이지은은 판매실적이 290만 원이라서 '미달성'으로 표시됩니다.

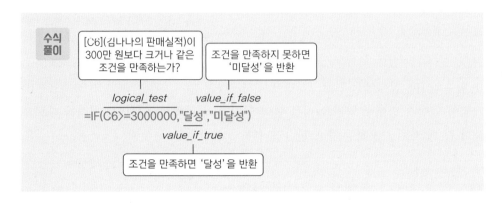

활용 2 인센티브 지급 여부 계산하기

영업사원이 판매실적 목표 300만 원을 달성하면 판매실적의 10%를 인센티브로 지급하고, 달성하지 못하면 지급하지 않는다고 할 때, 사원별 인센티브 지급 여부 를 알아보겠습니다. [D14] 셀에 다음 수식을 입력한 다음, [D14] 셀을 복사하여 [D15:D16] 셀 범위에 붙여넣습니다.

수식 결과를 살펴보면, 300만 원 이상 판매실적을 올린 김나나와 박현무는 판매금 액의 10%를 인센티브로 받고, 이지은은 300만 원에서 10만 원이 모자라 인센티브 를 받지 못하는 것으로 계산됩니다.

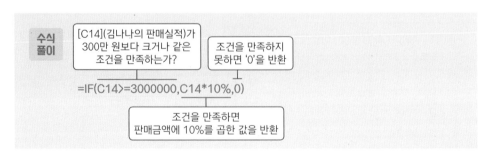

활용 3 판매실적 달성 시 장려금 지급액 계산하기

IF 함수는 단독으로 사용할 수도 있지만, 수식의 조건이 복잡할 때는 중첩해서 사용할 수도 있습니다.

판매실적 목표를 달성한 대리점에 장려금을 지급하는데 직영대리점이면 판매실적의 5%, 가맹대리점이면 10%를 장려금으로 지급한다고 할 때, 다음과 같이 IF 함수를 중첩해서 사용하면 장려금을 계산할 수 있습니다.

[E22] 셀에 다음 수식을 입력한 다음, [E22] 셀을 복사하여 [E23:E25] 셀 범위에 붙여넣습니다.

```
=IF(D22>=5000000,IF(C22="직영",D22*5%,D22*10%),0)
```

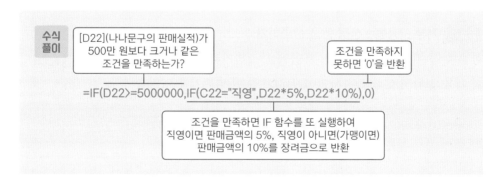

수식 결과를 살펴보면, 판매실적 500만 원 이상을 달성한 대리점은 장려금을 받고, 판매실적 500만 원을 달성하지 못한 신촌문구 직영대리점만 장려금을 받지 못하는 것으로 계산됩니다.

수식 풀이

[D22](나나문구의 판매실적)가 500만 원보다 크거나 같은 조건을 만족하는가?

조건을 만족하지 못하면 '0'을 반환

=IF(D22>=5000000,IF(C22="직영",D22*5%,D22*10%),0)

조건을 만족하면 IF 함수를 또 실행하여 직영이면 판매금액의 5%, 직영이 아니면(가맹이면) 판매금액의 10%를 장려금으로 반환

:: IFS 함수 — 여러 조건을 판별하고 값 구하기 [엑셀 2019 이상]

함수구문

IFS(logical_test1, value_if_true1, [logical_test2, value_if_true2], [logical_test3, value_if_true3], …)

IFS(판별수식1, 참일 때 선택값1, [판별수식2, 참일 때 선택값2], [판별수식3, 참일 때 선택값3], …)

여러 조건을 판별하고 해당 조건을 만족하는 값을 반환한다.

- logical_test1: 첫 번째 판별 조건
- value_if_true1: 첫 번째 조건이 참(TRUE)이면 반환할 값
- logical_test2: 두 번째 판별 조건
- value_if_true2: 두 번째 조건이 참(TRUE)이면 반환할 값
- logical_test3: 세 번째 판별 조건
- value_if_true3: 세 번째 조건이 참(TRUE)이면 반환할 값

IFS 함수는 IF 함수에 S가 붙은 형태입니다. S는 영어에서 복수형일 때 붙으므로 IF가 여러 개 있는 조건을 판별하고 값을 구할 수 있는 함수로 이해할 수 있습니다.

여러 조건을 판별하고 값을 구할 때 IF 함수로도 가능하지만, IF 함수가 중첩되므로 수식이 복잡해지고 사용하기가 까다롭습니다. 대신 IFS 함수로 간단하고 알아보기 쉽게 수식을 작성할 수 있습니다.

오른쪽 표와 같이 점수 구간별로 성적 등급을 정한다고 했을 때 IFS 함수로 점수별 성적 등급을 구해보겠습니다.

점수 구간	등급
90 ~ 100	A
80 ~ 89	B
70 ~ 79	C
60 ~ 69	D
0 ~ 59	F

활용1 기본 사용법 - 성적 등급 산출하기

학생별 점수에 해당하는 성적 등급을 산출하기 위해 [D15] 셀에 다음 수식을 입력한 다음, [D15] 셀을 복사하여 [D16:D19] 셀 범위에 붙여넣습니다.

```
=IFS(C15>=90,"A",C15>=80,"B",C15>=70,"C",C15>=60,"D",C15>=0,"F")
```

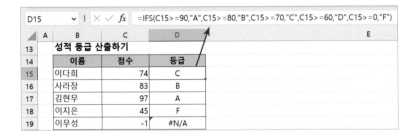

이무성의 성적이 음수로 입력되어 오류가 발생했고, 나머지 학생들의 성적 등급은 정상적으로 산출되었습니다.

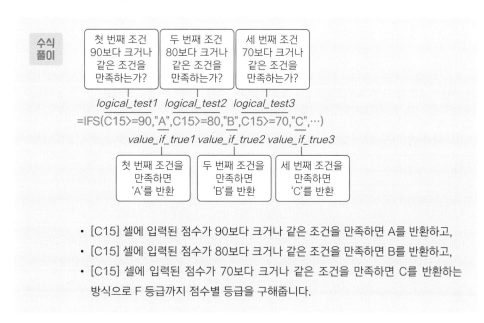

- [C15] 셀에 입력된 점수가 90보다 크거나 같은 조건을 만족하면 A를 반환하고,
- [C15] 셀에 입력된 점수가 80보다 크거나 같은 조건을 만족하면 B를 반환하고,
- [C15] 셀에 입력된 점수가 70보다 크거나 같은 조건을 만족하면 C를 반환하는 방식으로 F 등급까지 점수별 등급을 구해줍니다.

활용 2 오류 문제 해결해 성적 등급 산출하기

위 수식은 조건을 만족할 때(참일 때)만 결과를 반환하도록 작성되었으므로 조건을 하나도 만족하지 못하는 경우가 생기면 #N/A 오류가 발생합니다. 이 문제점을 보완하기 위해서 앞의 조건들을 하나도 만족시키지 못했을 경우에는 다음과 같이 값오류를 표시할 수 있도록 수식을 수정합니다.

=IFS(C24>=90,"A",C24>=80,"B",C24>=70,"C",C24>=60,"D",C24>=0,"F",TRUE,"값오류")

활용 1의 수식과 동일한 형태이지만 마지막에 TRUE, "값오류" 부분이 추가되었습니다. 'TRUE이면 값오류를 반환하라'로 해석할 수 있는데, 앞의 조건들을 하나도 만족하지 못하면(즉 모두 FALSE이면) 무조건(TRUE이므로 무조건 만족함) 값오류를 반환하라는 의미입니다.

09-2 여러 조건 판별하기

• 실습 파일 [09장] 폴더 안에 함수별로 제공

엑셀에서 IF 함수만으로도 복잡한 조건을 판별할 수 있지만, IF 함수가 중첩되고 수식이 길어지는 문제점이 있습니다. IF 함수와 AND, OR, SWITCH 함수를 조합하면 IF 함수만 사용하는 것보다 간단한 방법으로 복잡한 조건을 판별하는 수식을 작성할 수 있습니다.

함수	설명
AND	여러 조건 판별하기
OR	여러 조건에서 하나라도 만족하는지 판별하기
SWITCH	값을 비교하여 일치하는 값 구하기

:: AND 함수 ─ 여러 조건 판별하기

함수 구문

=AND(logical1, [logical2], …)
=AND(판별조건1, [판별조건2], …)
판별 조건이 모두 TRUE이면 TRUE를 반환하고, 판별 조건 중 하나라도 FALSE이면 FALSE를 반환한다.
- Logical1: 첫 번째 판별 조건으로, TRUE 또는 FALSE가 될 수 있음
- Logical2, …: 두 번째, 세 번째… 인수를 연속적으로 입력할 수 있음(최대 255개까지 가능)

업무상 여러 조건을 판별할 때 IF 함수를 여러 번 중첩해야 하는데, 함수를 중첩하면 수식이 복잡해지고 사용하기가 까다롭습니다. AND 함수를 이용하면 여러 조건을 모두 만족하는지 한 번에 간단하게 판별할 수 있습니다.

영업사원이 판매목표를 달성하고 이익률이 20% 이상이면 판매실적의 5%를 인센티브로 지급한다고 할 때 인센티브를 계산하는 방법을 알아보겠습니다. AND 함수를 사용하기 전에 IF 함수를 중첩해서 영업사원별 인센티브를 계산해 보겠습니다.

```
=IF(D6>=C6,IF(F6>=20%,D6*5%,0),0)
```

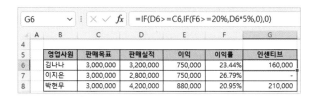

결과를 구하긴 했는데 IF 함수 안에 IF 함수가 중첩된 형태라서 수식이 복잡하고 알아보기가 어렵습니다. 이때 AND 함수를 활용하면 수식을 보다 간단하게 만들 수 있습니다.

활용1 기본 사용법 — AND 함수로 TRUE, FALSE 판별하기

인센티브를 계산하기 전에 AND 함수로 인센티브 지급 대상인지 먼저 판별해 보겠습니다. [G13] 셀에 다음 수식을 입력합니다.

> =AND(D13>=C13,F13>=20%)

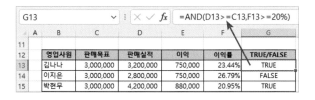

위 수식은 다음 두 가지 조건을 만족하면 TRUE(인센티브 지급 대상)를 반환하고, 하나라도 만족하지 못하면 FALSE(지급 대상 아님)를 반환합니다.

> **수식 풀이**
> =AND(D13>=C13,F13>=20%)
> • 판매목표를 달성하고([D] 열의 판매실적이 [C] 열의 판매목표보다 크거나 같으면)
> • 이익률을 20% 이상 달성([F] 열의 이익률이 20%보다 크거나 같으면)

활용2 IF, AND 함수로 인센티브 계산하기

앞에서 구한 TRUE, FALSE 값 자체만으로는 인센티브 지급 여부만 알 수 있을 뿐 인센티브 금액은 계산할 수 없으니, IF 함수와 AND 함수를 이용해서 인센티브를 계산해 보겠습니다.

[G20] 셀에 다음 수식을 입력한 다음, [G20] 셀을 복사해 [G21:G22] 셀 범위에 붙여넣습니다.

```
=IF(AND(D20>=C20,F20>=20%),D20*5%,0)
```

수식 풀이	=IF(AND(D20>=C20,F20>=20%),D20*5%,0) =IF(TRUE,D20*5%,0) AND(D20>=C20,F20>=20%)로 입력한 수식의 결과가 TRUE이므로 [D20](판매 실적)에 5%를 곱하여 김나나의 인센티브 160,000원을 계산해 줍니다.

영업사원 이지은의 경우에는 다음과 같이 AND 함수의 결과가 FALSE이므로 인센티브가 0원으로 계산됩니다.

수식 풀이	=IF(AND(D21>=C21,F21>=20%),D21*5%,0) =IF(FALSE,D21*5%,0) AND(D21>=C21,F21>=20%)로 입력한 수식의 결과가 FALSE이므로 바로 0을 반 환합니다.

이렇게 AND 함수를 활용하면 IF 함수를 중첩해서 인센티브를 계산한 것보다는 수식이 간단해집니다. IF 함수를 두 번만 중첩해서 크게 차이를 느끼지 못할 수도 있지만, IF 함수가 3개, 4개, 5개 이상으로 늘어난다면 IF 함수를 중첩하는 것보다 AND 함수가 훨씬 사용하기 간편하고 알아보기도 쉽습니다.

:: OR 함수 — 여러 조건에서 하나라도 만족하는지 판별하기

함수구문

OR(logical1, [logical2], …)
OR(판별조건, [판별조건2], …)

여러 조건 중에서 하나라도 만족하면 TRUE, 하나도 만족하지 못하면 FALSE를 반환한다.

- Logical1: 첫 번째 판별 조건으로, TRUE 또는 FALSE가 될 수 있음
- Logical2,…: 첫 번째 판별 조건과 마찬가지로 TRUE 또는 FALSE로 평가될 수 있는 추가 판별 조건으로, 두 번째, 세 번째… 인수를 연속적으로 입력할 수 있음(최대 255개까지 가능)

OR 함수는 여러 조건 중에서 하나라도 만족하는지 판별할 때 사용하는 논리 함수입니다. 예를 들어 여러 목표 중에 하나라도 달성한 영업사원에게 인센티브 지급 여부를 판별할 때 OR 함수를 사용할 수 있습니다.

영업사원이 다음 두 가지 목표 중 하나라도 달성하면 인센티브를 지급한다고 할 때 인센티브를 계산하는 방법을 알아보겠습니다.

- 판매목표 달성([D] 열의 판매실적이 [C] 열의 판매목표보다 크거나 같으면)
- 이익률 20% 이상 달성([F] 열의 이익률이 20%보다 크거나 같으면)

활용 1 기본 사용법 — OR 함수로 TRUE, FALSE 판별하기

인센티브를 계산하기 전에 OR 함수로 인센티브 지급 대상인지 먼저 판별해 보겠습니다. [G6] 셀에 다음 수식을 입력한 다음, [G6] 셀을 복사해 [G7:G8] 셀 범위에 붙여넣습니다.

```
=OR(D6>=C6,F6>=20%)
```

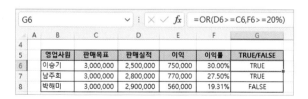

두 가지 조건 중에서 하나라도 만족하는지 판별했지만, 세 가지 조건 중에서 하나라도 만족하는지 판별할 수도 있습니다. 판별 조건은 최대 255개까지 추가할 수 있습니다.

위 수식은 조건을 하나라도 만족하면 TRUE(인센티브 지급 대상)를 반환하고, 하나도 만족하지 못하면 FALSE(지급 대상 아님)를 반환합니다.

=OR(D6>=C6,F6>=20%)

- 판매목표를 달성하거나([D] 열의 판매실적이 [C] 열의 판매목표보다 크거나 같으면)
- 이익률을 20% 이상 달성([F] 열의 이익률이 20%보다 크거나 같으면)

활용 2 IF, OR 함수로 인센티브 계산하기

앞에서 구한 TRUE, FALSE 값 자체만으로는 인센티브 지급 여부만 알 수 있을 뿐 인센티브 금액은 계산할 수 없으므로, IF 함수와 OR 함수를 이용해서 인센티브를 계산해 보겠습니다.

[G20] 셀에 다음과 같이 수식을 입력한 다음, [G20] 셀을 복사해 [G21:G22] 셀 범위에 붙여넣습니다.

=IF(OR(D20>=C20,F20>=20%),D20*5%,0)

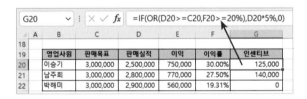

이승기는 판매목표 300만 원 미달성이지만 이익률은 20% 이상을 달성하여 인센티브는 125,000원이 됩니다.

=IF(OR(D20>=C20,F20>=20%),D20*5%,0)
이승기는 판매목표 300만 원 미달성이지만 이익률은 20% 이상을 달성하여 수식에서 파란색으로 표시한 부분 OR(D20>=C20,F20>=20%)의 결과는 TRUE가 되므로 수식을 다음과 같이 바꿔 쓸 수 있습니다.

=IF(TRUE,D20*5%,0)
IF 함수의 판별 조건이 TRUE(참)이므로 D20*5%이 선택되어 [D20](판매실적)에 5%를 곱하여 이승기의 인센티브 125,000원을 계산해 줍니다.

영업사원 박해미의 경우에는 판매목표와 이익률 목표 중 하나도 충족하지 못하여 OR 함수의 결과가 FALSE이므로 인센티브가 0원으로 계산됩니다.

=IF(OR(D22>=C22,F22>=20%),D22*5%,0)

=IF(FALSE,D22*5%,0)

OR(D22>=C22,F22>=20%)로 입력한 수식의 결과가 FALSE가 되므로 바로 0을 반환합니다.

:: SWITCH 함수 ― 값을 비교하여 일치하는 값 구하기 [엑셀 2019 이상]

SWITCH(expression, value1, result1, [default or value2, result2], … [default or value3, result3])
SWITCH(비교값, 값1, 반환값1, [기본값 또는 값2, 반환값2], … [기본값 또는 값3, 반환값3]))
여러 개의 값과 비교하여 일치하는 값을 구해준다.

- expression: 비교할 값
- value1: 비교되는 값
- result1: expression과 value1이 일치할 때 반환되는 값
- default or value2: value1에 일치하는 값이 없을 때 반환되는 기본값 또는 두 번째 비교되는 값
  (총 126개까지 비교 조건을 설정할 수 있음)

SWITCH 함수는 여러 개의 값과 비교하여 일치하는 하나의 값을 구해줍니다. SWITCH 함수와 기능이 비슷한 CHOOSE 함수는 표현식이 숫자로 된 값만 가능하고 기능이 제한적입니다. SWITCH 함수는 숫자뿐만 아니라 문자로도 비교가 가능하고, 비교할 값이 없을 때 기본값을 지정할 수 있으며, 기능적으로 CHOOSE 함수를 완전히 대체할 수 있습니다.

오른쪽과 같은 평가 등급표가 있을 때 평가 등급에 해당하는 등급 표시를 구해보겠습니다.

평가 등급	등급 표시
S	탁월
A	우수
B	보통
C	미흡
D	부진

활용 1 기본 사용법 — 개인별 평가 등급별 등급 표시 구하기

[D15] 셀에 다음 수식을 입력한 다음, [D15] 셀을 복사하여 [D16:D19] 셀 범위에
붙여넣습니다.

```
=SWITCH(C15,"S","탁월","A","우수","B","보통","C","미흡","D","부진")
```

	A	B	C	D	E
13					
14		이름	평가등급	등급표시	
15		김제인	D	=SWITCH(C15,"S","탁월","A","우수","B","보통","C","미흡","D","부진")	
16		이누리	A	우수	
17		정우혁	C	미흡	
18		박준서	B	보통	
19		이승기	F	#N/A	

[C15] 셀에 입력된 평가 등급이 S면 탁월, A면 우수, B면 보통, C면 미흡, D면 부진
을 반환하라는 의미입니다.

19행을 확인해 보면 수식에 없는 엉뚱한 값 F가 입력되어 있어서 #N/A 오류가 발
생했고, 나머지 인원의 등급 표시는 정상적으로 구해졌습니다.

활용 2 평가 등급별 등급 표시하고 기본값을 이용한 오류 처리하기

앞에서 살펴본 수식에서는 일치하는 값이 없으면 #N/A 오류가 발생합니다.

수식과 일치하는 값이 없을 때는 다음과 같이 반환되는 기본값(**값오류**)을 수식
끝에 적어주면 기본값이 표시되고 #N/A 오류가 발생하지 않습니다.

```
=SWITCH(C24,"S","탁월","A","우수","B","보통","C","미흡","D","부진","**값오류**")
```

	A	B	C	D	E
22					
23		이름	평가등급	등급표시	
24		김제인	D	=SWITCH(C24,"S","탁월","A","우수","B","보통","C","미흡","D","부진","**	
25		이누리	A	우수	
26		정우혁	C	미흡	
27		박준서	B	보통	
28		이승기	F	**값오류**	

> 28행을 보면 수식에 없는 F가 입력되었지만 오류는
> 발생하지 않고 **값오류**로 표시됩니다.

위의 예를 SWITCH 함수 대신 IF 함수를 여러 번 중첩하여 해결할 수도 있지만, 수
식이 복잡하여 사용하기 까다로우므로 SWITCH 함수를 사용하는 것이 더 편리합
니다.

```
=IF(C33="S","탁월",IF(C33="A","우수",IF(C33="B","보통",IF(C33="C","미흡",IF(C33="D","
부진","**값오류**")))))
```

	이름	평가등급	등급표시
32			
33	김제인	D	=IF(C33="S","탁월",IF(C33="A","우수",IF(C33="B","보통",IF(C33="C","미흡",IF(C33="D","부진","**값오류**")))))
34	이누리	A	우수
35	정우혁	C	미흡
36	박준서	B	보통
37	이승기	F	**값오류**

09-3 오류를 처리하는 논리 함수 알아보기

• 실습 파일 [09장] 폴더 안에 함수별로 제공

엑셀 수식에서 오류가 발생하면 #VALUE!, #N/A, #REF! 등 #으로 시작하는 알 수 없는 값이 표시됩니다. 오류 처리 논리 함수를 사용하면 이런 오류 표시 대신 원하는 값으로 표시할 수 있습니다. 이때 오류가 아예 표시되지 않도록 처리할 수 있지만, 표시만 되지 않을 뿐 오류가 해결된 상태는 아니므로 부득이한 경우에만 사용해야 합니다.

함수	설명
IFERROR	수식 오류 처리
IFNA	수식에 #N/A 오류가 있을 때 처리

:: IFERROR 함수 — 수식 오류 처리

함수 구문

IFERROR(value, value_if_error)
IFERROR(수식, 오류이면 표시할 값)
수식이 오류이면 사용자가 지정한 값을 반환한다.
(인식 가능한 오류 유형: #N/A, #VALUE!, #REF!, #DIV/0!, #NUM!, #NAME? , #NULL!)
• value: 입력된 수식
• value_if_error: 수식의 결과가 오류이면 대신 표시할 값

IFERROR 함수는 수식에서 오류가 발생하면 오류가 표시되지 않도록 하거나 오류 대신 다른 값을 표시할 수 있습니다. IFERROR 함수의 이름은 IF와 ERROR가 합쳐진 형태이며, 만약(IF)에 에러(ERROR)가 발생하면 정해진 방법으로 처리하라는 의미입니다.

활용1 기본 사용법 — 수식에 오류가 있으면 수식오류로 표시하기

이익을 판매실적으로 나누어서 이익률을 구할 경우 셀에 숫자 대신에 문자가 들어가면 #VALUE! 오류, 나눗셈 수식인데 분모가 0이면 #DIV/0! 오류가 발생합니다.

IFERROR 함수를 사용하여 오류 대신 다
른 값을 표시해 보겠습니다.

	영업사원	판매실적	이익	이익률
5	강민준	3,200,000	300,000	9.38%
6	이누리	1,700,000	0	0.00%
7	신지수	2,800,000	XYZ	#VALUE!
8	선우재덕	0	450,000	#DIV/0!

[E13] 셀에 다음 수식을 입력합니다. [E13] 셀을 복사하여 [E14:E16] 셀 범위에
붙여넣습니다. 오류가 없으면 이익률이 정상으로 표시되고, 오류가 있는 경우에만
수식오류로 표시됩니다.

=IFERROR(D13/C13,"수식오류")

원래의 수식을 IFERROR로 감싸고 오류가
날 때 표시할 수식오류를 적어주면 됩니다.

	영업사원	판매실적	이익	이익률
13	강민준	3,200,000	300,000	=IFERROR(D13/C13,"수식오류")
14	이누리	1,700,000	0	
15	신지수	2,800,000	XYZ	
16	선우재덕	0	450,000	

	영업사원	판매실적	이익	이익률
13	강민준	3,200,000	300,000	9.38%
14	이누리	1,700,000	0	0.00%
15	신지수	2,800,000	XYZ	수식오류
16	선우재덕	0	450,000	수식오류

활용 2 수식에 오류가 있으면 0 또는 공백으로 표시하기

IFERROR 함수를 사용하면 수식에 오류가 있을 때 무조건 0으로 표시하거나 공백
등 원하는 값으로 표시할 수 있습니다.

	영업사원	판매실적	이익	이익률	
21	강민준	3,200,000	300,000	9.38%	=IFERROR(D21/C21,0)
22	이누리	1,700,000	0	0.00%	=IFERROR(D22/C22,0)
23	신지수	2,800,000	XYZ	0.00%	=IFERROR(D23/C23,0)
24	선우재덕	0	450,000	0.00%	=IFERROR(D24/C24,0)

다음과 같이 원래의 수식을 IFERROR로 감싸고 오류가 날 때 표시할 값 0을 적어
줍니다.

=IFERROR(D21/C21,0)

오류가 없으면 이익률이 정상으로 표시되고 오류가 있는 경우에 0이 표시되지만,
22행의 결과(이누리는 이익이 없으므로 이익률이 실제로 0%)와 구분이 안 되는 문제가 있습
니다. 따라서 오류 발생 시 0 또는 공백으로 표시하는 방법은 부득이한 경우에만 사
용하는 것이 좋습니다.

:: IFNA 함수 — 수식에 #N/A 오류가 있을 때 처리 [엑셀 2013 이상]

함수구문

IFNA(value, value_if_na)
IFNA(수식, #N/A 오류이면 표시할 값)
수식에서 #N/A 오류가 발생하면 사용자가 지정한 값을 반환한다.

- value: 입력된 수식
- value_if_na: 수식에서 #N/ A 오류가 발생하면 대신 표시할 값

수식에 오류가 발생하면 #DIV/0!, #N/A, #NAME? 등과 같이 #으로 시작하는 오
류가 표시됩니다.

IFNA 함수는 오류 중에서 #N/A 오류만 처리하고 나머지 오류는 처리하지 않고
원래의 오류를 그대로 표시합니다. N/A는 영어로 Not Available, No Answer 등
을 의미하며 '해당 사항 없음', '값 없음' 정도로 해석할 수 있습니다. VLOOKUP,
MATCH 등 찾기 함수를 사용했을 때 찾는 값이 없으면 #N/A가 표시되는데,
IFNA 함수를 사용하여 #N/A로 표시되는 오류를 '찾는 값이 없음'으로 표시할 수
있습니다.

활용1 기본 사용법 — 찾는 값이 없을 때 IFNA 함수로 오류 처리하기

VLOOKUP 함수를 사용할 때 찾는
값이 없으면 #N/A 오류가 표시됩
니다. 찾아서 값이 없으면 #N/A 대
신 '찾는 값이 없음'으로 표시하려면
IFNA 함수를 사용합니다.

	사번	이름
	1001	이누리
	1002	정우혁
	1003	강민준
	1004	신지수
	1005	선우재덕
	9999	#N/A =VLOOKUP(B11,B4:C8,2,FALSE)

[C15] 셀에 다음 수식을 입력한 다음, [C15] 셀을 복사하여 [C16:C17] 셀 범위에 붙여넣습니다.

```
=IFNA(VLOOKUP(B15,$B$4:$C$8,2,FALSE),"찾는 값이 없음")
```

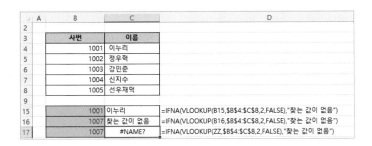

찾는 값이 있으면 값이 표시되고, 16행을 보면 사번 1007은 없으므로 찾는 값이 없음으로 결과가 표시됩니다.

17행에서는 사번 1007을 그대로 입력했는데 #NAME? 오류가 발생했습니다. 17행 수식에서 VLOOKUP 함수의 첫 번째 인수를 잘못 입력(B17을 입력해야 하는데 실수로 ZZ 입력)하여 '찾는 값이 없음'이 표시되지 않고 #NAME? 오류가 발생했습니다.

#NAME? 오류는 참조하는 이름이 잘못되었을 경우에 발생합니다. IFNA 함수는 찾는 값이 없을 때 발생하는 #N/A 오류만 처리해 주므로 당연히 #NAME? 오류가 발생합니다.

활용 2 찾는 값이 없을 때 오류 처리하기(잘못 사용한 경우)

위와 동일한 경우에 IFNA 함수 대신 IFERROR 함수를 사용하면 오류가 제대로 표시되지 않고 '찾는 값이 없음'으로 표시됩니다.

```
=IFERROR(VLOOKUP(B22,$B$4:$C$8,2,FALSE),"찾는 값이 없음")
```

24행의 수식에서 VLOOKUP 함수의 첫 번째 인수를 잘못 입력(B24를 입력해야 하는데 실수로 ZZ 입력)했으므로 #NAME? 오류가 발생해야 하는데 '찾는 값이 없음'으로 잘못 표시됩니다.

IFERROR 함수는 오류의 종류를 구분하지 않고 모든 오류를 지정한 값으로 바꿔주기 때문에, 인수를 잘못 입력했음에도 불구하고 오류를 정확하게 표시하지 않고 '찾는 값이 없음'으로만 표시해 주므로 오류를 찾기 어려운 문제가 있습니다.

따라서 찾기 함수(VLOOKUP, MATCH 등)를 사용하여 찾는 값이 없을 때의 오류 처리는 IFERROR 함수 대신 IFNA 함수를 사용해야 합니다.

09-4 셀 또는 수식의 상태 확인하기

• 실습 파일 [09장] 폴더 안에 함수별로 제공

엑셀 함수 중에서 IS로 시작하는 함수들이 있습니다. 이 함수들은 조건을 만족하면 TRUE, 만족하지 못하면 FALSE를 반환합니다. 반환 값으로 셀 또는 수식의 상태를 확인할 수 있습니다. 단독으로 사용되기보다는 주로 IF 함수 등 다른 함수에 포함되어 사용됩니다.

함수	설명
ISBLANK	빈 셀인지 확인
ISERROR	오류인지 확인
ISERR	#N/A 제외하고 오류인지 확인
ISNA	#N/A 오류인지 확인
ISFORMULA	셀에 수식이 입력되었는지 확인(엑셀 2013 이상)
ISREF	참조인지 확인
ISLOGICAL	논리값인지 확인
ISNUMBER	숫자인지 확인
ISTEXT	텍스트인지 확인
ISNONTEXT	텍스트가 아닌지 확인
ISEVEN	짝수인지 확인
ISODD	홀수인지 확인

:: ISERROR 함수 — 오류인지 확인

함수 구문

ISERROR(value)
ISERROR(값)
value가 오류(#DIV/0!, #N/A, #NAME?, #NULL!, #NUM!, #REF!, #VALUE!, #SPILL!, #CALC!)이면 TRUE를 반환하고, 그렇지 않으면 FALSE를 반환한다.

ISERROR 함수는 값 또는 수식에 오류가 있는지 확인할 때 사용합니다. IF 함수와 결합하여 오류 발생 시 오류 대신에 다른 값을 표시하는 용도로도 많이 사용합니다.

활용1 기본 사용법 — 오류인지 판단하여 TRUE, FALSE 표시

값 또는 셀의 수식을 확인하여 오류이면 TRUE를 반환하고, 오류가 아니면 FALSE 를 반환합니다.

=ISERROR(C5) ➡ TRUE

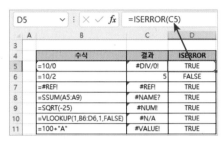

[C5] 셀에는 수식 =10/0이 입력되어 있는데 숫자는 0으로 나눌 수 없으므로 #DIV/0! 오류가 발생하고, ISERROR 함수는 TRUE 를 반환합니다.

활용2 수식 오류 처리하기

IF 함수와 ISERROR 함수를 결합하면 수식에 오류가 있을 때 오류 표시를 다른 값 으로 표시할 수 있습니다.

IF 함수와 ISERROR 함수를 결합하여 오류 표시를 '수식오류'로 표시해 보겠습니 다. [E18] 셀에 다음 수식을 입력한 다음, [E18] 셀을 복사하여 [E19:E20] 셀 범위 에 붙여넣습니다. 수식에 오류가 있는 경우 **수식오류**로 표시해 줍니다.

=IF(ISERROR(D18/C18),"수식오류",D18/C18)

| E18 | ✓ | : | × ✓ | *fx* | =IF(ISERROR(D18/C18),"수식오류",D18/C18) |

A	B	C	D	E
	영업사원	판매실적	이익	이익률
	김나나	3,200,000	300,000	9.38%
	이지은	2,800,000	XYZ	수식오류
	김영주	-	450,000	수식오류

IF, ISERROR 함수 대신 IFERROR 함수를 사용해도 오류 처리를 할 수 있습니다.
[E25] 셀에 다음 수식을 입력한 다음, [E25] 셀을 복사하여 [E26:E27] 셀 범위에
붙여넣습니다. 수식에 오류가 있는 경우 수식오류로 표시해 줍니다.

=IFERROR(D25/C25,"수식오류")

E25		f_x	=IFERROR(D25/C25,"수식오류")	
A	B	C	D	E
23				
24	영업사원	판매실적	이익	이익율
25	김나나	3,200,000	300,000	9.38%
26	이지은	2,800,000	XYZ	수식오류
27	김영주	-	450,000	수식오류

:: ISERR 함수 — #N/A 제외하고 오류인지 확인

ISERR(value)
ISERR(값)
#N/A 오류를 제외하고 값에 오류가 있으면 TRUE를 반환하고, 그렇지 않으면 FALSE를
반환한다.

ISERR 함수는 값 또는 수식에 #N/A 오류를 제외하고 오류가 있는지 확인할 때 사
용합니다. #N/A 오류는 찾는 값이 없을 때 발생하므로 ISERR 함수를 사용하면 찾
는 값이 없을 때 오류로 처리하지 않고 오류를 그대로 표시할 수 있습니다.

활용 기본 사용법 — 오류인지 판단하여 TRUE, FALSE 표시
[C10] 셀에 입력된 =VLOOKUP(1,B6:D6,1,FALSE) 수식은 범위에서 찾는 값 1이
없으므로 #N/A 오류가 발생합니다.
기능이 비슷한 ISERROR 함수로 [C10] 셀을 확인해 보면 #N/A를 오류로 인식해
서 TRUE를 반환합니다.

=ISERROR(C10) ➡ TRUE

ISERR 함수는 #N/A를 오류로 인식하지 않으므로 FALSE를 반환합니다.

=ISERR(C10) ➡ FALSE

	A	B	C	D	E
3					
4		수식	결과	ISERROR	ISERR
5		=10/0	#DIV/0!	TRUE	TRUE
6		=10/2	5	FALSE	FALSE
7		=#REF!	#REF!	TRUE	TRUE
8		=SSUM(A5:A9)	#NAME?	TRUE	TRUE
9		=SQRT(-25)	#NUM!	TRUE	TRUE
10		=VLOOKUP(1,B6:D6,1,FALSE)	#N/A	TRUE	FALSE
11		=100+"A"	#VALUE!	TRUE	TRUE

E5 = =ISERR(C5)

∷ ISNUMBER 함수 ─ 숫자인지 확인

함수구문

ISNUMBER(value)
ISNUMBER(값)
value가 숫자이면 TRUE를 반환하고, 그렇지 않으면 FALSE를 반환한다.

ISNUMBER 함수는 셀의 값이 숫자인지 아닌지 확인할 때 사용합니다. 이 함수는 단독으로 사용되기보다는 수식의 일부로 포함되어 수식의 중간 결과가 숫자인지 확인할 때 많이 사용됩니다.

활용 1 기본 사용법 ─ 숫자인지 판단하여 TRUE, FALSE 표시

ISNUMBER 함수는 셀을 확인하여 숫자(날짜 포함: 날짜는 엑셀 내부에서 숫자로 저장됨)일 경우에만 TRUE를 반환합니다. 숫자처럼 보이지만 텍스트로 입력된 숫자, 텍스트, 빈 셀, 공백은 숫자가 아니므로 FALSE를 반환합니다.

=ISNUMBER(B5) ➡ TRUE

	A	B	C	D
3				
4		입력값	ISNUMBER	
5		1500	TRUE	
6		0	TRUE	
7	수식	110	TRUE	
8	텍스트	500	FALSE	
9	날짜	2022-05-12	TRUE	
10	빈셀		FALSE	
11	공백 1칸		FALSE	
12	텍스트	우리나라	FALSE	

C5 = =ISNUMBER(B5)

ISNUMBER 함수는 결과를 TRUE, FALSE로 반환하므로 마이너스 기호를 두 번 붙이면(두 번 곱하면) TRUE는 1, FALSE는 0으로 바꿔줍니다. 숫자로 바꾼 값을 더하면 숫자인 것만 셀 때 응용할 수 있고, 다른 수식에서 참조할 수도 있습니다.

=--ISNUMBER(B5) ➜ 1

	A	B	C	D
			D5 ⌄ : ✕ ✓ fx	=--ISNUMBER(B5)
3				
4		입력값	ISNUMBER	--ISNUMBER
5		1500	TRUE	1
6		0	TRUE	1
7	수식	110	TRUE	1
8	텍스트	500	FALSE	0
9	날짜	2022-05-12	TRUE	1
10	빈셀		FALSE	0
11	공백 1칸		FALSE	0
12	텍스트	우리나라	FALSE	0

활용 2 텍스트에서 값을 찾아서 TRUE, FALSE 표시

다음과 같이 SEARCH 함수와 결합하여 텍스트에서 찾는 값이 있으면 TRUE, 없으면 FALSE로 표시할 수 있습니다.

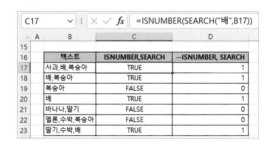

	A	B	C	D
			C17 ⌄ : ✕ ✓ fx	=ISNUMBER(SEARCH("배",B17))
15				
16		텍스트	ISNUMBER,SEARCH	--ISNUMBER, SEARCH
17		사과,배,복숭아	TRUE	1
18		배,복숭아	TRUE	1
19		복숭아	FALSE	0
20		배	TRUE	1
21		바나나,딸기	FALSE	0
22		멜론,수박,복숭아	FALSE	0
23		딸기,수박,배	TRUE	1

먼저 찾는 값이 있을 때 TRUE로 표시해 보겠습니다.

=ISNUMBER(SEARCH("배",B17))
SEARCH 함수는 [B17] 셀에서 배의 위치 4를 반환하고 수식은 다음과 같이 바뀝니다.

=ISNUMBER(4) ➜ TRUE
4는 숫자이므로 ISNUMBER 함수는 TRUE를 반환합니다.

이번에는 찾는 값이 없을 때 FALSE로 표시해 보겠습니다.

> =ISNUMBER(SEARCH("배",B19))
>
> SEARCH 함수는 [B19] 셀에서 배의 위치를 찾지만 없으므로 #VALUE!(오류)를 반환하고 수식은 다음과 같이 바뀝니다.
>
> =ISNUMBER(#VALUE!) ➜ FALSE
>
> #VALUE!(오류)는 숫자가 아니므로 ISNUMBER 함수는 FALSE를 반환합니다.

마지막으로 ISNUMBER 함수를 응용하여 특정 텍스트가 포함되어 있으면 1, 없으면 0으로 표시해 보겠습니다.

> =--ISNUMBER(SEARCH("배",B17))
>
> 위 수식에서 SEARCH("배",B17)는 배의 위치 4를 반환하고 수식은 다음과 같이 바뀝니다.
>
> =--ISNUMBER(4) ➜ TRUE
>
> 4는 숫자이므로 ISNUMBER는 TRUE를 반환하고 수식은 다음과 같이 바뀝니다.
>
> =--TRUE ➜ 1
>
> 논리값 TRUE에 마이너스를 두 번 곱하면 1이 반환됩니다. 즉 결과가 1이면 찾는 값이 있는 것이고, 0이면 없습니다.

10

찾기 및 참조 영역 함수

엑셀에서는 데이터를 잘 입력하는 것 못지않게 빠르게 찾는 것도 중요합니다. 찾기 및 참조 영역
함수에는 원하는 값을 쉽게 찾을 수 있도록 도와주는 함수가 많습니다.

10장에서는 가장 많이 사용하는 VLOOKUP 함수부터 엑셀 2021 버전에 추가된 SORT,
FILTER, UNIQUE 함수 등 중요한 함수를 중심으로 알아보겠습니다.

언제 어디서든 저자의
블로그에서 검색해 볼 수
있어요!

XLWorks 엑셀웍스   강좌 함수 엑셀 프로그램 엑셀간트 Contact 검색 ...   🔍 🌐

10-1 찾기 및 참조 영역 함수 알아보기

10-2 범위에서 값 찾기 [VLOOKUP / HLOOKUP / XLOOKUP]

10-3 값의 위치 찾기 [MATCH / XMATCH]

10-4 복잡한 조건일 때 값 찾기 [INDEX]

10-5 행과 열 다루기 [ROW / ROWS / COLUMN / COLUMNS]

10-6 문제 해결사 INDIRECT와 OFFSET 함수 [INDIRECT / OFFSET]

10-7 찾기 및 참조 영역의 동적 배열 함수 [SORT / SORTBY / FILTER / UNIQUE]

10-8 찾기 및 참조 영역 관련 나머지 함수

10-1 찾기 및 참조 영역 함수 알아보기

• 실습 파일 10-1.찾기및참조영역함수-알아보기.xlsx

엑셀의 찾기 및 참조 영역 함수는 표에서 값을 찾거나 참조를 가져올 때 사용합니다. 찾기 및 참조 영역 함수에는 표에서 원하는 값을 손쉽게 찾도록 도와주는 함수들이 많이 있습니다. 실무에서 많이 사용되는 VLOOKUP 함수부터 INDEX, MATCH, HLOOKUP, XLOOKUP 같은 함수도 값을 찾을 때 많이 사용됩니다. 단순히 표에서 값을 찾는 것이 아니라, 좀 더 복잡하고 동적인 방법으로 값을 찾거나 참조 범위를 지정해야 할 때는 엑셀에서 이해하기가 까다롭다고 하는 INDIRECT 함수와 OFFSET 함수를 사용해야 할 수도 있습니다.

함수별 자세한 사용법은 해당 함수별 사용법 페이지를 참고하세요.

이번 절에서는 찾기 및 참조 영역 함수의 개념 이해를 위해 주요 함수의 기본 사용법을 살펴보겠습니다.

표에서 키 값에 해당하는 값 찾기

찾기 함수는 보통 다음과 같은 모양으로 된 표에서 특정 키 값에 해당하는 값(예를 들어 상품코드 A007에 해당하는 상품명 또는 단가)을 찾을 때 사용합니다.

표의 왼쪽 열에 찾는 키 값이 있고, 오른쪽 열에 키 값에 해당하는 값이 있는 형태가 엑셀에서 가장 바람직한 표의 형태라고 할 수 있습니다.

	상품코드	상품명	단가
	A001	유선 키보드	23,000
	A002	무선마우스	48,900
	A003	USB허브	23,000
	A004	HDMI케이블	19,500
	A005	마우스패드	6,500
	A006	외장SSD	155,000
	A007	LCD모니터	207,000
	A008	블루투스 키보드	55,000
	A009	USB C타입 충전기	23,000
	A010	펜타블렛	120,000

키 값 / 키 값에 해당하는 상품정보 / 상품 정보

왼쪽 열에 키 값이 있고 오른쪽 열에 해당하는 값이 있는 표가 가장 바람직하다고 할 수 있습니다.

VLOOKUP 함수로 값 찾기

표가 다음과 같은 구조로 되어 있다면 VLOOKUP 함수로 간단하게 값을 찾을 수 있습니다.

> =VLOOKUP("A007",B4:D13,2,FALSE) ➜ LCD모니터

	A	B	C	D
1				
2		상품 정보		
3		상품코드	상품명	단가
4		A001	유선 키보드	23,000
5		A002	무선마우스	48,900
6		A003	USB허브	23,000
7		A004	HDMI케이블	19,500
8		A005	마우스패드	6,500
9		A006	외장SSD	155,000
10		A007 ➜	LCD모니터	207,000
11		A008	블루투스 키보드	55,000
12		A009	USB C타입 충전기	23,000
13		A010	펜타블렛	120,000
14				
15		LCD모니터	=VLOOKUP("A007",B4:D13,2,FALSE)	

VLOOKUP 함수를 사용할 수 없는 경우

실무에서는 여러 이유로 표가 위와는 다른 형태일 수 있습니다. 이때는 VLOOK 함수 대신 다른 복잡한 방법으로 해결해야 합니다. 찾는 키 값이 표의 오른쪽에 있다면 INDEX, MATCH 함수를 조합하거나 XLOOKUP 함수로 해결해야 합니다.

다음은 INDEX, MATCH 함수를 조합하여 해결한 예입니다.

> =INDEX(B4:B13,MATCH("A007",D4:D13,0)) ➜ LCD모니터

INDEX 함수는 테이블 또는 배열에서 행과 열에 해당하는 값을 구해주고, MATCH 함수는 지정된 범위에서 찾고자 하는 값의 위치를 찾아줍니다.

이 예에서는 MATCH 함수가 상품코드 A007이 입력된 행의 위치를 찾아주고, INDEX 함수는 MATCH 함수의 결과인 7(A007이 범위에서 7번째 행에 있음)을 받아

	A	B	C	D
1				
2		상품 정보		
3		상품명	단가	상품코드
4		유선 키보드	23,000	A001
5		무선마우스	48,900	A002
6		USB허브	23,000	A003
7		HDMI케이블	19,500	A004
8		마우스패드	6,500	A005
9		외장SSD	155,000	A006
10		LCD모니터 ⬅	207,000	A007
11		블루투스 키보드	55,000	A008
12		USB C타입 충전기	23,000	A009
13		펜타블렛	120,000	A010
14				
15		LCD모니터	=INDEX(B4:B13,MATCH("A007",D4:D13,	

서 [B4:B13] 셀 범위의 7번째 행에 있는 LCD모니터를 가져와서 표시해 줍니다.

엑셀 2021 이상 버전을 사용한다면 XLOOKUP 함수를 사용해 해결할 수 있습니다.

```
=XLOOKUP("A007",D4:D13,B4:B13)  →  LCD모니터
```

XLOOKUP 함수는 VLOOKUP 함수의 몇 가지 단점(찾는 키 값이 항상 1열에 있어야 하고, 가로로 된 표는 VLOOKUP 대신 HLOOKUP 함수 사용 등)을 해결하고 사용하기 쉽게 개선된 엑셀의 새로운 찾기 함수입니다.

	B	C	D
1			
2	상품 정보		
3	상품명	단가	상품코드
4	유선 키보드	23,000	A001
5	무선마우스	48,900	A002
6	USB허브	23,000	A003
7	HDMI케이블	19,500	A004
8	마우스패드	6,500	A005
9	외장SSD	155,000	A006
10	LCD모니터	207,000	A007
11	블루투스 키보드	55,000	A008
12	USB C타입 충전기	23,000	A009
13	펜타블렛	120,000	A010
14			
15	LCD모니터	=INDEX(B4:B13,MATCH("A007",D4:D13,
16			
17	LCD모니터	=XLOOKUP("A007",D4:D13,B4:B13)
18			

INDIRECT 함수와 OFFSET 함수

실무에서는 표에서 값을 찾는 것만 있는 것이 아니라 다음과 같은 문제들을 해결해야 하는 경우도 있습니다. 이때는 찾기 및 참조 영역 함수 중에 INDIRECT 함수, OFFSET 함수를 응용하여 해결할 수 있습니다.

- 드롭다운 목록 만들기(INDIRECT 함수)
- 시트명을 바꿔가면서 값 찾기(INDIRECT 함수)
- 동적으로 월별 누계 구하기(OFFSET 함수)
- 동적 범위에 이름 정의하기(OFFSET 함수)

INDIRECT 함수는 문자열로 만들어진 참조를 유효한 셀 참조로 바꿔줍니다. 문자열을 유효한 셀 참조로 바꿔주는 INDIRECT 함수의 기능과 엑셀의 데이터 유효성 검사 기능을 조합하면 다음과 같이 자료를 조회할 때 필요한 드롭다운 목록을 만들 수 있습니다.

F	G	H
연도	대리점유형	거래처
2021	가맹대리점	신림문구
	직영대리점	
	가맹대리점	
4월		6월
4,240,000	2,520,000	6,020,000
1,075,000	1,430,000	2,302,000
15,000	9,800	27,500
5,330,000	3,959,800	8,349,500

F	G	H
연도	대리점유형	거래처
2021	직영대리점	가양 아트박스
		가양 아트박스
		나나문구 서현점
4월	5월	나나문구 홍익점
		신촌오피스
1,897,800	2,481,300	
237,500	267,500	167,500
684,400	528,500	1,089,700
2,819,700	3,277,300	3,302,300

> 자세한 내용은 05-4의 '상위 목록에 종속되는 하위 목록 만들기'를 참고하세요.

OFFSET 함수로 동적 월별 누계 구하기

OFFSET 함수는 어떤 셀로부터 행과 열을 이동한 후 동적으로 참조를 구해줍니다. 참조를 동적으로 구하는 기능을 이용하면 월 단위 판매실적 누계를 구할 수 있습니다.

7월까지의 서울지역 판매실적 누계는 다음과 같이 OFFSET 함수를 사용하여 구할 수 있습니다.

=SUM(OFFSET(C5,0,0,D20,1)) ➜ 7,551,000

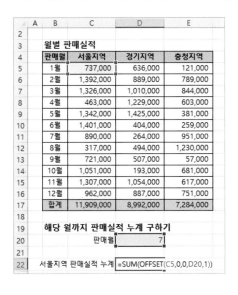

판매월	서울지역	경기지역	충청지역
1월	737,000	636,000	121,000
2월	1,392,000	889,000	789,000
3월	1,326,000	1,010,000	844,000
4월	463,000	1,229,000	603,000
5월	1,342,000	1,425,000	381,000
6월	1,401,000	404,000	259,000
7월	890,000	264,000	951,000
8월	317,000	494,000	1,230,000
9월	721,000	507,000	57,000
10월	1,051,000	193,000	681,000
11월	1,307,000	1,054,000	617,000
12월	962,000	887,000	751,000
합계	11,909,000	8,992,000	7,284,000

해당 월까지 판매실적 누계 구하기

판매월 7

서울지역 판매실적 누계 =SUM(OFFSET(C5,0,0,D20,1))

> 자세한 내용은 10-6의 'OFFSET 함수로 월별 누계 구하기'를 참고하세요.

10-2 범위에서 값 찾기

• 실습 파일 [10장] 폴더 안에 함수별로 제공

엑셀에서 VLOOKUP 함수는 찾기 대표 함수입니다. XLOOKUP 함수는 VLOOK
함수를 개선한 새로운 찾기 함수입니다.

함수	설명
VLOOKUP	표를 수직으로 내려가면서 값 찾기
HLOOKUP	표를 수평으로 따라가면서 값 찾기
XLOOKUP	VLOOKUP 함수를 대체하는 새로운 찾기 함수

∷ VLOOKUP 함수 — 표를 수직으로 내려가면서 값 찾기

함수구문

VLOOKUP(lookup_value, table_array, col_index_num, [range_lookup])

VLOOKUP(값을 찾을 키값, 범위, 열번호, [일치여부])

범위(table_array)의 첫 번째 열을 수직으로 내려가면서 키 값(lookup_value)을 찾은 다음,
같은 행에 있는 지정된 열(col_index_num)의 값을 반환한다.

- lookup_value: 범위에서 원하는 값을 찾기 위한 키 값
- table_array: 값을 찾을 범위
- col_index_num: 값을 찾을 범위에서 가져올 값이 있는 열의 위치
- [range_lookup]: 일치하는 키 값을 찾을 것인지 근사값을 찾을 것인지 결정(TRUE-근사값, FALSE-일치하는 값)

VLOOKUP이라는 함수 이름은 Vertical Lookup을 줄여 쓴 것으로, 다음과 같은
자료에서 범위를 수직으로 내려가면서 값을 찾는다는 의미를 담고 있습니다.

범위를 수직으로(Vertical)
내려가면서 값을 찾습니다.

기본 사용법 — 상품코드로 상품명 찾기

다음과 같은 상품 정보가 있을 때 상품코드 A003에 해당하는 상품명 USB허브를 찾아보겠습니다.

[B19] 셀에 다음 수식을 입력합니다.

> =VLOOKUP("A003",B5:D14,2,FALSE) ➡ .USB허브

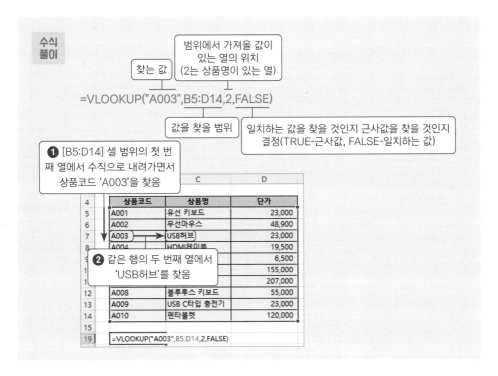

활용 2 상품코드로 단가 찾기

이번에는 상품코드 A007에 해당하는 단가 207,000원을 찾아보겠습니다.

[B23] 셀에 다음 수식을 입력합니다.

```
=VLOOKUP("A007",B5:D14,3,FALSE)  →  207,000
```

	A	B	C	D
3				
4		상품코드	상품명	단가
5		A001	유선 키보드	23,000
6		A002	무선마우스	48,900
7		A003	USB허브	23,000
8		A004	HDMI케이블	19,500
9		A005	마우스패드	6,500
10		A006	외장SSD	155,000
11		A007	LCD모니터	207,000
12		A008	블루투스 키보드	55,000
13		A009	USB C타입 충전기	23,000
14		A010	펜타블렛	120,000
15				
23		=VLOOKUP("A007",B5:D14,3,FALSE)		

상품명을 찾는 수식과 비교해 보면, 단가는 세 번째 열에 있으므로 세 번째 인수를 2 대신 3으로 입력하는 것만 다릅니다.

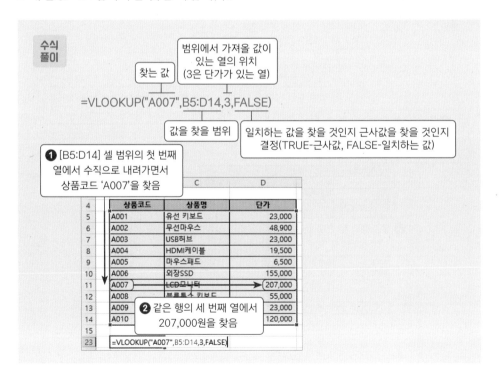

 엑셀 능력자의 꿀팁   VLOOKUP 함수 사용 시 주의할 점

찾는 값이 없으면 #N/A 오류 발생

VLOOKUP 함수를 사용하면서 가장 자주 보는 오류는 아마 #N/A일 겁니다. #N/A 오류는 찾는 값이 없다는 것을 뜻합니다. 주로 키 값을 잘못 입력하거나 범위를 잘못 지정해서 오류가 발생합니다.

> =VLOOKUP("A999",B5:D14,2,FALSE) ➜ #N/A
> 표에 없는 'A999'라는 키 값을 찾을 때 오류 발생
>
> =VLOOKUP("A003",E5:G14,2,FALSE) ➜ #N/A
> 찾는 키 값은 제대로 입력했지만 값을 찾는 범위를 잘못 지정했을 때 오류 발생

첫 번째 열이 아니라 다른 열에 키 값이 있다면?

VLOOKUP 함수로 범위에서 값을 찾을 때는 다음과 같이 찾는 키 값이 항상 범위의 첫 번째 열에 있어야 합니다. 찾는 키 값이 첫 번째 열이 아니라 다른 열에 있다면 VLOOKUP 함수로는 해결이 안 되므로 XLOOKUP 함수를 사용하거나 INDEX, MATCH 함수를 조합해서 해결해야 합니다.

> 찾는 키 값이 첫 번째 열이 아니라면 다른 함수를 사용해야 해요!

	상품코드	상품명	단가
5	A001	유선 키보드	23,000
6	A002	무선마우스	48,900
7	A003	USB허브	23,000
8	A004	HDMI케이블	19,500
9	A005 ①	마우스패드 ②	③ 6,500
10	A006	외장SSD	155,000
11	A007	LCD모니터	207,000
12	A008	블루투스 키보드	55,000
13	A009	USB C타입 충전기	23,000
14	A010	펜타블렛	120,000

=VLOOKUP("A003",B5:D14,2,FALSE)

하면 된다! 〉 VLOOKUP 함수로 상품 정보에서 상품명, 단가 가져오기

VLOOKUP-함수사용법.xlsx

다음과 같이 판매실적 자료를 만들어야 하는데 상품코드는 이미 입력되어 있을 때 상품정보에서 상품명과 단가를 가져와 보겠습니다.

	A	B	C	D	E
4		상품코드	상품명	단가	
5		A001	유선 키보드	23,000	
6		A002	무선마우스	48,900	
7		A003	USB허브	23,000	
8		A004	HDMI케이블	19,500	
9		A005	마우스패드	6,500	
10		A006	외장SSD	155,000	
11		A007	LCD모니터	207,000	
12		A008	블루투스 키보드	55,000	
13		A009	USB C타입 충전기	23,000	
14		A010	펜타블렛	120,000	
15					
27		판매 실적			
28		판매일자	상품코드	상품명	단가
29		2022-02-07	A002		
30		2022-02-07	A003		
31		2022-02-07	A009		
32		2022-02-08	A001		
33		2022-02-08	A007		

01. 먼저 상품명을 가져와 보겠습니다. [D29] 셀에 다음 수식을 입력합니다.

```
=VLOOKUP(C29,$B$5:$D$14,2,FALSE)
```

앞에서 살펴본 수식과 거의 비슷합니다. 상품코드를 직접 입력하는 대신 셀에 입력된 상품코드를 참조하고 값을 찾을 범위가 다른 곳에 수식을 복사해서 붙여넣을 때 참조 위치가 밀리지 않고 그대로 유지되도록 하기 위해 절대참조로 바뀐 것만 다릅니다.

27	판매 실적					
28	판매일자	상품코드	상품명	단가	판매수량	판매금액
29	2022-02-07	A002	=VLOOKUP(C29,$B$5:$D$14,2,FALSE)			-
30	2022-02-07	A003			100	-
31	2022-02-07	A009			82	-
32	2022-02-08	A001			245	-
33	2022-02-08	A007			192	-

02. 이번에는 단가를 가져와 보겠습니다. ❶ [E29] 셀에 다음 수식을 입력합니다. ❷ [D29], [E29] 셀에 입력된 수식을 복사하여 ❸ 아래의 나머지 범위에 붙여넣습니다. 판매실적 자료가 완성됩니다.

```
=VLOOKUP(C29,$B$5:$D$14,3,FALSE)
```

27	판매 실적					
28	판매일자	상품코드	상품명	단가	판매수량	판매금액
29	2022-02-07	A002	무선마우스	=VLOOKUP(C29,$B$5:$D$14,3,FALSE)		-
30	2022-02-07	A003			100	-
31	2022-02-07	A009			82	-
32	2022-02-08	A001			245	-
33	2022-02-08	A007			192	-

❶ 수식 입력

❷ 복사하기

27	판매 실적					
28	판매일자	상품코드	상품명	단가	판매수량	판매금액
29	2022-02-07	A002	무선마우스	48,900	30	1,467,000
30	2022-02-07	A003	USB허브	23,000	100	2,300,000
31	2022-02-07	A009	USB C타입 충전기	23,000	82	1,886,000
32	2022-02-08	A001	유선 키보드	23,000		00
33	2022-02-08	A007	LCD모니터	207,000		00

❸ 붙여넣기

:: HLOOKUP 함수 — 표를 수평으로 따라가면서 값 찾기

HLOOKUP(lookup_value, table_array, row_index_num, [range_lookup])

HLOOKUP(값을 찾을 키값, 범위, 행번호, [일치여부])

범위(table_array)의 첫 번째 행을 수평(가로)으로 따라가면서 키 값(lookup_value)을 찾은 다음, 같은 열에 있는 지정된 행(row_index_num)의 값을 반환한다.

- lookup_value: 범위에서 원하는 값을 찾기 위한 키 값
- table_array: 값을 찾을 범위
- row_index_num: 값을 찾을 범위에서 가져올 값이 있는 행의 위치
- range_lookup: 일치하는 키 값을 찾을 것인지 근사값을 찾을 것인지 결정(TRUE-근사값, FALSE-일치하는 값)

VLOOKUP 함수와 이름과 기능이 비슷한 HLOOKUP 함수는 가로로 된 셀 범위에서 원하는 값을 찾을 때 사용하는 함수입니다. HLOOKUP이라는 함수 이름은 Horizontal Lookup을 줄여 쓴 것으로, 다음과 같은 자료에서 범위를 수평으로 따라가면서 값을 찾는다는 의미를 담고 있습니다.

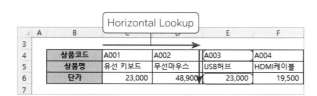

실제 실무에서는 자료가 세로로 되어 있는 경우가 많아 HLOOKUP 함수보다는 VLOOKUP 함수를 더 자주 사용합니다.

활용 기본 사용법 — 상품코드로 상품명 찾기

상품코드 A003에 해당하는 상품명 USB허브를 찾으려면 다음 수식을 입력합니다.

```
=HLOOKUP("A003",C4:G6,2,FALSE) → USB허브
```

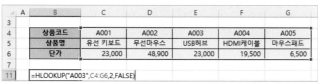

수식 풀이

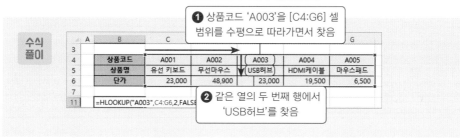

❶ 상품코드 'A003'을 [C4:G6] 셀 범위를 수평으로 따라가면서 찾음

❷ 같은 열의 두 번째 행에서 'USB허브'를 찾음

:: XLOOKUP 함수 — VLOOKUP의 단점을 해결한 새로운 함수 [엑셀 2021 이상] •

=XLOOKUP(lookup_value, lookup_array, return_array, [if_not_found], [match_mode], [search_mode])

=XLOOKUP(값을 찾을 키값, 검색범위, 반환범위, [찾지 못할 때 표시], [일치유형], [검색유형])

범위를 따라가면서 키 값을 찾은 다음, 반환할 범위에서 같은 행 또는 열의 값을 반환한다.

- lookup_value: 범위에서 원하는 값을 찾기 위한 키 값
- lookup_array: 키 값을 찾을 범위
- return_array: 찾은 값을 반환할 범위
- [if_not_found]: 값을 찾지 못했을 때 표시할 텍스트
- [match_mode]: 일치하는 키 값을 찾을 것인지 근사값을 찾을 것인지 결정

| 0 | 정확히 일치하는 것을 찾음, 찾을 수 없는 경우 #N/A를 반환함 | -1 | 정확히 일치하거나 작은 것을 찾음 |
| 1 | 정확히 일치하거나 큰 것을 찾음 | 2 | 와일드카드로 검색 |

- [search_mode]: 검색 유형

| 1 | 첫 번째 항목부터 검색(기본값) | -1 | 마지막 항목부터 역방향 검색 |
| 2 | 오름차순으로 정렬된 lookup_array를 이진 검색, 정렬되지 않은 경우 잘못된 결과가 반환됨 | -2 | 내림차순으로 정렬된 lookup_array를 이진 검색, 정렬되지 않은 경우 잘못된 결과가 반환됨 |

XLOOKUP 함수는 VLOOKUP, HLOOKUP 함수의 몇 가지 단점(찾는 키 값이 항상 1열에 있어야 하고, 가로로 된 표는 VLOOKUP 대신 HLOOKUP 함수 사용 등)을 해결하고 사용하기 쉽게 개선된 엑셀의 새로운 찾기 함수입니다.

예를 들어 VLOOKUP 함수로 값을 찾을 때 다음과 같이 찾는 키 값(상품코드)이 반드시 표의 첫 번째 열에 있어야 합니다. 찾는 키 값이 첫 번째 열이 아니라 다른 열에 있다면 VLOOKUP 함수로는 값을 찾을 수 없습니다.

이와 같은 경우 INDEX, MATCH 함수를 조합해서 값을 찾든지 해야 하는데, XLOOKUP 함수를 이용하면 이런 단점을 한 번에 해결할 수 있습니다.

	A	B	C	D
4				
5		상품코드	상품명	단가
6		A001	네임펜F (중간글씨용) 흑색	6,000
7		A002	더블에이 A4용지	20,000
8		A003	모나미 볼펜	100
9		A004❶	스카치 다용도 ❷프	❸ 900
10		A005	오피스 수정테이프	20,000
11		A006	옥스포드 노트	6,000
12		A007	카카오프렌즈 인덱스 노트 네오	5,000

활용 1 기본 사용법 1 — 상품코드로 상품명 찾기

다음과 같은 상품 정보 자료에서 상품코드 A005에 해당하는 상품명을 찾아보겠습니다. [C18] 셀에 다음 수식을 입력합니다.

```
=XLOOKUP(B18,B6:B12,C6:C12)
```

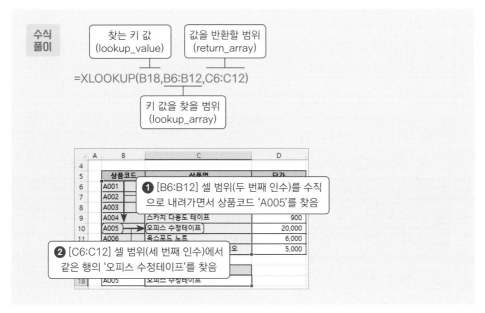

① [B6:B12] 셀 범위(두 번째 인수)를 수직으로 내려가면서 상품코드 'A005'를 찾음

② [C6:C12] 셀 범위(세 번째 인수)에서 같은 행의 '오피스 수정테이프'를 찾음

활용 2 기본 사용법 2 - 상품코드로 단가 찾기

이번에는 상품코드 A005에 해당하는 단가를 찾아보겠습니다. [C22] 셀에 다음 수식을 입력합니다.

```
=XLOOKUP(B22,B6:B12,D6:D12)
```

	상품코드	상품명	단가
6	A001	네임펜F (중간글씨용) 흑색	6,000
7	A002	더블에이 A4용지	20,000
8	A003	모나미 볼펜	100
9	A004	스카치 다용도 테이프	900
10	A005	오피스 수정테이프	20,000
11	A006	옥스포드 노트	6,000
12	A007	카카오프렌즈 인덱스 노트 네오	5,000
	상품코드	단가	
22	A005	=XLOOKUP(B22,B6:B12,D6:D12)	

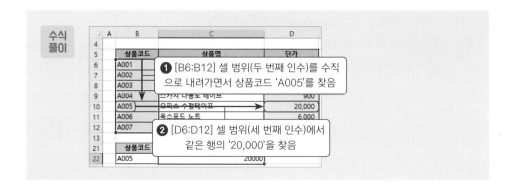

활용 3 찾는 값이 없을 때 처리

XLOOKUP 함수로 값을 찾을 때 찾는 값이 없다면 #N/A 오류가 표시됩니다. #N/A 오류는 찾는 값이 없다는 것을 뜻합니다. 다음과 같이 함수의 세 번째 인수를 쓰면 찾는 값이 없을 때 좀 더 알아보기 쉽도록 별도의 결과 표시 텍스트를 지정할 수 있습니다.

=XLOOKUP(B26,B6:B12,C6:C12,"**찾는 값 없음**")

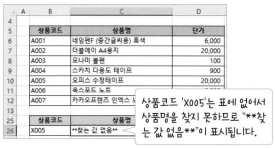

> 상품코드 'X005'는 표에 없어서 상품명을 찾지 못하므로 "**찾는 값 없음**"이 표시됩니다.

활용 4 표에서 상품명과 단가를 한 번에 찾기

XLOOKUP 함수의 세 번째 인수 return_array(찾은 값을 반환할 범위)를 여러 열을 지정하면 한 번에 여러 개의 결과를 가져올 수 있습니다.

수식에서 세 번째 인수를 다음과 같이 [C] 열의 셀 범위 [C6:C12]로 입력하면 상품명만 가져옵니다.

=XLOOKUP(B30,B6:B12,C6:C12)

수식에서 세 번째 인수를 다음과 같이 [C], [D] 열의 셀 범위 [C6:D12]로 입력하면
상품명과 단가를 동시에 가져옵니다.

```
=XLOOKUP(B30,B6:B12,C6:D12)
```

하면 된다! ⟩ 값을 찾을 키 값이 1열이 아닌 다른 열에 있을 때 찾기

XLOOKUP-함수사용법.xlsx

다음과 같이 값을 찾을 키 값(상품코드)이 1열이 아닌 다른 열(3열)에 있으면 VLOOKUP
함수로는 상품코드에 해당하는 상품명이나 단가를 찾을 수 없지만, XLOOKUP 함
수를 이용하면 찾을 수 있습니다.

01. [C17] 셀에 다음 수식을 입력합니다.

```
=XLOOKUP(B17,D6:D12,B6:B12)
```

02. VLOOKUP 함수와 달리 키 값을 찾을 범위와 값을 반환할 범위를 따로 지정하기 때문에 키 값은 1열에 있지 않아도 정상적으로 값을 찾을 수 있습니다.

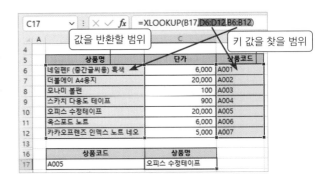

 **XLOOKUP 함수의 핵심!**

키 값을 찾을 범위와 값을 반환할 범위를 따로 지정할 수 있는 점이 XLOOKUP 함수의 핵심입니다.

VLOOKUP 함수는 키 값을 찾을 범위만 지정 가능하고 그 범위 안에서 몇 번째 열에서 값을 반환할 것인가를 결정했기 때문에 키 값의 위치가 항상 1열에 있어야 한다는 제약이 있었습니다.

하면 된다! } XLOOKUP 함수로 표에서 상품명과 단가를 한 번에 찾기

XLOOKUP-함수사용법.xlsx

지금까지는 함수의 원리 이해를 위한 간단한 예를 살펴보았는데, 이번에는 실무 예제를 다루어 보겠습니다. 다음과 같이 판매실적 자료를 만들어야 하는데 상품코드는 이미 입력되어 있고 상품정보에서 상품명과 단가를 가져오는 방법입니다.

상품코드	상품명	단가
A001	네임펜F (중간글씨용) 흑색	6,000
A002	더블에이 A4용지	20,000
A003	모나미 볼펜	100
A004	스카치 다용도 테이프	900
A005	오피스 수정테이프	20,000
A006	옥스포드 노트	6,000
A007	카카오프렌즈 인덱스 노트 네오	5,000

판매 실적
상품코드로 상품명, 단가 가져와서 판매실적 자료 완성하기

판매일자	상품코드	상품명	단가	판매수량	판매금액
2022-02-07	A002			30	-
2022-02-07	A003			100	-
2022-02-07	A009			82	-
2022-02-08	A001			245	-
2022-02-08	A007			192	-

01. 상품명을 가져오기 위해 [D40] 셀에 다음 수식을 입력합니다.

```
=XLOOKUP(C40,$B$6:$B$12,$C$6:$D$12,"**찾는 값 없음**")
```

▲	A	B	C	D	E	F	G
4							
5		상품코드	상품명	단가			
6		A001	네임펜F (중간글씨용) 흑색	6,000			
7		A002	더블에이 A4용지	20,000			
8		A003	모나미 볼펜	100			
9		A004	스카치 다용도 테이프	900			
10		A005	오피스 수정테이프	20,000			
11		A006	옥스포드 노트	6,000			
12		A007	카카오프렌즈 인덱스 노트 네오	5,000			
13							
37		판매 실적					
38		상품코드로 상품명, 단가 가져와서 판매실적 자료 완성하기					
39		판매일자	상품코드	상품명	단가	판매수량	판매금액
40		2022-02-07	A002	=XLOOKUP(C40,$B$6:$B$12,$C$6:$D$12,"**찾는 값 없음**")			
41		2022-02-07	A003			100	-
42		2022-02-07	A009			82	-
43		2022-02-08	A001			245	-
44		2022-02-08	A007			192	-

수식에서 세 번째 인수를 다음과 같이 [C], [D] 열로 입력하면 상품명과 단가를 동시에 가져옵니다.

02. ❶ [D40] 셀에 입력된 수식을 복사하여 ❷ [D41:D44] 셀 범위에 붙여넣으면 판매실적 자료가 완성됩니다.

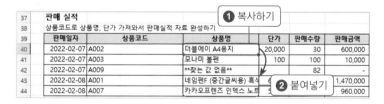

37	판매 실적					
38	상품코드로 상품명, 단가 가져와서 판매실적 자료 완성하기					
39	판매일자	상품코드	상품명	단가	판매수량	판매금액
40	2022-02-07	A002	더블에이 A4용지	20,000	30	600,000
41	2022-02-07	A003	모나미 볼펜	100	100	10,000
42	2022-02-07	A009	**찾는 값 없음**		82	-
43	2022-02-08	A001	네임펜F (중간글씨용) 흑색			1,470,000
44	2022-02-08	A007	카카오프렌즈 인덱스 노트			960,000

❶ 복사하기

❷ 붙여넣기

10-3 값의 위치 찾기

• 실습 파일 [10장] 폴더 안에 함수별로 제공

MATCH 함수, XMATCH 함수는 값을 찾아주지 않고 위치만 찾아주는 함수입니다. 이 함수들은 다른 함수와 조합해서 많이 사용됩니다.

함수	설명
MATCH	범위에서 값의 위치 찾기
XMATCH	MATCH 함수를 대체하는 새로운 위치 찾기

:: MATCH 함수 — 범위에서 값의 위치 찾기

함수 구문

MATCH(lookup_value, lookup_array, [match_type])
MATCH(찾는값, 범위, [일치유형])
지정된 범위에서 찾고자 하는 값의 위치를 찾아준다.

- lookup_value: 찾고자 하는 값
- lookup_array: 값을 찾을 범위
- match_type: 일치 유형

1또는 생략	일치하거나 작은 것을 찾음, lookup_array는 오름차순으로 정렬되어 있어야 함	0	일치하는 것을 찾음, lookup_array는 정렬되어 있지 않아도 됨
-1	일치하거나 큰 것을 찾음, lookup_array는 내림차순으로 정렬되어 있어야 함		

MATCH 함수는 지정된 범위에서 찾고자 하는 값의 위치를 찾아줍니다.
단순히 위치만 찾아주므로 MATCH 함수만으로는 쓸 일이 많지 않습니다. INDEX 함수 등 다른 함수와 함께 사용해서 성적 등급을 계산하는 등 응용해서 많이 사용됩니다.

활용 1 기본 사용법 — 일치하는 값의 위치 찾기

오름차순으로 정렬된 자료에서 숫자 85의 위치를 찾아보겠습니다.

[B16] 셀에 다음 수식을 입력합니다.

> =MATCH(85,B5:B13,0) ➜ 8

	A	B	C	D
2				
3		**오름차순 정렬**		**내림차순 정렬**
4		**값**		**값**
5	1	0	1	95
6	2	20	2	85
7	3	35	3	77
8	4	40	4	62
9	5	55	5	55
10	6	62	6	40
11	7	77	7	35
12	8	85	8	20
13	9	95	9	0
14				
15		**일치하는 값 찾기**		
16		=MATCH(85,B5:B13,0)		

수식 풀이

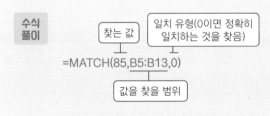

찾는 값 85는 [B5:B13] 셀 범위의 8번째에 있으므로 위치 8이 반환됩니다(위치 8은 행의 번호가 아니라 찾는 범위 내에서의 위치).

엑셀 능력자의 꿀팁 표에 없는 값을 찾으면?

만약 다음과 같이 표에 없는 79를 찾는 수식을 입력하면 표에서 79와 일치하는 값이 없으므로 #N/A 오류가 발생합니다.

> =MATCH(79,B5:B13,0) ➜ #N/A

활용 2 근사값의 위치 찾기(오름차순)

오름차순으로 정렬된 자료에서 일치하는 값이 아닌 근사값 84의 위치를 찾아보겠습니다. [B22] 셀에 다음 수식을 입력합니다.

=MATCH(84,B5:B13,1) ➡ 7

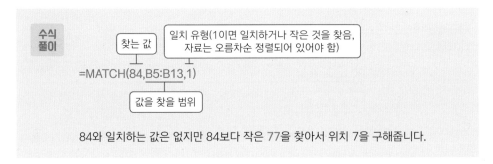

수식 풀이

찾는 값 ─ 일치 유형(1이면 일치하거나 작은 것을 찾음, 자료는 오름차순 정렬되어 있어야 함)

=MATCH(84,B5:B13,1)

값을 찾을 범위

84와 일치하는 값은 없지만 84보다 작은 77을 찾아서 위치 7을 구해줍니다.

활용 3 근사값의 위치 찾기(내림차순)

이번에는 내림차순으로 정렬된 자료에서 근사값 84의 위치를 찾아보겠습니다.
[B28] 셀에 다음 수식을 입력합니다.

=MATCH(84,D5:D13,-1) ➡ 2

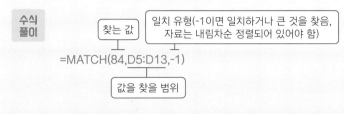

찾는 값

일치 유형(-1이면 일치하거나 큰 것을 찾음,
자료는 내림차순 정렬되어 있어야 함)

=MATCH(84,D5:D13,-1)

값을 찾을 범위

84와 일치하는 값은 없지만 84보다 큰 85를 찾아서 위치 2를 구해줍니다.

:: XMATCH 함수 ─ 새로운 위치 찾기 [엑셀 2021 이상]

함수 구문

=XMATCH(lookup_value, lookup_array, [match_mode], [search_mode])

=XMATCH(찾는값, 범위, [일치유형], [검색유형])

지정된 범위에서 찾고자 하는 값의 위치를 찾아준다.

• lookup_value: 찾고자 하는 값
• lookup_array: 값을 찾을 범위
• match_mode: 일치 유형(일치하는 키 값을 찾을 것인지 근사값을 찾을 것인지 결정)

| 0 | 정확히 일치하는 것을 찾음(기본값) | -1 | 정확히 일치하거나 작은 것을 찾음 |
| 1 | 정확히 일치하거나 큰 것을 찾음 | 2 | 와일드카드 검색(?는 1개 문자, *는 여러 문자) |

• search_mode: 검색 유형

| 1 | 첫 번째 항목부터 검색(기본값) | -1 | 마지막 항목부터 역방향 검색 |
| 2 | 오름차순으로 정렬된 lookup_array를 이진 검색, 정렬되지 않은 경우 잘못된 결과가 반환됨 | -2 | 내림차순으로 정렬된 lookup_array를 이진 검색, 정렬되지 않은 경우 잘못된 결과가 반환됨 |

XMATCH 함수는 지정된 범위에서 찾고자 하는 값의 위치를 찾아줍니다.

이 함수는 용도가 비슷한 MATCH 함수 기능에 다음과 같은 유용한 기능이 추가된 것입니다.

- MATCH 함수는 근사값을 찾을 때는 값이 정렬되어 있어야 하지만, XMATCH 함수는 정렬되어 있지 않아도 값을 찾을 수 있습니다.
- 빠른 검색을 위해 이진 검색 모드를 따로 지정할 수 있습니다. 단, 이진 검색을 사용할 때는 범위가 정렬되어 있어야 합니다.
- 와일드카드 검색(*, ?)을 지원합니다. '모나미*'로 찾으면 '모나미'로 시작하는 '모나미볼펜', '모나미문구' 등을 찾을 수 있습니다.
- 역방향 검색을 지원합니다. 배열 또는 범위의 마지막 항목부터 첫 번째 항목으로 역방향으로 값을 찾을 수 있습니다.

MATCH 함수와 마찬가지지로 XMATCH 함수도 단순히 위치만 찾아주므로 위치만 가지고 쓸 일이 많지는 않습니다. INDEX 함수 등 다른 함수와 함께 사용해서 성적 등급을 계산하는 등 응용해서 많이 사용됩니다.

범위가 정렬되어 있을 경우에 위치 찾기

취득점수가 오름차순으로 정렬되어 있는 다음 자료에서 XMATCH 함수를 사용하여 값의 위치를 찾아보겠습니다.

	A	B 취득점수	C 성적등급	D 점수구간
4				
5		취득점수	성적등급	점수구간
6	1	0	F	0 ~59
7	2	60	D0	60 ~ 64
8	3	65	D+	65 ~ 69
9	4	70	C0	70 ~ 74
10	5	75	C+	75 ~ 79
11	6	80	B0	80 ~ 84
12	7	85	B+	85 ~ 89
13	8	90	A0	90 ~ 94
14	9	95	A+	95 ~100

활용 1-1 일치하는 값의 위치 찾기

XMATCH 함수를 사용하여 85와 일치하는 값의 위치를 찾아보겠습니다.

세 번째 인수 match_mode를 0(일치하는 것을 찾음)으로 입력하면 셀 범위 [$B$6:$B$14]에서 찾는 값 85는 7번째에 있으므로 7을 반환합니다.

=XMATCH(85,$B$6:$B$14,0) ➡ 7

	A	B	C	D
4				
5		취득점수	성적등급	점수구간
6	1	0	F	0 ~59
7	2	60	D0	60 ~ 64
8	3	65	D+	65 ~ 69
9	4	70	C0	70 ~ 74
10	5	75	C+	75 ~ 79
11	6	80	B0	80 ~ 84
12	7	85	B+	85 ~ 89
13	8	90	A0	90 ~ 94
14	9	95	A+	95 ~100
15				
16		=XMATCH(85,$B$6:$B$14,0)		

 엑셀 능력자의 꿀팁   XMATCH 함수의 옵션 match_mode와 search_mode

match_mode가 0(일치하는 것을 찾음)이므로 표에서 82를 검색하면 존재하지 않아 #N/A 오류가 발생합니다. #N/A 오류는 찾는 값이 없음을 뜻합니다.

> =XMATCH(82,$B$6:$B$14,0) ➡ #N/A

취득점수가 정렬되어 있으므로 위 수식에 네 번째 인수인 search_mode에 2(오름차순으로 정렬된 lookup_array를 이진 검색)를 추가하면 반환 결과는 동일하고 검색 속도가 빨라집니다. 자료의 양이 많고 정렬되어 있다면 이진 검색 모드로 설정하면 속도 면에서 유리합니다.

> =XMATCH(85,$B$6:$B$14,0,2) ➡ 7

활용 1-2 근사값의 위치 찾기(일치하거나 작은 항목)

이번에는 92와 일치하거나 작은 항목을 찾아보겠습니다.

세 번째 인수 match_mode를 -1(일치하거나 작은 것을 찾음)로 입력합니다.

> =XMATCH(92,$B$6:$B$14,-1) ➡ 8

셀 범위 [$B$6:$B$14]에서 찾는 값 92는 존재하지 않으므로 92보다 작은 90을 찾아서 위치 8을 반환합니다.

	A	B	C	D
4				
5		취득점수	성적등급	점수구간
6	1	0	F	0 ~59
7	2	60	D0	60 ~ 64
8	3	65	D+	65 ~ 69
9	4	70	C0	70 ~ 74
10	5	75	C+	75 ~ 79
11	6	80	B0	80 ~ 84
12	7	85	B+	85 ~ 89
13	8	▼ 90	A0	90 ~ 94
14	9	95	A+	95 ~100
15				
16		=XMATCH(92,$B$6:$B$14,-1)		

활용 1-3 근사값 찾기(일치하거나 큰 항목)

마지막으로 92와 일치하거나 큰 항목을 찾아보겠습니다.

세 번째 인수 match_mode를 1(일치하거나 큰 것을 찾음)로 입력합니다.

> =XMATCH(92,$B$6:$B$14,1) ➡ 9

셀 범위 [$B$6:$B$14]에서 찾는 값 92
는 존재하지 않으므로 92보다 큰 95를 찾
아서 위치 9를 반환합니다.

A	B	C	D
4			
5	취득점수	성적등급	점수구간
6　1	0	F	0 ~59
7　2	60	D0	60 ~ 64
8　3	65	D+	65 ~ 69
9　4	70	C0	70 ~ 74
10　5	75	C+	75 ~ 79
11　6	80	B0	80 ~ 84
12　7	85	B+	85 ~ 89
13　8	90	A0	90 ~ 94
14　9	95	A+	95 ~100
15			
16	=XMATCH(92,$B$6:$B$14,1)		

범위가 정렬되어 있지 않을 경우에 위치 찾기

다음과 같이 취득점수가 정렬되어 있지
않는 자료에서 XMATCH 함수로 값의 위
치를 찾아보겠습니다. 기존의 MATCH 함
수는 근사값을 찾을 때는 값이 정렬되어
있어야 하지만, XMATCH 함수는 값이 정
렬되어 있지 않아도 됩니다.

A	B	C	D
17			
18	취득점수	성적등급	점수구간
19　1	60	D0	60 ~ 64
20　2	0	F	0 ~59
21　3	65	D+	65 ~ 69
22　4	95	A+	95 ~100
23　5	70	C0	70 ~ 74
24　6	90	A0	90 ~ 94
25　7	85	B+	85 ~ 89
26　8	75	C+	75 ~ 79
27　9	80	B0	80 ~ 84

활용 2-1 **근사값 찾기(일치하거나 작은 항목)**

XMATCH 함수를 사용하여 92와 일치하거나 작은 값의 위치를 찾아보겠습니다.
세 번째 인수 match_mode를 -1(일치하거나 작은 것을 찾음)로 입력합니다.

```
=XMATCH(92,$B$19:$B$27,-1)  ➡ 6
```

셀 범위 [$B$19:$B$27]에서 찾는 값 92는 존재하지 않으므로 92보다 작은 90을
찾아서 위치 6을 반환합니다.

A	B	C	D
17			
18	취득점수	성적등급	점수구간
19　1	60	D0	60 ~ 64
20　2	0	F	0 ~59
21　3	65	D+	65 ~ 69
22　4	95	A+	95 ~100
23　5	70	C0	70 ~ 74
24　6	90	A0	90 ~ 94
25　7	85	B+	85 ~ 89
26　8	75	C+	75 ~ 79
27　9	80	B0	80 ~ 84
28			
29	=XMATCH(92,$B$19:$B$27,-1)		

MATCH 함수와 달리 XMATCH
함수는 취득점수가 정렬되어 있
지 않아도 위치를 찾아줍니다.

근사값 찾기(이진 검색)

이번에는 이진 검색 모드를 이용하여 92와 일치하거나 작은 값의 위치를 찾아보겠습니다. 세 번째 인수 match_mode를 -1(일치하거나 작은 항목을 찾음)로 입력하고, 네 번째 인수 search_mode를 2(오름차순으로 정렬된 lookup_array를 이진 검색)로 입력합니다.

```
=XMATCH(92,$B$19:$B$27,-1,2)  ➡  9
```

셀 범위 [$B$19:$B$27]이 정렬되어 있지 않으므로 잘못된 위치인 9가 반환됩니다.

⬚	A	B	C	D
17				
18		취득점수	성적등급	점수구간
19	1	60	D0	60 ~ 64
20	2	0	F	0 ~59
21	3	65	D+	65 ~ 69
22	4	95	A+	95 ~100
23	5	70	C0	70 ~ 74
24	6	90	A0	90 ~ 94
25	7	85	B+	85 ~ 89
26	8	75	C+	75 ~ 79
27	9	80	B0	80 ~ 84
28				
29		=XMATCH(92,$B$19:$B$27,-1,2)		

search_mode를 이진 검색 모드로 설정하려면 반드시 범위가 정렬되어 있어야 합니다.

하면 된다! ▶ 역방향 검색하기(마지막 항목부터 찾기)

XMATCH-함수사용법.xlsx

다음 판매실적 자료에서 XMATCH 함수의 역방향 검색 기능을 사용하여 마지막 항목부터 값을 찾을 수 있습니다.

⬚	A	B	C	D
30				
31		품목	판매일	판매수량
32	1	포스트잇	2022-03-01	150
33	2	모나미볼펜	2022-03-01	170
34	3	포스트잇	2022-03-01	38
35	4	모나미볼펜	2022-03-02	120
36	5	모나미형광펜	2022-03-02	50
37	6	모나미볼펜	2022-03-03	77
38	7	보드마카 청색	2022-03-03	250
39	8	모나미볼펜	2022-03-04	110
40	9	형광펜	2022-03-04	87

01. 마지막 행에 있는 모나미볼펜의 위치 찾기

모나미볼펜을 마지막부터 역방향으로 검색하여 위치를 찾아보겠습니다.

첫 번째 인수를 모나미볼펜으로 입력하고, 세 번째 인수 match_mode를 0(일치하는 것을 검색)으로, 네 번째 인수 search_mode를 -1(마지막 항목부터 역방향 검색)로 입력합니다.

```
=XMATCH("모나미볼펜",$B$32:$B$40,0,-1)  ➡  8
```

셀 범위 [$B$32:$B$40]에서 모나미볼펜을 마지막부터 찾아보면 2, 4, 6, 8번째에 각각 있지만 가장 마지막 항목은 8번째에 있으므로 위치 8을 구해줍니다.

A	B	C	D
30			
31	품목	판매일	판매수량
32	1 포스트잇	2022-03-01	150
33	2 모나미볼펜	2022-03-01	170
34	3 포스트잇	2022-03-01	38
35	4 모나미볼펜	2022-03-02	120
36	5 모나미형광펜	2022-03-02	50
37	6 모나미볼펜	2022-03-03	77
38	7 보드마카 청색	2022-03-03	250
39	8 모나미볼펜	2022-03-04	110
40	9 형광펜	2022-03-04	87
41			
42	=XMATCH("모나미볼펜",$B$32:$B$40,0,-1)		

02. 역방향 검색 기능 응용하기(마지막 판매일자 찾기)

이번에는 역방향 검색 기능을 이용하여 특정 품목이 가장 최근(마지막)에 판매된 날짜를 찾아보겠습니다. 다음 수식을 입력합니다.

=INDEX($C$32:$C$40,XMATCH("모나미볼펜",$B$32:$B$40,0,-1),1) ➡ 2022-03-04

A	B	C	D	E
30				
31	품목	판매일	판매수량	
32	1 포스트잇	2022-03-01	150	
33	2 모나미볼펜	2022-03-01	170	
34	3 포스트잇	2022-03-01	38	
35	4 모나미볼펜	2022-03-02	120	
36	5 모나미형광펜	2022-03-02	50	
37	6 모나미볼펜	2022-03-03	77	
38	7 보드마카 청색	2022-03-03	250	
39	8 모나미볼펜	➡2022-03-04	110	
40	9 형광펜	2022-03-04	87	
41				
42	=INDEX($C$32:$C$40,XMATCH("모나미볼펜",$B$32:$B$40,0,-1),1)			

이 수식은 중첩되어 있으므로 안쪽에 있는 XMATCH 함수가 먼저 실행되어 행의 위치 8을 반환하고, INDEX 함수는 판매일 범위의 8번째 행, 1열에 해당하는 값 2022-03-04를 반환합니다.

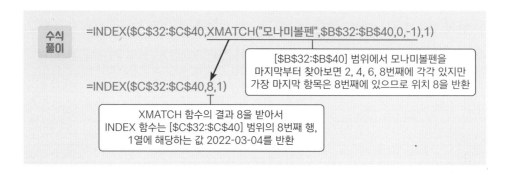

수식
풀이

=INDEX($C$32:$C$40,XMATCH("모나미볼펜",$B$32:$B$40,0,-1),1)

[$B$32:$B$40] 범위에서 모나미볼펜을 마지막부터 찾아보면 2, 4, 6, 8번째에 각각 있지만 가장 마지막 항목은 8번째에 있으므로 위치 8을 반환

=INDEX($C$32:$C$40,8,1)

XMATCH 함수의 결과 8을 받아서 INDEX 함수는 [$C$32:$C$40] 범위의 8번째 행, 1열에 해당하는 값 2022-03-04를 반환

10-4 복잡한 조건일 때 값 찾기

• 실습 파일 [10장] 폴더 안에 함수별로 제공

INDEX 함수는 단독으로 잘 사용하지 않으며 MATCH 등의 함수와 조합하여 많이 사용됩니다.

:: INDEX 함수 — 행과 열을 이용하여 값 찾기(배열형)

> **함수구문**
>
> INDEX(array, row_num, [column_num])
> INDEX(범위, 행번호, [열번호])
>
> 테이블 또는 범위에서 행과 열에 해당하는 값을 구해준다.
> - array: 값을 찾을 테이블 또는 범위
> - row_num: 값이 위치한 행 번호
> - column_num: 값이 위치한 열 번호(생략 가능)

엑셀의 INDEX 함수는 테이블이나 범위에서 행과 열에 해당하는 값을 찾아줍니다.
INDEX와 MATCH 함수를 같이 사용하면 VLOOKUP 함수로 해결할 수 없는 다중 조건으로 값 찾기 등의 문제를 해결할 수 있습니다.

> INDEX와 MATCH 함수를 같이 사용하면 복잡한 찾기 문제를 해결할 수 있어요!

활용 1 기본 사용법 — 범위에서 행과 열에 해당하는 값 찾기

다음 판매실적 자료에서 가맹대리점의 6월 판매실적을 찾아보겠습니다.
[B14] 셀에 다음 수식을 입력합니다. [B5:D11] 셀 범위의 6행 3열에 위치한 54,324,000원을 가져옵니다.

```
=INDEX(B5:D11,6,3) ➡ 54,324,000
```

	A	B	C	D
2				
3				
4		판매월	직영대리점	가맹대리점
5		1월	32,990,000	54,770,000
6		2월	33,563,000	47,320,000
7		3월	41,023,000	64,500,000
8		4월	39,473,000	87,000,000
9		5월	53,789,000	67,843,000
10		6월	34,857,000	54,324,000
11		7월	63,892,000	77,567,000
12				
13		가맹대리점의 6월 판매실적		
14		=INDEX(B5:D11,6,3)		

B14 ｜ =INDEX(B5:D11,6,3)

	A	❶ B	❷ C	❸ D
2				
4		판매월	직영대리점	가맹대리점
5	❶	1월	32,990,000	54,770,000
6	❷	2월	33,563,000	47,320,000
7	❸	3월	41,023,000	64,500,000
8	❹	4월	39,473,000	87,000,000
9	❺	5월	53,789,000	67,843,000
10	❻	6월	34,857,000	→ 54,324,000
11	❼	7월	63,892,000	77,567,000
12				
13		가맹대리점의 6월 판매실적		
14		54,324,000		

> 실제 업무에서는 위와 같이 INDEX 함수를 사용해 범위에서 행과 열을 지정해서 값을 찾는 경우는 드물고, MATCH 등의 함수와 결합해서 값을 찾을 때 INDEX 함수를 많이 사용합니다.

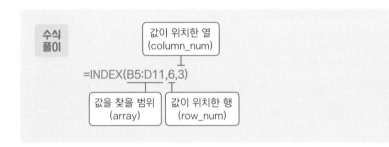

수식 풀이

값이 위치한 열 (column_num)

=INDEX(B5:D11,6,3)

값을 찾을 범위 (array)   값이 위치한 행 (row_num)

활용2 행이나 열 전체를 배열 형태로 가져오기

다음 판매실적 자료에서 4행 전체를 배열 형태로 가져오려면 일반적인 수식 입력과 달리 배열 수식으로 입력해야 합니다. 결과를 가져올 셀 범위 [B17:D17]을 선택한 상태에서 =INDEX(B5:D11,4,0) 수식을 입력한 후 Enter 대신에 Ctrl + Shift + Enter 를 누르면 4행 전체를 가져옵니다.

> 수식 입력줄을 확인해 보면 입력된 수식 양쪽에 배열 수식을 뜻하는 중괄호({ })가 붙어 있습니다.

	A	B	C	D
2				
3				
4		판매월	직영대리점	가맹대리점
5		1월	32,990,000	54,770,000
6		2월	33,563,000	47,320,000
7		3월	41,023,000	64,500,000
8		4월	39,473,000	87,000,000
9		5월	53,789,000	67,843,000
10		6월	34,857,000	54,324,000
11		7월	63,892,000	77,567,000
12				
16		배열로 가져오기(1개의 행)		
17		=INDEX(B5:D11,4,0)		

B17 ｜ {=INDEX(B5:D11,4,0)}

	A	❶ B	❷ C	❸ D
2				
3				
4		판매월	직영대리점	가맹대리점
5	❶	1월	32,990,000	54,770,000
6	❷	2월	33,563,000	47,320,000
7	❸	3월	41,023,000	64,500,000
8	❹	→ 4월	39,473,000	87,000,000
9	❺	5월	53,789,000	67,843,000
10	❻	6월	34,857,000	54,324,000
11	❼	7월	63,892,000	77,567,000
12				
16		배열로 가져오기(1개의 행)		
17		4월	39,473,000	87,000,000

하면 된다! } VLOOKUP으로 안 될 때 INDEX, MATCH 함수 사용하기

- 실습 파일 10-4.VLOOKUP으로안될때-INDEX-MATCH사용-실습.xlsx
- 완성 파일 10-4.VLOOKUP으로안될때-INDEX-MATCH사용-완성.xlsx

다음과 같은 표에서 상품코드 A005에 해당하는 상품 마우스패드를 찾아야 한다면 어떻게 해야 할까요?

찾는 키 값이 첫 번째 열이 아니라 다른 열에 있기 때문에 값을 찾을 때 자주 쓰는 VLOOKUP 함수로는 해결이 안 됩니다.

대신 엑셀 2021 버전부터 사용할 수 있는 XLOOUP 함수를 사용하거나 INDEX, MATCH 함수를 조합해서 해결해야 합니다.

원리 이해하기

01. INDEX 함수로 값 찾기

INDEX, MATCH 함수를 조합해서 값을 찾기 전에 원리 이해를 위해 INDEX 함수만 사용해서 상품명 마우스패드를 찾아보겠습니다.

INDEX 함수는 값이 있는 행과 열의 위치를 지정하면 값을 찾아줍니다.

INDEX(array, row_num, [column_num])

| 값을 찾을 범위 | 행 번호 | 열 번호 |

02. [B16] 셀에 다음 수식을 입력합니다. 5행 1열에 위치한 마우스패드를 가져옵니다.

=INDEX(B5:B11,5,1) → 마우스패드

> =INDEX(B5:B11,5)로 입력해도 결과는 동일합니다. 첫 번째 인수가 단일 열이므로 세 번째 인수 column_num은 생략 가능합니다.

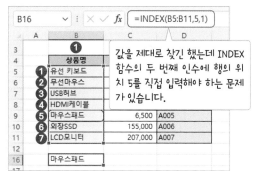

> 값을 제대로 찾긴 했는데 INDEX 함수의 두 번째 인수에 행이 위치 5를 직접 입력해야 하는 문제가 있습니다.

03. MATCH 함수로 값의 위치 찾기

MATCH 함수로 A005의 행의 위치 5를 찾아보겠습니다. MATCH 함수는 범위와 찾고자 하는 값을 지정해 주면 값 위치를 찾아줍니다.

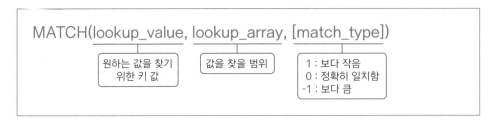

04. [B21] 셀에 다음 수식을 입력합니다. 상품코드가 입력된 셀 범위 [D5:D11]에서 A005의 행의 위치 5를 찾아줍니다.

> =MATCH("A005",D5:D11,0) ➜ 5

05. INDEX, MATCH 함수를 조합해서 값 찾기

앞서 살펴본 INDEX, MATCH 함수의 기능을 조합하면 상품명을 찾을 수 있습니다. [C25] 셀에 다음 수식을 입력합니다. 상품코드 A005에 해당하는 상품명 마우스패드를 가져옵니다.

> =INDEX(B5:B11,MATCH(B25,D5:D11,0)) ➜ 마우스패드

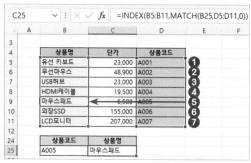

=INDEX(B5:B11,MATCH(B25,D5:D11,0))

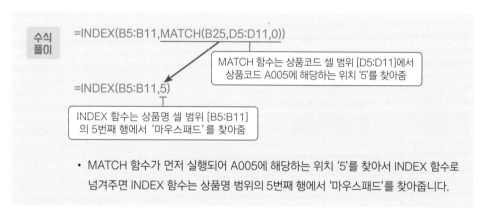

수식 풀이

=INDEX(B5:B11,MATCH(B25,D5:D11,0))

MATCH 함수는 상품코드 셀 범위 [D5:D11]에서 상품코드 A005에 해당하는 위치 '5'를 찾아줌

=INDEX(B5:B11,5)

INDEX 함수는 상품명 셀 범위 [B5:B11]의 5번째 행에서 '마우스패드'를 찾아줌

- MATCH 함수가 먼저 실행되어 A005에 해당하는 위치 '5'를 찾아서 INDEX 함수로 넘겨주면 INDEX 함수는 상품명 범위의 5번째 행에서 '마우스패드'를 찾아줍니다.

06. 이번에는 동일한 방법으로 단가를 찾아보겠습니다. [C29] 셀에 다음 수식을 입력합니다. 해당하는 단가 6,500원을 가져옵니다.

=INDEX(C5:C11,MATCH(B29,D5:D11,0)) → 6,500

상품명을 찾을 때와 수식이 거의 비슷합니다. INDEX 함수의 첫 번째 인수인 찾는 범위가 [B] 열에서 단가가 있는 [C] 열로 바뀐 것만 다릅니다.

상품명과 단가 가져오기(실무 예제)

앞서 원리 이해를 위해 간단한 예를 살펴보았는데, 이번에는 실무 예제를 다루어 보겠습니다. 다음과 같이 판매실적 자료를 만들어야 하는데 상품코드는 이미 입력되어 있고 상품 정보에서 상품명과 단가를 가져오는 경우입니다. 상품명을 가져오기 위해 [D35] 셀에 다음 수식을 입력합니다.

```
=INDEX($B$5:$B$11,MATCH(C35,$D$5:$D$11,0))
```

◢ A	B	C	D	E	F	G
3						
4	상품명	단가	상품코드			
5	유선 키보드	23000	A001			
6	무선마우스	48900	A002			
7	USB허브	23000	A003			
8	HDMI케이블	19500	A004			
9	마우스패드	6500	A005			
10	외장SSD	155000	A006			
11	LCD모니터	207000	A007			
12						
32	판매 실적					
34	판매일자	상품코드	상품명	단가	판매수량	판매금액
35	2022-02-07	A002	=INDEX($B$5:$B$11,MATCH(C35,$D$5:$D$11,0))			
36	2022-02-07	A003			100	-
37	2022-02-07	A005			82	-
38	2022-02-08	A002			245	-
39	2022-02-08	A007			192	-

01. 앞에서 살펴본 수식과 거의 비슷합니다. 상품코드를 직접 입력하는 대신 셀에 입력된 상품코드를 참조하고 값을 찾을 범위가 다른 곳에 수식을 복사해서 붙여넣을 때 참조 위치가 밀리지 않고 그대로 유지되도록 하기 위해 절대참조로 바뀐 것만 다릅니다.

02. 단가를 가져오기 위해 [E35] 셀에 다음 수식을 입력합니다.

```
=INDEX($C$5:$C$11,MATCH(C35,$D$5:$D$11,0))
```

◢ A	B	C	D	E	F	G
3						
4	상품명	단가	상품코드			
5	유선 키보드	23000	A001			
6	무선마우스	48900	A002			
7	USB허브	23000	A003			
8	HDMI케이블	19500	A004			
9	마우스패드	6500	A005			
10	외장SSD	155000	A006			
11	LCD모니터	207000	A007			
12						
32	판매 실적					
34	판매일자	상품코드	상품명	단가	판매수량	판매금액
35	2022-02-07	A002	무선마우스	=INDEX($C$5:$C$11,MATCH(C35,$D$5:$D$1		
36	2022-02-07	A003			100	-
37	2022-02-07	A005			82	-

03. 마지막으로 [D35], [E35] 셀에 입력된 수식을 복사하여 나머지 범위에 붙여넣으면 판매실적 자료가 완성됩니다.

상품명	단가	상품코드
유선 키보드	23000	A001
무선마우스	48900	A002
USB허브	23000	A003
HDMI케이블	19500	A004
마우스패드	6500	A005
외장SSD	155000	A006
LCD모니터	207000	A007

판매 실적

판매일자	상품코드	상품명	단가	판매수량	판매금액
2022-02-07	A002	무선마우스	48900	30	1,467,000
2022-02-07	A003	USB허브	23000	100	2,300,000
2022-02-07	A005	마우스패드	6500	82	533,000
2022-02-08	A002	무선마우스	48900	245	11,980,500
2022-02-08	A007	LCD모니터	207000	192	39,744,000

하면 된다! ▷ INDEX, MATCH 함수를 이용한 다중조건으로 값 찾기

- 실습 파일 10-4.INDEX-MATCH-다중조건으로-값찾기-실습.xlsx
- 완성 파일 10-4.INDEX-MATCH-다중조건으로-값찾기-완성.xlsx

다음과 같은 상품 정보에서 단가를 연도별로 관리한다고 할 때 단가를 찾으려면 상품코드에 연도 조건을 추가해서 찾아야 합니다.

이 경우 VLOOKUP 함수나 INDEX, MATCH 함수를 이용한 단일 조건으로는 값을 찾을 수 없고, INDEX, MATCH 함수와 배열 수식을 조합하면 값을 찾을 수 있습니다.

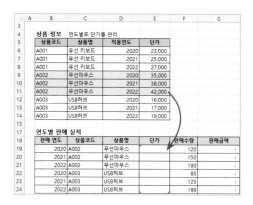

01. 판매 연도, 상품코드에 해당하는 단가를 찾기 위해 [E19] 셀에 다음 수식을 입력합니다.

```
=INDEX($E$6:$E$14,MATCH(1,($B$6:$B$14=C19)*($D$6:$D$14=B19),0))
```

상품코드	상품명	적용연도	단가
A001	유선 키보드	2020	23,000
A001	유선 키보드	2021	25,000
A001	유선 키보드	2022	27,000
A002	무선마우스	2020	35,000
A002	무선마우스	2021	38,000
A002	무선마우스	2022	42,000
A003	USB허브	2020	16,000
A003	USB허브	2021	17,000
A003	USB허브	2022	19,000

판매 연도	상품코드	상품명	단가	판매수량	판매금액
2020	A002	무선마우스	=INDEX($E$6:$E$14,MATCH(1,($B$6:$B$14=C19)*($D$6:$D$14=B19),0))		
2021	A002	무선마우스		150	-
2022	A002	무선마우스		180	-
2020	A003	USB허브		85	-
2021	A003	USB허브		125	-
2022	A003	USB허브		189	-

02. 배열 수식이므로 수식 입력 후 [Enter] 대신에 [Ctrl] + [Shift] + [Enter]를 누릅니다. 수식이 입력되면 배열 수식을 의미하는 중괄호({ })가 수식 양쪽에 붙어 있습니다.

{=INDEX($E$6:$E$14,MATCH(1,($B$6:$B$14=C19)*($D$6:$D$14=B19),0))}

03. 상품코드가 A002이고 적용연도가 2020년인 단가 35,000원을 가져옵니다.

판매 연도	상품코드	상품명	단가	판매수량	판매금액
2020	A002	무선마우스	35,000	120	4,200,000
2021	A002	무선마우스		150	-
2022	A002	무선마우스		180	-
2020	A003	USB허브		85	-
2021	A003	USB허브		125	-
2022	A003	USB허브		189	-

수식 풀이

=INDEX($E$6:$E$14,MATCH(1,($B$6:$B$14=C19)*($D$6:$D$14=B19),0))

- INDEX 함수 안에 MATCH 함수가 포함되어 있으므로 MATCH 함수가 먼저 실행됩니다. 위 수식에서 찾는 조건을 값으로 바꾸면 다음과 같이 됩니다. 수식의 파란색 부분은 서로의 결과를 곱하는 것입니다.

=INDEX($E$6:$E$14,MATCH(1,($B$6:$B$14="A002")*($D$6:$D$14="2020"),0))

- 곱하기 전에 앞부분과 뒷부분을 떼어서 그림으로 표현하면 다음과 같습니다.

($B$6:$B$14="A002")
(상품코드="A002")

($D$6:$D$14="2020")
(적용연도="2020")

상품코드		상품코드		적용연도		적용연도
A001		FALSE		2020		TRUE
A001		FALSE		2021		FALSE
A001		FALSE		2022		FALSE
A002	➡	TRUE		2020	➡	TRUE
A002		TRUE		2021		FALSE
A002		TRUE		2022		FALSE
A003		FALSE		2020		TRUE
A003		FALSE		2021		FALSE
A003		FALSE		2022		FALSE

($B$6:$B$14="A002") ➡ 상품코드가 A002이면 TRUE로 바뀌고, 아니면 FALSE로 바뀝니다.

($D$6:$D$14="2020") ➡ 적용연도가 2020년이면 TRUE로 바뀌고, 아니면 FALSE로 바뀝니다.

- 상품코드와 적용연도 조건을 비교해서 TRUE, FALSE로 바꾸고 서로를 곱하면 (($B$6:$B$14="A002")*($D$6:$D$14="2020")) 결과는 다음과 같습니다.

상품코드		적용연도		결과
FALSE	×	TRUE	=	0
FALSE	×	FALSE	=	0
FALSE	×	FALSE	=	0
TRUE	×	TRUE	=	1
TRUE	×	FALSE	=	0
TRUE	×	FALSE	=	0
FALSE	×	TRUE	=	0
FALSE	×	FALSE	=	0
FALSE	×	FALSE	=	0

> 엑셀에서 TRUE는 1, FALSE는 0으로 인식합니다.

- 결과적으로 상품코드가 A002이고 적용연도가 2020년인 것을 만족하는 것은 네 번째 행이 됩니다. 위의 결과를 배열로 표현하면 {0;0;0;1;0;0;0;0;0}입니다.

결과
0
0
0
1
0
0
0
0
0

={0;0;0;1;0;0;0;0;0}

- 따라서 =INDEX($E$6:$E$14,MATCH(1,($B$6:$B$14="A002")*
($D$6:$D$14="2020"),0)) 수식은 =INDEX($E$6:$E$14,MATCH
(1,{0;0;0;1;0;0;0;0;0},0)) 수식으로 표현할 수 있습니다.

- INDEX 함수 안의 MATCH 함수를 해석하면, 1이라는 값을 {0;0;0;1;0;0;0;0;0}
범위에서 몇 번째 있는지 찾는데, 네 번째 행에 있으므로 4를 반환합니다.

    MATCH(1,{0;0;0;1;0;0;0;0;0},0) ➔ 4

- MATCH 함수의 결과 4를 받아서 수식은 다음과 같이 바뀝니다.

    =INDEX($E$6:$E$14, 4)

- 최종적으로 INDEX 함수는 단가 셀 범위 [$E$6:$E$14]의 네 번째 행의 35,000
원을 구하게 됩니다.

	상품코드	상품명	적용연도	단가	
5	상품코드	상품명	적용연도	단가	
6	A001	유선 키보드	2020	23,000	❶
7	A001	유선 키보드	2021	25,000	❷
8	A001	유선 키보드	2022	27,000	❸
9	A002	무선마우스	2020	35,000	❹
10	A002	무선마우스	2021	38,000	❺
11	A002	무선마우스	2022	42,000	❻
12	A003	USB허브	2020	16,000	❼
13	A003	USB허브	2021	17,000	❼
14	A003	USB허브	2022	19,000	❾

하면 된다! } 행과 열 조건을 만족하는 값 찾기

- 실습 파일 10-4.행과열-조건을-만족하는-값찾기-실습.xlsx
- 완성 파일 10-4.행과열-조건을-만족하는-값찾기-완성.xlsx

01. 다음 제품 사양 자료에서 제품5의 높이를 찾으려면 VLOOKUP 함수를 사용하
면 됩니다. 다음 수식을 입력하면 높이 740을 찾아줍니다.

=VLOOKUP("제품5",B5:G14,5,FALSE) ➔ 740

	제품명	무게	가로	세로	높이	용량
3	제품 사양					
4	제품명	무게	가로	세로	높이	용량
5	제품1	250	300	400	620	350
6	제품2	300	350	430	650	400
7	제품3	350	400	460	680	450
8	제품4	400	450	490	710	500
9	제품5	450	500	520	740	550
10	제품6	500	550	550	770	600
11	제품7	550	600	580	800	650
12	제품8	600	650	610	830	700
13	제품9	650	700	640	860	750
14	제품10	700	750	670	890	800

> VLOOKUP 함수의 세 번째
> 인수 열의 위치에 5를 입
> 력하면 찾을 수 있습니다.

02. 열의 위치가 아니라 열의 이름으로 찾아야 하는 경우에는 어떻게 찾는지 알아보겠습니다.

[C18] 셀에 다음 수식을 입력하면 제품5의 높이 740을 찾아줍니다.

> =INDEX(C5:G14,MATCH(C16,B5:B14,0), MATCH(C17,C4:G4,0)) ➡ 740

	A	B	C	D	E	F	G	H
3								
4		제품명	무게	가로	세로	높이	용량	
5		제품1	250	300	400	620	350	
6		제품2	300	350	430	650	400	
7		제품3	350	400	460	680	450	
8		제품4	400	450	490	710	500	
9		제품5	450	500	520	740	550	
10		제품6	500	550	550	770	600	
11		제품7	550	600	580	800	650	
12		제품8	600	650	610	830	700	
13		제품9	650	700	640	860	750	
14		제품10	700	750	670	890	800	
15								
16		제품명	제품5					
17		찾는 항목	높이					
18		INDEX로 찾기	=INDEX(C5:G14,MATCH(C16,B5:B14,0),MATCH(C17,C4:G4,0))					

INDEX, MATCH 함수로 값을 찾았는데 수식이 어떻게 작동되는지 확인해 보겠습니다.

수식 풀이

=INDEX(C5:G14,MATCH(C16,B5:B14,0), MATCH(C17,C4:G4,0))

- 첫 번째 MATCH 함수는 제품명 범위에서 '제품5'의 위치 **5**를 반환합니다.

  MATCH(C16,B5:B14,0) ➡ 5

- 두 번째 MATCH 함수는 상단의 제목 범위에서 '높이'의 위치 **4**를 반환합니다.

  MATCH(C17,C4:G4,0) ➡ 4

- MATCH 함수가 구한 값 5와 4를 INDEX 함수로 넘겨주면 엑셀 내부에서 수식은 =INDEX(C5:G14,5,4)로 바뀝니다.
- 최종적으로 INDEX 함수는 [C5:G14] 셀 범위에서 5행 4열에 해당하는 값 740을 구해줍니다.

	A	B	C	D	E	F	G	H
3						❹		
4		제품명	무게	가로	세로	높이	용량	
5		제품1	250	300	400	620	350	
6		제품2	300	350	430	650	400	
7		제품3	350	400	460	680	450	
8		제품4	400	450	490	710	500	
9		제품5 ❺	450	500	52	740	550	
10		제품6	500	550	550	770	600	
11		제품7	550	600	580	800	650	
12		제품8	600	650	610	830	700	
13		제품9	650	700	640	860	750	
14		제품10	700	750	670	890	800	
15								
16		제품명	제품5					
17		찾는 항목	높이					
18		INDEX로 찾기	=INDEX(C5:G14,MATCH(C16,B5:B14,0),MATCH(C17,C4:G4,0))					

10-5 행과 열 다루기

• 실습 파일 [10장] 폴더 안에 함수별로 제공

엑셀의 시트는 행(ROW)과 열(COLUMN)로 구성되어 있는데 이 행과 열을 다루는 함수는 다음과 같습니다. 단순한 함수이지만 표 구성 시 번호를 자동으로 유지하거나 일련의 규칙대로 값을 만들어야 할 때 유용하게 사용할 수 있습니다.

함수	설명
ROW	행 번호 구하기
ROWS	행의 개수 구하기
COLUMN	열 번호 구하기
COLUMNS	열의 개수 구하기

:: ROW 함수 — 행 번호 구하기

ROW([reference])
ROW([참조])
시트에서 행의 번호를 구해준다.
• reference: 행 번호를 구할 셀 또는 셀 범위(생략하면 ROW 함수를 입력한 셀의 행 번호를 구해줌)

엑셀의 시트는 행과 열로 구성되어 있는데 ROW 함수로 시트에서 행의 번호를 구할 수 있습니다. 행 번호를 이용하면 자료에서 번호를 자동으로 매기거나 행의 위치 값을 구해서 다양한 방법으로 응용할 수 있습니다.

활용 1 기본 사용법 — 수식이 입력된 셀의 행 번호 구하기

[B2] 셀에 인수 없이 다음 수식을 입력하면 수식이 입력된 셀의 행 번호 2를 구해 줍니다.

활용 2 다른 셀의 행 번호 구하기

함수의 인수로 D5를 넣으면 [D5] 셀의 행 번호 5를 구해줍니다.

=ROW(D5) → 5

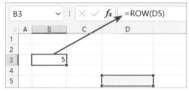

활용 3 ROW 함수로 행 번호를 자동으로 매기기

다음 예시와 같이 No.를 직접 입력한 경우 자료를 중간에 삭제한다든지 추가하면 삭제되거나 추가된 다음 행부터 번호를 전부 새로 매겨야 하는 번거로움이 있습니다. 이럴 때 ROW 함수를 이용하면 자료가 삭제, 추가되어도 순서대로 번호를 유지할 수 있습니다. ROW 함수를 이용하여 행 번호를 자동으로 매겨보겠습니다.

	A	B	C	D	E	F
12						
13		거래처별 판매실적				
14		No.	판매일자	거래처명	상품명	수량
15		1	2022-07-02	가양 아트박스	합지 스프링노트	20
16		2	2022-08-04	가양 아트박스	더블에이 A4용지	30
17		3	2022-08-04	가양 아트박스	포스트잇 노트 (654) 노랑	20
18		4	2022-08-04	가양 아트박스	포스트잇 노트 큐브 3색	20
19		5	2022-08-04	가양 아트박스	모나미 볼펜	250
20		6	2022-08-04	가양 아트박스	네임펜F (중간글씨용) 흑색	10
21		7	2022-07-01	신림문구	옥스포드 노트	150
22		8	2022-07-01	신림문구	오피스 수정테이프	10
23		9	2022-07-01	신림문구	모나미 볼펜	200

[B15] 셀에 =ROW() 수식을 입력합니다.

ROW 함수의 인수를 넣지 않으면 함수가 입력된 행의 번호를 구해주므로 15가 반환됩니다.

	A	B	C	D	E	F
12						
13		거래처별 판매실적				
14		No.	판매일자	거래처명	상품명	수량
15		15	2022-07-02	가양 아트박스	합지 스프링노트	20
16		16	2022-08-04	가양 아트박스	더블에이 A4용지	30
17		17	2022-08-04	가양 아트박스	포스트잇 노트 (654) 노랑	20
18		18	2022-08-04	가양 아트박스	포스트잇 노트 큐브 3색	20
19		19	2022-08-04	가양 아트박스	모나미 볼펜	250
20		20	2022-08-04	가양 아트박스	네임펜F (중간글씨용) 흑색	10
21		21	2022-07-01	신림문구	옥스포드 노트	150
22		22	2022-07-01	신림문구	오피스 수정테이프	10
23		23	2022-07-01	신림문구	모나미 볼펜	200

그런데 [B15] 셀은 No.가 1이어야 하므로 타이틀 위의 행의 수(14행)만큼은 빼 주어야 합니다.

[B15] 셀에 =ROW()-14 수식을 입력한 다음, 이 수식을 복사해서 [B16] 셀부터 아래로 붙여넣으면 자동으로 1, 2, 3, 4, …의 형태로 No.가 만들어집니다.

:: ROWS 함수 — 행의 개수 구하기

함수 구문

ROWS(array)
ROWS(범위 또는 배열)
범위나 배열의 행의 개수를 구해준다.

• array: 배열 또는 배열 수식이거나 셀 범위에 대한 참조

엑셀의 ROWS 함수는 범위나 배열의 행의 개수를 구해줍니다. ROWS에서 마지막 S가 빠진 ROW 함수는 행의 번호를 구해주는 함수입니다.

활용 1 기본 사용법 — 범위 입력하여 행의 개수 구하기

[B8] 셀에 다음 수식을 입력하면 입력된 범위는 3개의 행으로 구성되어 있으므로 행의 개수 3을 구해줍니다.

=ROWS(B4:D6) ➜ 3

활용 2 이름 정의가 된 범위의 행의 개수 구하기

[B24] 셀에 다음 수식을 입력하면 '과일목록' 이름 정의는 2개 행으로 구성되어 있으므로 행의 개수 2를 구해줍니다.

=ROWS(과일목록) → 2

⬜	A	B	C	D	E	F
20						
21		사과	배	감	오렌지	자몽
22		딸기	수박	포도	키위	산딸기
23						
24		=ROWS(과일목록)				

:: COLUMN 함수 — 열 번호 구하기

함수구문

COLUMN([reference])
COLUMN([참조])

시트에서 열의 번호를 구해준다.

• reference: 열 번호를 구할 셀 또는 셀 범위(생략하면 COLUMN 함수를 입력한 셀의 열 번호를 구해줌)

엑셀의 시트는 행과 열로 구성되어 있는데 COLUMN 함수는 시트에서 열의 번호를 구해줍니다. 엑셀에서 표를 만들 때 표의 타이틀에 월을 표시하는 경우가 많은데, COLUMN 함수를 응용하면 중간에 열이 삭제되어도 월의 순서가 유지되도록 할 수 있습니다.

활용 1 기본 사용법 — 수식이 입력된 셀의 열 번호 구하기

[B3] 셀에 인수 없이 다음 수식을 입력하면 수식이 입력된 셀의 열 번호 2를 구해줍니다.

=COLUMN() → 2

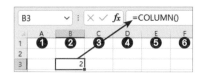

활용 2 다른 셀의 열 번호 구하기

함수의 인수로 D2를 넣으면 [D2] 셀의 열 번호 4를 구해줍니다.

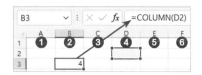

```
=COLUMN(D2)  →  4
```

활용 3 COLUMN 함수로 열 번호 자동으로 매기기

엑셀에서 표를 만들 때 표의 타이틀에 월을 표시하는 경우가 많은데, 중간에 열을 삭제해도 월의 순서를 유지하는 방법을 알아보겠습니다.

[B9] 셀에 =COLUMN()-1 수식을 입력하면 현재의 열 번호에서 1을 뺀 값을 구해줍니다. 이 수식을 복사해서 [C9] 셀부터 오른쪽으로 붙여넣으면 자동으로 1, 2, 3, 4, … 형태로 번호를 구해줍니다.

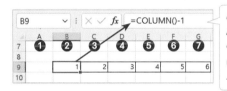

이렇게 수식을 입력해 놓으면 중간에 있는 열이 삭제되어도 항상 현재 열의 위치를 참조하므로 열 번호는 1, 2, 3, 4, … 형태로 순서가 유지됩니다. 항상 번호의 순서가 유지되어야 하는 경우에 사용하면 편리한 기능입니다.

위와 같이 중간에 열이 삭제되어도 열의 번호가 유지되는 특징을 이용하면 월별 매출실적 표를 만들 때 중간에 특정 월의 열을 삭제해도 월의 이름이 순차적으로 유지됩니다.

```
=COLUMN()-2 &"월"
```

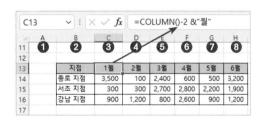

1월이 위치한 열은 [C] 열이므로 COLUMN() 수식은 3을 구해주는데 [C] 열에는 1월이 표시되어야 하므로 −2를 해주고 &(결합 연산자)를 이용하여 숫자 뒤에 월을 붙이면 1월, 2월의 형식으로 표시됩니다.

:: COLUMNS 함수 — 열의 개수 구하기

> **함수구문**
>
> COLUMNS (array)
> COLUMNS (범위 또는 배열)
> 범위나 배열의 열의 개수를 구해준다.
>
> • array: 배열 또는 배열 수식이거나 셀 범위에 대한 참조

COLUMNS 함수는 범위나 배열의 열의 개수를 구해줍니다. COLUMNS에서 S가 빠진 COLUMN 함수는 열의 번호를 구해주는 함수입니다.

활용1 기본 사용법 — 범위를 입력하여 열의 개수 구하기

[B8] 셀에 다음 수식을 입력하면 입력된 범위는 3열로 구성되어 있으므로 열의 개수 3을 구해줍니다.

=COLUMNS(B4:D6) ➡ 3

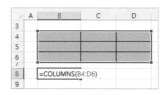

활용2 이름 정의가 된 범위의 열의 개수 구하기

[B27] 셀에 다음 수식을 입력하면 '과일목록'의 이름 정의는 5개 열로 구성되어 있으므로 열의 개수 5를 구해줍니다.

=COLUMNS(과일목록) ➡ 5

A	B	C	D	E	F
23					
24	사과	배	감	오렌지	자몽
25	딸기	수박	포도	키위	산딸기
26					
27	=COLUMNS(과일목록)				
28					

10-6 문제 해결사 INDIRECT와 OFFSET 함수

• 실습 파일 [10장] 폴더 안에 함수별로 제공

INDIRECT, OFFSET 함수는 이름도 난해하고 이해하기도 쉽지 않은 함수입니다. 주로 다른 함수와 조합하여 많이 사용됩니다. 하지만 어렵고 복잡한 문제를 간단하고 효율적으로 해결하기 위해서는 반드시 익혀두어야 하는 중요한 함수입니다.

함수	설명
INDIRECT	문자열을 참조로 바꾸기
OFFSET	행과 열 이동 후 참조 구하기

:: INDIRECT 함수 — 문자열을 참조로 바꾸기

함수구문

INDIRECT(ref_text, [a1])
INDIRECT(참조문자열, [참조스타일])
문자열로 만들어진 참조를 유효한 셀 참조로 바꿔준다.
- ref_text: 참조할 문자열
- a1: TRUE- A1 스타일 참조 사용(기본값), FALSE - R1C1 스타일 참조 사용

INDIRECT 함수는 문자열로 만들어진 참조를 유효한 셀 참조로 바꿔줍니다. 수식은 바꾸지 않고 문자열로 만들어진 참조만 변경해서 결괏값을 가져와야 할 때 사용할 수 있습니다.
예를 들어 VLOOKUP 함수를 사용할 때 값을 찾는 시트의 이름이 그때 그때 바뀌어야 한다면 INDIRECT 함수를 이용하면 간단하게 해결할 수 있습니다.

활용 기본 사용법 — 문자열로 만들어진 참조 반환하기

INDIRECT 함수를 응용하기 전에 간단한 예를 먼저 살펴보겠습니다.
[C4], [C5] 셀에는 각각 '안녕하세요', '처음 뵙겠습니다'가 입력되어 있습니다.
[C9] 셀에 =C4 수식을 입력하고, [C10] 셀에는 =INDIRECT("C"&C7) 수식을 입력하면 2개의 수식 모두 안녕하세요를 가져옵니다.

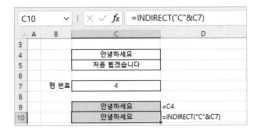

어떻게 해서 2개의 수식이 같은 결과를 보여주는지 살펴보겠습니다.

[C7] 셀에 숫자 4가 입력되어 있으므로 =INDIRECT("C"&C7)은 =INDIRECT("C4") 수식과 같습니다. INDIRECT 함수는 문자열로 만들어진 참조를 유효한 셀 참조로 바꿔주므로 =INDIRECT("C4")는 =C4 수식으로 바뀌고 [C4] 셀의 안녕하세요를 가져옵니다.

이번에는 [C7] 셀에 입력된 4를 5로 바꿉니다. [C10] 셀의 수식은 바뀌지 않았는데 결과는 '안녕하세요'에서 처음 뵙겠습니다로 바뀝니다.

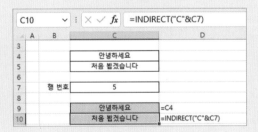

[C7] 셀에 5가 입력되어 있으므로 =INDIRECT("C"&C7)는 =INDIRECT("C5") 수식과 같고, =INDIRECT("C5") 수식은 =C5 수식으로 바뀌므로 [C5] 셀의 처음 뵙겠습니다를 가져오는 것입니다.

수식은 바꾸지 않고 [C7] 셀에 입력된 값만 4에서 5로 바꾸면 참조하는 셀이 [C4]에서 [C5]로 바뀐 것입니다.

INDIRECT 함수의 이러한 기능을 다른 함수와 조합해서 응용하면 수식은 바꾸지 않고 참조하는 값을 바꿔가면서 결과를 바꾸고자 할 때 유용하게 사용할 수 있습니다.

하면 된다! } 시트명을 바꿔가면서 값 찾기

INDIRECT-함수사용법.xlsx

월별로 있는 판매실적 시트에서 시트별(월별)로 판매실적을 찾을 경우 시트명이 다르므로 보통 다음과 같이 시트명을 바꿔가면서 각각 수식을 입력해야 합니다.

	A	B	C
1	사원번호	사원명	판매실적
2	101	이지은	1,500,000
3	102	김지은	2,000,000
4	103	박지은	3,500,000
5	104	홍지은	12,000,000
6	105	나지은	9,000,000
7	106	홍길동	5,500,000
8	107	김길동	900,000
9	108	이영업	1,200,000
10	109	나영업	9,800,000
11	110	김영업	3,200,000
12			

< > 1월-실적 2월-실적

	A	B	C
1	사원번호	사원명	판매실적
2	101	이지은	1,950,000
3	102	김지은	2,600,000
4	103	박지은	4,550,000
5	104	홍지은	15,600,000
6	105	나지은	11,700,000
7	106	홍길동	7,150,000
8	107	김길동	1,170,000
9	108	이영업	1,560,000
10	109	나영업	12,740,000
11	110	김영업	4,160,000
12			

< > 1월-실적 2월-실적

> 사원번호가 102인 직원의 1월 판매실적 가져올 때:
> =VLOOKUP(102,1월-실적!A1:C11,3,FALSE) ➔ 2,000,000
>
> 사원번호가 102인 직원의 2월 판매실적 가져올 때:
> =VLOOKUP(102,2월-실적!A1:C11,3,FALSE) ➔ 2,600,000

이러한 방식은 시트의 개수만큼 수식을 바꿔가면서 작성해야 하는 번거로움이 있습니다. INDIRECT 함수를 이용하면 하나의 수식으로 해결이 가능합니다.

01. [C20] 셀에 다음 수식을 입력합니다.

```
=VLOOKUP(C18,INDIRECT(""""&C17&"""" & "!A1:C11"),3,FALSE)
```

[C17] 셀에 시트명을 1월-실적으로 입력했으므로 INDIRECT(""""&C17&""""& "!A1:C11") 수식이 '1월–실적' 시트를 참조하고 최종적으로 VLOOKUP 함수가 1월 판매실적을 찾아줍니다.

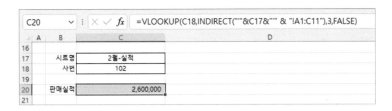

02. [C17] 셀에 시트명을 2월-실적으로 입력하면 INDIRECT(""&C17&""& "!A1:C11") 수식이 '2월-실적' 시트를 참조하고 최종적으로 VLOOKUP 함수가 2월 판매실적을 찾아줍니다.

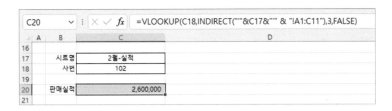

: : OFFSET 함수 — 행과 열 이동 후 참조 구하기

> **함수 구문**
>
> OFFSET(reference, rows, cols, [height], [width])
> OFFSET(참조, 행수, 열수, [높이], [너비])
> 셀에서 지정된 수만큼 행과 열을 이동한 후의 참조를 구해준다.
>
> - reference: 행과 열을 이동하기 위한 기준점(셀 위치)
> - rows: 행 방향으로 이동할 거리(양수는 아래로 이동, 음수는 위로 이동)
> - cols: 열 방향으로 이동할 거리(양수는 오른쪽으로 이동, 음수는 왼쪽으로 이동)
> - height: 반환되는 참조 영역의 높이(생략 시 기본값이 1로 지정됨)
> - width: 반환되는 참조 영역의 너비(생략 시 기본값이 1로 지정됨)

엑셀에서 OFFSET 함수는 OFFSET이라는 단어가 주는 모호함 때문인지 이름만 봐도 왠지 어려워 보이는 함수입니다. 컴퓨터와 관련된 분야에서는 '어떤 대상으로부터 벗어난 정도', '떨어진 정도'라는 뜻으로 사용됩니다.

OFFSET 함수는 어떤 셀로부터 행과 열을 이동한 후 참조를 동적으로 구해주는데, OFFSET의 뜻을 알고 나면 함수 사용법이 조금은 쉽게 이해될 것 같습니다.

> OFFSET 함수는 참조를 동적으로 구해주므로 응용 범위가 넓습니다.

여기에서 참조를 동적으로 구해준다는 것이 중요합니다. 참조를 동적으로 구성할 수 있으면 월 단위 누계를 계산할 때 수식을 변경하지 않고 누계를 구할 수 있고, VLOOKUP 함수 사용 시 참조해야 하는 범위가 계속 바뀔 때 동적 범위에 이름을 정의하면 수식을 변경하지 않아도 되는 등, OFFSET 함수는 응용 범위가 아주 넓은 함수이므로 잘 익혀두어야 합니다.

활용1 기본 사용법 — 행과 열 이동 후 값 가져오기

[B3] 셀에서 이동한 위치의 셀의 값을 가져와 보겠습니다.
[B9] 셀에 다음 수식을 입력합니다.

=OFFSET(B3,2,1)

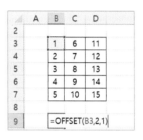

수식 풀이	OFFSET 함수는 [B3] 셀에서 아래로 2칸, 오른쪽으로 1칸 이동하여 [C5] 셀에 있는 값 8을 가져옵니다.

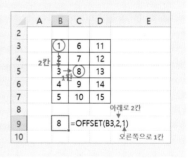

활용2 행과 열 이동 후 범위 가져오기

이번에는 셀로 이동 후 범위를 지정하여 출력해 보겠습니다. [B19] 셀에 다음 수식을 입력합니다.

=OFFSET(B13,2,1,3,2)

=OFFSET(B13,2,1,3,2)

OFFSET 함수는 [B13] 셀에서 아래로 2칸, 오른쪽으로 1칸 이동하여 [C15:D17] 셀 범위를 가져와서 [B19:C21] 셀 범위에 출력해 줍니다.

위 수식에서 네 번째, 다섯 번째 인수인 높이와 너비를 지정하면 범위를 가져올 수 있습니다.

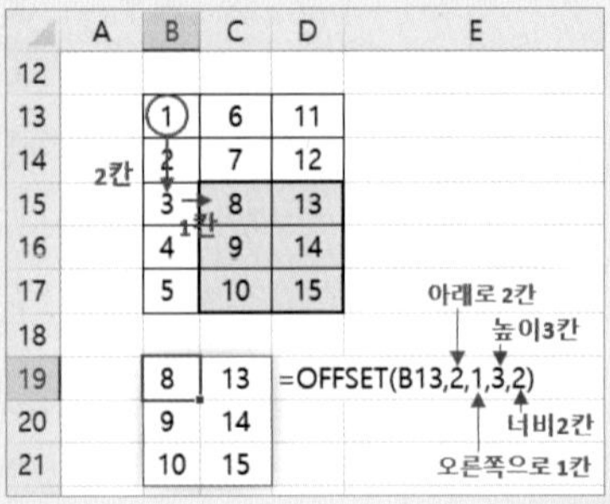

OFFSET 함수에서 가져올 범위를 지정하면 결과를 동적 배열로 가져오므로 엑셀 2021 이상 버전 사용자가 아니라면 배열 수식으로 입력해야 합니다.

[B19:C21] 셀 범위를 선택한 후 =OFFSET(B13,2,1,3,2) 수식을 입력하고 Ctrl + Enter + Shift 를 누릅니다.

활용3 행과 열 이동 후 범위의 값 더하기

이번에는 범위를 가져와서 SUM 함수로 범위의 값을 더해 보겠습니다. [B30] 셀에 다음 수식을 입력합니다.

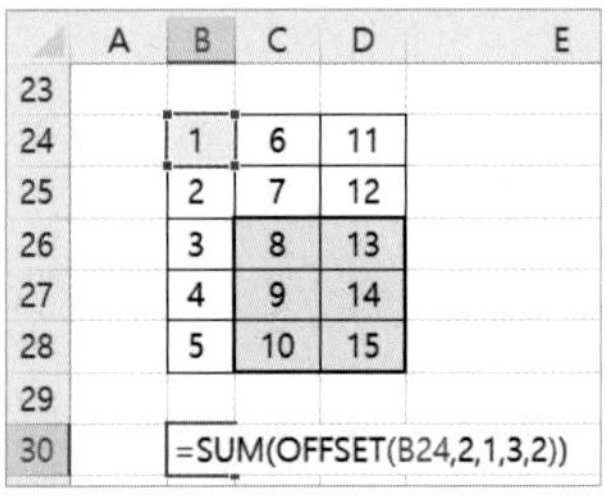

=SUM(OFFSET(B24,2,1,3,2))

OFFSET 함수는 [B24] 셀에서 아래로 2칸, 오른쪽으로 1칸 이동하여 [C26:D28] 셀 범위를 가져와서 SUM 함수로 값을 더해줍니다.

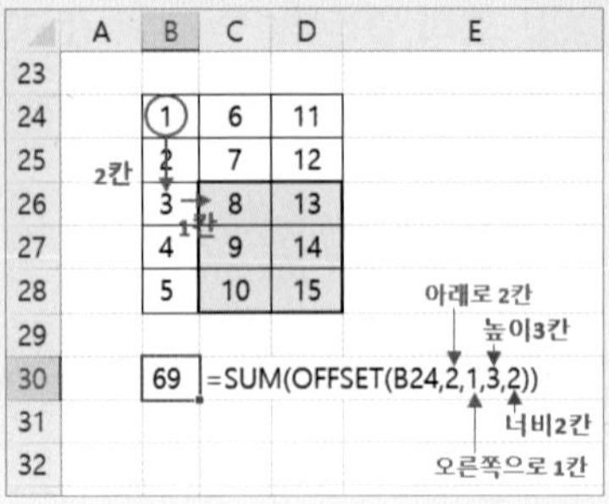

이번에는 행과 열을 이동하지 않고 SUM 함수로 범위의 값을 더해보겠습니다.
[B41] 셀에 다음 수식을 입력합니다.

=SUM(OFFSET(B35,0,0,3,2))

	A	B	C	D	E
34					
35		1	6	11	
36		2	7	12	
37		3	8	13	
38		4	9	14	
39		5	10	15	
40					
41		=SUM(OFFSET(B35,0,0,3,2))			

수식 풀이 OFFSET 함수는 [B35] 셀에서 이동하지 않고(두 번째, 세 번째 인수가 0이므로 이동하지 않음) [B35:C37] 셀 범위를 가져와서 SUM 함수로 값을 더해줍니다.

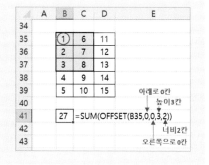

하면 된다! } OFFSET 함수로 월별 누계 구하기

OFFSET-함수사용법.xlsx

앞서 살펴본 대로 OFFSET 함수는 어떤 셀로부터 행과 열을 이동한 후 동적으로 참조를 구해줍니다. 이번에는 참조를 동적으로 구하는 기능을 이용하여 월 단위 판매실적 누계를 구하는 방법을 알아보겠습니다.

다음과 같은 월별 판매실적 데이터에서 서울지역의 7월까지 판매실적 누계를 구해야 한다면 =SUM(C5:C11) 수식을 입력하여 간단하게 SUM 함수만으로도 해결할 수 있습니다.

만약 8월까지 구해야 한다면 =SUM(C5:C12) 수식과 같이 합계 범위를 [C5:C11]에서 [C5:C12]로 바꿔주면 되긴 하지만, 계속 수식을 수정해야 문제가 있습니다. OFFSET 함수를 사용하여 판매월이 바뀌더라도 수식을 변경하지 않고 누계를 구해보겠습니다.

A	B	C	D	E
	월별 판매실적			
	판매월	서울지역	경기지역	충청지역
	1월	737,000	636,000	121,000
	2월	1,392,000	889,000	789,000
	3월	1,326,000	1,010,000	844,000
	4월	463,000	1,229,000	603,000
	5월	1,342,000	1,425,000	381,000
	6월	1,401,000	404,000	259,000
	7월	890,000	264,000	951,000
	8월	317,000	494,000	1,230,000
	9월	721,000	507,000	57,000
	10월	1,051,000	193,000	681,000
	11월	1,307,000	1,054,000	617,000
	12월	962,000	887,000	751,000
	합계	11,909,000	8,992,000	7,284,000
	서울 지역 7월까지 판매실적 누계			
	=SUM(C5:C11)			

01. 7월까지의 서울지역 판매실적 누계를 구하기 위해 [D22] 셀에 다음 수식을 입력합니다.

=SUM(OFFSET(C5,0,0,D20,1))

판매월	서울지역	경기지역	충청지역
	월별 판매실적		
1월	737,000	636,000	121,000
2월	1,392,000	889,000	789,000
3월	1,326,000	1,010,000	844,000
4월	463,000	1,229,000	603,000
5월	1,342,000	1,425,000	381,000
6월	1,401,000	404,000	259,000
7월	890,000	264,000	951,000
8월	317,000	494,000	1,230,000
9월	721,000	507,000	57,000
10월	1,051,000	193,000	681,000
11월	1,307,000	1,054,000	617,000
12월	962,000	887,000	751,000
합계	11,909,000	8,992,000	7,284,000

해당 월까지 판매실적 누계 구하기
판매월 7
서울지역 판매실적 누계 =SUM(OFFSET(C5,0,0,D20,1))

수식 풀이

=SUM(OFFSET(C5,0,0,D20,1))

- 첫 번째 인수 C5: 1월 실적의 위치
- 두 번째 인수 0: 아래로 0칸(즉 현재 위치 그대로)
- 세 번째 인수 0: 오른쪽으로 0칸(즉 현재 위치 그대로)
- 네 번째 인수 [D20]: 높이가 7칸(월을 입력받는데 7이면 7칸이므로 7월까지 참조)
- 다섯 번째 인수 1: 너비가 1칸(서울지역만 포함)

---

02. 두 번째, 세 번째 인수가 0이므로 아래로, 오른쪽으로 이동하지 않아 참조 위치는 C5 그대로이며, 네 번째 인수 [D20]은 높이가 7칸, 다섯 번째 인수 1은 너비가 1칸인 범위를 반환합니다. 반환된 범위를 SUM하면 7월까지의 누적 판매실적은 7,551,000원이 됩니다.

판매월	서울지역	경기지역	충청지역		
	월별 판매실적				
1월	737,000	636,000	121,000		
2월	1,392,000	889,000	789,000		
3월	1,326,000	1,010,000	844,000		
4월	463,000	1,229,000	603,000		
5월	1,342,000	1,425,000	381,000		
6월	1,401,000	404,000	259,000		
7월	890,000	264,000	951,000		
8월	317,000	494,000	1,230,000		
9월	721,000	507,000	57,000		
10월	1,051,000	193,000	681,000		
11월	1,307,000	1,054,000	617,000		
12월	962,000	887,000	751,000		
합계	11,909,000	8,992,000	7,284,000		

해당 월까지 판매실적 누계 구하기
판매월 7
서울지역 판매실적 누계 7,551,000 =SUM(OFFSET(C5,0,0,D20,1))

03. 위에서 사용한 수식을 약간 바꾸면 7월까지의 전체 지역 판매실적 누계는 다음과 같이 구할 수 있습니다.

[D23] 셀에 다음 수식을 입력합니다.

> =SUM(OFFSET(C5,0,0,D20,3)) ➜ 17,356,000

서울지역 판매실적 누적을 구하는 수식과 거의 동일한데 마지막 인수인 너비만 다릅니다. 서울, 경기, 충청 지역 3군데를 포함해야 하므로 마지막 인수인 너비는 3칸이 되어야 합니다.

판매월	서울지역	경기지역	충청지역
1월	737,000	636,000	121,000
2월	1,392,000	889,000	789,000
3월	1,326,000	1,010,000	844,000
4월	463,000	1,229,000	603,000
5월	1,342,000	1,425,000	381,000
6월	1,401,000	404,000	259,000
7월	890,000	264,000	951,000
8월	317,000	494,000	1,230,000
9월	721,000	507,000	57,000
10월	1,051,000	193,000	681,000
11월	1,307,000	1,054,000	617,000
12월	962,000	887,000	751,000
합계	11,909,000	8,992,000	7,284,000

월별 판매실적

해당 월까지 판매실적 누계 구하기
판매월 7

전체지역 판매실적 누계 =SUM(OFFSET(C5,0,0,D20,3))

> 마지막 인수인 너비가 3이므로 서울, 경기, 충청 3군데를 포함한 실적을 구해줍니다.

10-7 찾기 및 참조 영역의 동적 배열 함수

• 실습 파일 [10장] 폴더 안에 함수별로 제공

엑셀 2021 이상 버전에서는 데이터 메뉴에서 제공하던 기능을 다음과 같이 함수로
제공합니다.

함수	설명
SORT	데이터 정렬하기
SORTBY	범위의 값을 기준으로 데이터 정렬하기
FILTER	원하는 조건으로 필터링하기
UNIQUE	중복 제거하기

엑셀 능력자의 꿀팁

SORT, SORTBY, FILTER, UNIQUE 함
수는 여러 셀에 결과를 가져올 수 있는 동
적 배열 함수입니다. 따라서 정렬된 결과
를 범위로 가져오도록 지정했는데 가져
올 범위에 이미 값이 있으면 다음과 같이
#SPILL! 오류가 발생하므로 결과를 가져
올 범위가 비어 있어야 합니다.

	정렬 결과			
15				
16	판매일자	거래처명	상품	판매금액
17	#SPILL! ⚠			
18				
19	AAA	BBB		
20				
21				
22				
23				
24				
25				

:: SORT 함수 — 데이터 정렬하기 [엑셀 2021 이상]

함수 구문

=SORT(array, [sort_index], [sort_order], [by_col])
=SORT(범위 또는 배열, [정렬기준], [정렬순서], [정렬방향])
범위 또는 배열의 내용을 정렬해준다.

- array: 정렬할 범위 또는 배열
- [sort_index]: 정렬의 기준이 되는 행 또는 열이 몇 번째인지 나타내는 숫자(기본값은 1)
- [sort_order]: 정렬 순서(오름차순은 1(기본값), 내림차순은 -1)
- [by_col]: 정렬 방향(행으로 정렬은 FALSE(기본값), 열로 정렬은 TRUE)

엑셀에서 범위의 데이터를 정렬하려면 메뉴에 있는 정렬 기능을 이용하여 원본 데이터 자체를 정렬했지만, 엑셀 2021 이상 버전부터 제공되는 SORT 함수를 이용하면 원본 데이터를 손대지 않고 별도의 범위에 정렬된 결과를 표시할 수 있습니다.

활용 **기본 사용법 — 판매일자 기준으로 오름차순 정렬하기**

다음과 같은 거래처별 판매실적 자료에서 SORT 함수를 이용하여 판매일자 기준으로 오름차순(빠른 날짜가 앞에, 늦은 날짜가 뒤에 옴)으로 정렬해 보겠습니다.

[B17] 셀에 다음 수식을 입력합니다. 수식이 입력되면 정렬 결과가 표시됩니다.

=SORT(B6:E13,1,1)

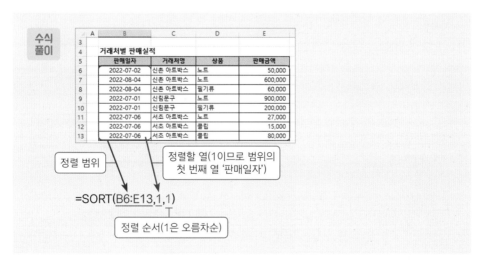

:: SORTBY 함수 — 범위의 값을 기준으로 데이터 정렬하기 [엑셀 2021 이상] →

=SORTBY(array, by_array1, [sort_order1], [by_array2, sort_order2], …)

=SORTBY(범위 또는 배열, 정렬기준1, [정렬순서1], [정렬기준2, 정렬순서2], …)

범위 또는 배열의 값을 기준으로 범위 또는 배열의 내용을 정렬해준다.

• array: 정렬할 범위 또는 배열
• by_array1: 첫 번째 정렬의 기준이 되는 범위 또는 배열
• [sort_order1]: 첫 번째 정렬 순서(오름차순은 1(기본값), 내림차순은 -1)
• [by_array2]: 두 번째 정렬의 기준이 되는 범위 또는 배열
• [sort_order2]: 두 번째 정렬 순서(오름차순은 1(기본값), 내림차은 경우 -1)

엑셀 2021 이상 버전부터 제공되는 SORT 함수나 SORTBY 함수를 이용하면 원본 데이터를 손대지 않고 별도의 범위에 정렬된 결과를 표시할 수 있습니다.

SORTBY 함수는 SORT 함수와 유사하나, SORT 함수에 비해 출력 결과에 포함되지 않은 범위를 정렬 기준으로 설정할 수 있고 정렬 기준을 여러 개 지정할 수 있는 장점이 있습니다.

활용 1 기본 사용법 — 정렬 기준을 포함하여 정렬 범위 전체 출력하기

다음 거래처별 판매실적 자료에서 SORTBY 함수를 이용하여 판매일자별로 오름차순(빠른 날짜가 앞에, 늦은 날짜가 뒤에 옴)으로 정렬해 보겠습니다.

[B17] 셀에 다음 수식을 입력합니다. 수식이 입력되면 정렬 결과가 표시됩니다.

=SORTBY(B6:E13,B6:B13,1)

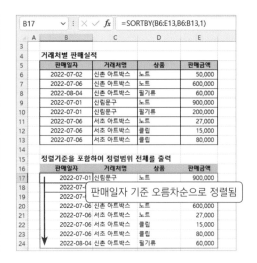

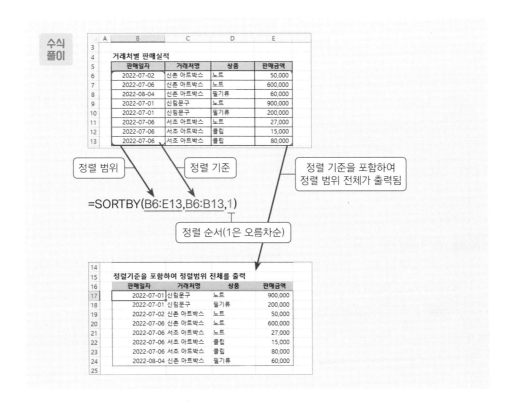

수식풀이

거래처별 판매실적

판매일자	거래처명	상품	판매금액
2022-07-02	신촌 아트박스	노트	50,000
2022-07-06	신촌 아트박스	노트	600,000
2022-08-04	신촌 아트박스	필기류	60,000
2022-07-01	신림문구	노트	900,000
2022-07-01	신림문구	필기류	200,000
2022-07-06	서초 아트박스	노트	27,000
2022-07-06	서초 아트박스	클립	15,000
2022-07-06	서초 아트박스	클립	80,000

정렬 범위   정렬 기준   정렬 기준을 포함하여 정렬 범위 전체가 출력됨

=SORTBY(B6:E13,B6:B13,1)

정렬 순서(1은 오름차순)

정렬기준을 포함하여 정렬범위 전체를 출력

판매일자	거래처명	상품	판매금액
2022-07-01	신림문구	노트	900,000
2022-07-01	신림문구	필기류	200,000
2022-07-02	신촌 아트박스	노트	50,000
2022-07-06	신촌 아트박스	노트	600,000
2022-07-06	서초 아트박스	노트	27,000
2022-07-06	서초 아트박스	클립	15,000
2022-07-06	서초 아트박스	클립	80,000
2022-08-04	신촌 아트박스	필기류	60,000

활용 2 **출력 결과에 포함되지 않은 범위를 정렬 기준으로 지정하기**

앞서 정렬 기준이 되는 범위를 포함하여 전체 범위가 출력되었는데, 이번에는 정렬 기준(판매일자)과 정렬 결과 범위를 따로 지정하고 정렬 결과를 출력해 보겠습니다. [B39] 셀에 다음 수식을 입력합니다. 수식이 입력되면 정렬 결과가 표시됩니다.

=SORTBY(C6:E13,B6:B13,1)

정렬 기준으로 사용되었으나 출력 결과에는 포함되지 않음

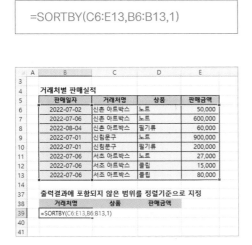

정렬 기준을 제외한 범위가 출력됨

거래처별 판매실적

판매일자	거래처명	상품	판매금액
2022-07-02	신촌 아트박스	노트	50,000
2022-07-06	신촌 아트박스	노트	600,000
2022-08-04	신촌 아트박스	필기류	60,000
2022-07-01	신림문구	노트	900,000
2022-07-01	신림문구	필기류	200,000
2022-07-06	서초 아트박스	노트	27,000
2022-07-06	서초 아트박스	클립	15,000
2022-07-06	서초 아트박스	클립	80,000

출력결과에 포함되지 않은 범위를 정렬기준으로 지정

거래처명	상품	판매금액
신림문구	노트	900000
신림문구	필기류	200000
신촌 아트박스	노트	50000
신촌 아트박스	노트	600000
서초 아트박스	노트	27000
서초 아트박스	클립	15000
서초 아트박스	클립	80000
신촌 아트박스	필기류	60000

출력결과에 포함되지 않은 범위를 정렬기준으로 지정

거래처명	상품	판매금액
=SORTBY(C6:E13,B6:B13,1)		

정렬 기준으로 사용할 범위와 출력할 범위를 따로 지정하고, 정렬 기준으로 사용한 범위는 제외하고 결과를 가져왔습니다.

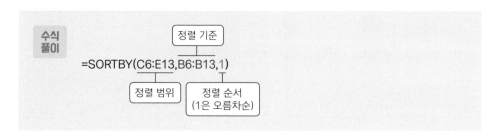

활용 3 여러 범위를 정렬 기준으로 지정하기

마지막으로 판매일자를 첫 번째, 거래처명을 두 번째 정렬 기준으로 지정하고 정렬 결과를 출력해 보겠습니다.

[B50] 셀에 다음 수식을 입력합니다. 수식이 입력되면 정렬 결과가 표시됩니다. 출력된 결과를 확인해 보면 판매일자 순으로 첫 번째로 정렬이 되고, 거래처명 기준으로 두 번째로 정렬이 된 것을 알 수 있습니다.

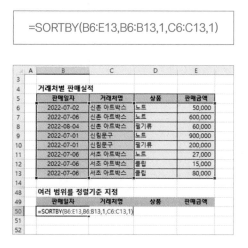

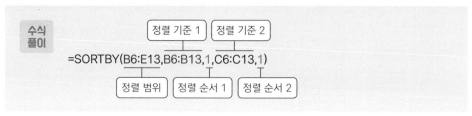

:: FILTER 함수 — 원하는 조건으로 필터링하기 [엑셀 2021 이상]

=FILTER(array, include, [if_empty])

=FILTER(배열 또는 범위, 조회조건, [찾지못할 때 표시])

배열 또는 범위에서 원하는 조건으로 데이터를 조회(필터링)해준다.

- array: 조회(필터링)할 배열 또는 범위
- include: 조회(필터링)의 조건
- [if_empty]: 찾는 값이 없을 때 표시할 값

엑셀에서 범위의 데이터를 원하는 조건으로 조회(필터링)하려면 메뉴에서 [데이터] 탭의 [필터]를 사용하여 원본 데이터 자체를 필터링했지만, 엑셀 2021 이상 버전부터 제공되는 FILTER 함수를 이용하면 원본 데이터를 손대지 않고 조건에 따라 별도의 범위에 조회 결과를 표시할 수 있습니다.

활용 1 기본 사용법 — 범위에서 특정 조건에 해당하는 자료 조회하기

다음과 같은 거래처별 판매실적 자료에서 FILTER 함수를 이용하여 상품이 '노트'인 것만 조회해 보겠습니다.

[B18] 셀에 다음 수식을 입력합니다. 수식이 입력되면 거래처별 판매실적 자료에서 상품이 '노트'인 것만 가져옵니다.

```
=FILTER($B$6:$E$13,($D$6:$D$13="노트"),"찾는 자료가 없음")
```

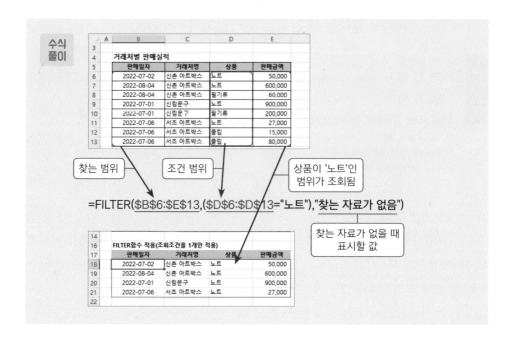

활용 2 여러 조건에 해당하는 자료 조회하기(AND 조건)

상품이 '노트'이고 판매금액이 30,000원보다 큰 자료를 조회해 보겠습니다.

[B27] 셀에 다음 수식을 입력합니다. 수식이 입력되면 거래처별 판매실적 자료에서 상품이 '노트'이고 판매금액이 30,000원보다 큰 것만 가져옵니다.

=FILTER($B$6:$E$13,($D$6:$D$13="노트")*($E$6:$E$13>30000),"찾는 자료가 없음")

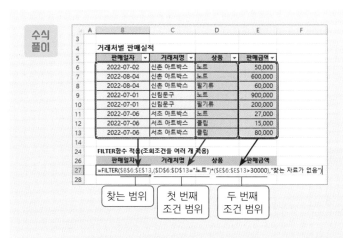

- 수식에서 두 번째 인수인 ($D$6:$D$13="노트")*($E$6:$E$13>30000)을 자세히 보면 찾는 조건 범위가 2개인데 중간에 곱셈 표시(*)가 붙어 있습니다. *는 곱셈 연산자라고 하는데 AND 조건을 적용합니다. [$D$6:$D$13] 셀 범위에서 상품이 '노트'이고 [$E$6:$E$13] 셀 범위에서 판매금액이 30,000원보다 큰 것을 찾는다는 뜻입니다.

활용 3   여러 조건에 해당하는 자료 조회하기(OR 조건)

이번에는 상품이 '노트' 또는 판매금액이 30,000원보다 큰 자료를 조회해 보겠습니다. [B35] 셀에 다음 수식을 입력합니다. 수식이 입력되면 거래처별 판매실적 자료에서 상품이 노트 또는 판매금액이 30,000원보다 큰 것만 가져옵니다.

> =FILTER($B$6:$E$13,($D$6:$D$13="노트")+($E$6:$E$13>30000),"찾는 자료가 없음")

앞에서 나온 수식과 다른 점은 * 대신에 +를 사용한다는 것입니다.

판매일자	거래처명	상품	판매금액
2022-07-02	신촌 아트박스	노트	50,000
2022-08-04	신촌 아트박스	노트	600,000
2022-08-04	신촌 아트박스	필기류	60,000
2022-07-01	신림문구	노트	900,000
2022-07-01	신림문구	필기류	200,000
2022-07-06	서초 아트박스	노트	27,000
2022-07-06	서초 아트박스	클립	80,000

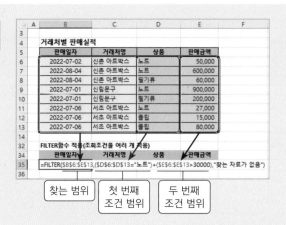

- 수식에서 두 번째 인수인 ($D$6:$D$13="노트")+($E$6:$E$13>30000)을 자세히 보면 찾는 조건 범위가 2개인데 중간에 덧셈 표시(+)가 붙어 있습니다. +는 덧셈 연산자라고 하는데 OR 조건을 적용합니다.

- [$D$6:$D$13] 셀 범위에서 상품이 '노트' 또는 [$E$6:$E$13] 셀 범위에서 판매금액이 30,000원보다 큰 것을 찾는다는 뜻입니다.

:: UNIQUE 함수 ― 중복 제거하기 [엑셀 2021 이상]

함수 구문
=UNIQUE(array, [by_col], [exactly_once])
=UNIQUE(배열 또는 범위, [비교기준], [한번만 입력여부])
범위에서 중복을 제거한 결과 또는 한 번만 입력된 값(유일한 값)을 구해준다.

- array: 데이터가 입력된 셀 또는 범위
- by_col: 값 비교 기준(생략 가능)
  - TRUE : 열 기준으로 비교
  - FALSE : 행 기준으로 비교(생략 시 기본값으로 선택됨)
- exactly_once: 정확히 한 번만 입력 여부(생략 가능)
  - TRUE: 한 번만 입력되었는지 체크
  - FALSE: 한 번만 입력되었는지 체크하지 않음(생략 시 기본값으로 선택됨)

UNIQUE 함수는 유일한 결과를 구해주는 함수로, 정확히는 두 가지 기능을 가지고 있습니다. 중복을 제거한 결과를 구해주는 기능과 목록에서 한 번만 입력된 값을 구해주는 기능이 그것입니다.

기본 사용법 — 직원 명단에서 중복 제거하기

누군가의 실수로 직원 명단이 중복 입력되어 있습니다. 이름 기준으로 중복을 제거해 보겠습니다.

[E6] 셀에 다음 수식을 입력합니다. [E6:E11] 셀 범위에 결과가 한 번에 반환됩니다.

```
=UNIQUE(B6:B16)
```

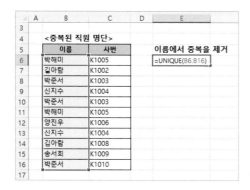
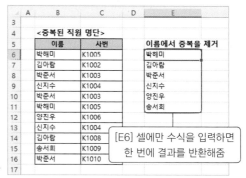

이름과 사번이 중복된 것 제거하기

위의 예에서는 동명이인을 고려하지 않고 이름 기준으로 중복을 제거했는데, 실무에서는 동명이인이 있을 수 있으므로 중복을 제거할 때 이름과 사번 기준으로 중복이 있는지 확인해 보겠습니다.

[G6] 셀에 다음 수식을 입력하면 결과가 동적 배열로 반환됩니다.

```
=SORT(UNIQUE(B6:C16))
```

UNIQUE 함수의 결과를 SORT 함수가 받아서 정렬해 주는 수식입니다. 실무에서 많이 사용하는 방식입니다. 결괏값이 정렬되므로 내용을 쉽게 파악할 수 있는 장점이 있습니다.

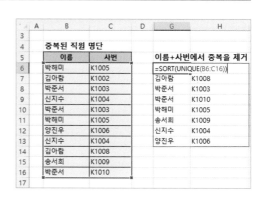

하면 된다! } 연 2회 참석 필수교육을 한 번만 참석한 직원 찾기

UNIQUE-함수사용법.xlsx

이번에는 UNIQUE 함수의 두 번째 기능인 한 번만 입력된 값(유일한 값)을 구해주는 기능에 대해 알아보겠습니다.

어떤 회사에서 정보보안 기초교육 과정은 상반기/하반기로 나누어 연 2회 교육을 받아야 하는데 한 번만 참석한 직원이 있습니다. 필수교육 참석현황 자료에서 한 번만 참석한 직원을 찾아보겠습니다.

[G6] 셀에 다음 수식을 입력하면 결과가 동적 배열로 반환됩니다.

```
=UNIQUE(D22:E30,FALSE,TRUE)
```

A	B	C	D	E	F	G	H
19							
20	필수교육 참석현황						
21	교육과정명	시기	이름	사번		상반기, 하반기 중 한 번만 참석한 직원	
22	정보보안 기초	상반기	박해미	K1005		=UNIQUE(D22:E30,FALSE,TRUE)	
23	정보보안 기초	하반기	박해미	K1005		신지수	K1004
24	정보보안 기초	상반기	송서희	K1009		양진우	K1006
25	정보보안 기초	상반기	김아람	K1002			
26	정보보안 기초	하반기	김아람	K1002			
27	정보보안 기초	상반기	박준서	K1010			
28	정보보안 기초	하반기	박준서	K1010			
29	정보보안 기초	하반기	신지수	K1004			
30	정보보안 기초	상반기	양진우	K1006			
31							

> **수식 풀이**
>
> =UNIQUE(D22:E30,FALSE,TRUE)
>
> - 첫 번째 인수 [D22:E30] 셀 범위에는 이름과 사번이 입력되어 있습니다. 이름과 사번이 한 번만 입력된 직원(즉 교육에 한 번만 참석한 직원)을 찾는다는 뜻입니다.
> - 두 번째 인수는 다른 행들과 비교하여 유일한지 판단하겠다는 뜻이므로 FALSE가 입력됩니다.
> - 세 번째 인수는 정확히 한 번만 입력되었는지 여부를 말하므로 TRUE가 입력됩니다.

10-8 찾기 및 참조 영역 관련 나머지 함수

• 실습 파일 [10장] 폴더 안에 함수별로 제공

모든 함수를 상세하게 설명할 수 없기 때문에 나머지 함수는 간단히 요약해서 설명합니다. 자세한 내용은 저자 블로그를 참고하세요.

함수	기능	QR코드
=CHOOSE (index_num, value1, [value2], …) =CHOOSE (값을 선택할 위치 번호, 값1, [값2], …)	나열된 값 목록에서 원하는 위치의 값을 반환합니다. =CHOOSE(B5,"January","February","March", "April","May","June","July","August", "September","October","November","December")	
=HYPERLINK (link_location, [friendly_name]) =HYPERLINK (문서의 위치나 인터넷 주소, [셀에 표시될 값])	PC의 하드디스크, 네트워크 서버에 저장된 문서나 인터넷 주소로 이동하는 링크를 만들어 줍니다. =HYPERLINK("https://naver.com","네이버로 이동") ➡ 네이버로 이동 =HYPERLINK("c:\temp\2022년2월-판매실적.xlsx") ➡ c:\temp\2022년2월-판매실적.xlsx 　　(클릭하면 파일이 열림)	

배열이나 범위의 행과 열을 바꿉니다.

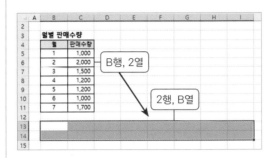

=TRANSPOSE
(array)

=TRANSPOSE
(셀 범위 또는 배열)

수식 =TRANSPOSE(B4:C11)을 입력한 후 Ctrl + Shift + Enter 를 누릅니다.

11

날짜와 시간 함수

엑셀에시 날짜와 시간은 원리를 모르면 다루기 힘든 데이터 유형입니다. 날짜와 시간은 일반적인 텍스트와 달리 저장되는 값과 셀에 표시되는 모양이 달라서 엑셀을 사용하다가 갑자기 만나면 덜컥 겁이 나고 좌절하기도 합니다.

그러나 사실 그리 어렵지 않습니다. 11장에서 설명하는 몇 가지 원리만 이해하면 엑셀을 훨씬 쉽게 사용할 수 있습니다.

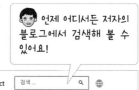

언제 어디서든 저자의 블로그에서 검색해 볼 수 있어요!

XLWorks 엑셀웍스	강좌 함수 엑셀 프로그램 엑셀간트 Contact	검색 ... 🔍 🌐

11-1 날짜와 시간 데이터 다루기

11-2 날짜, 시간을 처리하는 기본 함수 [TODAY / NOW / DATE / TIME]

11-3 기간 계산하기
      [DAYS / DATEDIF / NETWORKDAYS / NETWORKDAYS.INTL]

11-4 기간 경과 후 날짜 구하기 [WORKDAY / WORKDAY.INTL]

11-5 요일, 주차, 월 계산하기
      [WEEKDAY / WEEKNUM / ISOWEEKNUM / EOMONTH]

11-6 날짜, 시간 관련 나머지 함수

11-1 날짜와 시간 데이터 다루기

• 실습 파일 11-1.날짜와시간데이터다루기.xlsx

엑셀에서 날짜와 시간과 관련된 수식과 함수를 알아보기 전에 날짜와 시간을 다루는 방식을 먼저 알아보겠습니다. 날짜와 시간을 다루는 방식을 이해하고 나면 날짜와 시간 관련 수식과 함수를 훨씬 쉽게 익힐 수 있습니다.

날짜 데이터 다루기

(1) 숫자를 날짜로, 날짜를 숫자로 바꾸기

숫자를 날짜로 바꾸려면 ❶ 숫자 1을 입력하고 ❷ [홈] 탭 → [표시 형식] 그룹 → 간단한 날짜를 선택합니다. ❸ 1900-01-01과 같이 날짜로 표시됩니다.

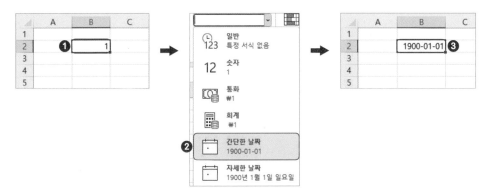

반대로 날짜를 숫자로 바꾸려면 ❶ 날짜 2022-02-17을 입력하고 ❷ [홈] 탭 → [표시 형식] 그룹 → 숫자를 선택합니다. ❸ 44609와 같이 숫자로 표시됩니다.

엑셀 내부에서 어떤 일이 일어난 것일까요?

엑셀은 날짜를 숫자 형식으로 저장하고 보여줄 때는 사람이 알아볼 수 있는 형태로 바꿔서 보여줍니다.

1900년 1월 1일을 숫자 1로 저장하고 1900년 1월 2일을 숫자 2로 저장합니다. 즉 1900년 1월 1일부터 경과한 일수를 일련번호 형태로 저장합니다. 따라서 1900년 1월 1일부터 44,609일이 경과한 날짜는 2022년 2월 17일이 되고, 숫자로 바꿔서 보면 값이 44609가 됩니다.

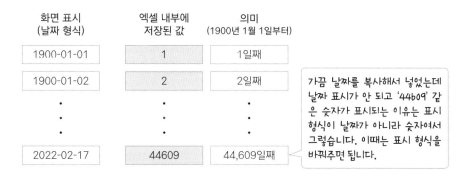

(2) 수식으로 날짜 계산하기

위에서 살펴본 대로 엑셀에서 날짜는 숫자로 저장되므로 숫자처럼 다루면 다음과 같은 다양한 작업을 할 수 있습니다.

100일 후 날짜 구하기

날짜에서 하루는 1이므로 특정 날짜부터 100일 후의 날짜는 100을 더해주기만 하면 구할 수 있습니다.

```
=특정일+100
=B2+100  ➡  2022-05-28
```

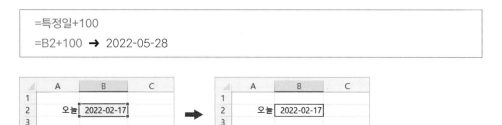

날짜 사이의 기간 구하기

날짜와 날짜 사이의 일수(경과 일수)를 구하려면 시작 날짜에서 종료 날짜를 빼면 됩니다. 시작 날짜도 일수에 포함하고자 할 때는 빼고 난 후 1을 더해야 합니다.

```
=종료일-시작일+1
=C3-B3+1  ➜  29
```

	A	B	C	D
1				
2		시작일	종료일	
3		2021-08-10	2021-09-07	
4				
5		경과일수		
6		=C3-B3+1		
7				

➡

	A	B	C	D
1				
2		시작일	종료일	
3		2021-08-10	2021-09-07	
4				
5		경과일수		
6		29		
7				

시간 데이터 다루기

엑셀에서 시간은 내부적으로 저장될 때, 입력할 때, 셀에 표시될 때의 모습이 각각 다르기 때문에 다루기가 약간 까다로워 보입니다. 하지만 원리를 이해하고 나면 쉽게 응용할 수 있습니다.

(1) 숫자를 시간으로 바꾸기

날짜 데이터 다루기에서 살펴본 대로 엑셀에서 하루의 크기는 숫자 1에 해당합니다. 즉 24시간을 숫자 1로 표현하다는 의미이므로 12시간은 0.5, 6시간은 0.25가 됩니다.

24시를 보여주는 시계를 생각하면 쉽습니다.

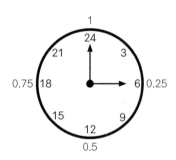

숫자를 시간으로 바꾸려면 ❶ 숫자를 입력하고 ❷ [홈] 탭 → [표시 형식] 그룹 → 시간을 선택합니다. ❸ 숫자가 시간 표시 형식으로 바뀝니다.

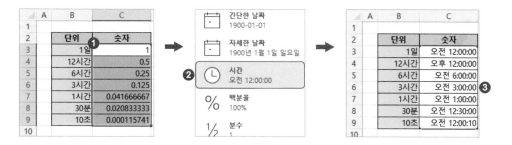

(2) 시간 입력하기

앞에서 살펴본 대로 시간을 입력할 때 숫자를 입력하고 표시 형식을 '시간'으로 바꾸는 것도 가능하지만, 소수점 이하의 숫자라서 제대로 기억하고 입력하기가 불편합니다. 시간은 다음과 같이 간단한 방법으로 입력할 수 있습니다.

- 오전 3시는 '3:00'
- 오후 3시는 '15:00' (또는 '3:00 PM')
- 오후 3시 35분은 '15:35'

입력한 시간 3:00을 수식 표시줄에서 확인해 보면 3:00:00 AM으로 표시됩니다.

입력한 시간을 [표시 형식]에서 숫자로 바꾸면 다음과 같이 표시됩니다. 날짜와 마찬가지로 내부에서는 숫자로 저장되므로 시간으로 입력해도 표시 형식을 바꾸면 숫자로 표시됩니다.

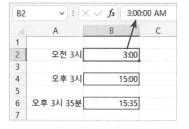

(3) 근무시간 계산하기

직원들의 근무시간은 간단하게 계산할 수 있지만, 출근/퇴근 시간의 단위와 제외하는 시간의 단위가 다르고 최종적으로 24시간 기준으로 환산하는 경우가 많기 때문에 잘못 계산하는 경우가 많습니다.

하지만 다음과 같이 단위를 맞추는 원칙만 알고 있으면 오류 없이 간단하게 계산할 수 있습니다.

- 출근/퇴근 시간은 09:00, 18:00 형태로 입력하며, 이렇게 입력한 값은 내부적으로 소수입니다(예: 09:00 → 0.375).
- 제외시간이 1시간이라면 1:00으로 형식으로 입력해야 하는데, 1시간이면 1, 30분이면 0.5 형식으로 입력해야 한다면 출근/퇴근 시간 단위와 맞추기 위해 24로 나누어야 합니다.
- 위에서 시간 계산은 소수 단위로 계산했으므로 최종적으로 시간 단위 근무시간으로 환산해야 한다면 위의 결과에 24를 곱해야 합니다.

근무시간 계산 공식

```
=(퇴근시간-출근시간-(제외시간/24))*24
=(D4-C4-(E4/24))*24
```

	이름	출근	퇴근	제외시간	근무시간
4	박소현	8:00	17:00	1	=(D4-C4-(E4/24))*24
5	박민수	8:00	17:00	1	8.0
6	김나나	8:00	17:00	1	8.0
7	최미연	9:00	18:00	0.5	8.5
8	강영찬	9:00	18:00	0.5	8.5

날짜+시간 데이터 다루기

엑셀에서 날짜 데이터를 다루다 보면 날짜에 시간이 포함된 경우가 있습니다.

시간이 포함된 이 날짜를 [표시 형식]에서 숫자로 바꾸면 다음과 같이 표시됩니다.

[표시 형식]을 '숫자'로 바꾼 후 소수점 자릿수를 늘려야 다음과 같이 표시됩니다.

숫자를 살펴보면 날짜 일련번호 44609(정수)에 시간 값 0.56900(소수)이 더해진 형태입니다.

날짜   시간
44609.56900
2022-02-17에 해당하는   13:39:22에 해당하는
날짜 일련번호   시간 값

날짜+시간에서 날짜와 시간 분리하기

날짜에 시간이 포함되어 있을 때 필요에 따라 날짜만 또는 시간만 분리해야 하는 경우가 있습니다. 정수 부분은 날짜이고 소수 부분이 시간이므로 결국 정수와 소수를 분리하는 것이 날짜와 시간을 분리하는 것입니다.

날짜만 분리하기

날짜만 분리하려면 숫자에서 정수만 분리해 주는 INT 함수를 사용합니다.

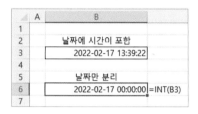

시간만 분리하기

시간만 분리하려면 시간이 포함된 값에서 날짜 부분을 빼면 됩니다. 빼면 시간이 남습니다.

11-2 날짜, 시간을 처리하는 기본 함수

• 실습 파일 [11장] 폴더 안에 함수별로 제공

엑셀에서 날짜와 시간을 다룰 때 사용하는 기본 함수는 다음과 같습니다.

함수	설명
TODAY	오늘 날짜 구하기
NOW	현재 날짜와 시간 구하기
DATE	연월일 값으로 날짜 구하기
TIME	시, 분, 초로 시간 구하기

:: TODAY 함수 — 오늘 날짜 구하기

TODAY()
오늘 날짜를 구해준다.
• 인수 없음

오늘을 2022년 1월 27일로 가정하고 사용 예를 살펴보겠습니다.

활용 1 오늘 날짜 표시하기

=TODAY() ➡ 오늘 날짜

	A	B	C	D
3				
4		수식	결과	
5		=TODAY()	2022-01-27	표시형식 - 간단한 날짜
6		=TODAY()	44588.000	표시형식 - 숫자
7		=TODAY()	2022년 1월 27일 목요일	표시형식 - 자세한 날짜

> 셀 표시 형식에 따라 같은 값이라도 다르게 표시될 수 있습니다.

활용 2 오늘 기준으로 날짜 계산하기

엑셀에서 날짜는 숫자로 저장되므로 TODAY 함수에 숫자 연산을 수행하여 다양한 방식으로 날짜 계산을 할 수 있습니다.

> =TODAY()+7 ➡ 2022-02-03 (7일 후)
>
> =EOMONTH(TODAY(),-1)+1 ➡ 2022-01-01 (현재 월의 1일)
> EOMONTH 함수로 전월 마지막 날짜를 구하고 1일을 더해서 현재 월의 1일로 만듭니다.
>
> =EOMONTH(TODAY(),0) ➡ 2022-01-31 (현재 월의 말일)
> EOMONTH 함수로 현재 월의 마지막 날짜를 구합니다.

	A	B	C	D
10				
11		수식	결과	
12		=TODAY()+7	2022-02-03	7일 후
13		=EOMONTH(TODAY(),-1)+1	2022-01-01	현재월의 1일
14		=EOMONTH(TODAY(),0)	2022-01-31	현재월의 말일

:: NOW 함수 — 현재 날짜와 시간 구하기

함수 구문

NOW()
현재 시간을 구해준다.
• 인수 없음

오늘을 2022년 1월 26일로 가정하고 사용 예를 살펴보겠습니다.

활용 1 현재 날짜와 시간 표시하기

> =NOW() ➡ 오후 10:03:07 (표시 형식 - 시간)

	A	B	C	D
3				
4		수식	결과	
5		=NOW()	오후 10:03:07	표시형식 - 시간
6		=NOW()	44587.919	표시형식 - 숫자
7		=NOW()	2022-01-26	표시형식 - 간단한 날짜
8		=NOW()	2022-01-26 22:03	표시형식 - 사용자지정(yyyy-mm-dd h:mm)
9				

날짜, 시간을 원하는 형식으로 표시하려면 [홈] 탭 → [표시 형식] 그룹에서 [표시 형식]을 바꾸면 됩니다. 셀 표시 형식에 대한 자세한 내용은 04-2 '셀 서식을 지정하여 원하는 형태로 표시하기'를 참고하세요.

날짜와 시간은 숫자로 저장되고 하루의 크기는 숫자 1에 해당합니다. 따라서 NOW 함수에 숫자 값을 더하거나 빼서 과거나 미래의 시간을 표시할 수 있습니다.

> =NOW()+7 ➡ 2022-02-02 22:07 (현재로부터 7일 후)
> =NOW()+1/24 ➡ 2022-01-26 23:07 (현재로부터 1시간 후, 하루의 크기는 1이므로 1/24 는 1시간)

엑셀 능력자의 꿀팁 날짜 함수가 갱신되는 주기는 언제인가요?

TODAY, NOW 함수로 표시된 날짜, 시간 값은 자동으로 변경되지는 않고 다음과 같은 경우에 만 변경됩니다.

- 엑셀 파일을 다시 열 때
- 워크시트가 계산될 때(또는 계산을 수행하는 [F9]를 누를 때)
- 함수가 포함된 매크로를 실행할 때

:: DATE 함수 ─ 연월일 값으로 날짜 구하기

> 함수 구문
>
> DATE(year, month, day)
> DATE(연, 월, 일)
> 연, 월, 일을 입력받아 날짜 값을 구해준다.
> - year: 연도
> - month: 월
> - day: 일

DATE 함수는 연월일에 해당하는 값을 입력받아 날짜 값을 반환해 줍니다.

> =DATE(2022,8,15) ➡ 2022-08-15

함수 자체만 보면 별로 중요하지 않게 보이지만, 자료에서 연월일이 각각의 필드에 서 관리되고 있을 경우 조합해서 날짜 값을 구하거나 정확한 날짜 값을 다른 함수의 인수로 넘겨주어야 할 때 자주 사용됩니다.

다음은 월별 판매수량 계산 시 월의 1일과 말일을 구하기 위해 DATE 함수를 사용한 예입니다.

```
=SUMIFS($E$5:$E$14,$B$5:$B$14,">="&DATE(B19,C19,1),$B$5:$B$14,"<="&EOMONTH(DATE(B19,C19,1),0))
```

A	B	C	D	E	F	G	H	I	J
3	판매실적								
4	**판매일**	**분류**	**상품**	**판매수량**					
5	2020-12-01	노트류	스프링노트고급형	35					
6	2020-12-05	노트류	무지노트	100					
7	2021-01-11	필기구	수성펜	55					
8	2021-01-20	노트류	스프링노트	20					
9	2021-01-21	필기구	샤프펜슬	23					
10	2021-02-05	노트류	스프링노트	30					
11	2021-02-15	필기구	형광펜	5					
12	2021-03-02	필기구	샤프펜슬	50					
13	2021-03-13	노트류	스프링노트고급형	35					
14	2021-03-21	노트류	무지노트	60					
15									
16									
17	1) 월별 판매수량 합계 구하기								
18	**년**	**월**	**판매수량**						
19	2020	12	=SUMIFS($E$5:$E$14,$B$5:$B$14,">="&DATE(B19,C19,1),$B$5:$B$14,"<="&EOMONTH(DATE(B19,C19,1),0))						
20	2021	1							
21	2021	2							
22	2021	3							
23									

하면 된다! 〉 주민등록번호에서 생년월일 추출하기(외국인 포함)

• 실습 파일 11-2.주민번호에서-생년월일-추출-실습.xlsx   • 완성 파일 11-2.주민번호에서-생년월일-추출-완성.xlsx

오른쪽의 주민등록번호를 보면 1900년대 출생도 있고, 2000년 이후 출생도 있으며, 외국인도 포함되어 있습니다. 주민등록번호 앞 6자리와 7번째 자리를 이용하여 생년월일을 추출해 보겠습니다.

실무에서 '텍스트 나누기' 기능으로 생년월일을 추출하는 경우가

주민등록번호
290928-1999999
300928-2999999
881012-1999999
021205-4999999
050716-7999999

있는데, 1929년 이전 출생자가 포함되어 있으면 날짜가 제대로 변환되지 않습니다.

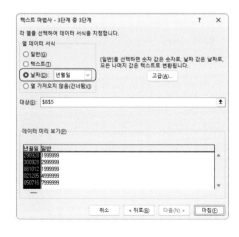

	A	B	C	D
2				
3		텍스트 나누기		
4		**주민등록번호**	**생년월일**	
5		290928-1999999	2029-09-28	잘못 변환됨 -> 1929년 이어야 함
6		300928-2999999	1930-09-28	OK
7		881012-1999999	1988-10-12	OK
8		021205-4999999	2002-12-05	OK
9		050716-7999999	2005-07-16	OK
10				

 **엑셀 능력자의 꿀팁** **2029년 규칙(The 2029 Rule)이란?**

엑셀에서는 2029년을 구분 연도로 사용하여 세기를 결정합니다. 예를 들어 엑셀에서 날짜의 연도를 2자리로 입력하면 2029년 규칙에 의해 00부터 29는 2000년대로 변환하고, 30부터 99까지는 1900년대로 변환합니다. 따라서 첫 번째 주민등록번호의 '290928'은 2029-09-28로 잘못 변환됩니다. 주민등록번호의 7번째 자리가 1이므로 1929-09-28이 맞는 생년월일입니다.

앞에서 살펴본 대로 주민등록번호 앞 2자리 생년을 그대로 잘라서 쓰면 29년생이면 2029년으로 잘못 변환되는 문제가 있으므로 '주민등록번호 7번째 자리 규칙'을 이용하여 생년월일을 추출해 보겠습니다.

주민등록번호 7번째 자리 규칙
- 1 또는 5(외국인): 1900년대생 남자
- 2 또는 6(외국인): 1900년대생 여자
- 3 또는 7(외국인): 2000년대생 남자
- 4 또는 8(외국인): 2000년대생 여자

01. [C23] 셀에 다음 수식을 입력합니다.

```
=IF(OR(MID(B23,8,1)="3",MID(B23,8,1)="4",MID(B23,8,1)>="7"),DATE("20"&MID(B23,1,2),MID(B23,3,2),MID(B23,5,2)),DATE("19"&MID(B23,1,2),MID(B23,3,2),MID(B23,5,2)))
```

 수식 풀이   IF(OR(MID(B23,8,1)="3",MID(B23,8,1)="4",MID(B23,8,1)>="7")
- MID 함수로 주민등록번호 열에서 8번째부터 1자리를 잘라낸 값이 3 또는 4, 또는 7보다 큰가?(2000년대 생인가?)

DATE("20"&MID(B23,1,2),MID(B23,3,2),MID(B23,5,2))
- 2000년대 생이면 잘라낸 생년월일 앞에 '20'을 붙여서 DATE 함수로 날짜를 변환합니다.

DATE("19"&MID(B23,1,2),MID(B23,3,2),MID(B23,5,2))
- 2000년대 생이 아니면 잘라낸 생년월일 앞에 '19'를 붙여서 DATE 함수로 날짜를 변환합니다.

02. [C23] 셀의 수식을 복사하여 나머지 셀 범위 [C24:C27]에 붙여넣습니다.

C23	: × ✓ fx	=IF(OR(MID(B23,8,1)="3",MID(B23,8,1)="4",MID(B23,8,1)>=

▲	A	B	C	D	E	F	G
20							
21		주민번호 7번째 자리의 규칙을 이용하여 변환					
22		주민등록번호	생년월일				
23		290928-1999999	1929-09-28				
24		300928-2999999	1930-09-28				
25		881012-1999999	1988-10-12				
26		021205-4999999	2002-12-05				
27		050716-7999999	2005-07-16				
28							

:: TIME 함수 ― 시, 분, 초로 시간 구하기

> **함수 구문**
>
> TIME(hour, minute, second)
> TIME(시, 분, 초)
>
> 시, 분, 초를 입력받아 시간 값을 구해준다.
> - hour: 시(0~32767 사이의 값을 입력할 있으나 23보다 큰 값은 24로 나눈 나머지 값만 처리됨)
> - minute: 분(0~32767 사이의 값을 입력할 있으나 59보다 큰 값은 시간과 분으로 변환됨)
> - second: 초(0~32767 사이의 값을 입력할 있으나 59보다 큰 값은 시간, 분, 초로 변환됨)

TIME 함수는 시, 분, 초에 해당하는 값을 숫자로 입력받아 시간 값으로 변환해 줍니다. 자료에서 시, 분, 초가 각각의 필드에 관리되고 있을 경우 조합해서 시간 값을 구할 때 응용할 수 있습니다.

활용 1 일반적인 범위 내의 처리

일반적인 범위 내의 시간 값을 입력했을 때 처리 방식입니다.

> =TIME(17,48,55) → 5:48:55 PM
> 셀 표시 형식에 따라 '오후 5:48:55'로 표시될 수도 있습니다.
>
> =TIME(11,00,00) → 11:00:00 AM
> 셀 표시 형식에 따라 '오전 11:00:00'으로 표시될 수도 있습니다.

범위 초과 값 입력 시 처리

=TIME(27,9,15) → 3:09:15 AM
시간을 24보다 큰 값을 넣으면 24로 나눈 나머지 값만 처리되어 오전 3시 9분 15초로 표시됩니다.

=TIME(24,0,0) → 12:00:00 AM(자정)
시간을 24보다 큰 값을 넣으면 24로 나눈 나머지 값만 처리되어 자정으로 표시됩니다(0으로 재설정됨).

=TIME(0,187,0) → 3:07:00 AM
분을 59보다 큰 값을 넣으면 시간, 분으로 변환됩니다(187분을 60으로 나누어 몫 3은 시간으로, 나머지 7을 분으로 변환).

활용 3 자료의 시, 분, 초를 이용해 시간 값으로 변환

다음과 같이 제조 현장에서 제품 Serial No.별로 생산 시간 데이터가 시, 분, 초로 구분되어 수집된다고 할 때 시간 값으로 변환할 수 있습니다.

=TIME(C17,D17,E17) → 1:33:58 PM

	A	B	C	D	E	F
14						
15		시,분,초 데이터를 시간으로 변환				
16		제품 Serial No.	시	분	초	시간
17		H1234531	13	33	58	=TIME(C17,D17,E17)
18		H1234532	13	37	12	1:37:12 PM
19		H1234533	14	2	56	2:02:56 PM

11-3 기간 계산하기

• 실습 파일 [11장] 폴더 안에 함수별로 제공

함수 이름에 DAYS가 포함되어 있으면 거의 대부분 두 날짜 사이의 일수를 계산해 줍니다. 함수 이름에 DAYS가 포함되어 있지 않은 DATEDIF 함수는 일수뿐만 아니라 개월 수, 연도 수 등 다양한 방식으로 기간을 구해줍니다.

함수	설명
DAYS	두 날짜 사이의 일수 구하기
DATEDIF	두 날짜 사이의 일수, 개월 수, 연도 수 구하기
NETWORKDAYS	전체 작업 기간에서 주말이나 휴무일을 뺀 작업일수 구하기
NETWORKDAYS.INTL	전체 작업 기간에서 주말(토/일요일, 임의 지정 주말)이나 휴무일을 뺀 작업일수 구하기

:: DAYS 함수 — 두 날짜 사이의 일수 구하기 [엑셀 2013 이상]

함수 구문

DAYS(end_date, start_date)
DAYS(종료일, 시작일)

두 날짜 사이의 일수를 구해준다.
• end_date: 종료일
• start_date: 시작일

> 첫 번째 인수가 시작일이 아니고 종료일입니다. 종료일과 시작일을 거꾸로 입력하면 음수가 반환됩니다.

엑셀의 DAYS 함수는 두 날짜 사이의 일수를 구해줍니다. 이름이 비슷한 DAY 함수는 날짜 값에서 날짜 부분만 숫자로 추출하는 함수입니다.

활용 시작일과 종료일 사이의 작업일수 구하기

=DAYS(C5,B5) ➔ 30 (7/1부터 7/31 사이의 일수)
첫 번째 인수에 종료일, 두 번째 인수에 시작일을 넣습니다.

=DAYS(C7,B7) ➔ -30 (7/31부터 7/1 사이의 일수)
첫 번째 인수에 시작일, 두 번째 인수에 종료일을 넣으면 음수를 반환합니다.

	시작일	종료일	결과	
5	2022-07-01	2022-07-31	30	=DAYS(C5,B5)
6	2022-12-01	2023-12-31	395	=DAYS(C6,B6)
7	2022-07-31	2022-07-01	-30	=DAYS(C7,B7)
8	2022-07-33	2022-07-01	#VALUE!	=DAYS(C8,B8)
9	2022-07-01	2022-07-31	30	=C9-B9
10	2022-07-31	2022-07-01	-30	=C10-B10

위 예를 보면 7월 1일부터 7월 31일까지이면 31일이 되어야 할 것 같은데 왜 30일일까요?

DAYS 함수는 두 날짜 사이의 일수를 구해주므로 시작일부터 종료일까지의 모든 일수에서 1을 뺀 값을 구하기 때문입니다. 업무의 성격이 모든 일수를 포함해야 하는 경우라면 DAYS 함수의 결과에 1을 더해주어야 합니다.

날짜 사이의 일수는 DAYS 함수 대신 종료일에서 시작일을 빼는 수식으로도 가능합니다.

> =C9-B9 ➜ 30 (7/1부터 7/31 사이의 일수)

:: DATEDIF 함수 ─ 두 날짜 사이의 차이 값 구하기

함수구문

DATEDIF(start_date, end_date, unit)
DATEDIF(시작일, 종료일, 반환값종류)
두 날짜 사이의 차이 값(일, 월, 연도 수)을 구해준다.

- start_date: 시작일
- end_date: 종료일
- unit: 반환 값 종류
  - Y: 연도 수
  - M: 개월 수(버그가 있으므로 사용 시 주의 필요)
  - D: 일수
  - MD: 일수(월/연도 무시, 버그가 있으므로 사용 시 주의 필요)
  - YM: 개월 수(일/연도 무시)
  - YD: 일수(연도 무시)

DATEDIF 함수는 버그가 있으니 사용 시 주의하세요.

DATEDIF 함수는 두 날짜 사이의 차이 값(연도 수, 개월 수, 일수)을 구해줍니다. 근속 연수를 구할 때 많이 사용하지만, 날짜 값에 따라 계산이 잘못되는 버그가 있으니 주의해야 합니다.

함수 사용 시 주의사항

- DATEDIF 함수는 Lotus 1-2-3부터 사용되는 함수로 호환성을 위해 지원되지만, 공식적으로 문서화되어 있지 않아 함수 입력 시 인수가 표시되지 않습니다.
- unit 인수 M과 MD 사용 시 입력되는 날짜 값에 따라서 잘못된 결과가 반환될 수 있으므로 가능하면 M, MD 인수는 사용하지 않는 것이 좋습니다.
- 두 날짜 사이의 차이를 구할 때, 예를 들어 =DATEDIF("2022-01-01","2022-01-03","D") 를 입력하면 2일이 반환되는데 2일을 그대로 사용할 것인지 1을 더해서 3일로 할 것인지는 업무의 규칙에 따라 달라질 수 있습니다. 예를 들어 기간으로 급여를 지급하는데 근무일수를 시작일부터 종료일까지 3일로 계산해야 한다면 수식의 결과에 1을 더해주어야 합니다.

활용 1 Y, M, D 인수 사용 시 차이 값 계산

unit 인수가 "M"(개월 수 반환)일 때 버그가 발생하는 경우의 예입니다.

```
=DATEDIF(B11,C11,"M") ➔ 0
```

	A	B	C	D	E	F
4						
5		시작일	종료일	수식	결과	
6		2017-01-01	2022-05-08	=DATEDIF(B6,C6,"Y")	5	만 기준 5년
7		2022-01-01	2022-10-31	=DATEDIF(B7,C7,"Y")	0	만 기준 1년 안됨
8		2022-01-01	2022-04-25	=DATEDIF(B8,C8,"M")	3	만 기준 3개월
9		2022-01-01	2022-01-25	=DATEDIF(B9,C9,"M")	0	만 기준 1개월 안됨
10		2022-06-30	2022-07-31	=DATEDIF(B10,C10,"M")	1	만 기준 1개월
11		2022-01-31	2022-02-28	=DATEDIF(B11,C11,"M")	0	버그(1이 맞음)
12		2022-05-31	2022-06-30	=DATEDIF(B12,C12,"M")	0	버그(1이 맞음)
13		2022-01-01	2022-02-15	=DATEDIF(B13,C13,"D")	45	45일
14		2022-01-01	2023-05-08	=DATEDIF(B14,C14,"D")	492	492일

2022-01-31에서 2022-02-28 사이는 만 기준 1개월인데도 불구하고 0이 반환됩니다(DATEDIF 함수의 버그).

시작일의 날짜 값(31)이 종료일의 날짜 값(28)보다 큰 경우, 즉 종료월이 2월, 6월 등 한 달이 28, 30일로 짧은 달인 경우 발생합니다.

활용 2 MD, YM, YD 인수 사용 시 차이 값 계산

unit 인수가 "MD"(월/연도 무시하고 일수 반환)일 때 버그가 발생하는 경우의 예입니다.

```
=DATEDIF(B21,C21,"MD") ➔ -2
```

	시작일	종료일	수식	결과	
18	시작일	종료일	수식	결과	
19	2022-01-01	2023-05-08	=DATEDIF(B19,C19,"MD")	7	월/연도 무시 7일
20	2022-01-01	2022-01-08	=DATEDIF(B20,C20,"MD")	7	월/연도 7일
21	2022-01-31	2022-03-01	=DATEDIF(B21,C21,"MD")	-2	버그(1이 맞음)
22	2022-03-31	2022-04-01	=DATEDIF(B22,C22,"MD")	1	월/연도 무시 1일
23	2022-01-01	2023-05-08	=DATEDIF(B23,C23,"YM")	4	일/연도 무시 4개월
24	2022-06-08	2023-05-08	=DATEDIF(B24,C24,"YM")	11	일/연도 무시 11개월
25	2022-01-01	2022-05-08	=DATEDIF(B25,C25,"YD")	127	연도 무시 127일
26	2022-01-01	2023-05-08	=DATEDIF(B26,C26,"YD")	127	연도 무시 127일

2022-01-31에서 2022-03-01 사이는 월/연도 무시하고 1일이 맞는데도 불구하고 −2가 반환됩니다(DATEDIF 함수의 버그). 2월에서 3월로 넘어갈 때 발생합니다.

활용3 근속기간 구하기

실무에서 많이 사용하는 근속기간을 구하는 예입니다. 근속 년, 월까지만 구하고 "MD" 인수는 버그가 있으므로 근속일수는 DATEDIF 함수를 사용하지 않고 수작업으로 계산하는 것이 바람직합니다.

```
=DATEDIF(B31,C31,"Y") ➔ 3
2019-01-31에서 2022-03-01 사이는 만 기준 3년

=DATEDIF(B31,C31,"YM") ➔ 1
2019-01-31에서 2022-03-01 사이는 일/연도 무시하고 1개월

=DATEDIF(B31,C31,"MD") ➔ -2
2019-01-31에서 2022-03-01 사이는 월/연도 무시하고 1일이 맞는데도 불구하고 -2가 반환
됩니다(DATEDIF 함수의 버그). 2월에서 3월로 넘어갈 때 발생합니다.
```

	입사일	재직 기준일	년(Y)	개월(YM)	일(MD)	
29	입사일	재직 기준일	년(Y)	개월(YM)	일(MD)	
30	2022-01-01	2023-05-08	1	4	7	
31	2019-01-31	2022-03-01	3	1	-2	버그(1이 맞음)

:: NETWORKDAYS 함수 — 주말이나 휴무일을 뺀 작업일수 구하기 ——

함수구문

NETWORKDAYS(start_date, end_date, [holidays])
NETWORKDAYS(시작일, 종료일, [휴무일])

전체 작업기간에서 주말이나 휴무일을 뺀 작업일수를 구해준다.

- start_date: 시작일
- end_date: 종료일
- holidays: 토/일요일을 제외한 날짜를 휴무일로 지정할 경우에 사용하며, 셀 범위 또는 날짜의 배열 상수를 선택할 수 있음

NETWORKDAYS 함수의 이름을 풀이해 보면 Net Work Days입니다. 우리말로 해석하면 '순 작업일수'입니다. 전체 작업기간에서 주말이나 휴무일을 뺀 작업일수를 구해주는 함수라는 의미입니다.

NETWORKDAYS 함수를 이용하면 시작일과 종료일 사이의 작업기간이나 작업일수에 일당을 곱하는 급여계산 같은 업무를 간단하게 처리할 수 있습니다.

활용 1 토/일요일을 제외한 작업일수 구하기

[D5] 셀에 다음 수식을 입력한 다음, [D5] 셀을 복사하여 [D6:D7] 셀 범위에 붙여 넣습니다.

```
=NETWORKDAYS(B5,C5)
```

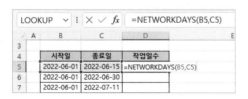

오른쪽 달력으로 확인해 보면, [D5] 셀의 경우 2022-06-01부터 2022-06-15까지 총 15일이지만 토/일요일 4일(6/4, 6/5, 6/11, 6/12)을 빼면 작업일수는 11일이 되는 것을 알 수 있습니다.

활용 2 토/일요일 및 지정된 휴무일을 제외한 작업일수 구하기

[D12] 셀에 다음 수식을 입력한 다음, [D12] 셀을 복사하여 [D13:D14] 셀 범위에 붙여넣습니다.

```
=NETWORKDAYS(B12,C12,$B$17:$B$19)
```

LOOKUP	⌄	:	× ✓ ƒx	=NETWORKDAYS(B12,C12,$B$17:$B$19)

	A	B	C	D	E
10					
11		시작일	종료일	작업일수	
12		2022-06-01	2022-06-15	=NETWORKDAYS(B12,C12,$B$17:$B$19)	
13		2022-06-01	2022-06-30		
14		2022-06-01	2022-07-11		
15					
16		휴무일			
17		2022-06-06			
18		2022-06-24			
19		2022-07-04			
20					

> 세 번째 인수 holidays에 휴무일 [$B$17:$B$19] 셀 범위를 지정하여 전체 작업기간에서 토/일요일 과 휴무일을 뺀 작업일수를 구해줍니다.

D12	⌄	:	× ✓ ƒx	=NETWORKDAYS(B12,C12,$B$17:$B$19)

	A	B	C	D	E
10					
11		시작일	종료일	작업일수	
12		2022-06-01	2022-06-15	10	=NETWORKDAYS(B12,C12,$B$17:$B$19)
13		2022-06-01	2022-06-30	20	=NETWORKDAYS(B13,C13,$B$17:$B$19)
14		2022-06-01	2022-07-11	26	=NETWORKDAYS(B14,C14,$B$17:$B$19)
15					
16		휴무일			
17		2022-06-06			
18		2022-06-24			
19		2022-07-04			
20					

오른쪽 달력으로 확인해 보면, [D12] 셀의 경우 2022-06-01부터 2022-06-15까지 총 15일이지만 토/일요일 4일(6/4, 6/5, 6/11, 6/12)과 휴무일(6/6) 1일을 빼면 작업일수는 10일이 되는 것을 알 수 있습니다.

> 총 기간 15일 – 토/일요일 4일 – 휴무일 1일 = 10일

:: NETWORKDAYS.INTL 함수
— 내 맘대로 주말 설정하고 작업일수 구하기 [엑셀 2010 이상]

NETWORKDAYS.INTL(start_date, end_date, [weekend], [holidays])
NETWORKDAYS.INTL(시작일, 종료일, [주말], [휴무일])

전체 작업기간에서 주말(토/일요일, 임의 지정 주말)이나 휴무일을 뺀 작업일수를 구해준다.

- start_date: 시작일
- end_date: 종료일
- weekend: 토/일요일 이외의 날짜도 다음과 같이 주말로 지정 가능

인수	요일	인수	요일
1 또는 생략	토요일, 일요일	11	일요일만
2	일요일, 월요일	12	월요일만
3	월요일, 화요일	13	화요일만
4	화요일, 수요일	14	수요일만
5	수요일, 목요일	15	목요일만
6	목요일, 금요일	16	금요일만
7	금요일, 토요일	17	토요일만

- holidays: 토/일요일을 제외한 날짜를 휴무일로 지정할 경우에 사용하며, 셀 범위 또는 날짜의 배열 상수를 선택할 수 있음

NETWORKDAYS.INTL 함수는 NETWORKDAYS 함수와 기능이 비슷하지만, 세 번째 인수로 토/일요일 이외의 날짜도 휴무일로 지정하고 작업일수를 계산할 수 있습니다.

활용1 월/화요일을 제외한 작업일수 구하기

[D24] 셀에 다음 수식을 입력한 다음, [D24] 셀을 복사하여 [D25:D26] 셀 범위에 붙여넣습니다.

```
=NETWORKDAYS.INTL(B24,C24,3)
```

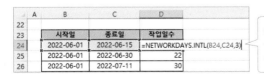

	A	B	C	D
22				
23		시작일	종료일	작업일수
24		2022-06-01	2022-06-15	=NETWORKDAYS.INTL(B24,C24,3)
25		2022-06-01	2022-06-30	22
26		2022-06-01	2022-07-11	30

세 번째 인수 weekend가 3이면 월요일, 화요일이 주말로 설정되어 작업일수 계산 시 제외됩니다.

오른쪽 달력으로 확인해 보면, 2022-06-01부터 2022-06-15까지 총 15일이지만 월/화요일 4일(6/6, 6/7, 6/13, 6/14)을 빼면 작업일수는 11일이 되는 것을 알 수 있습니다.

활용 2 세 번째 인수 weekend를 문자열로 입력하기(수/금/토 주말)

[D31] 셀에 다음 수식을 입력한 다음, [D31] 셀을 복사하여 [D32:D33] 셀 범위에 붙여넣습니다.

```
=NETWORKDAYS.INTL(B31,C31,"0010110")
```

	A	B	C	D	E
29					
30		시작일	종료일	작업일수	
31		2022-06-01	2022-06-15	=NETWORKDAYS.INTL(B31,C31,"0010110")	
32		2022-06-01	2022-06-30	17	
33		2022-06-01	2022-07-11	23	

수식 풀이

`=NETWORKDAYS.INTL(B31,C31,"0010110")`

세 번째 인수 weekend가 "0010110"과 같이 0, 1 조합의 7자리 문자열이면 오른쪽과 같은 규칙에 따라 주말로 설정되며, 작업일수 계산 시 제외됩니다. 이 세 번째 인수로 원하는 요일에 주말을 설정할 수 있습니다.

NETWORKDAYS.INTL 함수의 진정한 가치는 이 인수의 기능에 있다고 할 수 있습니다. 0은 평일, 1은 주말이므로 "0010110"은 수/금/토요일은 주말, 나머지 요일은 평일로 설정됩니다.

> NETWORKDAYS.INTL 함수의 진정한 가치는 이 인수의 기능에 있습니다.

"0 0 1 0 1 1 0"
월 화 수 목 금 토 일

0: 평일, 1: 주말
월/화/목/일: 평일
수/금/토: 주말로 처리

오른쪽 달력으로 확인해 보면, [D31] 셀의 경우 2022-06-01부터 2022-06-15까지 총 15일이지만 수/금/토요일 7일(6/1, 6/3, 6/4, 6/8, 6/10, 6/11, 6/15)을 빼면 작업일수는 8일이 되는 것을 알 수 있습니다.

하면 된다! ├ NETWORKDAYS.INTL 함수로 근무조별 작업일수 계산하기

• 실습 파일 11-3.근무조별작업일수-계산-실습.xlsx • 완성 파일 11-3.근무조별작업일수-계산-완성.xlsx

앞에서 살펴본 대로 NETWORKDAYS.INTL 함수의 세 번째 인수를 숫자가 아니라 "1010100"과 같이 0, 1 조합의 7자리 문자열이면 토/일요일뿐만 아니라 다른 요일도 임의로 주말로 설정하고 작업일수 계산 시 제외할 수 있습니다.

다음과 같이 세 번째 인수 weekend를 7자리 문자열로 지정하여 CASE별(근무조 등) 작업일수 계산에 응용해 보겠습니다. 제조 현장 등에서 특정 요일만 작업을 한다고 했을 때 일정 기간 동안의 작업일수가 얼마나 되는지 확인할 때 유용합니다.

	CASE	월	화	수	목	금	토	일	Weekend 인수	시작일	종료일	작업일수
	1	작업		작업		작업			0101011	2022-09-01	2022-09-30	
	2		작업		작업		작업		1010101	2022-09-01	2022-09-30	
	3	작업	작업		작업	작업			0010011	2022-09-01	2022-09-30	
	4	작업	작업	작업	작업	작업	작업	작업	0000000	2022-09-01	2022-09-30	
	5						작업	작업	1111100	2022-09-01	2022-09-30	

휴무일	
2022-09-09	추석 연휴
2022-09-10	추석
2022-09-11	추석 연휴
2022-09-12	대체 공휴일

01. [M4] 셀에 다음 수식을 입력합니다.

```
=NETWORKDAYS.INTL(K4,L4,J4,$B$11:$B$14)
```

수식
풀이 =NETWORKDAYS.INTL(K4,L4,J4,$B$11:$B$14)

- [K4]: 시작일
- [L4]: 종료일
- [J4]: weekend 인수
- [$B$11:$B$14]: 휴무일 범위

02. 2022-09-01부터 2022-09-30까지 월/수/금 요일은 작업하고 화/목/토/일요일은 휴무일로 하되, [$B$11:$B$14] 셀 범위에 입력된 휴무일(추석 연휴 및 대체 공유일)을 제외한 작업일수 11일(오른쪽 달력에서 초록색으로 표시된 날짜)을 구해줍니다.

03. 위 수식의 세 번째 weekend 인수는 다음과 같이 구합니다.

=IF(C4>"","0","1")&IF(D4>"","0","1")&IF(E4>"","0","1")&IF(F4>"","0","1")&IF(G4>"","0","1")&
IF(H4>"","0","1")&IF(I4>"","0","1")

A	B CASE	C 월	D 화	E 수	F 목	G 금	H 토	I 일	J Weekend 인수	K 시작일	L 종료일	M 작업일수	N	O	P
	1	작업		작업		작업			=IF(C4>"","0","1")&IF(D4>"","0","1")&IF(E4>"","0","1")&IF(F4>"","0","1")&IF(G4>"","0","1						
	2		작업		작업		작업		1010101	2022-09-01	2022-09-30	12			
	3	작업	작업		작업	작업			0010011	2022-09-01	2022-09-30	16			
	4	작업	작업	작업	작업	작업	작업	작업	0000000	2022-09-01	2022-09-30	26			
	5						작업	작업	1111100	2022-09-01	2022-09-30	6			

요일별로 값이 입력되어 있으면(작업일-평일) 0을 반환하고, 입력된 값이 없으면(주말) 1을 반환하도록 하여 "0101011"과 같은 문자열을 만듭니다.

11-4 기간 경과 후 날짜 구하기

• 실습 파일 [11장] 폴더 안에 함수별로 제공

WORKDAY, WORKDAY.INTL 함수는 시작일로부터 지정된 작업일수 이후의 날짜를 구해줍니다. 프로젝트 진행 시 시작일로부터 일정 기간이 지난 날짜가 언제인지 확인하거나 강의 시작 후 일정 기간이 지난 후가 언제인지 확인할 때 유용합니다.

함수	설명
WORKDAY	주말, 휴무일 제외하고 기간 경과 후 날짜 구하기
WORKDAY.INTL	주말, 휴무일(임의 지정 휴무일 포함) 제외하고 기간 경과 후 날짜 구하기

∷ WORKDAY 함수 — 주말, 휴무일 제외하고 기간 경과 후 날짜 구하기 →

함수 구문

WORKDAY(start_date, days, [holidays])
WORKDAY(시작일, 일수, [휴무일])
시작일에서 지정된 작업일수 이후의 날짜를 구해준다(주말 및 지정된 휴무일은 작업일에서 제외).
- start_date: 시작일
- days: 작업일수
- holidays: 토/일요일을 제외한 날짜를 휴무일로 지정할 경우에 사용하며, 셀 범위 또는 날짜의 배열 상수를 선택할 수 있음

WORKDAY 함수는 시작일로부터 지정된 작업일수 이후의 날짜를 구해줍니다. 작업일수에 주말 및 지정된 휴무일은 제외됩니다. 작업일수를 음수로 넣으면 이전의 날짜를 구해줍니다.

활용 토/일요일 및 휴무일을 제외하고 지정된 작업일수 이후의 날짜 구하기

[D12] 셀에 다음 수식을 입력한 다음, [D12] 셀을 복사하여 [D13:D14] 셀 범위에 붙여넣습니다.

```
=WORKDAY(B12,C12,$B$17:$B$18)
```

세 번째 인수 holidays에 휴무일 [$B$17:$B$18] 셀 범위를 지정하여 작업일 계산 시 제외합니다.

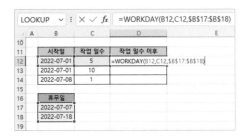
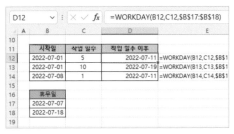

토/일요일 및 세 번째 인수 holidays에 휴무일로 지정한 날짜를 작업일에서 제외하고 2022-07-01부터 5일이 지난 날짜는 2022-07-11이 됩니다.
WORKDAY 함수는 시작일은 제외하고 날짜를 계산합니다.

- 7/1은 시작일이므로 작업일로 계산하지 않음
- 7/2~7/3은 주말이어서 계산하지 않음
- 7/4부터 날짜를 계산하되 7/7은 휴무일이서 계산하지 않음
- 7/9~7/10은 주말이어서 계산하지 않음

따라서 작업일수 5일 이후는 7/11이 됩니다.

 엑셀 능력자의 꿀팁 **시작일을 제외하거나 포함하려면 어떻게 해야 할까?**

WORKDAY 함수로 구한 날짜가 약간 혼란스러울 수 있는데, WORKDAY 함수의 기본 기능대로 시작일을 제외할 것인지 시작일을 포함해서 계산할 것인지는 업무의 성격에 따라 다를 수 있으므로 잘 판단해야 합니다. 만약 시작일을 포함해서 계산하려면 다음과 같이 첫 번째 인수를 '시작일-1'로 입력하면 됩니다.

```
=WORKDAY(B12-1,C12,$B$17:$B$18)
```

:: WORKDAY.INTL 함수
— 주말 임의 지정, 일정 기간 경과 후 날짜 구하기 [엑셀 2010 이상]

WORKDAY.INTL(start_date, days, [weekend], [holidays])
WORKDAY.INTL(시작일, 일수, [주말], [휴무일])

시작일에서 지정된 작업일수 이후의 날짜를 구해준다(주말 및 지정된 휴무일은 작업일에서 제외).

- start_date: 시작일
- days: 작업일수
- weekend: 토/일요일 이외의 날짜도 다음과 같이 주말로 지정 가능

인수	요일	인수	요일
1 또는 생략	토요일, 일요일	11	일요일만
2	일요일, 월요일	12	월요일만
3	월요일, 화요일	13	화요일만
4	화요일, 수요일	14	수요일만
5	수요일, 목요일	15	목요일만
6	목요일, 금요일	16	금요일만
7	금요일, 토요일	17	토요일만

- holidays: 토/일요일을 제외한 날짜를 휴무일로 지정할 경우에 사용하며, 셀 범위 또는 날짜의 배열 상수를 선택할 수 있음

WORKDAY.INTL 함수는 지정된 작업일수 이후의 날짜를 구해주는 WORKDAY 함수와 기능이 비슷하지만, 주말을 임의로 설정할 수 있는 인수가 하나 더 있습니다. 이 인수를 사용하면 토/일요일뿐만 아니라 다른 요일을 주말로 설정하여 지정된 작업일수 이후의 날짜를 구할 수 있습니다.

활용 1 토/일요일 및 지정된 휴무일을 제외하고 지정된 작업일수 이후의 날짜 구하기
[D12] 셀에 다음 수식을 입력한 다음, [D12] 셀을 복사하여 [D13:D14] 셀 범위에 붙여넣습니다.

```
=WORKDAY.INTL(B12,C12,1,$B$17:$B$18)
```

세 번째 인수 holidays에 휴무일 [$B$17:$B$18] 셀 범위를 지정하여 작업일 계산 시 제외합니다.

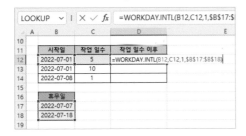 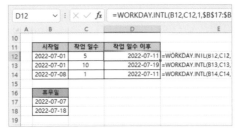

토/일요일 및 세 번째 인수 holidays에 휴무일로 지정한 날짜를 작업일에서 제외하고 2022-07-01부터 5일이 지난 날짜는 2022-07-11이 됩니다.

WORKDAY.INTL 함수는 시작일은 제외하고 날짜를 계산합니다.

- 7/1은 시작일이므로 작업일로 계산하지 않습니다.
- 7/2~7/3은 주말이어서 계산하지 않습니다.
- 7/4부터 날짜를 계산하되 7/7은 휴무일이서 계산하지 않습니다.
- 7/9~7/10은 주말이어서 계산하지 않습니다.

따라서 작업일수 5일 이후는 7/11이 됩니다.

활용 2 세 번째 인수 weekend를 문자열로 입력한 경우(월/수/금이 주말) 지정된 작업일수 이후의 날짜 구하기

[D30] 셀에 다음 수식을 입력한 다음, [D30] 셀을 복사하여 [D31:32] 셀 범위에 붙여넣습니다.

```
=WORKDAY.INTL(B30,C30,"1010100")
```

=WORKDAY.INTL(B30,C30,"1010100")

세 번째 인수(weeken)가 "1010100"과 같이 0, 1 조합의 7자리 문자열이면 다음과 같은 규칙에 따라 주말로 설정되어 작업일에서 제외됩니다.

세 번째 인수로 원하는 요일에 주말을 설정할 수 있습니다. 0은 평일, 1은 주말이므로 "1010100"은 월/수/금요일은 주말, 나머지 요일은 평일로 설정됩니다.

"1010100"
월 화 수 목 금 토 일

0: 평일, 1: 주말
월/수/금: 평일
화/목/토/일: 주말로 처리

WORKDAY.INTL 함수는 시작일은 제외하고 날짜를 계산합니다.

- 7/1은 시작일이므로 작업일로 계산하지 않습니다.
- 7/2부터 날짜를 계산하되 7/4, 7/6, 7/8은 주말이어서 계산하지 않습니다.

따라서 작업일수 5일 이후는 7/9이 됩니다.

11-5 요일, 주차, 월 계산하기

• 실습 파일 [11장] 폴더 안에 함수별로 제공

엑셀에는 다음과 같이 요일별 처리, 주차 계산, 월 계산을 위한 함수가 있습니다.

함수	설명
WEEKDAY	날짜의 요일 값을 숫자로 반환
WEEKNUM	날짜가 연중 몇 주차인지 구하기
ISOWEEKNUM	ISO 주차 구하기
EOMONTH	월의 마지막 날짜 구하기

:: WEEKDAY 함수 — 날짜의 요일 값을 숫자로 반환

함수 구문

WEEKDAY(serial_number, [return_type])
WEEKDAY(날짜, [반환값유형])

날짜의 요일 값을 숫자로 반환한다.

- serial_number: 날짜
- return_type: 반환 값 유형

> 날짜는 엑셀 내부적으로 일련번호 형태로 저장되기 때문에 날짜를 serial_number라고 부릅니다.

인수	반환 값	인수	반환 값
1 또는 생략	1-7(일-토)	13	1-7(수-화)
2	1-7(월-일)	14	1-7(목-수)
3	0-6(월-일)	15	1-7(금-목)
11	1-7(월-일)	16	1-7(토-금)
12	1-7(화-월)	17	1-7(일-토)

WEEKDAY 함수는 날짜의 요일 값을 숫자로 반환합니다. 1은 일요일, 2는 월요일, 3은 화요일…과 같이 반환합니다. 두 번째 인수를 이용하면 요일 값을 바꿀 수도 있습니다.

WEEKDAY 함수는 단독으로 사용되기보다는 IF 함수나 CHOOSE 함수 등 다른 함수와 같이 조합해서 요일에 따라 별도의 처리를 해야 할 때 많이 사용됩니다.

활용 1 일요일은 1, 월요일은 2, ⋯ 토요일은 7에 해당하는 요일 값 구하기

달력에 표시된 대로 일요일은 1, 월요일은 2, 화요일은 3, ⋯ 토요일은 7과 같이 요일 값을 구하려면 다음 수식을 입력합니다.

=WEEKDAY(B6) 또는 =WEEKDAY(B6,1)

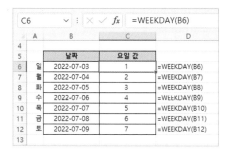

활용 2 일요일은 7, 월요일은 1, ⋯ 토요일은 6에 해당하는 요일 값 구하기

달력에 표시된 대로 일요일은 7, 월요일은 1, 화요일은 2, ⋯ 토요일은 6과 같이 요일 값을 구하려면 다음 수식을 입력합니다.

=WEEKDAY(B18,2)

두 번째 인수 반환 유형(return_type)에 2를 입력하면 일요일은 7, 월요일은 1, 화요일은 2, ⋯ 토요일은 6과 같이 요일 값을 구해줍니다.

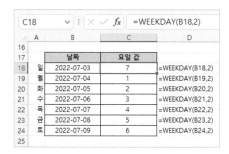

하면 된다! } 주말 근무 시 기본 일급의 150% 지급 계산하기

어떤 회사의 일용 근로자 급여 기준이 다음과 같은 경우 급여 계산을 해보겠습니다.

- 기본 일급 10만 원
- 평일에는 기본 일급 그대로 지급
- 토/일요일 근무 시 기본 일급의 150% 지급

01. 요일별로 계산이 달라져야 하므로 [D7] 셀에 다음 수식을 입력합니다.

=IF(C7="Y", IF(WEEKDAY(B7)=7,1.5,IF(WEEKDAY(B7)=1,1.5,1))*$C$4,0)

수식 풀이

IF(C7="Y", IF(WEEKDAY(B7)=7,1.5,IF(WEEKDAY(B7)=1,1.5,1))*$C$4,0)

- C7의 값이 "Y"이면(근무 여부를 "Y"라고 표시한 경우에만 급여 계산)
  IF(C7="Y"

- B7의 요일 값을 구해서 7(토요일)이면 1.5(150%)를 구합니다.
  IF(WEEKDAY(B7)=7,1.5

- 7이 아니면 다시 요일 값을 구해서 1(일요일)이면 1.5(150%)를 구합니다.

- 7(토요일)도 아니고 1(일요일)도 아니면(즉 평일이면) 1(100%)을 구합니다.
  IF(WEEKDAY(B7)=1,1.5,1

- 최종적으로 위에서 구한 값(1.5 또는 1)에 기본 일급 100,000원을 곱해서 요일별 일급을 구합니다.

---

02. [D7] 셀을 복사하여 [D8:D22] 셀 범위에 붙여넣습니다.

	A	B	C	D	E	F
3						
4		기본일급	100,000			
5						
6		근무일	근무여부	일급		
7	토	2022-10-01	Y	=IF(C7="Y", IF(WEEKDAY(B7)=7,1.5,		
8	일	2022-10-02		IF(WEEKDAY(B7)=1,1.5,1))*$C$4,0)		
9	월	2022-10-03	Y	100,000		
10	화	2022-10-04	Y	100,000		
11	수	2022-10-05	Y	100,000		
12	목	2022-10-06	Y	100,000		
13	금	2022-10-07	Y	100,000		
14	토	2022-10-08	Y	150,000		
15	일	2022-10-09	Y	150,000		
16	월	2022-10-10	Y	100,000		

424 셋째마당 • 제대로 써먹는 직장인 필수 함수

:: WEEKNUM 함수 — 날짜가 연중 몇 주차인지 구하기

WEEKNUM(serial_number, [return_type])

WEEKNUM(날짜, [반환값유형])

어떤 날짜가 연중 몇 주차인지 구해준다.

- serial_number: 날짜
- return_type: 반환값 유형 - 주의 시작 요일을 지정

1 또는 생략	2	11	12	13
일요일(시스템 1)	월요일(시스템 1)	월요일(시스템 1)	화요일(시스템 1)	수요일(시스템 1)
14	15	16	17	21
목요일(시스템 1)	금요일(시스템 1)	토요일(시스템 1)	일요일(시스템 1)	월요일(시스템 2)

1년은 52주 또는 53주(아주 드물게 54주도 있음, 예: 2000년, 2028년)로 구성되는데, 다음과 같이 업무상 어떤 날짜가 연중 몇 주차인지 구해야 하는 경우가 있습니다.

	A	B	C	D	E	F	G
1							
2		생산일자	생산주차(년)	월 주차	Lot No.	품명	생산수량
3		2022-07-01	27	1	K04001	울트라기어 게이밍모니터	1,520
4		2022-07-02	27	1	X04007	IPTV 모니터	2,300
5		2022-07-05	28	2	K04001	울트라기어 게이밍모니터	1,700
6		2022-07-06	28	2	K04002	울트라HD 모니터 360	1,520
7		2022-07-07	28	2	K04001	울트라기어 게이밍모니터	1,200
8		2022-07-08	28	2	X04007	IPTV 모니터	1,550
9		2022-07-09	28	2	K04002	울트라HD 모니터 360	1,200
10		2022-07-12	29	3	X04007	IPTV 모니터	3,210
11		2022-07-13	29	3	K04002	울트라HD 모니터 360	1,700
12		2022-07-14	29	3	K04002	울트라HD 모니터 360	2,300
13							

WEEKNUM 함수로 어떤 날짜가 연중 몇 주차인지 구할 수 있으며, 주차를 계산하는 방식에는 다음 두 가지가 있습니다.

- 시스템 1: 1월 1일을 포함하는 주가 연도의 첫 주가 되는 방식
- 시스템 2: ISO(ISO 8601) 방식으로 한 주의 시작은 월요일이며 연도의 첫 번째 목요일을 포함하는 주가 첫 주가 되는 방식(ISOWEEKNUM 함수와 기능 동일)

시스템 1이면서 일요일을 주의 시작 요일로 할 경우

시스템 1이면서 주의 시작 요일을 일요일로 지정하고 주차를 계산할 경우 다음 수식을 입력합니다.

```
=WEEKNUM(B6)
```

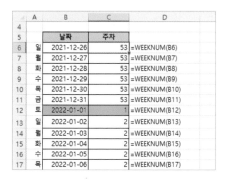 

결과를 달력으로 확인해 보면, 2022년 1월 1일은 토요일이라서 첫 주는 단 하루만 해당하고 1월 2일부터 2주차가 시작되는 것을 알 수 있습니다.

시스템 1이면서 화요일을 주의 시작 요일로 할 경우

시스템 1이면서 주의 시작 요일을 일요일이 아닌 다른 요일로 할 경우 두 번째 인수를 시작 요일에 맞게 지정하면 됩니다.

```
=WEEKNUM(B25,12)
```

두 번째 인수로 12를 입력하면 시작 요일을 화요일로 지정합니다.

 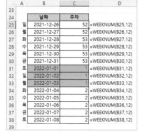 

결과를 달력으로 확인해 보면, 화요일에 주가 시작되므로 1/1(토)~1/3(월)이 첫 주가 되고 1/4(화)~1/10(월)이 2주차가 되는 것을 알 수 있습니다.

활용 3 시스템 2(ISO 8601) 방식

시스템 2는 ISO 방식으로 '한 주의 시작은 월요일이며 연도의 첫 번째 목요일을 포함하는 주가 첫 주'가 되는 방식입니다.

```
=WEEKNUM(B44,21)
```

시스템 2 방식으로 주차를 계산할 때는 두 번째 인수로 21을 입력합니다.

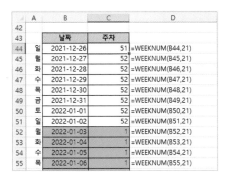

결과를 달력으로 확인해 보면, 시스템 2는 연도의 첫 번째 목요일(1월 6일)을 포함하는 주가 첫 주가 되는 방식이므로 1/3(월)~1/9(일)이 첫 주, 1/10(월)~1/16(일)이 2주차가 되는 것을 알 수 있습니다.

 **엑셀 능력자의 꿀팁**   시스템 2는 무조건 월요일 시작 고정!

시스템 2에서는 주의 시작은 무조건 월요일이며 시작 요일을 지정할 수 없습니다. 시스템 2 방식은 ISO 방식을 사용하는 ISOWEEKNUM 함수와 결과가 동일합니다.

```
=ISOWEEKNUM(B44)
```

하면 된다! } 월 단위 주차 계산하기

• 실습 파일 11-5.월단위-주차계산-실습.xlsx   • 완성 파일 11-5.월단위-주차계산-완성.xlsx

WEEKNUM 함수로 구하는 연 단위 주차 대신에 월 단위 주차가 필요할 경우 WEEK NUM 함수를 응용하여 간단히 구할 수 있습니다.
주의 시작 요일을 일요일로 하고 2022년 7월부터 8월 사이의 날짜의 월 단위 주차를 구해보겠습니다.

01. [C7] 셀에 다음 수식을 입력합니다.

=WEEKNUM(B7)-WEEKNUM(DATE(YEAR(B7),MONTH(B7),1))+1

> **수식 풀이**
> =WEEKNUM(B7)-WEEKNUM(DATE(YEAR(B7),MONTH(B7),1))+1
> =WEEKNUM(날짜)-WEEKNUM(월초)+1
>
> • 수식에서 DATE 함수는 입력된 날짜의 월초(1일)를 구해줍니다.
>   DATE(YEAR(B7),MONTH(B7),1)
>
> • DATE 함수는 연, 월, 일 값을 받아서 날짜로 만들어 주는 함수이며, YEAR 함수와 MONTH 함수는 입력된 날짜의 연도와 월을 구해줍니다.
>
> • 수식에서 마지막에 1을 더하는 이유는 첫 주의 경우 입력된 날짜의 주차(1주)와 월초의 주차(1주)가 같아서 빼면 0이 되므로 1주로 만들기 위해서입니다.

02. [C7] 셀을 복사한 후 [C8:C23] 셀 범위에 붙여넣습니다.

	A	B	C	D	E	F	G	H
5								
6		날짜	월주차	WEEKNUM(날짜) (a)	WEEKNUM(월초) (b)	a-b		
7	월	2022-07-25	5	31	27	4		
8	화	2022-07-26	5	31	27	4		
9	수	2022-07-27	5	31	27	4		
10	목	2022-07-28	5	31	27	4		
11	금	2022-07-29	5	31	27	4		
12	토	2022-07-30	5	31	27	4		
13	일	2022-07-31	6	32	27	5		
14	월	2022-08-01	1	32	32	0		
15	화	2022-08-02	1	32	32	0		
16	수	2022-08-03	1	32	32	0		
17	목	2022-08-04	1	32	32	0		
18	금	2022-08-05	1	32	32	0		
19	토	2022-08-06	1	32	32	0		
20	일	2022-08-07	2	33	32	1		
21	월	2022-08-08	2	33	32	1		
22	화	2022-08-09	2	33	32	1		
23	수	2022-08-10	2	33	32	1		

C7 셀: `=WEEKNUM(B7)-WEEKNUM(DATE(YEAR(B7),MONTH(B7),1))+1`

 **엑셀 능력자의 꿀팁**   **주의 시작 요일이 월요일인 경우 월 주차 구하기**

시작 요일을 월요일로 정하고 주차를 계산하도록 WEEKNUM 함수의 두 번째 인수를 '11'로 입력해 주기만 하면 됩니다. WEEKNUM 함수의 두 번째 인수가 11이므로 시작 요일은 월요일이 됩니다.

> `=WEEKNUM(B29,11)-WEEKNUM(DATE(YEAR(B29),MONTH(B29),1),11)+1`

하면 된다! ┆ 생산 현황 자료에서 생산 주차, 월 주차 구하기

WEEKNUM-함수사용법.xlsx

앞서 살펴본 주차 계산 방식을 응용하여 생산 주차와 월 주차를 구해보겠습니다.

	A	B	C	D	E	F	G
1							
2		생산일자	생산주차(년)	월 주차	Lot No.	품명	생산수량
3		2022-07-01	=WEEKNUM(B3)		K04001	울트라기어 게이밍모니터	1,520
4		2022-07-02	27	1	X04007	IPTV 모니터	2,300
5		2022-07-05	28	2	K04001	울트라기어 게이밍모니터	1,700
6		2022-07-06	28	2	K04002	울트라HD 모니터 360	1,520
7		2022-07-07	28	2	K04001	울트라기어 게이밍모니터	1,200
8		2022-07-08	28	2	X04007	IPTV 모니터	1,550
9		2022-07-09	28	2	K04002	울트라HD 모니터 360	1,200
10		2022-07-12	29	3	X04007	IPTV 모니터	3,210
11		2022-07-13	29	3	K04002	울트라HD 모니터 360	1,700
12		2022-07-14	29	3	K04002	울트라HD 모니터 360	2,300
13							

C3 셀: `=WEEKNUM(B3)`

01. 생산 주차를 구하는 수식은 다음과 같습니다.

```
=WEEKNUM(생산일자)
=WEEKNUM(B3)
```

02. 월 주차를 구하는 수식은 다음과 같습니다.

```
=WEEKNUM(생산일자)-WEEKNUM(생산일의 월초))+1
=WEEKNUM(B3)-WEEKNUM(DATE(YEAR(B3),MONTH(B3),1))+1
```

∷ ISOWEEKNUM 함수 — ISO 주차 구하기 [엑셀 2013 이상]

ISOWEEKNUM(date)
ISOWEEKNUM(날짜)

ISO 8601에 지정된 방식으로 한 주의 시작은 월요일이며 연도의 첫 번째 목요일을 포함
하는 주가 첫 주가 되는 방식으로 주차를 구한다.

- date: 날짜

엑셀 능력자의 꿀팁   ISO 8601이란?

ISO 8601은 날짜와 시간 데이터의 교환 및 표기에 관한 국제 표준으로, ISO(국제표준화기구)
에 의해 1988년에 처음으로 공개되었습니다. 소프트웨어 개발 시 또는 일상생활에서의 날짜,
시간 표기 형식이 나라마다 다른 문제점이 있어 만들어졌지만, 여전히 많은 나라에서 관습적으
로 비표준 방식의 날짜 표시 방식(예: 날짜의 경우 2021-07-02가 아니라 07/02/2021 등으
로 표시)을 사용하고 있습니다.

ISO 기준에 따라 연도의 첫 번째 목요일이 속한 주가 첫 주가 되므로 ISOWEEK
NUM 함수를 이용해서 주차를 구해보면 1월 1일이 첫 주가 될 수도 있지만, 어떤
연도는 첫 주가 아니라 전년도의 마지막 주가 되는 경우도 있습니다.

활용 1 1월 1일이 속한 주가 첫 주가 되는 경우(예: 2020년)

ISO 기준으로 주차를 구하는 식은 다음과 같습니다.

```
=ISOWEEKNUM(B5)
```

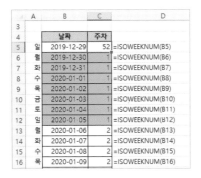

> WEEKNUM 함수의 두 번째 인수에 21을 입력해도 ISOWEEKNUM 함수와 같은 결과를 구할 수 있습니다.

결과를 달력으로 확인해 보면, 1월 2일이 첫 번째 목요일이므로 2019/12/30부터 2020/1/5까지가 1주차, 2020/1/6부터 2020/1/12까지가 2주차가 되는 것을 알 수 있습니다.

활용 2 1월 1일이 속한 주가 첫 주가 되는 경우(예: 2022년)

ISO 기준으로 주차를 구하는 수식은 다음과 같습니다.

```
=ISOWEEKNUM(B25)
```

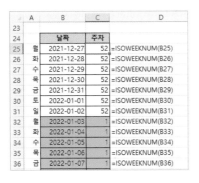

> 1월 1일임에도 불구하고 그해의 첫 주가 아니라 전년도의 마지막 주가 된다는 점을 유의해야 합니다. 따라서 2022년의 첫 주는 1월 3일(월요일)부터 시작됩니다.

결과를 달력으로 확인해 보면, 1월 6일이 첫 번째 목요일이므로 2021/12/27부터 2022/1/2의 기간이 전년도의 마지막 주(52주)가 됩니다.

:: EOMONTH 함수 — 월의 마지막 날짜 구하기

EOMONTH(start_date, months)
EOMONTH(시작일, 개월수)
어떤 달의 마지막 날짜 일련번호를 구해준다.
- start_date: 시작일
- months: 시작 날짜로부터 경과한 개월 수(음수를 입력하면 과거의 날짜를 구해줌)

엑셀 능력자의 꿀팁 개월 수 입력할 때는 정수를 입력하세요!

개월 수는 정수만 입력 가능하며, 소수점이 있는 숫자를 입력하면 소수점은 무시됩니다(예: 1.25를 넣으면 0.25는 무시되고 1로 인식됨).

EOMONTH 함수의 이름은 End of Month를 줄여 쓴 것으로, 어떤 달의 마지막 날짜를 구해줍니다. 시작일로부터 몇 개월이 경과한 후 또는 몇 개월 이전의 마지막 날짜를 구할 수도 있고, 시작일이 속한 달의 마지막 날짜를 구할 수도 있습니다.

활용 몇 개월 경과한 후의 마지막 날짜 구하기

=EOMONTH(B5,C5)

두 번째 인수가 1이므로 1개월 경과한 달의 마지막 날짜 2022-04-30을 구해줍니다.

 **날짜가 아닌 숫자가 표시되면?**

결과가 날짜가 아니라 숫자 44681이 표시되면 엑셀 표시 형식에서 날짜 형식으로 바꿔주면 날짜로 표시됩니다. [홈] 탭 → [표시 형식] 그룹 → [간단한 날짜]를 선택하면 됩니다.

특정 월의 마지막 날짜 구하기

=EOMONTH("2022-02-01",0) ➡ 2022-02-28

이번 달의 마지막 날짜 구하기

=EOMONTH(TODAY(),0) ➡ 2022-02-28 (현재 일이 2월일 때)

하면 된다! } 날짜 비교를 위해 EOMONTH 함수로 마지막 날짜 계산하기

EOMONTH-함수사용법.xlsx

01. [D19] 셀에 다음 수식을 입력합니다.

=SUMIFS($E$5:$E$14,$B$5:$B$14,">="&DATE(B19,C19,1),$B$5:$B$14,"<="&EOMONTH(DATE(B19,C19,1),0))

수식
풀이

=SUMIFS($E$5:$E$14,$B$5:$B$14,">="&DATE(B19,C19,1),$B$5:$B$14,"<="&EOMONTH(DATE(B19,C19,1),0))

월별로 합계를 가져오기 위해 해당 월의 1일보다 크거나 같고 월말보다 작거나 같도록 조건을 설정할 때 EOMONTH 함수로 월말을 구합니다.

"<="&EOMONTH(DATE(B19,C19,1),0)

<=는 작거나 같음을 의미하고, 월말에 해당하는 날짜 값이 필요하므로 셀에 입력된 값을 참조하여 DATE 함수로 날짜를 만든 후 EOMONTH 함수로 월말에 해당하는 날짜를 만듭니다.

02. [D19] 셀을 복사하여 [D20:D22] 셀 범위에 붙여넣습니다.

	판매일	분류	상품	판매수량
3	**판매실적**			
4	**판매일**	**분류**	**상품**	**판매수량**
5	2020-12-01	노트류	스프링노트고급형	35
6	2020-12-05	노트류	무지노트	100
7	2021-01-11	필기구	수성펜	55
8	2021-01-20	노트류	스프링노트	20
9	2021-01-21	필기구	샤프펜슬	23
10	2021-02-05	노트류	스프링노트	30
11	2021-02-15	필기구	형광펜	5
12	2021-03-02	필기구	샤프펜슬	50
13	2021-03-13	노트류	스프링노트고급형	35
14	2021-03-21	노트류	무지노트	60

1) 월별 판매수량 합계 구하기

	년	월	판매수량
18	**년**	**월**	**판매수량**
19	2020	12	=SUMIFS($E$5:$E$14,$B$5:$B$14,">="&DATE(B19,C19,1),$B$5:$B$14,"<="&EOMONTH(DATE(B19,C19,1),0))
20	2021	1	
21	2021	2	
22	2021	3	

11-6 날짜, 시간 관련 나머지 함수

• 실습 파일 [11장] 폴더 안에 함수별로 제공

모든 함수를 상세히 설명할 수 없기 때문에 다음 함수는 간단히 요약해서 설명합니다. 자세한 내용은 저자 블로그를 참고하세요.

함수	기능	QR코드
DATEVALUE (date_text) DATEVALUE (날짜 텍스트)	텍스트(문자열)로 표시된 날싸를 일련번호로 변환합니다. 날짜에 공백이 포함되거나 날짜가 텍스트로 인식되어 날짜로 사용을 못할 때 DATEVALUE 함수로 문자열로 저장된 날짜를 일련번호로 변환할 수 있습니다.	
TIMEVALUE (time_text) TIMEVALUE (시간 텍스트)	텍스트로 표시된 시간 값을 숫자로 변환합니다. =TIMEVALUE("12:00")를 입력하면 숫자 0.5로 변환합니다 (낮 12시는 하루의 절반이 경과한 시간). =TIMEVALUE("9:00") ➡ 0.375 =TIMEVALUE("2020-11-30 15:00") ➡ 0.625 날짜를 입력하면 날짜 정보는 무시되고 시간 값만 변환됩니다.	
YEAR (serial_number) MONTH (serial_number) DAY (serial_number) serial_number: 날짜 값	• YEAR 함수: 날짜에서 연도 구하기 • MONTH 함수: 날짜에서 월 구하기 • DAY 함수: 날짜에서 일 구하기	

HOUR (serial_number) **MINUTE** (serial_number) **SECOND** (serial_number) serial_number: 날짜 또는 시간 값	• HOUR 함수: 시간 값에서 시간만 구하기 • MINUTE 함수: 시간 값에서 분만 구하기 • SECOND 함수: 시간 값에서 초만 구하기 
DAYS360 (start_date, end_date, [method]) **DAYS360** (시작일, 종료일, [미국식 또는 유럽식])	1년을 360일(30일 기준의 12개월)로 보고 두 날짜 사이의 일수를 구해줍니다.
EDATE (start_date, months) **EDATE** (시작일, 경과 개월수)	어떤 날짜로부터 몇 개월 경과된 후의 날짜 일련번호를 구해 줍니다. 
YEARFRAC (start_date, end_date, [basis]) **YEARFRAC** (시작일, 종료일, [날짜계산 기준])	시작일과 종료일 사이의 날짜 수가 1년 중에 차지하는 비율을 구해줍니다. 특정 기간에 대한 이익 또는 채무의 비율을 구할 때 사용할 수 있습니다. 

12

텍스트 함수

엑셀에서 텍스트는 숫자 다음으로 많이 다루는 자료 형식입니다. 텍스트는 '문자열' 또는 '문자'라고 부르기도 하는데, 이 책에서는 '텍스트'라는 용어를 사용합니다.

텍스트는 있는 그대로 사용하기보다는 자르거나 붙이는 등 가공 작업을 많이 합니다. 따라서 다른 범주에 비해서 이와 관련된 함수도 많은 편이고, 서로 비슷한 기능을 가진 함수도 많습니다. 기능은 비슷하지만 용도가 조금씩 다르기 때문에 함수별 기능의 차이를 정확하게 아는 것이 중요합니다.

언제 어디서든 저자의 블로그에서 검색해 볼 수 있어요!

12-1 엑셀에서 텍스트 다루기

12-2 텍스트의 길이, 위치 구하기 [LEN / FIND / SEARCH]

12-3 텍스트 자르기 [LEFT / MID / RIGHT]

12-4 텍스트 합치기 [CONCATENATE / CONCAT / TEXTJOIN]

12-5 텍스트 바꾸기 [REPLACE / SUBSTITUTE]

12-6 필요 없는 값 제거하기 [CLEAN / TRIM]

12-7 숫자, 날짜에 텍스트 포맷 지정하기 [TEXT]

12-8 텍스트 비교, 반복하기 [EXACT / REPT / CHAR]

12-9 텍스트 처리 관련 나머지 함수

12-1 엑셀에서 텍스트 다루기

• 실습 파일 12-1.엑셀에서-텍스트다루기.xlsx

엑셀에서 다루는 데이터 형식으로는 숫자, 날짜, 텍스트가 대표적이며, 이 중에서 텍스트는 '문자열'이라고도 합니다.

텍스트는 입력된 그대로 사용하기도 하지만, 필요에 따라 텍스트를 자르거나 붙이거나 바꾸는 등 다양하게 처리할 수 있습니다. 이를 위해 엑셀에서는 다양한 텍스트 처리 함수를 제공합니다. 텍스트 처리 함수는 기능이 비슷하지만 용도가 조금씩 다르기 때문에 함수별 기능의 차이를 정확하게 아는 것이 중요합니다.

	A	B
1		
2	숫자	1,000
3		3.14159
4		500,000,000
5	날짜	2022-07-24
6		2022년 7월 24일 일요일
7		서울 서대문구/홍익문고
8	텍스트	아름다운 우리강산
9		010-2424-2424
10		F-30-45432
11		

이번 절에서는 텍스트 처리의 기본 개념을 이해하기 위해 간단하게 용도별 텍스트 함수를 소개합니다.

텍스트 자르기

텍스트를 자를 때는 LEFT, MID, RIGHT 함수를 주로 사용합니다.

=LEFT(B5,2) ➡ 서울
[B5] 셀에 입력된 텍스트(서울 서대문구/홍익문고)에서 왼쪽부터 2자리를 자릅니다. LEFT 함수는 이름 그대로 왼쪽부터 텍스트를 자를 때 사용합니다.

=MID(B7,4,4) ➡ 서대문구
[B7] 셀에 입력된 텍스트에서 중간(4번째 자리)부터 4자리를 자릅니다.

=RIGHT(B8,4) ➡ 홍익문고
[B8] 셀에 입력된 텍스트에서 오른쪽부터 4자리를 자릅니다.

	A	B	C	D	E
3					
4		텍스트	수식	결과	
5		서울 서대문구/홍익문고	=LEFT(B5,2)	서울	왼쪽부터 2자리 자르기
6		서울 서대문구/홍익문고	=LEFT(B6,7)	서울 서대문구	왼쪽부터 7자리 자르기
7		서울 서대문구/홍익문고	=MID(B7,4,4)	서대문구	중간부터 4자리 자르기
8		서울 서대문구/홍익문고	=RIGHT(B8,4)	홍익문고	오른쪽부터 4자리 자르기

특정 문자가 있는 위치를 기준으로 텍스트 자르기

텍스트를 자를 때 앞의 예처럼 자를 자릿수를 지정할 수도 있지만, 특정 문자(예: /)
가 있는 위치의 앞부분이나 뒷부분을 잘라낼 수 있습니다.

> =LEFT(B15,FIND("/",B15)-1) ➡ 서울 서대문구
> * 먼저 특정 문자의 위치를 알아야 하므로 FIND 함수를 사용하여 위치를 찾습니다.
> * 구한 위치를 이용하여 LEFT 함수로 / 왼쪽의 텍스트를 자릅니다.

	A	B	C	D	E
13					
14		**텍스트**	**수식**	**결과**	
15		서울 서대문구/홍익문고	=LEFT(B15,FIND("/",B15)-1)	서울 서대문구	'/' 왼쪽 텍스트 자르기
16		서울 강남구/교보문고	=LEFT(B16,FIND("/",B16)-1)	서울 강남구	'/' 왼쪽 텍스트 자르기
17					

텍스트 나누기

다음과 같이 A열에 슬래시, 쉼표, 공백 등으로 구분된 텍스트가 입력되어 있을 때
여러 열에 나누어서 값을 가져오려면 텍스트 나누기로 해도 되지만, TRANSPOSE,
FILTERXML 함수를 사용한 수식으로 간단히 해결할 수 있습니다.

> =TRANSPOSE(FILTERXML("<list><item>" &SUBSTITUTE(A1,"/","</item><item>") &
> "</item></list>","//item"))

	A	B	C	D	E	F	G
1	맥주/소주/양주/막걸리/위스키	맥주	소주	양주	막걸리	위스키	
2	맥주,소주,양주,막걸리,위스키	맥주	소주	양주	막걸리	위스키	
3	서울특별시 종로구 서린동 154-1	서울특별시	종로구	서린동	154-1		
4	부산광역시 해운대구 해운대로 777	부산광역시	해운대구	해운대로	777		
5							

텍스트 합치기

텍스트를 합치는 함수에는 다음과 같이 여러 가지가 있습니다. 비슷한 것 같지만 용도가 약간씩 다릅니다.

> =CONCATENATE(B21,C21) ➡ 홍길동대리
> CONCATENATE 함수는 단순히 [B21], [C21] 셀의 값을 합쳐줍니다.
>
> =CONCAT(B22:C22) ➡ 홍길동대리
> [B22:C22] 셀 범위의 값을 합쳐줍니다. CONCATENATE 함수는 범위를 지정하여 합칠 수 없지만, CONCAT 함수는 범위를 한 번에 지정해서 합칠 수 있습니다.
>
> =B23&C23 ➡ 홍길동대리
> 함수를 사용하지 않고 텍스트 연결 연산자 &를 이용하여 합칠 수 있습니다. 실무에서 단순히 셀의 값을 합칠 때는 함수 대신 &를 많이 사용합니다.
>
> =TEXTJOIN("/",TRUE,B24:C24) ➡ 홍길동/대리
> TEXTJOIN 함수를 사용하면 텍스트를 합칠 때 중간에 구분 기호를 넣을 수 있습니다(엑셀 2019, Microsoft 365 이상 버전에서 사용할 수 있음).

	A	B	C	D	E
19					
20		텍스트1	텍스트2	수식	결과
21		홍길동	대리	=CONCATENATE(B21,C21)	홍길동대리
22		홍길동	대리	=CONCAT(B22:C22)	홍길동대리
23		홍길동	대리	=B23&C23	홍길동대리
24		홍길동	대리	=TEXTJOIN("/",TRUE,B24:C24)	홍길동/대리
25					

TEXTJOIN 함수는 이 외에도 다양하게 응용할 수 있습니다. 예를 들어 고객명이 동일한 조건을 만족하는 주문 상품명 텍스트를 합쳐야 할 때 TEXTJOIN 함수와 FILTER, UNIQUE 함수(동적 배열 함수)를 사용하면 간단하게 처리할 수 있습니다.

텍스트 바꾸기

텍스트를 바꿀 때는 REPLACE 함수와 SUBSTITUTE 함수를 많이 사용합니다.

> =REPLACE(B29,4,2,"가회") → 종로구가회동
>
> [B29] 셀의 '종로구익선동'에서 4번째부터 2자리 '익선'을 '가회'로 바꿉니다.
>
> =SUBSTITUTE(B31,"책","옷") → 옷장에 있는 옷
>
> [B31] 셀의 '책장에 있는 책'에서 '책'을 모두 '옷'으로 바꿉니다. REPLACE 함수는 위치와 길
> 이를 지정해서 바꾸지만, SUBSTITUTE 함수는 일치하는 값이 있으면 위치에 관계없이 모든
> 값을 바꿉니다.
>
> =SUBSTITUTE(B32,"-","") → 01024242424
>
> SUBSTITUTE 함수는 위치에 관계없이 일치하는 모든 값을 바꿔주므로 전화번호에서 하이픈
> 을 한 번에 제거할 때 사용할 수 있습니다.

	A	B	C	D	E
27					
28		텍스트1	수식	결과	
29		종로구익선동	=REPLACE(B29,4,2,"가회")	종로구가회동	
30		F-30-45432	=REPLACE(B30,6,5,"99999")	F-30-99999	
31		책장에 있는 책	=SUBSTITUTE(B31,"책","옷")	옷장에 있는 옷	
32		010-2424-2424	=SUBSTITUTE(B32,"-","")	01024242424	하이픈 제거
33					

TEXT 함수로 숫자, 날짜를 텍스트로 표시하기

TEXT 함수는 숫자, 날짜를 원하는 형태의 텍스트로 바꾸어서 표시해 줍니다.

> =TEXT(B37,"#,##0") → 10,000 (천 단위 쉼표 표시)
>
> =TEXT(B38,"yyyy-mm-dd hh:mm AM/PM") → 2022-07-01 03:52 PM
>
> =TEXT(B39,"[DBNum4][$-ko-KR]G/표준") → 삼천오백

	A	B	C	D
35				
36		값	수식	결과
37		10000	=TEXT(B37,"#,##0")	10,000
38		2022-07-01 15:52	=TEXT(B38,"yyyy-mm-dd hh:mm AM/PM")	2022-07-01 03:52 PM
39		3500	=TEXT(B39,"[DBNum4][$-ko-KR]G/표준")	삼천오백
40				

12-2 텍스트의 길이, 위치 구하기

• 실습 파일 [12장] 폴더 안에 함수별로 제공

엑셀에서 텍스트의 길이를 구하는 LEN 함수, 위치는 구하는 FIND, SEARCH 함수는 기능이 단순하지만 텍스트의 일부를 잘라내거나 합쳐야 할 때, 텍스트 데이터를 가공할 때 다른 함수와 조합해서 자주 사용됩니다. 텍스트는 한 자리만 잘못 처리해도 문제가 되므로 이들 함수의 정확한 사용법을 익혀두는 것이 중요합니다.

함수	설명
LEN	텍스트 길이 구하기
FIND	텍스트 위치 찾기
SEARCH	대/소문자 구분 없이 텍스트 위치 찾기

∷ LEN 함수 — 텍스트 길이 구하기

함수 구문

LEN(text)
LEN(텍스트)
텍스트의 길이(문자 수)를 구해준다.
  • text - 길이를 계산할 텍스트(공백도 한 문자로 계산함)

LEN 함수는 텍스트의 길이(문자 수)를 구해줍니다. LEN 함수는 숫자의 길이도 구할 수 있지만, 셀 서식은 무시하고 저장된 값의 길이를 구해줍니다. LEN 함수는 단독으로는 잘 사용되지 않고 LEFT, MID, RIGHT 함수 등 텍스트를 다루는 함수 안에 포함되어 많이 사용됩니다.

활용 텍스트 길이 구하기

=LEN("가나다라") ➜ 4
'가나다라'는 네 글자이므로 4를 반환합니다.

=LEN("영업본부 영업1팀") ➜ 9
공백과 숫자도 각각 한 칸씩 계산해서 전체 길이 9를 반환합니다.

	수식	결과
	=LEN("가나다라")	4
	=LEN("영업본부 영업1팀")	9

(C5 셀: =LEN("가나다라"))

:: FIND 함수 — 텍스트 위치 찾기

FIND(find_text, within_text, [start_num])
FIND(찾으려는텍스트, 전체텍스트, [시작위치])

텍스트에서 특정 텍스트의 위치를 찾아준다(알파벳이 포함된 경우 대/소문자를 구분하여 위치를 찾아주며 와일드카드(*, ?)를 쓸 수 없음).

- find_text: 찾으려는 텍스트
- within_text: 찾으려는 텍스트가 포함된 전체 텍스트
- start_num: 찾기 시작할 위치(생략 시 1로 간주되므로 항상 첫 번째부터 찾음)

FIND 함수는 텍스트의 위치만 찾아주기 때문에 함수 단독으로는 잘 사용되지 않고 주로 LEFT, MID, RIGHT 함수 등 텍스트를 처리하는 함수와 함께 사용됩니다.

활용 텍스트 위치 찾기

=FIND("서","서울 서대문구 홍익문고") → 1
세 번째 인수 start_num이 생략되었으므로 '서'를 처음부터 찾아 위치 1을 반환합니다.

=FIND("서","서울 서대문구 홍익문고",2) → 4
'서'의 위치를 찾되 세 번째 인수 start_num이 2이므로 두 번째 문자부터 찾아서 '서대문구'의 '서'의 위치 4를 반환합니다.

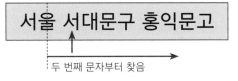

두 번째 문자부터 찾음

=FIND("E","Hello, Everybody!") → 8
FIND 함수는 대/소문자를 구분하므로 먼저 발견되는 소문자 e는 건너뛰고 대문자 E의 위치 8을 반환합니다.

∷ SEARCH 함수 — 대/소문자 구분 없이 텍스트 위치 찾기

SEARCH(find_text, within_text, [start_num])
SEARCH(찾으려는텍스트, 전체텍스트, [시작위치])

텍스트에서 특정 텍스트의 위치를 찾아준다(알파벳 대/소문자 구분 없이 위치를 찾아주며 와일드카드(*, ?)를 쓸 수 있음).

- find_text: 찾으려는 텍스트
- within_text: 찾으려는 텍스트가 포함된 전체 텍스트
- start_num: 찾기 시작할 위치(생략 가능하며 생략 시 1로 간주되므로 항상 첫 번째부터 찾음)

SEARCH 함수는 위치만 찾아주므로 함수 단독으로는 잘 사용되지 않고 LEFT, MID, RIGHT 함수 등 텍스트를 처리하는 함수 안에 포함되어 많이 사용됩니다.

활용 1 텍스트 위치 찾기

SEARCH("E","Hello, Everybody!") ➜ 2

세 번째 인수 start_num이 생략되었으므로 대문자 E의 위치를 처음부터 찾지만 대소문자 구분하지 않으므로 먼저 발견되는 소문자 e의 위치 2를 반환합니다.

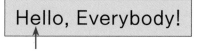

=SEARCH("E","Hello, Everybody!",3) ➜ 8

대문자 E의 위치를 찾되, 세 번째 인수 start_num이 3이므로 세 번째 문자부터 찾아서 Everybody의 E의 위치 8을 반환합니다.

세 번째 문자부터 찾음

A	B	C
3	**텍스트에서 처음부터 위치 찾기**	
4	수식	결과
5	=SEARCH("E","Hello, Everybody!")	2
6	=SEARCH("하","안녕하세요 하지원입니다.")	3
7		
8		
9	**텍스트의 중간부터 위치 찾기**	
10	수식	결과
11	=SEARCH("E","Hello, Everybody!",3)	8
12	=SEARCH("하","안녕하세요 하지원입니다.",4)	7
13		

활용 2 와일드카드 문자로 위치 찾기

와일드카드 문자는 좀 더 정교한 방법으로 값을
찾을 때 사용하며, ?와 * 두 종류가 있습니다.

> • ?(물음표): 한 개의 임의의 문자
> • *(별표): 여러 개의 임의의 문자

=SEARCH("b?d","Hello, Everybody!") ➡ 13

?(물음표)는 한 개의 문자를 의미하므로 'b?d'를 입력하면 'b'로 시작하고 중간에는 아무 문자 1
자리이면서 'd'로 끝나는 'bod'의 위치 13을 반환합니다.

=SEARCH("안*장터","춘천지역장터, 안성지역장터, 안동지역장터") ➡ 9

*(별표)는 여러 개의 임의의 문자를 의미하므로 '안*장터'를 입력하면 '안'으로 시작하고 안 뒤
에는 몇 개의 문자가 오든 상관없이 '장터'로 끝나는 값을 찾으므로 '안성지역장터' 문자열이 있
는 위치 9를 반환합니다.

14		
15	**와일드카드 문자로 위치 찾기**	
16	**수식**	**결과**
17	=SEARCH("b?d","Hello, Everybody!")	13
18	=SEARCH("b?d","Bedroom")	1
19	=SEARCH("안*장터","춘천지역장터, 안성지역장터, 안동지역장터	9
20		

활용 3 LEFT 함수와 조합하여 텍스트 잘라내기

Hello, Everybody!에서 쉼표(,)를 기준으로 앞에 있는 텍스트를 잘라내는 수식은
다음과 같습니다.

=LEFT(B25,SEARCH(",",B25)-1)

SEARCH 함수는 쉼표의 위치 6을 반환하므로 위 수식은 다음과 같습니다.

=LEFT(B25,6-1)

=LEFT(B25,5)

텍스트를 처음부터 잘라내는 LEFF 함수는 [B25] 셀의 값에서 앞 5자리만 잘라서 Hello를 반
환합니다.

	A	B	C	D
23				
24		**텍스트**	**결과**	
25		Hello, Everybody!	Hello	=LEFT(B25,SEARCH(",",B25)-1)
26		춘천지역장터, 안성지역장터, 안동지역장터	안성지역장터, 안동지역장터	=MID(B26,SEARCH("안성",B26),LEN(B26))
27				

하면 된다! } IF 함수에서 와일드카드가 안 될 때 해결 방법

- 실습 파일 12-2.IF함수에서-와일드카드가-안될때-실습.xlsx
- 완성 파일 12-2.IF함수에서-와일드카드가-안될때-완성.xlsx

엑셀에서 IF 함수로 다음과 같이 텍스트가 같은지 비교하면 결과가 어떻게 될까요?

> =IF("모나미볼펜"="모나미*","O","X") ➜ ?

"모나미*"로 쓰면 와일드카드니까 같은 것으로 판단해서 O이 반환될 것 같지만 X가 반환됩니다. IF 함수에서 텍스트 비교 시 와일드카드가 안 되며, 대신 COUNTIF 함수나 SEARCH 함수로 해결해야 합니다.

01. IF 함수로 텍스트가 같은지 비교하기(와일드카드 사용 불가)

IF 함수로 텍스트가 같은지 비교해 보겠습니다.

[B] 열에 텍스트가 입력되어 있을 때 [C5] 셀에 다음 수식을 입력합니다. 와일드카드가 작동하지 않습니다. '스프링노트고급형'에는 분명히 '노트'라는 텍스트가 있으므로 같은 것으로 판별할 것 같은데 안 됩니다.

> =IF(B5="*노트*","O","X") ➜ X
>
> IF 함수는 *를 와일드카드가 아니라 일반 텍스트로 인식합니다.

[C9] 셀에 다음 수식을 입력합니다. IF 함수는 *를 와일드카드가 아니라 일반 텍스트로 인식하므로 9행에 '*노트*'라고 입력되어 있는 것만 같은 것으로 판별합니다.

> =IF(B9="*노트*","O","X") ➜ O
>
> IF 함수는 *를 와일드카드로 인식하지 못합니다.

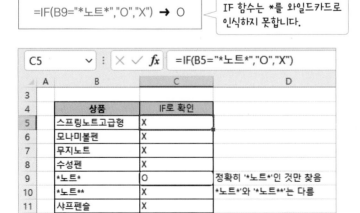

02. IF, SEARCH 함수를 조합하여 비교하기

IF 함수에 인수가 숫자이면 TRUE를 반환하는 ISNUMBER 함수와 찾는 텍스트의 위치를 반환하는 SEARCH 함수를 조합하면 텍스트가 같은지 비교해 볼 수 있습니다. [B16] 셀의 텍스트 '스프링노트고급형'에 '노트'가 포함되어 있는지 확인해 보겠습니다. 다음 수식을 입력합니다.

```
=IF(ISNUMBER(SEARCH("노트",B16)),"O","X")
```

위 수식에서 SEARCH 함수가 먼저 실행되어 '스프링노트고급형'에서 '노트'의 위치 4를 반환하고 수식은 다음과 같이 바뀝니다.

```
=IF(ISNUMBER(4),"O","X")  ➡  O
```

4는 숫자이므로 ISNUMBER 함수는 TRUE를 반환하고, 마지막으로 IF 함수는 O을 반환합니다.

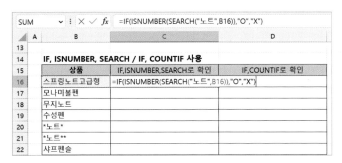

03. 이번에는 [B17] 셀의 텍스트 '모나미볼펜'에 '노트'가 포함되어 있는지 확인해 보겠습니다. 다음 수식을 입력합니다.

```
=IF(ISNUMBER(SEARCH("노트",B17)),"O","X")
```

위 수식에서 SEARCH 함수가 먼저 실행되어 '모나미볼펜'에서 '노트'의 위치를 찾으면 당연히 없으므로 #VALUE!를 반환하고 수식은 다음과 같이 바뀝니다.

```
=IF(ISNUMBER(#VALUE!),"O","X")  ➜  X
```

#VALUE!는 숫자가 아니므로 ISNUMBER 함수는 FALSE를 반환하고, 마지막으로 IF 함수는 X를 반환합니다.

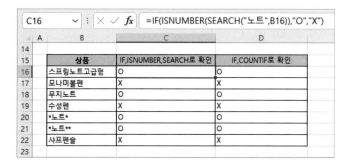

12-3 텍스트 자르기

• 실습 파일 [12장] 폴더 안에 함수별로 제공

엑셀에서 자료를 처리할 때 가끔 텍스트의 일부를 잘라내야 할 때가 있습니다. 다음과 같이 텍스트를 잘라주는 함수를 사용하면 편리하게 텍스트를 잘라낼 수 있습니다.

함수	설명
LEFT	텍스트를 왼쪽부터 글자 수만큼 자르기
MID	텍스트를 지정된 위치부터 글자 수만큼 자르기
RIGHT	텍스트를 오른쪽부터 글자 수만큼 자르기

=LEFT("서울/홍익문고",2)

서울/홍익문고

1 2 3 4 5 6 7

왼쪽부터 2자리를 잘라냄

=MID("서울/홍익문고",4,2)

서울/홍익문고

1 2 3 4 5 6 7

중간(4번째 자리)부터
2자리를 잘라냄

=RIGHT("서울/홍익문고",4)

서울/홍익문고

1 2 3 4 5 6 7

오른쪽부터 4자리를 잘라냄

 엑셀 능력자의 꿀팁 더블바이트 문자 처리 함수

LEFT, MID, RIGHT 함수의 끝에 B를 붙인 LEFTB, MIDB, RIGHTB 함수는 더블바이트 문자(한글, 일본어, 중국어 등 글자 하나가 2바이트인 문자)가 포함되어 있으면 한 글자를 바이트 단위로 인식하여 2자리로 계산해 줍니다. 이 외에는 LEFT, MID, RIGHT 함수와 사용법이 같습니다.

:: LEFT 함수 — 왼쪽부터 텍스트 자르기

함수 구문

LEFT(text, [num_chars])
LEFT(텍스트, [글자수])
텍스트를 왼쪽부터 지정된 개수만큼 잘라낸다.

• text: 잘라낼 텍스트가 포함된 전체 텍스트
• num_chars: 잘라낼 글자 수(생략 시 1로 간주되므로 한 글자만 잘라냄)

활용 1 텍스트를 왼쪽부터 지정된 개수만큼 잘라내기

=LEFT("서울 서대문구/홍익문고",2) → 서울
두 번째 인수 num_chars(잘라낼 글자 수)가 2이므로 왼쪽부터 2글자를 잘라냅니다.

=LEFT("서울 서대문구/홍익문고",7) → 서울 서대문구
두 번째 인수 num_chars가 7이므로 왼쪽부터 7글자를 잘라냅니다.

=LEFT("support@xlworks.net",7) → support
두 번째 인수 num_chars가 7이므로 왼쪽부터 7글자를 잘라냅니다.

활용 2 FIND 함수와 조합하여 /(슬래시) 위치를 기준으로 텍스트 잘라내기

먼저 / 위치를 알아야 하므로 FIND 함수를 이용하여 위치를 찾고, / 위치에서 한 칸 왼쪽까지 잘라내야 하므로 위치 값에서 1을 뺀 값을 LEFT 함수의 두 번째 인수로 넣어줍니다.

=LEFT(B13,FIND("/",B13)-1)
FIND 함수는 / 위치 8을 반환하므로 위 수식은 다음과 같습니다.

=LEFT(B13,8-1)
/가 있는 위치 바로 앞까지만 텍스트를 잘라야 하므로 1을 빼줍니다.

=LEFT(B13,7)
LEFF 함수는 [B13] 셀의 값에서 앞 7자리만 잘라서 서울 서대문구를 반환합니다.

⊿	A	B	C	D
11				
12		텍스트	결과	
13		서울 서대문구/홍익문고	서울 서대문구	=LEFT(B13,FIND("/",B13)-1)
14		support@xlworks.net	support	=LEFT(B14,FIND("@",B14)-1)
15				

:: MID 함수 — 중간부터 텍스트 자르기

MID(text, start_num, num_chars)
MID(텍스트, 시작위치, 글자수)

텍스트를 특정 위치부터 지정된 개수만큼 잘라낸다.

- text: 잘라낼 텍스트가 포함된 전체 텍스트
- start_num: 잘라낼 시작 위치
- num_chars: 잘라낼 글자 수

활용 1 텍스트를 특정 위치에서 지정된 개수만큼 잘라내기

=MID("서울/홍익문고",4,2) ➡ 홍익

두 번째 인수 4는 잘라낼 시작 위치(start_num), 세 번째 인수 2는 잘라낼 글자 수(num_chars)입니다.

중간(4번째 자리)부터
2자리를 잘라냄

=MID("help@xlworks.net",6,11) ➡ xlworks.net

6번째부터 11자리를 잘라냅니다.

활용 2 FIND 함수와 조합하여 /(슬래시) 위치를 기준으로 텍스트 잘라내기

'서울/홍익문고'에서 / 위치 기준으로 앞에 있는 텍스트를 잘라내려면, 먼저 /의 위치를 알아야 하므로 FIND 함수를 이용하여 위치를 찾고, / 위치에서 한 칸 왼쪽까지 잘라내야 하므로 위치 값에서 1을 뺀 값을 MID 함수의 세 번째 인수로 넣어줍니다.

=MID(B13,1,FIND("/",B13)-1)

FIND 함수는 / 위치 3을 반환하므로 위 수식은 다음과 같습니다.

MID(B13,1,3-1)

/가 있는 위치 바로 앞까지만 텍스트를 잘라야 하므로 1을 빼줍니다.

=MID(B13,1,2)

MID 함수는 [B13] 셀의 값에서 첫 번째부터 2자리를 잘라서 서울을 반환합니다.

	A	B	C	D
11				
12		텍스트	결과	
13		서울/홍익문고	서울	=MID(B13,1,FIND("/",B13)-1)
14		help@xlworks.net	help	=MID(B14,1,FIND("@",B14)-1)
15				

엑셀 능력자의 꿀팁 　텍스트에서 마지막 단어 잘라내기

다음과 같이 -(하이픈)으로 구분된 텍스트에서 가장 마지막에 있는 단어를 잘라내야 할 경우에 MID, FIND, SUBSTITUTE, LEN 함수를 조합하면 해결할 수 있습니다.

=MID(B5,FIND("@",SUBSTITUTE(B5,"-","@",LEN(B5)-LEN(SUBSTITUTE(B5,"-","")))+1,LEN(B5))

자세한 내용은 블로그에서 확인하세요.

	A	B	C
3			
4		하이픈으로 구분된 텍스트	결과
5		PS-30-31542-AX	AX
6		PS-30-39871-3212-KR	KR
7		PS-30-40212-XD	XD
8		PS-30-45432-NY	NY
9		PS-30-56213-8842-UK	UK
10		PS-30-53212-8878-3232-ZZ	ZZ

:: RIGHT 함수 — 오른쪽부터 텍스트 자르기

함수구문

RIGHT(text, [num_chars])
RIGHT(텍스트, [글자수])
텍스트를 오른쪽부터 지정된 개수만큼 잘라낸다.

- text: 잘라낼 텍스트가 포함된 전체 텍스트
- num_chars: 잘라낼 글자 수(생략 시 1로 간주되므로 한 글자만 잘라냄)

활용 1 　텍스트를 오른쪽부터 지정된 개수만큼 잘라내기

=RIGHT("서울/홍익문고",4) ➜ 홍익문고
두 번째 인수 num_chars(잘라낼 글자 수)가 4이므로 오른쪽부터 4글자를 잘라냅니다.

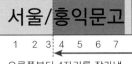

오른쪽부터 4자리를 잘라냄

=RIGHT("support@xlworks.net",11) ➜ xlworks.net
두 번째 인수 num_chars가 11이므로 왼쪽부터 11글자를 잘라냅니다.

특정 문자의 위치를 기준으로 텍스트 잘라내기

'서울서대문구/신촌홍익문고'에서 / 기준으로 뒤에 있는 텍스트를 잘라내기 위해서는 먼저 / 뒤에 있는 텍스트의 길이를 알아야 하는데, 전체 길이(LEN 함수 이용)에서 /까지의 위치(FIND 함수 이용)를 빼면 길이가 구해집니다.

이렇게 구해진 길이를 RIGHT 함수의 두 번째 인수로 넣어줍니다.

=RIGHT(B13,LEN(B13)-FIND("/",B13))

LEN 함수가 먼저 실행되어 [B13] 셀의 텍스트의 길이 13을 구하고 FIND 함수가 /의 위치 값 7을 구해주면 위 수식은 다음과 같습니다.

=RIGHT(B13,13-7)

진체 텍스트 길이 13에서 /의 위치 7을 빼주면 6이 됩니다.

=RIGHT(B13,6)

RIGHT 함수는 오른쪽에서 6글자를 잘라내어 신촌홍익문고를 구해줍니다.

	A	B	C	D
11				
12		**텍스트**	**결과**	
13		서울서대문구/신촌홍익문고	신촌홍익문고	=RIGHT(B13,LEN(B13)-FIND("/",B13))
14		support@xlworks.net	xlworks.net	=RIGHT(B14,LEN(B14)-FIND("@",B14))
15				

12-4 텍스트 합치기

• 실습 파일 [12장] 폴더 안에 함수별로 제공

다음은 텍스트를 합쳐주는 (연결) 함수들로, 기능적으로 TEXTJOIN 함수가 가장 우수하지만 엑셀 2019 이상 버전에만 사용할 수 있습니다.

함수	설명
CONCATENATE	텍스트를 하나로 합치기
CONCAT	텍스트 또는 셀 범위의 텍스트를 하나로 합치기
TEXTJOIN	구분 기호(delimiter)로 구분하여 텍스트 또는 셀 범위의 텍스트를 하나로 합치기

함수 기능 비교

함수	지원 버전	범위 합치기	구분 기호 넣기
CONCATENATE	엑셀 2003 이상	불가	불가
CONCAT	엑셀 2019 이상	가능	불가
TEXTJOIN	엑셀 2019 이상	가능	가능

∷ CONCATENATE 함수 — 텍스트 합치기

> **함수 구문**
>
> CONCATENATE(text1, [text2], …)
> CONCATENATE(텍스트1, [텍스트2], …)
> **텍스트를 하나로 합쳐준다.**
> • text1: 합칠 첫 번째 텍스트
> • text2: 합칠 두 번째 텍스트(최대 255개까지 추가할 수 있음)

CONCATENATE 함수는 이전 엑셀 버전과의 호환성을 위해 제공되므로 엑셀 2019 이상 버전 사용자라면 기능이 더 우수한 CONCAT 함수, TEXTJOIN 함수를 사용할 것을 권장합니다.

텍스트 합치기

> =CONCATENATE("홍길동","대리") ➡ 홍길동대리
> =CONCATENATE("홍길동"," ", "대리") ➡ 홍길동 대리 (중간의 공백을 포함하여 합치기)

엑셀 능력자의 꿀팁 텍스트 연결 연산자 &(앰퍼샌드)로 합치기

CONCATENATE 함수 대신 간단하게 텍스트 연결 연산자 &로 텍스트를 합칠 수도 있습니다. 기능상의 차이는 없으며, 수식 안에서 간단히 텍스트를 합쳐야 할 때는 &로 합치는 것이 더 편리합니다.

="홍길동"&"대리" ➡ 홍길동대리
="홍길동"&" "&"대리" ➡ 홍길동 대리

:: CONCAT 함수 — 셀 범위의 텍스트 합치기 [엑셀 2019 이상]

함수 구문

CONCAT(text1, [text2], …)
CONCAT(텍스트1, [텍스트2], …)

텍스트 또는 셀 범위의 텍스트를 하나로 합쳐준다.

- text1: 합칠 첫 번째 텍스트 또는 텍스트가 들어 있는 셀 범위
- text2: 합칠 두 번째 텍스트 또는 텍스트가 들어 있는 셀 범위(최대 253개까지 추가 가능)

CONCAT 함수는 여러 텍스트 또는 셀 범위의 데이터를 하나로 합쳐줍니다. 텍스트를 합칠 때 중간에 구분 기호를 넣으려면 TEXTJOIN 함수를 사용하면 됩니다.

활용 1 각각의 인수로 입력된 텍스트 합치기

> =CONCAT("딸기","배","사과") ➡ 딸기배사과
> =CONCATENATE("딸기","배","사과") ➡ 딸기배사과
> ="딸기"&"배"&"사과" ➡ 딸기배사과

> CONCAT 함수 대신 CONCATENATE 함수나 텍스트 연결 연산자 &를 사용해도 결과는 동일합니다.

범위 지정해서 합치기

CONCAT 함수의 장점은 범위로 지정된 텍스트를 합치는 기능입니다. 합칠 텍스트를 각각 인수로 입력하지 않고 한 번에 범위를 지정하여 간편하게 합칠 수 있습니다.

```
=CONCAT(B30:E30)  ➜  아름나운
=CONCAT(B32:E32)  ➜  가나라
```

	A	B	C	D	E	F
28						
29		텍스트 1	텍스트 2	텍스트 3	텍스트 4	텍스트 합치기
30		아	름	다	운	=CONCAT(B30:E30)
31		우	리	강	산	우리강산
32		가	나		라	가나라
33		서울	서대문구	신촌	홍익문고	서울서대문구신촌홍익문고

> 단, 합칠 범위에 빈 셀이 있으면 제외하며, TEXTJOIN 함수를 사용하면 빈 셀 제외 여부를 선택할 수 있습니다.

: : TEXTJOIN 함수 — 구분 기호로 구분하여 텍스트 합치기 [엑셀 2019 이상]

함수 구문

TEXTJOIN(delimiter, ignore_empty, text1, [text2], …)

TEXTJOIN(구분기호, 빈셀무시여부, 텍스트1, [텍스트2], …)

구분 기호(delimiter)로 구분하여 텍스트 또는 셀 범위의 텍스트를 하나로 합쳐준다.

- delimiter: 텍스트를 합칠 때 중간에 구분할 문자
- ignore_empty: 텍스트를 합칠 때 빈 셀 무시 여부(TRUE-빈 셀 무시(포함 안 함), FALSE-빈 셀 포함)
- text1: 합칠 첫 번째 텍스트 또는 텍스트가 들어 있는 셀 범위
- text2: 합칠 두 번째 텍스트 또는 텍스트가 들어 있는 셀 범위(최대 252개까지 추가 가능)

TEXTJOIN 함수는 구분 기호로 구분하여 여러 텍스트 또는 셀 범위의 텍스트를 하나로 합쳐줍니다. 중간에 빈 셀이 있을 때는 포함 여부를 선택할 수 있습니다.

각각의 인수로 입력된 텍스트 합치기

```
=TEXTJOIN("/",TRUE,B7,C7,D7)  ➜  사과/바나나/자몽
/로 구분하여 합치기

=TEXTJOIN(" ",TRUE,B8,C8,D8)  ➜  포도 체리 청포도
공백(" ")으로 구분하여 합치기

=TEXTJOIN(",",TRUE,B9,C9,D9)  ➜  자두,복숭아,토마토
쉼표(,)로 구분하여 합치기

=TEXTJOIN("",TRUE,B10,C10,D10)  ➜  자두복숭아토마토
빈 값("")으로 구분하여 합치기(중간에 아무런 공백 없이 합치기)
```

	A	B	C	D	E	F
5						
6		텍스트 1	텍스트 2	텍스트 3	결과	
7		사과	바나나	자몽	사과/바나나/자몽	=TEXTJOIN("/",TRUE,B7,C7,D7)
8		포도	체리	청포도	포도 체리 청포도	=TEXTJOIN(" ",TRUE,B8,C8,D8)
9		자두	복숭아	토마토	자두,복숭아,토마토	=TEXTJOIN(",",TRUE,B9,C9,D9)
10		자두	복숭아	토마토	자두복숭아토마토	=TEXTJOIN("",TRUE,B10,C10,D10)
11						

활용2 범위 지정해서 텍스트 합치기

> =TEXTJOIN("/",TRUE,B16:E16) ➡ 사과/바나나/자몽/레몬
>
> =TEXTJOIN(CHAR(10),TRUE,B17:E17)
> ➡ '포도 체리 청포도 무화과'를 텍스트별로 줄을 바꿔서 출력합니다.

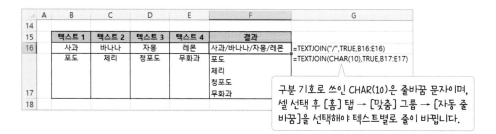

> 구분 기호로 쓰인 CHAR(10)은 줄바꿈 문자이며, 셀 선택 후 [홈] 탭 → [맞춤] 그룹 → [자동 줄바꿈]을 선택해야 텍스트별로 줄이 바뀝니다.

활용3 빈 셀 무시 여부(ignore_empty) 지정하기

합치려는 텍스트 범위에 빈 셀이 있다면 무시(포함 안 함)할 것인지 포함할 것인지 정할 수 있습니다.

> =TEXTJOIN("/",TRUE,B23:E23) ➡ 사과/바나나/자몽/레몬
>
> =TEXTJOIN("/",TRUE,B24:E24) ➡ 포도/체리/무화과
> TRUE이면 빈 셀을 포함하지 않습니다.
>
> =TEXTJOIN("/",FALSE,B25:E25) ➡ 포도/체리//무화과
> FALSE이면 빈 셀을 포함하므로 체리와 무화과 사이에 //가 표시됩니다.

	A	B	C	D	E	F	G
21							
22		텍스트 1	텍스트 2	텍스트 3	텍스트 4	결과	
23		사과	바나나	자몽	레몬	사과/바나나/자몽/레몬	=TEXTJOIN("/",TRUE,B23:E23)
24		포도	체리		무화과	포도/체리/무화과	=TEXTJOIN("/",TRUE,B24:E24)
25		포도	체리		무화과	포도/체리//무화과	=TEXTJOIN("/",FALSE,B25:E25)
26							

활용 4 구분 기호를 두 자리 이상으로 사용하기

구분 기호는 한 자리를 많이 사용하지만, 필요에 따라서 두 자리 이상으로 사용할 수도 있습니다.

```
=TEXTJOIN("##",TRUE,B30:E30) ➔ 사과##바나나##자몽##레몬
=TEXTJOIN("><",TRUE,B31:E31) ➔ 포도>체리>무화과
="<" & TEXTJOIN("><",TRUE,B32:E32) & ">" ➔ <포도><체리><무화과>
```

	A	B	C	D	E	F	G
28							
29		텍스트 1	텍스트 2	텍스트 3	텍스트 4	결과	
30		사과	바나나	자몽	레몬	사과##바나나##자몽##레몬	=TEXTJOIN("##",TRUE,B30:E30)
31		포도	체리		무화과	포도>체리>무화과	=TEXTJOIN("><",TRUE,B31:E31)
32		포도	체리		무화과	<포도><체리><무화과>	="<" & TEXTJOIN("><",TRUE,B32:E32)
33							

하면 된다! ├ TEXTJOIN 함수로 동일 고객 주문 합치기

• 실습 파일 12-4.동일고객주문합치기-실습.xlsx　• 완성 파일 12-4.동일고객주문합치기-완성.xlsx

엑셀에서 다음과 같이 고객명이 동일한 조건을 만족하는 주문상품명 텍스트를 합쳐야 할 때 TEXJOIN 함수와 배열 수식을 조합해서 많이 사용하며, FILTER, UNIQUE 함수(동적 배열 함수)를 함께 사용하면 아주 간단하게 해결할 수 있습니다.

주문 내역

고객명	주문상품	금액
정우혁	딸기	7,000
김아람	사과	5,000
정우혁	딸기	20,000
정우혁	배	12,000
김아람	배	20,000
김아람	배	15,000
김아람	사과	12,000
선우재덕	바나나	5,000
선우재덕	바나나	8,800

➡

동일 고객 주문 합치기

고객명	주문상품	금액
정우혁	딸기,배	39,000
김아람	사과,배	52,000
선우재덕	바나나	13,800

01. 먼저 고객명이 동일한 조건을 만족하는 주문상품을 합쳐보겠습니다.
[C19] 셀에 다음 수식을 입력합니다. 고객명이 동일한 주문상품명 텍스트가 하나의 셀에 합쳐집니다.

```
=TEXTJOIN(",",TRUE,FILTER($C$6:$C$14,$B$6:$B$14=B19))
```

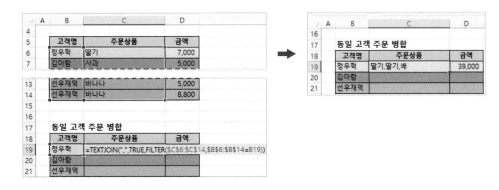

=TEXTJOIN(",",TRUE,FILTER($C$6:$C$14,$B$6:$B$14=B19))

- 텍스트를 합침
- 조건을 만족하는 데이터를 가져옴

- FILTER 함수로 조건을 만족하는(고객명이 '정우혁') 데이터를 가져옵니다.
- TEXTJOIN 함수로 주문상품명 텍스트를 합쳐줍니다.

02. 위의 경우 주문상품명이 동일하면 중복으로 표시되는 문제가 있습니다(딸기 주문이 2건이므로 딸기를 두 번 표시함). 따라서 이번에는 중복된 동일 상품을 제거한 후 동일 고객 주문을 합쳐보겠습니다. 중복을 제거해야 할 경우에는 중복을 제거해 주는 UNIQUE 함수를 추가해 주면 됩니다.

```
=TEXTJOIN(",",TRUE,UNIQUE(FILTER($C$6:$C$14,$B$6:$B$14=B19)))
```

주문상품명이 동일하면 중복이 제거되고 텍스트가 하나의 셀에 합쳐집니다.

	고객명	주문상품	금액
19	정우혁	딸기,배	39,000
20	김아람	사과,배	52,000
21	선우재덕	바나나	13,800

17 동일 고객 주문 병합

=TEXTJOIN(",",TRUE,UNIQUE(FILTER($C$6:$C$14,$B$6:$B$14=B19)))

- 텍스트를 합침
- 중복을 제거
- 조건을 만족하는 데이터를 가져옴

- FILTER 함수로 조건을 만족하는(고객명이 '정우혁') 데이터를 가져옵니다.
- UNIQUE 함수로 상품명 중복을 제거합니다.
- TEXTJOIN 함수로 주문상품명 텍스트를 합쳐줍니다.

12-5 텍스트 바꾸기

• 실습 파일 [12장] 폴더 안에 함수별로 제공

다음은 텍스트의 일부를 바꿔주는 함수입니다. 비슷한 것 같지만 바꾸는 범위와 대/소문자 구분 등이 약간씩 다르므로 기능을 정확히 이해하고 사용해야 합니다.

함수	설명
REPLACE	위치와 길이를 지정하고 텍스트 바꾸기
SUBSTITUTE	위치에 관계없이 텍스트 바꾸기(바꿀 텍스트를 찾을 때 대/소문자 구분)

:: REPLACE 함수 — 위치와 길이를 지정하고 텍스트 바꾸기

함수구문

REPLACE(old_text, start_num, num_chars, new_text)
REPLACE(전체텍스트, 시작위치, 글자수, 새텍스트)

텍스트의 일부를 지정된 길이만큼 다른 텍스트로 바꿔준다.

- old_text: 바꾸기 전 전체 텍스트
- start_num: 바꿀 텍스트의 시작 위치
- num_chars: 바꿀 텍스트의 길이(개수)
- new_text: 바꾼 후의 새 텍스트

REPLACE 함수는 텍스트의 일부를 지정된 길이만큼 다른 텍스트로 바꿔줍니다. 간단한 함수이지만 데이터의 특정 부분을 일괄 변경할 때 많이 사용합니다.

활용1 텍스트의 일부 바꾸기

=REPLACE("종로구익선동",4,2,"가회")
4번째부터 2자리 '익선'을 가회로 바꿔줍니다.

상품코드 일괄 변경하기

=REPLACE(C12,3,2,"90")
상품코드의 3번째부터 2자리의 30이 전부 90으로 변경됩니다.

	D12		:	× ✓ fx	=REPLACE(C12,3,2,"90")

	A	B	C	D
10		상품코드 일부 일괄 변경		
11		상품명	변경 전 상품코드	변경 후 상품코드
12		키보드	F-30-31530	F-90-31530
13		무선마우스	F-30-39871	F-90-39871
14		USB허브	F-30-40212	F-90-40212
15		HDMI케이블	F-30-45432	F-90-45432
16		마우스패드	F-30-53013	F-90-53013
17		외장SSD	F-30-53212	F-90-53212
18		LCD모니터	F-30-61783	F-90-61783
19				

:: SUBSTITUTE 함수 — 위치에 관계없이 텍스트 바꾸기

함수구문

SUBSTITUTE(text, old_text, new_text, [instance_num])
SUBSTITUTE(전체텍스트, 이전텍스트, 새텍스트, [바꿀순번])

텍스트의 일부를 위치에 관계없이 새로운 텍스트로 바꿔준다(바꿀 텍스트를 찾을 때 대/소문자 구분).

- text: 바꾸기 전 전체 텍스트
- old_text: 바꿀 텍스트
- new_text: 바꾼 후의 새 텍스트
- instance_num: 동일한 텍스트가 여러 개 있을 경우 몇 번째를 바꿀 것인지 지정(생략하면 일치하는 모든 텍스트가 바뀜)

SUBSTITUTE 함수는 위치에 관계없이 일치하는 텍스트를 새로운 텍스트로 바꿔줍니다. REPLACE 함수는 바꿀 위치를 정확히 지정해야 하는 경우에 사용하지만, SUBSTITUE 함수는 바꿀 위치에 상관없이 텍스트를 바꾸어야 할 때 사용합니다.

활용 1 항목을 한 번에 바꾸기

=SUBSTITUTE("책장에 있는 책을 책가방에","책","옷") ➡ 옷장에 있는 옷을 옷가방에
텍스트에서 '책'은 전부 옷으로 바꿔줍니다.

=SUBSTITUTE("책장에 있는 책을 책가방에","책","옷",2) ➡ 책장에 있는 옷을 책가방에
네 번째 인수 instance_num이 2이므로 텍스트에서 두 번째로 발견되는 것만 옷으로 바꿔줍니다.

	A	B	C	D
7		여러 개의 항목을 한 번에 바꾸기		
8		텍스트	수식	결과
9		책장에 있는 책을 책가방에	=SUBSTITUTE(B9,"책","옷")	옷장에 있는 옷을 옷가방에
10		책장에 있는 책을 책가방에	=SUBSTITUTE(B10,"책","옷",1)	옷장에 있는 책을 책가방에
11		책장에 있는 책을 책가방에	=SUBSTITUTE(B11,"책","옷",2)	책장에 있는 옷을 책가방에

활용 2 텍스트에서 하이픈 제거하기

두 번째 인수는 "-", 세 번째 인수 new_text를 ""(빈 값)으로 넣으면 -(하이픈)을 제거해 줍니다. 전화번호, 사업자번호 등에서 숫자만 추출할 때 많이 사용합니다.

> =SUBSTITUTE("010-2424-2424","-","") ➡ 01024242424
> SUBSTITUTE 함수는 결괏값을 텍스트 형식으로 반환하므로 값이 숫자로 변환되지 않고 맨 앞의 0이 유지됩니다.
>
> =SUBSTITUTE("617-81-17517","-","") ➡ 6178117517

	A	B	C	D
13		텍스트에서 하이픈 제거하기		
14		텍스트	수식	결과
15		010-2424-2424	=SUBSTITUTE(B15,"-","")	01024242424
16		02-3460-6659	=SUBSTITUTE(B16,"-","")	0234606659
17		617-81-17517	=SUBSTITUTE(B17,"-","")	6178117517

활용 3 영문자 바꾸기

SUBSTITUE 함수는 바꿀 값을 찾을 때 대/소문자를 구분합니다.

> =SUBSTITUTE("삼성전자 2TB 외장 HDD","Hdd","SSD") ➡ 삼성전자 2TB 외장 HDD
> 'HDD'를 'Hdd'로 적으면 값이 바뀌지 않습니다.
>
> =SUBSTITUTE("삼성전자 2TB 외장 HDD","HDD","SSD") ➡ 삼성전자 2TB 외장 SSD
> 정확히 'HDD'인 것을 찾아서 SSD로 바꿔줍니다.

	A	B	C	D
19		영문자 바꾸기		
20		텍스트	수식	결과
21		삼성전자 2TB 외장 HDD	=SUBSTITUTE(B21,"Hdd","SSD")	삼성전자 2TB 외장 HDD
22		삼성전자 2TB 외장 HDD	=SUBSTITUTE(B22,"HDD","SSD")	삼성전자 2TB 외장 SSD
23				

12-6 필요 없는 값 제거하기

• 실습 파일 [12장] 폴더 안에 함수별로 제공

엑셀을 사용하다 보면 다른 사람으로부터 받은 자료나 웹 페이지를 복사하여 붙여
넣은 자료에 가끔 알 수 없는 문자(동그라미, 음표, 값은 있으나 보이지 않는 문자 등)나 공백
이 포함되어 있는 경우가 있습니다. 이때는 CLEAN, TRIM 함수를 이용해서 제거
해 주면 됩니다.

함수	설명
CLEAN	인쇄할 수 없는 문자(아스키코드 0-31 범위의 문자만 해당) 제거하기
TRIM	공백(스페이스 바를 눌러서 입력하는 공백만 해당) 제거하기

:: CLEAN 함수 — 인쇄할 수 없는 문자 제거하기

CLEAN(text)
CLEAN(텍스트)
텍스트에서 인쇄할 수 없는 문자(아스키코드 0-31)를 제거한다.
  • text: 원래 텍스트

CLEAN 함수는 텍스트에 포함된 인쇄할 수 없는 문자를 제거합니다. 여기서 인쇄
할 수 없는 문자란 아스키코드 0부터 31까지의 인쇄할 수 없는 문자를 말합니다.
아스키코드 이후에 만들어진 유니코드에 포함된 인쇄할 수 없는 문자는 CLEAN 함
수로 제거할 수 없으므로 SUBSTITUTE 함수로 유니코드 값을 빈 값으로 대체하는
방법으로 해결해야 합니다.

활용1 줄 바꿈 제거하기

줄 바꿈은 아스키코드 10에 해당하므로 CLEAN 함수로 제거할 수 있습니다.

=CLEAN(B5) ➡ 아름다운우리강산

'아름다운'과 우리강산 사이에 포함된 줄 바꿈을 제거합니다.

=CLEAN(B6) ➡ 아름다운우리강산

'아름다운'과 '우리강산' 사이에 줄 바꿈이 2번 포함되어 있는데 개수에 관계없이 줄 바꿈을 제 거합니다.

	A	B	C	D
3				
4		텍스트	수식	결과
5		아름다운 우리강산	=CLEAN(B5)	아름다운우리강산
6		아름다운 우리강산	=CLEAN(B6)	아름다운우리강산
7				

활용 2 **인쇄할 수 없는 문자 제거하기**

="[" & CLEAN(B11) & "]" ➡ [24인치FHD IPS 모니터　]

'24인치'와 'FHD IPS 모니터' 사이에 포함된 인쇄할 수 없는 문자를 제거합니다. 공백은 제거 되지 않습니다.

="[" & TRIM(CLEAN(B12)) & "]" ➡ [24인치FHD IPS 모니터]

CLEAN 함수로 인쇄할 수 없는 문자를 제거하고, TRIM 함수로 공백을 제거합니다.

	A	B	C	D
9				
10		텍스트	수식	결과
11		24인치ꞏꞏFHD IPS 모니터	="[" & CLEAN(B11) & "]"	[24인치FHD IPS 모니터　]
12		24인치ꞏꞏFHD IPS 모니터	="[" & TRIM(CLEAN(B12)) & "]"	[24인치FHD IPS 모니터]
13				

[D11] 셀의 텍스트 끝에 공백이 3칸 포함되어 있습니다. 텍스트 의 시작과 끝 위치를 확인하기 위해 [ ]를 텍스트 앞뒤에 붙였 습니다.

:: TRIM 함수 — 공백 제거하기

함수구문

TRIM(text)

TRIM(텍스트)

텍스트 앞뒤 공백은 모두 제거하고 단어 사이의 공백은 하나만 남기고 제거한다.

- text: 원래 텍스트

TRIM 함수는 텍스트에 포함된 공백을 제거합니다. 텍스트 앞뒤 공백은 모두 제거하고, 단어 사이에 공백이 여러 개라면 하나만 남기고 모두 제거해 줍니다.

TRIM 함수는 키보드에서 스페이스 바를 눌러서 입력하는 공백(아스키코드 32에 해당)만 제거해 줍니다. 이 외의 웹에서 사용되는 줄 바꿈 없는 공백(Non-Breaking SPace, NBSP) 등은 제거할 수 없으므로 SUBSTITUTE 함수로 유니코드 값을 빈 값으로 대체하는 방법으로 해결해야 합니다.

활용 텍스트에 포함된 공백 제거하기

="[" & TRIM(B5) & "]" → [Hello, Everyone!]
텍스트 앞뒤에 있는 공백을 모두 제거합니다.

="[" & TRIM(B6) & "]" → [Hello, Everyone!]
단어 사이의 공백은 하나만 남기고 제거합니다.

="[" & TRIM(B7) & "]" → [안녕하세요. 만나서 반갑습니다.]
텍스트 앞뒤에 있는 공백을 모두 제거합니다.

="[" & TRIM(B8) & "]" → [안녕하세요. 만나서 반갑습니다.]
단어 사이의 공백은 하나만 남기고 제거합니다.

="[" & TRIM(CLEAN(B9)) & "]" → [4포트USB 3.0]
CLEAN 함수로 인쇄할 수 없는 문자를 제거한 후, TRIM 함수로 공백을 제거합니다.

	A	B	C	D
3				
4		텍스트	수식	결과
5		Hello, Everyone!	="[" & TRIM(B5) & "]"	[Hello, Everyone!]
6		Hello, Everyone!	="[" & TRIM(B6) & "]"	[Hello, Everyone!]
7		안녕하세요. 만나서 반갑습니다.	="[" & TRIM(B7) & "]"	[안녕하세요. 만나서 반갑습니다.]
8		안녕하세요. 만나서 반갑습니다.	="[" & TRIM(B8) & "]"	[안녕하세요. 만나서 반갑습니다.]
9		4포트¶USB 3.0	="[" & TRIM(CLEAN(B9)) & "]"	[4포트USB 3.0]
10				

TRIM 함수로 공백을 제거한 후 텍스트의 시작과 끝 위치를 확인하기 위해 [ ]를 텍스트 앞뒤에 붙였습니다.

하면 된다! ⎬ 인터넷에서 딸려온 웹 공백(NBSP) 제거하기

TRIM-함수사용법.xlsx

다른 자료를 복사하거나 인터넷에서 있는 내용을 복사해 넣으면 TRIM, CLEAN 함수로는 공백을 제거할 수 없는 경우가 있습니다. 키보드의 스페이스 바로 입력된 공백이 아니라 웹 페이지에서 공백을 넣는 문자라서 TRIM, CLEAN 함수로는 제거할수 없으며, 이 경우 다음과 같이 해결해야 합니다.

01. 위 자료의 [B18] 셀에는 웹 페이지의 값을 복사해서 붙여넣은 값 '서대문구 신촌 홍익문고' 앞에 공백이 두 칸 입력되어 있습니다.

먼저 다음과 같이 TRIM 함수식으로 공백을 제거해 보겠습니다.

> **수식 풀이** ="[" & TRIM(B18) & "]" ➜ [서대문구 신촌 홍익문고]
> 공백이 제거되지 않습니다.

02. 인쇄할 수 없는 문자를 제거해 주는 CLEAN 함수로 공백을 제거해 보겠습니다.

> **수식 풀이** ="[" & CLEAN(B19) & "]" ➜ [서대문구 신촌 홍익문고]
> 여전히 공백이 남아 있습니다. TRIM, CLEAN 함수로 제거가 되지 않는 공백은 ANSI/ASCII 코드 영역의 값이 아니라는 뜻입니다. 이 경우 유니코드를 확인해 보아야 합니다.

03. 텍스트의 앞부분을 LEFT 함수로 잘라서 UNICODE 함수로 유니코드 값을 확인해 보면 160입니다. 160은 웹에서 공백을 처리할 때 사용하는 NBSP에 해당하는 값입니다.

> **수식 풀이** =UNICODE(LEFT(B20,1)) ➜ 160

04. SUBSTITUTE 함수와 UNICHAR 함수를 조합하여 공백을 제거합니다.

> **수식 풀이** ="[" & SUBSTITUTE(B21,UNICHAR(160),"") & "]" ➜ [서대문구 신촌 홍익문고]

12-7 숫자, 날짜에 텍스트 포맷 지정하기

• 실습 파일 [12장] 폴더 안에 함수별로 제공

TEXT 함수는 숫자나 날짜를 원하는 형태의 텍스트로 바꾸어서 표시해 줍니다. 예를 들어 숫자 50000을 50,000으로 표시하려면 셀 서식을 지정해도 되지만 TEXT 함수를 이용해서 표시할 수 있습니다.

:: TEXT 함수 — 숫자, 날짜를 텍스트로 표시

함수구문

TEXT(value, format_text)
TEXT(값, 텍스트형식)

숫자(날짜 포함, 엑셀에서 날짜는 숫자로 저장됨)를 원하는 형태의 텍스트로 바꾸어서 표시한다.

- value: 텍스트로 바꿀 값(서식 코드를 적용할 값)
- format_text: 적용할 텍스트 형식(서식 코드)

TEXT 함수는 서식 코드를 지정하여 텍스트의 표시 형식을 결정합니다. 동일한 입력 값이라도 서식 코드에 따라 표시 형식이 달라집니다. TEXT 함수에서 사용하는 서식 코드는 셀 서식을 지정할 때 사용하는 서식 코드와 기능이 동일합니다.

> 셀 서식에서는 색상 표시, 출력된 숫자의 좌/우 정렬, 문자 반복 등이 가능하지만, TEXT 함수에서는 가능하지 않습니다.

활용 1 숫자 표시

```
=TEXT(B6,"#,##0")  ➡  10,000
=TEXT(B7,"#,##0")  ➡  0
천 단위 콤마 표시. #은 유효한 숫자를 표시하며, 0은 입력 값이 0이면 0으로 표시합니다.

=TEXT(B8,"#,###")  ➡  10,000
#은 유효한 숫자만 표시하며, 콤마(,)는 천 단위마다 콤마를 넣어줍니다.

=TEXT(B9,"#,###")  ➡  결과 표시 없음
#은 유효한 숫자만 표시하므로 값이 0이면 아무런 표시를 하지 않습니다.
```

=TEXT(B10,"000,000") ➡ 010,000

0 표시는 입력 값이 서식 코드보다 짧으면 나머지를 0으로 채웁니다.

=TEXT(B11,"#,###,") ➡ 5,000

서식 코드의 마지막에 콤마를 붙이면 1000으로 나누어서 표시합니다.

=TEXT(B12,"#,###,,") ➡ 5

서식 코드의 마지막에 콤마를 두 번 붙이면 1000으로 나누고 1000으로 한 번 더 나눈 것으로
표시합니다. 따라서 5000000은 5로 표시합니다.

D6		⋮	✕ ✓ fx	=TEXT(B6,"#,##0")	
	A	B	C	D	
4					
5		값	수식	적용결과	
6		10000	=TEXT(B6,"#,##0")	10,000	
7		0	=TEXT(B7,"#,##0")	0	
8		10000	=TEXT(B8,"#,###")	10,000	
9		0	=TEXT(B9,"#,###")		
10		10000	=TEXT(B10,"000,000")	010,000	
11		5000000	=TEXT(B11,"#,###,")	5,000	
12		5000000	=TEXT(B12,"#,###,,")	5	
13					

활용 2 **날짜 및 시간 표시**

날짜 및 시간을 표시할 때 사용하는 서식 코드는 다음과 같습니다. 보통 다른 코드
값과 조합하여 사용합니다.

=TEXT(B17,"yyyy-mm-dd") ➡ 2022-06-12

=TEXT(B18,"hh:mm AM/PM") ➡ 09:05 AM

=TEXT(B19,"yyyy-mm-dd hh:mm AM/PM") ➡ 2022-07-01 03:52 PM

=TEXT(B20,"[$-ko-KR]yyyy-mm-dd AM/PM hh:mm") ➡ 2022-07-01 오후 03:52

- y, m, d: 연, 월, 일 표시
- a: 요일 표시
- h: 시간 표시
- m: 분 표시(h(시간) 또는 s(초)와 함께 사용해야 분으로 표시, 단독으로 사용 시 월로 표시됨)
- s: 초 표시
- AM/PM, A/P: 오전/오후 표시

| D17 | | f_x | =TEXT(B17,"yyyy-mm-dd") |

	A	B	C	D
15				
16		값	수식	적용결과
17		06월 12일	=TEXT(B17,"yyyy-mm-dd")	2022-06-12
18		오전 9:05:07	=TEXT(B18,"hh:mm AM/PM")	09:05 AM
19		2022-07-01 15:52	=TEXT(B19,"yyyy-mm-dd hh:mm AM/PM")	2022-07-01 03:52 PM
20		2022-07-01 15:52	=TEXT(B20,"[$-ko-KR]yyyy-mm-dd AM/PM hh:mm")	2022-07-01 오후 03:52
21				

활용 3 **분수 표시**

분수로 표시할 때 입력 값이 정확히 분수로 맞아 떨어지지 않으면 가장 가까운 자리
의 분수 값으로 반올림된다는 점을 주의해야 합니다. 예를 들어 입력 값 0.33을 한
자릿수 분모로 표현하면 1/3이 됩니다.

=TEXT(B25,"# ?/?") ➔ 1/2 (한 자릿수 분모)

=TEXT(B26,"# ?/?") ➔ 4 1/5 (한 자릿수 분모)

=TEXT(B27,"# ??/??") ➔ 3/10 (두 자릿수 분모)

=TEXT(B28,"# ???/???") ➔ 3 16/113 (세 자릿수 분모)

| D25 | | f_x | =TEXT(B25,"# ?/?") |

	A	B	C	D
23				
24		값	수식	적용결과
25		0.5	=TEXT(B25,"# ?/?")	1/2
26		4.2	=TEXT(B26,"# ?/?")	4 1/5
27		0.3	=TEXT(B27,"# ??/??")	3/10
28		3.14159	=TEXT(B28,"# ???/???")	3 16/113
29				

활용 4 **기타 표시**

=TEXT(B33,"[<=999999]####-####;(0##) ####-####") ➔ (031) 3535-2323 (전화번호)

=TEXT(B35,"000000-0000000") ➔ 990501-1231346 (주민등록번호)

=TEXT(B36,"[DBNum4][$-ko-KR]G/표준") ➔ 삼천오백 (숫자 한글)

=TEXT(B37,"[DBNum1][$-ko-KR]G/표준") ➔ 三千五百 (한자)

=TEXT(B38,"[DBNum2][$-ko-KR]G/표준") ➔ 參阡伍百 (한자-갖은자)

갖은자는 돈의 액수를 표시할 때 쉽게
고치지 못하도록 획수를 추가하여 복
잡하게 만든 한자를 말합니다.

	값	수식	적용결과
33	3135352323	=TEXT(B33,"[<=999999]####-####;(0##) ####-####")	(031) 3535-2323
34	315352323	=TEXT(B34,"[<=9999999]###-####;(0##) ###-####")	(031) 535-2323
35	9905011231346	=TEXT(B35,"000000-0000000")	990501-1231346
36	3500	=TEXT(B36,"[DBNum4][$-ko-KR]G/표준")	삼천오백
37	3500	=TEXT(B37,"[DBNum1][$-ko-KR]G/표준")	三千五百
38	3500	=TEXT(B38,"[DBNum2][$-ko-KR]G/표준")	參仟伍百

활용 5 **서식 코드에 사용되는 문자**

다음은 서식 코드에 사용되는 문자입니다. 이 문자를 조합하면 다양한 형태로 숫자를 표시할 수 있습니다.

문자	의미
#	숫자 하나 또는 여러 개를 의미합니다. 유효 자릿수만 표시합니다. (#으로 표시한 서식의 길이보다 입력한 값이 짧은 경우에는 값의 길이만큼 표시됨)
0	숫자 하나를 의미합니다. 0으로 표시한 서식의 길이보다 입력한 값이 짧은 경우 나머지는 0으로 채웁니다.
?	숫자 하나를 의미합니다. ?로 표시한 서식의 길이보다 입력한 값이 짧으면 나머지는 공백으로 채웁니다. 소수점을 고정된 위치에 표시할 때 사용할 수 있습니다.
,	천 단위 표시용 쉼표(콤마)
_(밑줄)	숫자에서 공백을 표시할 때 사용합니다. 밑줄 다음의 문자와 같은 너비의 공백을 만들 때 사용합니다(예: "_)"을 입력하면 ")"의 문자 크기만큼 공백이 생김).
@	문자를 그대로 출력합니다. @을 2번 반복하면 입력된 문자를 2번 반복해서 출력합니다.
*	* 뒤의 문자를 셀 너비에 맞게 반복합니다.

12-8 텍스트 비교, 반복하기

• 실습 파일 [12장] 폴더 안에 함수별로 제공

함수	설명
EXACT	두 텍스트가 같은지 비교하기(대/소문자 구분하여 비교)
REPT	텍스트를 반복해서 표시하기
CHAR	코드 값에 해당하는 문자 반환하기

:: EXACT 함수 ─ 두 텍스트가 같은지 비교하기

EXACT(text1, text2)
EXACT(텍스트1, 텍스트2)
두 텍스트가 같은지 대/소문자를 구분하여 비교하고, 같으면 TRUE, 다르면 FALSE를 반환한다.
  • text1: 비교할 첫 번째 텍스트
  • text2: 비교할 두 번째 텍스트

엑셀에서 두 텍스트가 같은지 비교할 때 IF 함수를 많이 사용하는데, IF 함수는 한글은 문제가 없지만 영어는 대/소문자 구분이 안 되는 문제점이 있습니다. 이 경우 EXACT 함수를 이용하면 대/소문자를 구분하여 같은지 비교할 수 있습니다.

활용 1 **두 텍스트가 같은지 비교하기**
두 텍스트가 같으면 TRUE, 다르면 FALSE가 반환됩니다. EXACT 함수는 영어의 대/소문자를 구분하므로 Smith와 SMITH가 다른 것으로 판단합니다.

```
=EXACT("Smith","Smith")  ➜  TRUE

=EXACT("Smith","SMITH")  ➜  FALSE
```

텍스트, 숫자, 날짜가 같은지 비교하기

두 텍스트가 같으면 TRUE, 다르면 FALSE가 반환됩니다.

- 영어의 경우 대/소문자를 구분하므로 'John'과 'JOHN'을 비교하면 FALSE가 반환됩니다.
- '홍길동'과 '홍 길동'을 비교하면 뒤의 텍스트는 '홍' 다음에 공백이 한 칸 있어서 다르므로 FALSE가 반환됩니다.
- 숫자 '35000'과 '35,000'을 비교하면 TRUE가 반환됩니다. 엑셀 내부적으로 저장된 값은 동일하고 표시하는 형식만 다를 뿐이므로 같은 것으로 판단합니다.
- 날짜 '2019-10-31'과 '2019/10/31'을 비교하면 TRUE가 반환됩니다. 날짜도 숫자와 마찬가지로 저장된 값은 동일하고 표시하는 형식만 다릅니다.

	텍스트1	텍스트2	수식	결과
	John	JOHN	=EXACT(B6,C6)	FALSE
	Elsa	ELSA	=EXACT(B7,C7)	FALSE
	Elsa	Elsa	=EXACT(B8,C8)	TRUE
	홍길동	홍길동	=EXACT(B9,C9)	TRUE
	홍길동	홍 길동	=EXACT(B10,C10)	FALSE
	2022-10-31	2022/10/31	=EXACT(B11,C11)	TRUE
	35000	35,000	=EXACT(B12,C12)	TRUE

하면 된다! } EXACT 함수로 대/소문자 구분해서 찾기

- 실습 파일 12-8.대소문자구분해서-찾기-실습.xlsx   • 완성 파일 12-8.대소문자구분해서-찾기-완성.xlsx

다음과 같이 컴퓨터 부품코드를 대/소문자를 구분하여 관리한다고 가정할 때 부품코드에 해당하는 부품명을 찾아보겠습니다.

	컴퓨터 부품코드 정보(대소문자 구분하여 부품코드 관리)			
	부품코드	종류	부품명	단가
	KA762X	CPU	인텔 코어i5-12세대	230,000
	KU342T	CPU	인텔 코어i5-11세대	213,000
	XD389B	CPU	인텔 코어i9-12세대	670,000
	XD389b	CPU	AMD 라이젠5-4세대	337,000
	KU342t	메모리	DDR4-3200 32GB	160,000
	PZ987A	메모리	DDR5-4800	320,000
	PZ987a	메모리	DDR5-9000	420,000

> 사실 부품코드를 대/소문자로 구분해서 관리하는 방법은 업무 진행 시 상당히 혼란스러울 수 있기 때문에 자주 사용되지는 않습니다.

01. VLOOKUP 함수로 찾기(대/소문자 구분 안 함)

부품코드 'XD389b'에 해당하는 부품명을 찾기 위해 다음 수식을 입력합니다.

```
=VLOOKUP("XD389b",B6:E12,3,FALSE)
```

잘못된 결과인 인텔 코어i9-12세대가 나옵니다. 9행의 'XD389b'에 해당하는 'AMD 라이젠5-4세대'를 찾아야 하는데 VLOOKUP 함수는 대/소문자를 구분하지 않으므로 부품명을 잘못 찾습니다.

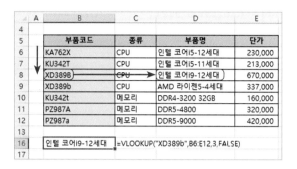

02. INDEX, MATCH, EXACT 함수로 찾기

이번에는 INDEX, MATCH 함수와 대/소문자를 구분해 주는 EXACT 함수를 이용하여 배열 수식으로 찾아보겠습니다. [B21] 셀에 다음 수식을 입력한 후 배열 수식이므로 Enter 대신에 Ctrl + Shift + Enter 를 누릅니다. 9행에 있는 부품명 AMD 라이젠5-4세대를 제대로 찾았습니다.

=INDEX(D6:D12, MATCH(TRUE,EXACT(B6:B12,"XD389b"),0))

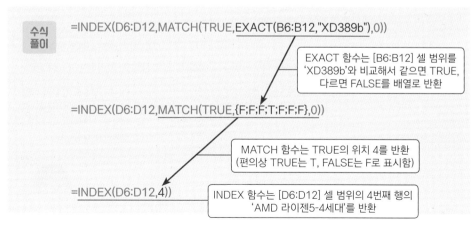

위 수식에서 EXACT 함수 부분을 좀 더 살펴보면, EXACT 함수는 2개의 값을 비교하여 같으면 TRUE, 다르면 FALSE를 반환해주므로 오른쪽과 같은 배열을 반환합니다.

=EXACT(B6:B12,"XD389b")

부품코드		배열	
KA762X		FALSE	1
KU342T		FALSE	2
XD389B	➡	FALSE	3
XD389b		TRUE	4
KU342t		FALSE	5
PZ987A		FALSE	6
PZ987a		FALSE	7

03. XMATCH, EXACT 함수를 조합하여 찾기

이번에는 엑셀 2021 이상 버전부터 사용할 수 있는 XMATCH 함수를 이용하여 찾아보겠습니다.

[B26] 셀에 다음 수식을 입력합니다. XLOOUP 함수를 이용한 수식도 9행에 있는 부품명 AMD 라이젠5-4세대를 제대로 찾아줍니다.

=XLOOKUP(TRUE,EXACT(B6:B12,"XD389b"),D6:D12)

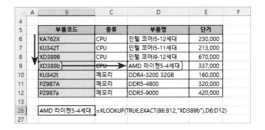

수식 풀이

=XLOOKUP(TRUE,EXACT(B6:B12,"XD389b"),D6:D12)

수식에서 EXACT 함수는 [B6:B12] 셀 범위를 'XD389b'와 비교해서 같으면 TRUE, 다르면 FALSE를 배열로 반환하므로 수식은 다음과 같이 바뀝니다.

=XLOOKUP(TRUE,{F;F;F;T;F;F;F},D6:D12) ➡ AMD 라이젠5-4세대

XLOOKUP 함수는 배열에서 TRUE의 위치 4를 찾고 부품명이 입력된 [D6:D12] 셀 범위 4번째 행의 AMD 라이젠5-4세대를 반환합니다.

> EXACT 함수의 결과가 배열이지만 엑셀 2021 이상 버전부터는 동적 배열을 지원하므로 배열 수식은 필요하지 않습니다.

:: REPT 함수 — 텍스트를 반복해서 표시하기

<table>
<tr><td>함
수
구
문</td><td>REPT(text, number_times)
REPT(텍스트, 반복횟수)
텍스트를 지정된 횟수만큼 반복해서 표시한다.
• text: 반복할 텍스트
• number_times: 반복할 횟수</td></tr>
</table>

활용 1 텍스트를 지정된 횟수만큼 반복하기

A를 5번 반복하기

=REPT("A",5) ➡ AAAAA

여러 문자 반복하기

=REPT("ABC",5) ➡ ABCABCABCABCABC

텍스트, 특수문자 반복하기

=REPT(B5,10) ➡ **********

▲	A	B	C	D
3				
4		텍스트	수식	결과
5		*	=REPT(B5,10)	**********
6		ab	=REPT(B6,3)	ababab
7		|	=REPT(B7,20)	||||||||||||||||||||
8		▶	=REPT(B8,3)	▶▶▶
9				

활용 2 판매실적 차트 만들기

REPT 함수를 이용하여 다음과 같이 간단하게 판매실적 차트를 만들 수 있습니다.

=REPT("\|",C13)

▲	A	B	C	D
11				
12		판매일	판매수량	차트
13		2022-04-01	32	||||||||||||||||||||||||||||||||
14		2022-04-02	22	||||||||||||||||||||||
15		2022-04-03	25	|||||||||||||||||||||||||
16		2022-04-04	47	|||||||||||||||||||||||||||||||||||||||||||||||
17		2022-04-05	40	||||||||||||||||||||||||||||||||||||||||
18		2022-04-06	55	||||||||||||||||||||||||||||||||||||||||||||||||||||||||
19		2022-04-07	33	|||||||||||||||||||||||||||||||||
20		2022-04-08	42	|||||||||||||||||||||||||||||||||||||||||

:: CHAR 함수 — 코드 값에 해당하는 문자 반환하기

CHAR(number)

CHAR(숫자)

입력된 숫자 코드 값에 해당하는 문자를 구해준다.

- number: 원하는 문자에 해당하는 숫자(1~255 사이의 숫자)이며, Windows O/S는 ANSI/ASCII 코드 값, Mac O/S는 Macintosh 문자 집합의 코드 값

엑셀의 CHAR 함수는 입력된 숫자 코드 값에 해당하는 문자를 구해줍니다. CHAR 함수는 많이 사용되지 않지만 강제로 줄 바꿈 등을 할 때 유용하게 사용할 수 있습니다.

활용 1 코드 값에 해당하는 문자 구하기

활용 2 셀 값을 합칠 때 줄 바꿈 하기

셀에 각각 입력된 값을 합칠 때 CHAR 함수를 사용하여 줄 바꿈을 할 수 있습니다. [E14] 셀에 다음 수식을 입력합니다.

=B14 & CHAR(10) & C14 & CHAR(10) & D14

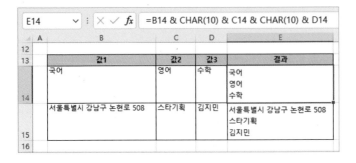

CHAR(10)에서 숫자 10은 줄 바꿈에 해당하
는 값입니다. [홈] 탭 → [맞춤] 그룹 → [자동
줄 바꿈]을 선택해야 줄바꿈이 표시됩니다.

줄 바꿈 제거하기

CHAR 함수로 줄 바꿈을 할 수도 있지만, 반대로 CHAR 함수와 SUBSTITUTE 함
수(텍스트의 일부를 새로운 텍스트로 바꿔줌)를 결합하면 줄 바꿈을 제거할 수 있습니다.
[C20] 셀에 다음 수식을 입력합니다.

```
=SUBSTITUTE(B20,CHAR(10)," ")
```

CHAR(10)에서 숫자 10은 줄 바꿈에 해당하는 값입니다. 이 수식은 줄 바꿈을 찾
아서 공백 한 칸으로 바꾸라는 의미입니다.
CLEAN 함수로 줄 바꿈을 제거할 수 있습니다. 단, 줄 바꿈을 제거한 자리를 공백
으로 대체하지는 않았으므로 텍스트 사이에 공백이 없는 차이가 있습니다.

```
=CLEAN(B21)
```

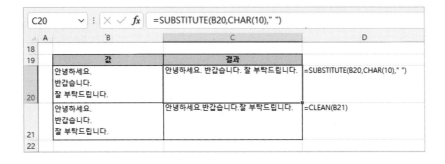

12-9 텍스트 처리 관련 나머지 함수

• 실습 파일 [12장] 폴더 안에 함수별로 제공

모든 함수를 상세히 설명할 수 없기 때문에 다음 함수들은 간단히 요약해서 설명합니다. 자세한 내용은 저자 블로그를 참고하세요.

함수	기능	QR코드
UPPER (text) UPPER (대문자로 바꿀 텍스트)	텍스트를 대문자로 바꿉니다. =UPPER("good morning") ➞ GOOD MORNING =UPPER("Hdmi 케이블") ➞ HDMI 케이블 다음과 같이 소문자가 섞여 있는 [C] 열의 상품코드를 모두 대문자로 바꿀 때 UPPER 함수를 사용합니다. D12 ✓ : × ✓ fx =UPPER(C12) A B C D E 10 11 상품명 상품코드 대문자로 바꾸기 12 키보드 f-a0-31542 F-A0-31542 =UPPER(C12) 13 무선마우스 F-30-39871 F-30-39871 =UPPER(C13) 14 USB허브 u-zb-40212 U-ZB-40212 =UPPER(C14) 15 HDMI케이블 F-3p-45432 F-3P-45432 =UPPER(C15) 16 마우스패드 c-30-56213 C-30-56213 =UPPER(C16)	
LOWER (text) LOWER (소문자로 바꿀 텍스트)	텍스트를 소문자로 바꿉니다. =LOWER("OH MY GOD!") ➞ oh my god! =LOWER("오 필승 KOREA") ➞ 오 필승 korea	
PROPER (text) PROPER (바꿀 텍스트)	영어 단어의 첫 글자를 대문자로 바꿉니다. 영어 단어뿐만 아니라 알파벳으로 되어 있는 모든 텍스트는 단어 단위로 첫 글자를 대문자로 바꿉니다. =PROPER(good morning!") ➞ Good Morning! =PROPER(123street") ➞ 123Street =PROPER(357abm-cbf-45432") ➞ 357Abm-Cbf-45432 영어 단어가 아니어도 단어 단위로 첫 글자를 대문자로 바꿉니다. =PROPER(안녕koREA") ➞ 안녕korea 단어 중에 알파벳이 아닌 한글이 앞에 있으면 알파벳의 첫 글자는 대문자로 바꾸지 못하고 나머지만 소문자로 바꿉니다.	

VALUE (text) VALUE (변환할 텍스트)	텍스트 형식으로 저장된 값을 숫자로 변환합니다. =VALUE("150") ➔ 150 텍스트를 숫자로 변환합니다. =VALUE(" 150") ➔ 150 앞에 공백이 포함되어 있어도 숫자로 변환합니다. =VALUE("150개") ➔ #VALUE! 숫자로 변환할 수 없는 값이 포함되어 있으므로 오류가 발생합니다. 다음과 같이 텍스트 형식으로 저장된 값을 숫자로 변환할 때 VALUE 함수를 사용합니다. 	

| NUMBERVALUE
(text,
[decimal_separator],
[group_separator])

NUMBERVALUE
(텍스트,
[소수점 기호],
[천 단위 기호])

[엑셀 2013 이상] | 지역 설정에 영향을 받지 않고 텍스트를 숫자로 변환합니다. 국가나 지역마다 천 단위와 소수점을 표기하는 방식이 다르므로 지역에 관계없이 표준적인 방법으로 숫자를 다루기 위해 사용합니다.

=NUMBERVALUE("3.499,00",",",".") ➔ 3499
=NUMBERVALUE("3,499.00",".",",") ➔ 3499
=NUMBERVALUE("3#499@00","@","#") ➔ 3499

프랑스식(프랑스, 독일 등 대부분의 유럽 국가에서 사용)으로 표시된 텍스트를 숫자로 변환하기

영국식(우리나라, 미국, 캐나다 등에서 사용)으로 표시된 텍스트를 숫자로 변환하기 | |

CODE (text) CODE (텍스트)	문자의 코드 값을 구해줍니다. 코드 값은 사용하는 컴퓨터의 O/S에 따라 달라질 수 있습니다. Windows를 사용하면 입력된 문자의 ANSI/ASCII 코드 값을 구해주고, Mac을 사용하면 Macintosh 문자 집합의 코드 값을 구해줍니다. =CODE("A") ➜ 65 =CODE("Apple") ➜ 65 여러 문자를 입력하면 첫 글자에 해당하는 코드를 반환합니다.	
UNICODE (text) UNICODE (텍스트) [엑셀 2013 이상]	문자의 유니코드 값을 구해줍니다. =UNICODE("A") ➜ 65 =UNICODE("Apple") ➜ 65 문자열을 입력하면 첫 글자에 해당하는 유니코드 값을 반환합니다. =UNICODE("가") ➜ 44032	
UNICHAR (number) UNICHAR (유니코드 값) [엑셀 2013 이상]	입력된 숫자 코드 값에 해당하는 유니코드 문자를 구해줍니다. UNICHAR 함수는 자주 사용되지는 않지만 TRIM, CLEAN 함수 등으로 제거가 안 되는 문자를 SUBSTITUTE 함수와 결합하여 제거할 때 유용하게 사용할 수 있습니다. =UNICHAR(65) ➜ A =UNICHAR(66) ➜ B =UNICHAR(44032) ➜ 가	

넷째
마당

엑셀 고급 사용자로!
배열 수식과 파워 쿼리

배열 수식은 복잡한 계산을 간편하게 처리할 수 있고,
파워 쿼리는 다양한 데이터 소스에서 원하는 정보를
추출해 정제하고 분석하는 데 유용합니다.
이러한 기능을 잘 활용하면 엑셀에서
데이터 분석에 대한 역량을 크게 향상시킬 수 있습니다.

13 ● 배열 수식

14 ● 파워 쿼리

13

배열 수식

'배열'이라는 용어는 글자만 봐도 어렵게 느껴집니다. 배열은 프로그래밍 언어에서 자료를 순차로 저장하는 구조라고 할 수 있습니다. 이 배열 개념을 이용하는 수식이라니 어려운 게 당연합니다.

배열 수식은 복잡한 문제를 짧고 간단하게 해결할 수 있게 하지만 이해하기가 쉽지 않고 까다로우므로 꼭 필요할 때에만 사용하는 것이 좋습니다. 엑셀 2021 이상 버전부터는 동적 배열 수식을 지원하므로 이전보다 사용하기가 편해졌지만 근본 개념은 변하지 않았습니다.

13장에서는 배열 수식을 간단하게 살펴보고 실습을 통해 익혀보겠습니다.

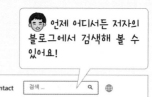

언제 어디서든 저자의 블로그에서 검색해 볼 수 있어요!

XLWorks 엑셀웍스	강좌 함수 엑셀 프로그램 엑셀간트 Contact	검색... 🔍 🌐

13-1 엑셀 배열 수식 이해하기

13-2 엑셀의 새로운 기능, 동적 배열 수식

13-1 엑셀 배열 수식 이해하기

• 실습 파일 13-1.배열수식-이해하기-실습.xlsx • 완성 파일 13-1.배열수식-이해하기-완성.xlsx

이번 절에서는 엑셀의 배열 수식에 대해 알아보겠습니다. 배열 수식을 사용하면 복잡한 문제를 짧은 수식으로 해결할 수도 있고 여러 방면으로 쓸모가 있습니다. 하지만 이해하기가 쉽지 않고 사용하기도 까다로우므로 꼭 필요한 경우에만 사용하는 것이 좋습니다.

배열이란?

배열 수식에 대해 살펴보기 전에 먼저 '배열'이 무엇인지 알아보겠습니다.
프로그래밍 언어에서 많이 사용되고 있는 배열은 자료를 순차적으로 저장하기 위한 구조라고 생각하면 되는데, 엑셀에서는 다음과 같이 구성됩니다.

1차원 배열 — 한 개의 행 또는 열로 구성
가로로 된 숫자 배열입니다. 엑셀에서는 수식 {55,23,60,89,12}로 표현합니다.

55	23	60	89	12

세로로 된 배열입니다. 엑셀에서는 수식 {55;23;60;89;12}로 표현합니다.

55
23
60
89
12

이와 같이 가로로 된 배열은 값 사이를 쉼표(,)로 구분하고, 세로 배열은 세미콜론(;)으로 구분합니다.

텍스트로 구성할 수도 있습니다. 수식 {"국어","영어","수학","과학","역사"}로 표현합니다.

국어	영어	수학	과학	역사

2차원 배열 — 행과 열로 구성

2차원 배열의 다음 예시는 수식 {55,23,60,89;30,14, 75,88;55,20,32,65}로 표현합니다.

열의 값은 값 사이를 쉼표(,)로 구분하고, 행은 세미콜론 (;)으로 구분합니다.

55	23	60	89
30	14	75	88
55	20	32	65

하면 된다! } 배열 수식을 이용하여 합계 구하기

[합계구하기] 시트

상품의 단가와 판매수량이 있는 표에서 배열 수식을 이용하지 않고 전체 합계를 구할 경우, 단가에 판매수량을 곱하여 판매금액을 구한 후 SUM 함수로 판매금액 합계를 구합니다.

판매금액: =C5*D5

판매금액 합계: =SUM(E5:E7)

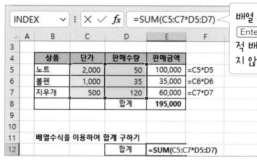

이번에는 배열 수식을 이용하여 표에서 합계를 한 번에 구해보겠습니다.

01. [E12] 셀에 수식 =SUM(C5:C7*D5:D7)을 입력하고 Ctrl + Shift + Enter 를 누릅니다. 배열 수식이 정상적으로 입력되었다면 합계 195,000원이 반환됩니다.

배열 수식을 입력할 때는 수식 입력 후 Ctrl + Shift + Enter 를 눌러야 합니다. 단, 엑셀 2021 이상 버전은 동적 배열을 지원하므로 Ctrl + Shift + Enter 를 누르지 않고 Enter 만 눌러도 됩니다

개념 이해를 돕기 위해 단순하게 만들었습니다. 이 예제를 이해하고 나면 실무에서 사용하는 복잡한 배열 수식을 이해하는 데 도움이 되므로 잘 익혀두세요.

02. [E12] 셀을 선택하고 수식 입력줄을 확인해 보면 수식 =SUM(C5:C7*D5:D7) 양쪽에 중괄호({})가 붙어 있습니다. 배열 수식이 입력되었다는 뜻입니다.

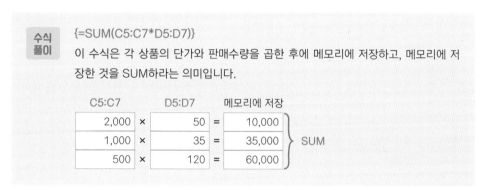

> **수식 풀이**
>
> {=SUM(C5:C7*D5:D7)}
>
> 이 수식은 각 상품의 단가와 판매수량을 곱한 후에 메모리에 저장하고, 메모리에 저장한 것을 SUM하라는 의미입니다.
>
> | C5:C7 | | D5:D7 | | 메모리에 저장 | |
> |---|---|---|---|---|---|
> | 2,000 | × | 50 | = | 10,000 | |
> | 1,000 | × | 35 | = | 35,000 | } SUM |
> | 500 | × | 120 | = | 60,000 | |

03. 이 배열 수식이 엑셀 내부에서 어떻게 작동하는지 확인해 보겠습니다.

배열 수식이 입력된 [E12] 셀을 선택하고 [수식] 탭 → [수식 분석] 그룹 → [수식 계산]을 누릅니다.

04. [수식 계산] 대화상자가 나타나고 입력된 수식이 표시됩니다. 대화상자에서 수식이 계산되는 단계를 차례대로 따라가면서 확인할 수 있고, 배열 수식인 경우에는 수식에서는 보이지 않는 배열의 구조까지 표시해 줍니다. 수식이 계산되는 단계를 보려면 [계산]을 누릅니다.

05. 수식이 =SUM({100000;35000;60000})으로 바뀝니다. [계산]을 또 누릅니다.

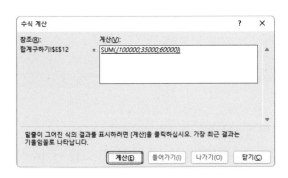

> **수식**
> **풀이**
>
> =SUM({100000;35000;60000})
> 앞에서 설명한 대로 배열에서 값 사이가 세미콜론(;)으로 구분되어 있으면 세로 배열입니다. {100000;35000;60000}은 두 셀의 값(단가와 판매수량)을 곱해서 메모리에 저장된 부분입니다.

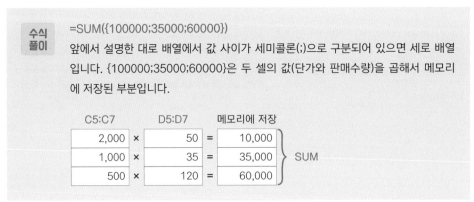

06. SUM 함수는 배열 값 {100000; 35000;60000}을 더해서 195,000원을 반환합니다.

하면 된다! } 배열 수식을 이용하여 조건을 만족하는 합계 구하기

[조건별합계구하기] 시트

배열 수식으로 판매 자료에서 거래처명이 '신림문구'이고 상품분류가 '노트'인 것의 판매금액 합계를 구해보겠습니다. 이번 예제는 SUMPRODUCT 함수와 SUMIFS 함수로도 답을 구할 수 있습니다.

```
=SUMPRODUCT((C5:C14="신림문구")*(E5:E14="노트")*G5:G14)
=SUMIFS(G5:G14,C5:C14,"신림문구",E5:E14,"노트")
```

01. [B18] 셀에 다음 수식을 입력하고 Ctrl + Shift + Enter를 누릅니다. 배열 수식이 정상적으로 입력되었다면 조건을 만족하는 합계 789,000원이 반환됩니다.

```
=SUM((C5:C14="신림문구")*(E5:E14="노트")*(G5:G14))
```

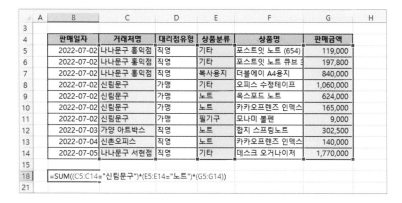

02. [B18] 셀을 선택하고 수식 입력줄을 확인해 보면 수식 양쪽에 중괄호({ })가 붙어 있습니다. 배열 수식이 입력되었다는 뜻입니다.

{=SUM((C5:C14="신림문구")*(E5:E14="노트")*(G5:G14))}

배열 수식을 이용해서 값을 가져왔는데 수식이 어떻게 작동되는지 확인해 보겠습니다.

수식 풀이	=SUM((C5:C14="신림문구")*(E5:E14="노트")*(G5:G14))

수식에서 C5:C14="신림문구", E5:E14="노트" 부분을 알기 쉽게 표현하면 다음과 같습니다.

C5:C14="신림문구"
거래처명이 '신림문구'이면 TRUE로 바뀌고, 아니면 FALSE로 바뀝니다.

E5:E14="노트"
상품분류가 '노트'이면 TRUE로 바뀌고, 아니면 FALSE로 바뀝니다.

C5:C14="신림문구"

나나문구 홍익점	FALSE
나나문구 홍익점	FALSE
나나문구 홍익점	FALSE
신림문구	TRUE
신림문구	TRUE
신림문구	TRUE
신림문구	TRUE
가양 아트박스	FALSE
신촌오피스	FALSE
나나문구 서현점	FALSE

E5:E14="노트"

기타	FALSE
기타	FALSE
복사용지	FALSE
기타	FALSE
노트	TRUE
노트	TRUE
필기구	FALSE
노트	TRUE
노트	TRUE
기타	FALSE

거래처명과 상품분류 조건을 비교해서 TRUE, FALSE로 바꾸고 판매금액과 곱하는 수식을 알기 쉽게 표현하면 다음과 같습니다.

(C5:C14="신림문구")*(E5:E14="노트")*(G5:G14)

C5:C14="신림문구"		E5:E14="노트"		G5:G14
FALSE	×	FALSE	×	119,000
FALSE	×	FALSE	×	197,800
FALSE	×	FALSE	×	840,000
TRUE	×	FALSE	×	1,060,000
TRUE	×	TRUE	×	624,000
TRUE	×	TRUE	×	165,000
TRUE	×	FALSE	×	9,000
FALSE	×	TRUE	×	302,500
FALSE	×	TRUE	×	140,000
FALSE	×	FALSE	×	1,770,000

엑셀에서 논리값 TRUE와 FALSE가 계산식에 포함되면 TRUE는 1, FALSE는 0으로 바뀝니다. 따라서 다음과 같이 바뀝니다.

첫 번째 항목: 0 * 0 * 119,000 = 0

다섯 번째 항목: 1 * 1 * 624,000 = 624,000

여섯 번째 항목: 1 * 1 * 165,000 = 165,000

C5:C14="신림문구"		E5:E14="노트"		G5:G14		곱한 결과
0	×	0	×	119,000	=	0
0	×	0	×	197,800	=	0
0	×	0	×	840,000	=	0
0	×	0	×	1,060,000	=	0
1	×	1	×	624,000	=	624,000
1	×	1	×	165,000	=	165,000
1	×	0	×	9,000	=	0
0	×	1	×	302,500	=	0
0	×	1	×	140,000	=	0
0	×	0	×	1,770,000	=	0

> 결과적으로 배열 수식은 0이 아닌 것(624,000원, 165,000원)만 더해서 최종 결과 789,000원이 됩니다.

배열 수식의 단점과 한계

- 배열 수식은 계산의 중간 과정이 보이지 않아서 이해하기 어렵습니다. 위의 예에서도 보았듯이 값을 비교하여 TRUE, FALSE로 바꾸고 곱하는 과정이 시트에서 바로 보이지 않습니다. 수식을 선택하고 [F9]를 누르거나 [수식 계산] 메뉴로 볼 수도 있지만 이 역시 이해하기 쉽지 않습니다.
- 배열 수식을 잘 만들어도 동료가 배열 수식이 무엇인지도 모를 수 있고, 안다고 하더라도 내가 만든 배열 수식을 제대로 이해하지 못할 수 있습니다. 동료와 같이 사용해야 하는 엑셀 파일이라면 배열 수식은 사용하지 않는 것이 좋습니다.
- 수식이 복잡하고 배열의 크기가 큰 경우 엑셀 속도가 늦어질 수 있습니다.
- 엑셀 2021 이상 버전부터는 동적 배열 수식을 지원하므로 이전보다는 배열 수식을 사용하기가 편해졌지만 근본적인 개념은 변하지 않았습니다.

> 배열 수식은 장점보다 단점이 많습니다. 꼭 필요한 경우에만 사용하세요!

13-2 엑셀의 새로운 기능, 동적 배열 수식

• 실습 파일 13-2.동적배열수식-실습.xlsx   • 완성 파일 13-2.동적배열수식-완성.xlsx

엑셀 2021 이상 버전부터 기존의 배열 수식('레거시 배열 수식'이라고 함)과는 다른 동적 배열 수식을 사용할 수 있습니다. 동적 배열 수식은 레거시 배열 수식보다 사용하기 간편하고 오류의 가능성이 적습니다.

하면 된다! 〉 배열 수식으로 한 번에 여러 셀 결과 구하기   [동적배열수식] 시트

01. 기존 배열 수식(레거시 배열 수식) 사용하기(엑셀 2016 버전)

엑셀 2021 이전 버전의 엑셀에서 여러 셀에 결과를 가져오려면 배열 수식을 사용해야 합니다. 예를 들어 다음과 같이 직원의 월급여에 12를 곱해서 연봉을 계산해야 할 경우 배열 수식으로 해결할 수 있습니다.

❶ 결과를 가져올 셀 범위 [F4:F13]을 선택하고 ❷ 수식 =D4:D13*12를 입력한 후 Ctrl + Shift + Enter 를 누릅니다. ❸ 결과가 표시됩니다. 수식 입력줄의 수식 {=D4:D13*12}를 보면 배열 수식을 의미하는 중괄호({ })가 수식 양쪽에 붙어 있습니다.

02. 동적 배열 수식 사용하기(엑셀 2021 이상 버전)

앞서 했던 작업을 엑셀 2021 이상 버전에서 할 때는 ❶ [F4] 셀에 수식 =D4:D13*12 를 입력한 후 Enter만 누르면 됩니다. ❷ [F4] 셀에 수식을 한 번만 입력했는데 [F4:F13] 셀 범위에 결과가 모두 표시됩니다. 수식 입력줄을 확인해 보면 중괄호 없이 =D4:D13*12가 입력되어 있습니다.

이렇게 수식을 한 번만 입력하고 결과는 여러 셀에 반환되는 것을 동적 배열이라고 합니다.

03. # 기호로 결과 범위 참조하기

[F4:F13] 셀 범위에 동적 배열의 형태로 결과가 구해진 후 이 범위를 참조하려면 범위의 첫 번째 셀 주소에 =F4#과 같이 #을 붙이면 됩니다. 이 수식은 범위를 참조 하므로 =SUM(F4#) 형태의 수식도 가능합니다.

 동적 배열 수식 사용 시 주의할 점

동적 배열은 결과를 가져올 범위에 다른 값이 존재한다면 결과를 가지오지 못하고 #SPILL! 오류가 발생합니다. 동적 배열 형태로 결과를 가져올 때는 가져올 범위가 비어 있어야 합니다.

	A	B	C	D	E	F
2						
3		이름	직위	월급여		연봉 계산하기
4		김아람	사원	3,580,000		#SPILL!
5		김민욱	과장	5,380,000		
6		박성광	대리	4,080,000		
7		노준호	부장	7,080,000		AAA
8		이요한	사원	3,880,000		BBB
9		신지수	차장	6,040,000		CCC
10		양진우	과장	4,920,000		
11		오인영	부장	6,750,000		
12		윤아라	대리	4,080,000		
13		이상윤	사원	3,630,000		
14						

F4 ✓ fx =D4:D13*12

 결과를 가져올 범위에 이미 값이 있으면 #SPILL! 오류가 발생합니다!

하면 된다! ⟩ 단일 셀에 결과 구하기

[동적배열수식] 시트

01. 기존 배열 수식(레거시 배열 수식) 사용하기(엑셀 2016 버전)

다음과 같이 모든 숫자에 2를 곱한 후 합계를 구해야 할 때 배열 수식으로 해결할 수 있습니다. [F17] 셀에 =SUM((B17:D19)*2) 수식을 입력한 후 Ctrl + Shift + Enter를 누르면 [F17] 셀에 결과 2796이 반환됩니다.

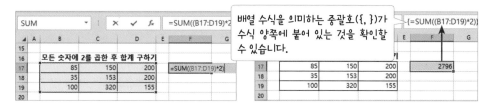

배열 수식을 의미하는 중괄호({, })가 수식 양쪽에 붙어 있는 것을 확인할 수 있습니다.

02. 동적 배열 수식 사용하기(엑셀 2021 이상 버전)

위에서 했던 작업을 엑셀 2021 이상 버전에서 할 때는 =SUM((B17:D19)*2) 수식을 입력한 후 Enter를 누르면 됩니다.

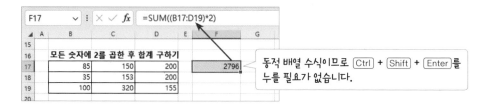

동적 배열 수식이므로 Ctrl + Shift + Enter를 누를 필요가 없습니다.

동적 배열 함수

엑셀 2021 이상 버전에는 동적 배열 형태로 결과를 구해주는 동적 배열 함수가 다음과 같이 추가되었습니다.

함수	설명
FILTER	원하는 조건으로 데이터 조회(필터링)하기
RANDARRAY	배열 형태로 난수 구하기
SEQUENCE	연속된 숫자목록 만들기
SORT	범위 또는 배열의 내용 정렬하기
SORTBY	범위의 값을 기준으로 범위의 내용 정렬하기
UNIQUE	중복 제거하기

하면 된다! } 동적 배열 함수로 자료 필터링하기

[데이터필터링] 시트

다음과 같은 거래처별 판매실적 자료에서 FILTER 함수를 사용하면 상품이 '노트' 인 것만 간단히 동적으로 조회할 수 있습니다.

다음 수식을 입력합니다. 수식은 한 번만 입력했는데 결과는 여러 셀에 구해집니다.

```
=FILTER($B$6:$E$13,($D$6:$D$13="노트"),"찾는 자료가 없음")
```

하면 된다! ⟩ 동적 배열 함수로 조건별 텍스트 합치기 [텍스트합치기] 시트

실무에서 조건별로 텍스트를 합쳐야 할 때 배열 수식을 이용할 수밖에 없었는데, 다음과 같이 동적 배열 함수를 사용하면 간단하게 처리할 수 있습니다.
다음 수식을 입력합니다.

=TEXTJOIN(",",TRUE,UNIQUE(FILTER($C$6:$C$14,$B$6:$B$14=B19)))

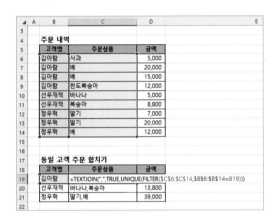

수식에 대한 자세한 설명은 12장 TEXTJOIN 함수 부분을 참고하세요.

동적 배열 함수를 간단히 살펴보았습니다. 나머지 동적 배열 함수도 동적 배열의 형태로 결과를 가져오는 동일한 방식으로 작동합니다.

동적 배열 수식의 장점

지금까지 살펴본 동적 배열 수식의 장점을 정리해 보면 다음과 같습니다.

- 수식을 간편하게 입력할 수 있습니다. 배열 수식처럼 결과가 출력되는 범위가 아니라 첫 셀에만 입력하면 됩니다.
- 수식 입력 시 Ctrl + Shift + Enter 를 누를 필요가 없습니다. Ctrl + Shift + Enter 를 눌러 입력한 수식은 실수로 수정 모드에서 다시 Ctrl + Shift + Enter 를 눌러 입력하지 않으면 일반 수식으로 바뀌어 계산의 결과가 틀려지는 경우가 많아서 문제가 많았습니다.
- 한 번에 여러 개의 결과를 출력해야 할 때 유용합니다. 동적 배열 함수는 한 번에 여러 개의 결과를 반환하는 함수입니다.

14

파워 쿼리

파워 쿼리(Power Query)는 이름 그대로 데이터를 다루는 파워풀(powerful)한 도구입니다. 여러 종류의 외부 데이터 소스에서 데이터를 가져온 후 필요에 따라 정제하거나 변환 및 재구성할 수 있습니다.

파워 쿼리는 기존의 데이터 가져오기, 텍스트 나누기 등과는 차원이 다른 기능을 제공합니다. 특히 PDF 파일 가져오기, 웹에서 데이터 가져오기 기능을 사용하면 데이터를 오류 없이 손쉽게 가져올 수 있습니다.

14-1 파워 쿼리 알아보기

14-2 파워 쿼리로 외부 데이터 가져오기

14-1 파워 쿼리 알아보기

• 실습 파일 14-1.파워쿼리-실습.xlsx • 완성 파일 14-1.파워쿼리-완성.xlsx

파워 쿼리(Power Query)는 여러 종류의 외부 데이터 소스에서 데이터를 가져온 후, 필요에 따라 데이터를 정제하거나 변환 및 재구성할 수 있는 도구입니다.

파워 쿼리란?

파워 쿼리는 엑셀 및 Power BI Desktop 등 마이크로소프트사의 여러 제품에 포함되어 있으므로 추가적인 설치 없이 간단하게 사용할 수 있습니다.

엑셀에서 데이터 정리 작업을 할 때 수작업으로 복사해 붙여넣고 기존 엑셀의 여러 기능을 이용하여 정리할 수 있지만, 작업이 번거롭고 시간이 오래 걸리며 원본 데이터를 변경해야 하는 경우도 많습니다. 예를 들어 텍스트 나누기만 하더라도 새로 생기는 열의 수만큼 열을 추가해야 하는 등 작업 자체가 번거롭습니다.

파워 쿼리를 이용하면 원본 데이터는 그대로 두고 변환 작업을 통해 간단히 데이터를 정리할 수 있고 작업 과정을 간단하게 자동화할 수 있습니다.

엑셀에서 파워 쿼리 사용

엑셀에서는 2016 이상 버전부터 파워 쿼리가 지원됩니다. 파워 쿼리 메뉴가 따로 있는 것이 아니라 다음과 같이 기본 기능으로 포함되어 있습니다.

엑셀 2016의 파워 쿼리 메뉴

[데이터] 탭 → [가져오기 및 변환] 그룹에서 파워 쿼리 기능을 사용할 수 있습니다.

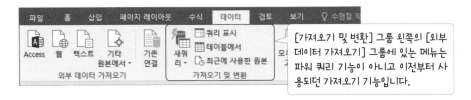

엑셀 2019/2021, 마이크로소프트 365의 파워 쿼리 메뉴

[데이터] 탭 → [데이터 가져오기 및 변환] 그룹에서 파워 쿼리 기능을 사용할 수 있습니다.

엑셀 2013, 2010 버전에서는 추가 기능을 다운로드해서 설치한 후 사용할 수 있습니다.

> • 다운로드 링크: bit.ly/easys_excel_extra

추가 기능을 추가하면 오피스 2016 이상의 버전과 달리 다음과 같이 [파워 쿼리] 탭이 따로 생깁니다.

파워 쿼리 기능

파워 쿼리 기능은 다양한 원본 데이터(엑셀, Database, 웹, CSV 파일, Text 파일 등)로부터 ❶ 데이터를 가져와서 ❷ 변환하고 ❸ 로드하는 세 가지 기능으로 요약할 수 있습니다.

(1) 데이터 가져오기

다양한 형태의 외부 데이터를 연결하여 가져올 수 있습니다.

- 엑셀을 포함하여 CSV, Text 파일, Database에 직접 연결하여 데이터 가져오기
- 비정형화된 외부 데이터 소스에서 정형화된 부분을 선택하여 데이터 가져오기(웹, PDF 파일 등)
- 파일이 있는 폴더를 지정하여 데이터를 가져와서 합치기 등

(2) 변환하기

데이터를 정리하고 원하는 형태로 변환할 수 있습니다. 엑셀의 기존 기능을 이용해서 정리하고 변환할 수 있지만, 파워 쿼리를 이용하면 훨씬 간편하게 처리할 수 있습니다.

- 데이터에 포함된 오류 제거하기
- 중복된 항목 제거하기
- 데이터 형식 변경하기(통화, 정수, 백분율, 텍스트 등으로 변경)
- 열을 추가하거나 제거하기, 필터링하기
- 구조화되지 않은 데이터를 구조화(언피벗)하기

(3) 로드하기

- 최종 결과를 엑셀 등 원하는 위치로 가져오기

하면 된다! ⟩ 파워 쿼리 사용해 보기

[판매실적] 시트

다음 자료의 [B] 열에는 거래처명뿐만 아니라 대리점 유형 정보가 괄호로 구분하여 포함되어 있습니다. 이런 데이터를 분리하기 위해서는 [데이터] 탭의 텍스트 나누기 기능을 많이 이용합니다. 그런데 문제는 텍스트 나누기를 이용하면 새로 생기는 열을 추가해야 하고, 다음에 이런 자료가 추가되면 반복되는 작업을 계속해야 한다는 것입니다. 파워 쿼리를 이용하면 텍스트 나누기와 유사하지만 기능이 훨씬 강력하고 반복되는 작업을 자동화할 수 있습니다.

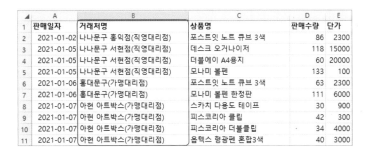

그럼 파워 쿼리 기능을 이용하여 텍스트 나누기를 해보겠습니다.

01. ❶ 원본 데이터의 아무 셀이나 선택한 후 ❷ [데이터] 탭 → [데이터 가져오기 및 변환] 그룹 → [테이블 범위에서]를 선택해 [표 만들기] 대화상자를 실행합니다. ❸ 표의 범위가 가져오고자 하는 데이터 범위와 맞는지 확인한 후 ❹ [확인]을 누릅니다.

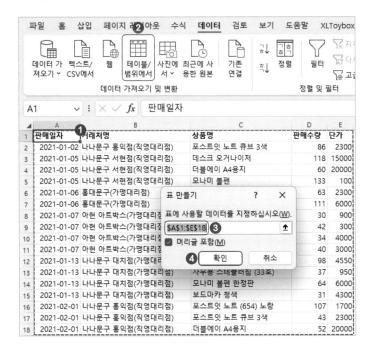

02. [Power Query 편집기] 창이 나타납니다. 파워 쿼리 화면으로 이 화면에서 데이터를 변환하고 로드하는 작업을 할 수 있습니다.

메뉴 밑의 데이터 영역을 보면 엑셀 시트의 데이터를 가져온 것을 알 수 있습니다.

03. [거래처명] 열을 나누어야 하므로 ❶ [거래처명] 열을 선택하고 ❷ [홈] 탭 →
[변환] 그룹 → [열 분할] → [구분 기호 기준]을 선택합니다.

04. ❶ [구분 기호 선택 또는 입력]에 구분자로 사용할 (를 입력한 후 ❷ [확인]을 누
릅니다. [거래처명] 열이 거래처명.1, 거래처명.2로 분리됩니다.

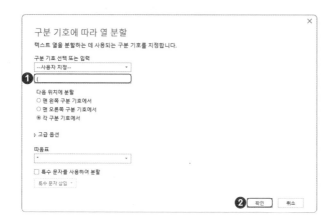

05. 거래처명.2에는 오른쪽 괄호가 남아 있으므로 값 바꾸기 기능을 이용하여 제거해 줘야 합니다.

❶ [거래처명.2] 열을 선택하고 ❷ [홈] 탭 → [변환] 그룹 → [값 바꾸기]를 선택해 [값 바꾸기] 대화상자를 실행합니다. ❸ [찾을 값]에)를 입력하고 [바꿀 항목]은 비워두고 ❹ [확인]을 누릅니다.

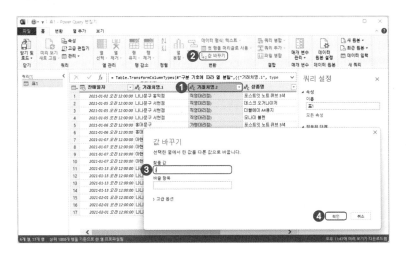

06. [거래처명.2] 열의 오른쪽 괄호가 제거된 것을 확인할 수 있습니다. [닫기 및 로드]를 누릅니다.

07. 변환된(텍스트 나누기가 된) 데이터를 엑셀로 가져옵니다. 이때 원본 시트가 아니라 별도의 시트가 만들어지면서 가져옵니다.

08. 새로 고침으로 작업 자동화하기

여기까지의 작업은 약간 편해졌다는 것 외에는 기존 텍스트 나누기와 크게 다르지 않습니다. 파워 쿼리의 진정한 능력은 지금부터라고 할 수 있습니다.

원본 시트의 19행에 새로운 데이터를 추가합니다.

원래 이런 모양이 아니었는데 파워 쿼리에서 원본을 참조하면 이와 같이 표 형식으로 자동으로 변경됩니다.

09. 조금 전에 파워 쿼리로 변환된 결과를 로드한 시트로 돌아와서 ❶ 아무 셀이나 선택하고 마우스 오른쪽 버튼을 눌러 ❷ 새로 고침을 선택합니다.

10. 새로 고침 하기 전에는 없는 19행이 새로 생겼고, [거래처명]이 [거래처명.1], [거래처명.2]로 자동으로 분할되어 있습니다.

이와 같이 파워 쿼리를 이용해서 한 번 작업해 놓으면 원본 시트에 값을 입력하고 결과 시트에서 새로 고침만 하면 자동으로 작업을 반복해서 처리해 줍니다. 이 기능을 이용하면 복잡하고 반복되는 많은 작업들을 자동화할 수 있습니다.

14-2 파워 쿼리로 외부 데이터 가져오기

• 실습 파일 14-2.판매데이터-실습.csv, 14-2.KOTRA-PDF자료-실습.pdf
• 완성 파일 14-2.외부데이터가져오기-완성.xlsx

엑셀을 이용하여 업무 처리를 하다 보면 엑셀로 만든 자료만 이용하는 것이 아니라 다른 형식으로 만들어진 외부 데이터를 활용해야 하는 경우가 있습니다. 외부 데이터 형식은 CSV, 텍스트, PDF, 웹 등 다양한 형태가 있는데, 엑셀은 이런 다양한 형태의 외부 데이터를 엑셀로 가져오는 기능을 제공하고 있습니다.

외부 데이터 가져오기 기능은 엑셀 2016 이상 버전부터 제공되는 파워 쿼리 기능을 이용합니다. 엑셀 2010, 2013 버전은 파워 쿼리가 기본으로 제공되지 않으므로 추가 기능을 설치해야 합니다.

하면 된다! } CSV 파일 가져오기

14-2.판매데이터-실습.csv

CSV는 Comma-Separated Values의 약자로 콤마로 분리된 값이라는 뜻입니다. 텍스트 형식으로 저장된 파일이므로 윈도우의 메모장 프로그램으로 열어보면 다음과 같이 콤마로 값이 나누어져 있는 것을 알 수 있습니다. 이 CSV 파일을 파워 쿼리를 이용하여 엑셀로 가져올 수 있습니다.

01. ❶ [데이터] 탭 → [데이터 가져오기 및 변환] 그룹 → [데이터 가져오기] → [파일에서] → [텍스트/CSV에서]를 선택해 [데이터 가져오기] 대화상자를 실행합니다. ❷ 가져올 CSV 파일을 선택하고 ❸ [가져오기]를 누릅니다.

02. 나타나는 미리보기 상자에서 [로드]를 누릅니다. CSV 파일을 엑셀에 표 형식으로 가져옵니다.

03. 표 형식이 아니라 일반적으로 많이 사용하는 범위 형식으로 변환해 보겠습니다. ❶ 표의 아무 셀이나 선택하고 ❷ 마우스 오른쪽 버튼을 눌러 [표] → [범위로 변환]을 선택합니다.

하면 된다! 〉 PDF 파일 가져오기

14-2.KOTRA-PDF자료-실습.pdf

PDF 파일에 표가 있을 때 영역을 복사해서 엑셀에 붙여넣으면 가로로 된 데이터가 세로로 들어가는 등 제대로 붙여지지 않는 경우가 많습니다. 파워 쿼리에서 제공되는 PDF 가져오기 기능을 이용하면 아주 간단하게 표 데이터를 엑셀로 가져올 수 있습니다. PDF 파일을 엑셀로 가져오는 방법을 알아보겠습니다.

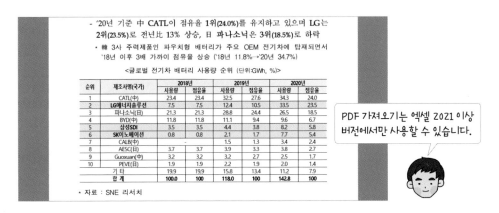

01. ❶ [데이터] 탭 → [데이터 가져오기 및 변환] 그룹 → [데이터 가져오기]→ [파일에서] → [PDF에서]를 선택해 [데이터 가져오기] 대화상자를 실행합니다. ❷ 가져올 PDF 파일을 선택하고 ❸ [가져오기]를 누릅니다.

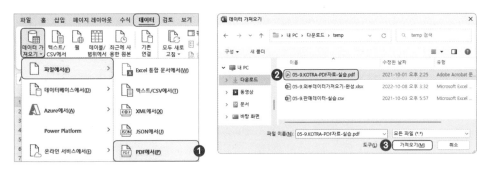

02. [탐색 창] 왼쪽에 PDF 파일에 있는 표로 된 자료 목록이 나타나는데, 그중 하나를 선택하면 오른쪽에서 미리 보기로 가져올 데이터를 확인할 수 있습니다.
❶ Table004 (Page 3)을 선택하고 ❷ [로드]를 누릅니다. PDF 파일의 표를 엑셀로 가져왔습니다.

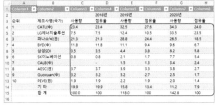

03. 그런데 표에 약간의 문제가 있습니다. 빨간 박스로 표시된 범위의 숫자가 텍스트 형식으로 되어 있습니다. 파워 쿼리의 데이터 변환 기능을 이용할 수도 있지만 다음과 같이 처리할 수 있습니다.

❶ 표의 아무 셀이나 선택하고 ❷ 마우스 오른쪽 버튼을 눌러 [표] → [범위로 변환]을 선택합니다. 범위로 변환하고 나니 숫자가 입력된 셀에 초록색 삼각형이 표시되었습니다.

04. ❶ 숫자 셀 범위를 선택하고 ❷ 마우스 오른쪽 버튼을 눌러 [숫자로 변환]을 선택합니다. 초록색 삼각형 표시가 사라지고 정상적인 숫자로 변환됩니다.

하면 된다! } 웹에서 데이터 가져오기

파워 쿼리 이전에도 웹에서 엑셀로 데이터를 가져오는 기능이 있었습니다. 하지만 웹의 데이터를 그냥 엑셀에 붙여넣기 한 수준이어서 데이터를 정리해야 하는 등 불편한 점이 많았습니다. 파워 쿼리를 이용하면 웹 화면의 원하는 영역의 데이터를 선택하여 깔끔하게 가져올 수 있습니다.

이번 예시에서는 네이버 금융 사이트에서 주식의 TOP 종목 정보를 가져오겠습니다.

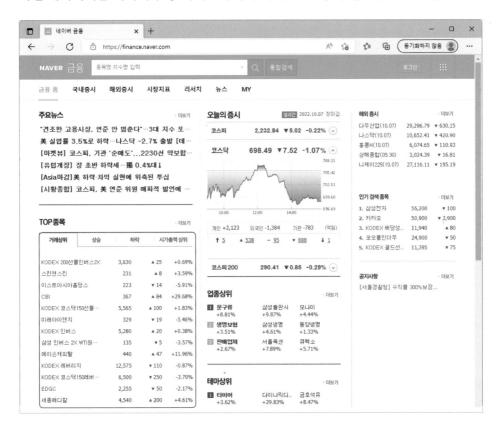

01. ❶ [데이터] 탭 → [데이터 가져오기 및 변환] 그룹 → [데이터 가져오기] → [기타 원본에서] → [웹]을 선택합니다. 사이트 주소를 입력하는 대화상자가 나타나면 ❷ 네이버 금융 URL(http://finance.naver.com)을 입력하고 ❸ [확인]을 누릅니다.

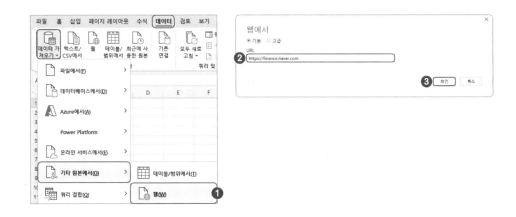

02. ❶ [웹 콘텐츠 엑세스] 창이 나타나면 [연결]을 누릅니다. ❷ [탐색 창] 왼쪽 목록에서 원하는 항목을 선택하고 ❸ [로드]를 누릅니다.

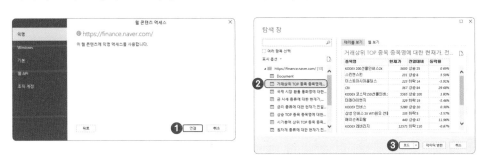

03. 엑셀로 네이버 금융의 TOP 종목 정보를 가져옵니다.

종목명	현재가	전일대비	등락률	
KODEX 200선물인버스2X	3630	상승 25	0.0069	
스킨앤스킨	231	상승 8	0.0359	
이스트아시아홀딩스	223	하락 14	-0.0591	
CBI	367	상승 84	0.2968	
KODEX 코스닥150선물인버스	5565	상승 100	0.0183	
미래아이앤지	329	하락 19	-0.0546	
KODEX 인버스	5280	상승 20	0.0038	
삼성 인버스 2X WTI원유 선물 ETN	135	하락 5	-0.0357	
메이슨캐피탈	440	상승 47	0.1196	
KODEX 레버리지	12575	하락 110	-0.0087	
KODEX 코스닥150레버리지	6500	하락 250	-0.037	
EDGC	2255	하락 50	-0.0217	
세종메디칼	4540	상승 200	0.0461	
화일약품	2330	상승 305	0.1506	
오성첨단소재	2605	상승 150	0.0611	

챗GPT로 엑셀 수식 작성하기

 ChatGPT

• 실습 파일 챗GPT로-엑셀수식-작성하기.xlsx

요즘 화젯거리인 챗GPT로 엑셀 수식을 작성하는 방법을 알아보겠습니다.
챗GPT는 OpenAI사에서 개발한 대화형 인공지능 모델입니다. 챗GPT는 GPT 모델을 대화형 인터페이스에 적용하여 인간과 자연스러운 대화를 나눌 수 있는 인공지능 챗봇이라고 할 수 있습니다.
챗GPT는 시 쓰기, 여행 일정 짜기, 리포트 작성, 프로그램 코드 작성 등 다양한 요청에 답할 수 있으며, 엑셀에서 필요한 수식을 작성하거나 매크로를 작성할 때도 도움을 받을 수 있습니다.
다음 순서로 따라하면 간단히 챗GPT를 사용해 볼 수 있습니다.

챗GPT 회원가입하기

01. 챗GPT를 서비스하고 있는 https://chat.openai.com/에 접속하여 [Try ChatGPT]를 클릭합니다.

02. [Sign up]을 누르고 이메일 주소를 입력하여 새로운 계정을 만들거나, 구글이나 마이크로소프트의 계정을 사용하여 회원가입을 진행합니다.

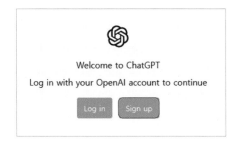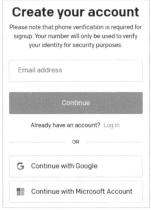

📤 챗GPT에 엑셀 수식 물어보기

챗GPT에 가입하면 다음과 같이 질문을 입력하는 화면이 표시됩니다. 맨 아래 'Send a message...'라고 표시된 곳에 질문을 입력하고 Enter를 누르거나, 오른쪽의 종이비행기를 클릭하면 챗GTP가 답을 해줍니다.

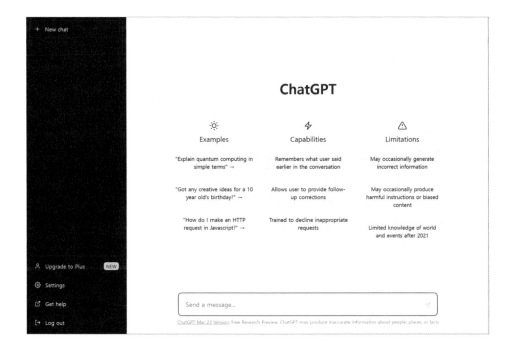

오른쪽과 같이 하이픈(-)으로 구분된 텍스트 데이터가 있을 때 가장 마지막의 ZZ을 추출하는 엑셀 수식은 조금 복잡합니다.

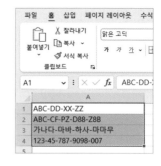

다음과 같이 챗GPT에게 마지막 ZZ을 추출하는 수식을 작성해 달라고 요청해 보겠습니다.

[A1] 셀에 텍스트 ABC-DD-XX-ZZ가 입력되어 있을때 가장 마지막의 ZZ을 추출하는 엑셀 수식을 작성해주세요.

챗GPT가 다음과 같이 답을 구해줍니다. 우리가 원하는 답은 아니네요. 챗GPT가 안내한 RIGHT 함수는 단순히 맨 뒤의 2자리를 잘라서 답을 구해 줍니다.

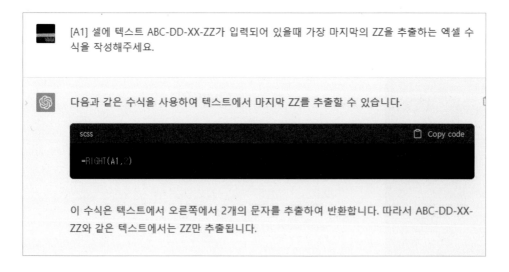

챗GPT에 다음과 같이 다시 질문해 보겠습니다.

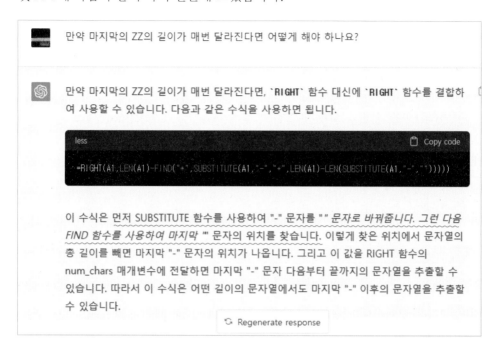

챗GPT가 구한 수식을 실습 파일의 [B1:B5] 셀에 입력하면 다음과 같이 마지막 텍스트를 추출해 줍니다.

> =RIGHT(A1,LEN(A1)-FIND("*",SUBSTITUTE(A1,"-","*", LEN(A1)-LEN(SUBSTITUTE
> (A1,"-","")))))

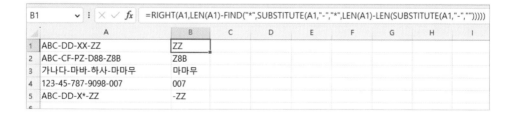

원하는 답을 구하긴 하지만 다음 챗GPT의 수식 설명에는 오류가 있고 설명도 충분하지 않습니다.

> 먼저 SUBSTITUTE 함수를 사용하여 "-" 문자를 "" 문자로 바꿔줍니다. 그런 다음 FIND 함수를 사용하여 마지막 "" 문자의 위치를 찾습니다.

챗GPT의 설명에서 마지막 "*" 문자의 위치를 찾습니다가 맞는 설명이지만, 마지막 "" 문자의 위치를 찾습니다로 잘못 설명하고 있으며, 전체 하이픈 개수를 찾아서 마지막 하이픈의 위치를 구한다는 핵심 설명이 누락되어 있습니다.

답변 설명에는 약간의 오류와 부족한 부분이 있지만 챗GPT는 이렇게 질문과 답을 주고 받으면서 더 정확한 답을 구해줍니다. 다른 사람과의 대화에서도 질문을 잘해야 정확한 답을 받을 수 있듯이, AI에게도 역시 질문을 잘하는 것이 중요하다는 것을 알 수 있습니다. 질문을 잘못하면 엉뚱한 답을 얻을 수도 있기 때문입니다.

ChatGPT에게 질문을 잘해야 정확한 답을 얻을 수 있습니다!

📲 **생각해 보기**

챗GPT가 지금까지 사용해 오던 구글, 네이버 검색과는 다른 차원의 결과를 구해주지만 생각해 보아야 할 것이 있습니다. 챗GPT는 항상 정답을 구해주는 것이 아니라는 것입니다. 정답 또는 정답에 가까운 답, 심지어 오답을 구해줄 수도 있습니다. 판단은 여전히 사람의 몫입니다. 정답인지 아닌지는 답을 아는 사람만 알 수 있다는 약간은 아이러니한 면이 있습니다.

또한 정답을 구해주는 경우에도 정답을 구하는 과정에 대한 설명, 주의할 점을 정확히 알려주지 못하는 경우도 있기 때문에 제대로 이해하지 않고 사용하면 다음과 같이 잘못된 결과가 나올 수 있습니다.

B5	▾ : × ✓ fx	=RIGHT(A5,LEN(A5)-FIND("*",SUBSTITUTE(A5,"-","*",LEN(A5)-LEN(SUBSTITUTE(A5,"-",""")))))

	A	B	C	D	E	F	G	H	I
1	ABC-DD-XX-ZZ	ZZ							
2	ABC-CF-PZ-D88-Z8B	Z8B							
3	가나다-마바-하사-마마무	마마무							
4	123-45-787-9098-007	007							
5	ABC-DD-X*-ZZ	-ZZ							

앞서 챗GPT가 알려준 수식을 입력하면 이 셀처럼 잘못된 결과가 나올 수 있습니다.

다음과 같은 설명이 포함되어 있어야 정확히 사용할 수 있는데 챗GPT는 이런 부분까지는 설명하지 않고 있으므로, 챗GPT의 답이 무조건 옳다고 생각하고 무분별하게 적용하면 잘못된 결과을 얻을 수도 있습니다.

=RIGHT(A1,LEN(A1)-FIND("*",SUBSTITUTE(A1,"-","*",LEN(A1)-LEN
(SUBSTITUTE(A1,"-","")))))

위 수식에서 SUBSTITUTE(A1,"-","*", 부분은 마지막 하이픈(-)을 별(*)로 바꿔줍니다. 텍스트에서 앞에 있는 하이픈과 구별하기 위해 마지막 하이픈을 텍스트에 없는 값 *(주로 *, @, #, ^ 등 특수문자를 많이 사용함)로 바꿔주는데, 텍스트에 별(*)이 포함되어 있으면 잘못된 결과가 나옵니다.

QR코드를 스캔해 엑셀웍스의 다음 글을 읽어 보면 보다 정확한 설명을 확인할 수 있습니다.

아직까지 챗GPT는 한계와 문제점이 있지만 시간이 지나면서 점점 더 발전하고 있습니다. 앞서 설명한 몇 가지 문제점도 곧 해결될 것으로 예상합니다. 하지만 챗GPT가 구해주는 답을 해석하고 우리가 원하는 답인지 아닌지 판단하는 것은 여전히 인간의 영역입니다. 따라서 챗GPT의 이러한 특징을 잘 알고 사용해야 엑셀을 사용하면서 필요한 도움을 받을 수 있습니다.

한글

ㄱ

값 붙여넣기	115
값 입력하고 표시하기	85
값의 위치 찾기	344
갖은자 표시	469
개수 구하기	258
결합 연산자	42
고급 필터	190
공백 제거하기	464
교차 연산자	42
구조적 참조	214
구조화	128
그룹별 순위 구하기	289
근사값 찾기	349
근사값의 위치 찾기	349
기간 경과 후 날짜 구하기	417, 419
기간 계산하기	407

ㄴ

나눗셈의 나머지	300
나눗셈의 몫	300
나머지	300
난수 구하기	300
날짜 구하기	402
날짜 데이터 다루기	394
날짜 및 시간 표시	468
날짜 분리하기	399
날짜 자동 채우기	123
내림	266, 274
논리 함수	302
논리값	87

ㄷ

다른 시트 참조하기	59
다른 파일 참조하기	59
다중조건으로 찾기	359
대/소문자 구분해서 찾기	472
대문자로 바꾸기	478
데이터	22
데이터 가져오기	498
데이터 구조화	128
데이터 구조화 원칙	131
데이터 막대	99, 101
데이터 변환하기	498
데이터 유효성 검사	134
데이터 유효성 검사 옵션	138
데이터 정렬하기	380
동순위 문제 해결	284
동일 고객 주문 합치기	458
동적 배열 수식	490
동적 배열 함수	380, 493
동적 범위에 이름 정의하기	203
두 날짜 사이의 일수 구하기	407

ㅁ

몇 번째로 작은 값 구하기	297
몇 번째로 큰 값 구하기	294
몫	300
문자 제거하기	463
문자열을 참조로 바꾸기	371
문자의 코드 값 구하기	479

ㅂ

반별 순위 구하기	289
반올림	266
배수 값으로 숫자 반올림	272
배열	483

배열 수식	483
배열 수식의 단점	489
버림	266
범위	207
범위 연산자	41
범위에서 값 찾기	332
범위와 표의 차이	207
복사	113
부분합 구하기	250
분 구하기	436
분산 구하기	301
분수 표시	469
붙여넣기	113
붙여넣기 옵션	119
비교 연산자	35
빈 셀에 0으로 채워넣기	150
빈 행 삭제하기	153
빈도 계산	299

ㅅ

사용자 지정 목록으로 정렬	185
사용자 지정 서식	91
산술 연산자	35
상대참조	48
상수	32
상수에 이름 붙이기	201
상위/하위 규칙	99, 101
색으로 정렬	188
색조	99, 104
서식 붙여넣기	115
서식 코드	91, 467
석차 구하기	292
선택하여 붙여넣기	114
셀 강조 규칙	98, 100
셀 상태 확인	321
셀 서식	89

셀의 개수 구하기	259, 260, 262	
소문자로 바꾸기	478	
수식	20	
수식 계산 단계	66	
수식 붙여넣기	115	
수식 상태 확인	321	
수식 수정	30	
수식 오류 처리	316	
수식 입력	29	
수식 표시하기	47	
수식에 이름 붙이기	202	
수식의 구성	31	
순위	282	
순환 참조	69	
숫자	87	
숫자 내림	269	
숫자 목록	300	
숫자 반올림	267	
숫자 버림	269	
숫자 올림	268	
숫자 자동 채우기	121	
숫자로 변환	478, 479	
숫자의 개수 구하기	258	
숫자의 부호 구하기	300	
숫자인지 확인	324	
슬라이서	210	
시, 분, 초로 시간 구하기	405	
시간 값을 숫자로 변환	435	
시간 구하기	401, 436	
시간 데이터 다루기	396	
시간 분리하기	399	
시간 입력하기	397	

ㅇ

아이콘 집합	99, 105	
엑셀 계산 옵션	33	

엑셀 버전	24	
엑셀 오류 유형	73	
엑셀 표	207	
여러 조건 판별하기	308	
역방향 검색하기	351	
연결된 그림으로 붙여넣기	115	
연도 구하기	435	
연산자	35	
연산자 우선순위	43	
연산해서 붙여넣기	118	
연속된 숫자 목록 만들기	300	
열 번호 구하기	368	
열의 개수 구하기	370	
오늘 날짜 구하기	400	
오류 데이터 처리	174	
오류 유형	73	
오류 처리 논리 함수	316	
오류 표시 무시	181	
오류인지 확인	321	
올림	266	
와일드카드	44, 263, 445, 446	
요약 행	212	
요일 값을 숫자로 반환	422	
월 구하기	435	
월 단위 주차 계산	428	
월의 마지막 날짜 구하기	432	
웹 공백 제거하기	465	
웹에서 데이터 가져오기	508	
위치 찾기	443	
유니코드 값 구하기	479	
유효성 검사 붙여넣기	116	
이동 옵션	149	
이름	197, 200	
이름 상자	198	
이름을 만드는 규칙	199	
인공지능 챗봇	510	

일 구하기	435	
일수 구하기	407	

ㅈ

자동 채우기	121	
작업일수 구하기	411, 413	
절대값 구하기	299	
절대참조	51	
절사	273	
정렬	184, 382	
정렬하기	380	
정보 함수	302	
조건 판별하기	303	
조건부 서식	98	
조건부 서식 규칙 관리	106	
조건부 서식 편집	106	
주차 계산	425, 428	
줄 바꿈 제거	477	
중복 데이터 제거	166, 170	
중복 제거하기	388	
중앙값 구하기	299	
중복 값 입력 금지	143	
지정된 배수로 내림	271	
지정된 배수로 올림	270	
집계	253	

ㅊ

참조 셀 추적하기	61	
참조 연산자	41	
참조의 종류	48	
초 구하기	436	
최대값	275, 276, 278	
최소값	275, 277	

ㅌ

텍스트	87
텍스트 길이 구하기	442
텍스트 나누기	159
텍스트 다루기	438
텍스트 바꾸기	460, 461
텍스트 비교하기	471
텍스트 연결 연산자	39
텍스트 위치 찾기	443, 444
텍스트 자르기	451, 449, 452
텍스트 합치기	454, 455, 456
텍스트를 반복해서 표시하기	475
텍스트를 숫자로 변환	478, 479

ㅍ

파워 쿼리	496
판별하기	303, 311
평균	279, 280
평균 순위 구하기	291
표	207
표 이름 정의	214
표에서 값 찾기	332, 337
표준 편차 구하기	300
필요 없는 값 제거하기	463
필터링	385

ㅎ

하이퍼링크 만들기	391
함수	21
함수 구조	221
함수 라이브러리	224
함수 마법사	225
함수 입력 방법	223
합계	236, 238, 240
합계, 곱셈, 집계하기	236

행 번호 구하기	365
행/열 바꾸어 붙여넣기	115
행과 열 바꾸기	392
행의 개수 구하기	367
현재 날짜와 시간 구하기	401
혼합참조	55

영어, 숫자, 특수문자

#CALC!	80
#DIV/0!	73
#NAME?	74
#NULL!	76
#NUM!	76
#N/A	74, 318
#REF!	77
#SPILL!	78
#VALUE!	78
_xlfn	226
ChatGPT	510
CSV 파일 가져오기	504
ISO 8601	425, 427, 430
ISO 주차 구하기	430
NBSP 제거	465
PDF 파일 가져오기	506
Power Query	496
2029년 규칙	404

함수

ABS	299
AGGREGATE	253
AND	308
AVERAGE	279
AVERAGEIF	280
AVERAGEIFS	281
CEILING	270
CHAR	476
CHOOSE	391
CLEAN	463
CODE	479
COLUMN	368
COLUMNS	370
CONCAT	455
CONCATENATE	454
COUNT	258
COUNTA	259
COUNTBLANK	260
COUNTIF	260
COUNTIFS	262
DATE	402
DATEDIF	408
DATEVALUE	435
DAY	435
DAYS	407
DAYS360	436
EDATE	436
EOMONTH	432
EXACT	471
FILTER	385
FIND	443
FLOOR	271
FREQUENCY	299

HLOOKUP	337	QUOTIENT	300	TRIM	464
HOUR	436	RAND	300	TRUNC	273
HYPERLINK	391	RANDBETWEEN	300	UNICHAR	479
IF	303	RANK	282	UNICODE	479
IFERROR	316	RANK.AVG	291	UNIQUE	388
IFNA	318	RANK.EQ	282	UPPER	478
IFS	306	REPLACE	460	VALUE	478
INDEX	353	REPT	475	VAR.P	301
INDIRECT	371	RIGHT	452	VAR.S	301
INT	274	ROUND	267	VLOOKUP	332
ISERR	323	ROUNDDOWN	269	WEEKDAY	422
ISERROR	321	ROUNDUP	268	WEEKNUM	425
ISNUMBER	324	ROW	365	WORKDAY	417
ISOWEEKNUM	430	ROWS	367	WORKDAY.INTL	419
LARGE	294	SEARCH	444	XLOOKUP	338
LEFT	449	SECOND	436	XMATCH	347
LEN	442	SEQUENCE	300	YEAR	435
LOWER	478	SIGN	300	YEARFRAC	436
MATCH	344	SMALL	297		
MAX	276	SORT	380		
MAXIFS	278	SORTBY	382		
MEDIAN	299	STDEV.P	301		
MID	451	STDEV.S	300		
MIN	275	SUBSTITUTE	461		
MINIFS	277	SUBTOTAL	250		
MINUTE	436	SUM	236		
MOD	300	SUMIF	238		
MONTH	435	SUMIFS	240		
MROUND	272	SUMPRODUCT	245		
NETWORKDAYS	411	SWITCH	313		
NETWORKDAYS.INTL	413	TEXT	467		
NOW	401	TEXTJOIN	456		
NUMBERVALUE	479	TIME	405		
OFFSET	374	TIMEVALUE	435		
OR	311	TODAY	400		
PROPER	478	TRANSPOSE	392		

무료 엑셀 활용 프로그램 소개

저자가 운영하는 엑셀웍스 블로그에서는 2015년부터 엑셀 VBA로 만든 여러 프로그램을 만들어서 무료로 배포하고 있습니다. 그중 두 가지 프로그램을 소개합니다.

- ## 엑셀간트(XLGantt)

엑셀간트(XLGantt)는 국내외 많은 프로젝트에서 프로젝트 일정 관리용으로 사용되고 있습니다. 프로젝트 일정 관리뿐 아니라 업무 일정 관리, 팀 프로젝트, 조별 과제 관리, 개인 일정 관리 등 일정 관리가 필요한 모든 업무에 사용할 수 있습니다.

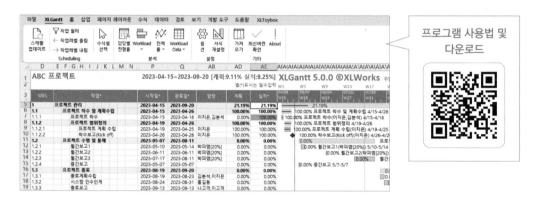

프로그램 사용법 및 다운로드

- ## 엑셀멀티메일(XLMultimail)

엑셀멀티메일(XLMultimail)을 사용하면 수신자별로 내용이 다른 단체 메일을 엑셀에서 한 번에 보낼 수 있어 몇 시간씩 걸리던 메일 발송 업무가 몇 분 내로 단축됩니다. 예를 들어 개인별로 연체 금액을 통보하거나 성적이 기록된 첨부 파일을 메일로 보낼 때 한 번에 보낼 수 있습니다.

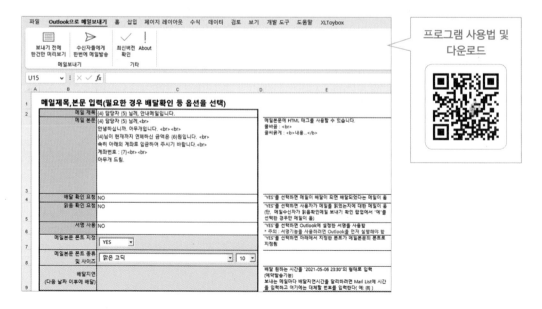

프로그램 사용법 및 다운로드

된다! 시리즈
구체적으로 도와주는 책

된다! 네이버 블로그 상위 노출

내 글이 네이버 메인에 뜬다!
블로그 만들기부터 인플루언서 되기까지
꾸준히 검색되는 콘텐츠 글쓰기 기술

황윤정 지음 | 18,000원

된다! 실무 엑셀 파워포인트 워드&한글

기업, 관광서 20년 특강 노하우를 담았다!
진짜 실무를 알려 주는 오피스 프로그램 입문서!

한정희, 이충욱 지음 | 30,000원

된다! 최반장의 실무 엑셀 with 피벗 테이블

데이터 분석의 90%는 피벗으로 끝난다!
88개 무료 동영상 강의와 함께 배운다!!

최재완 지음 | 17,000원

된다! 엑셀 수식&함수

복잡한 수식의 원리부터 함수 설명까지!
109가지 실무 예제와 함께 배우는
'엑셀웍스'의 명품 강의!

정태호 지음 | 28,000원

된다! 하루 만에 끝내는 챗GPT 활용법

글쓰기, 영어 공부, 유튜브, 수익 창출까지!
인공지능에게 일 시키고 시간 버는 법

프롬프트크리에이터 지음 | 17,000원

된다! 하루 5분 노션 활용법

4,000명 방문 포트폴리오의 비밀 공개!
하루 5분 기록으로 인생이 바뀐다!

이다슬 지음 | 16,800원